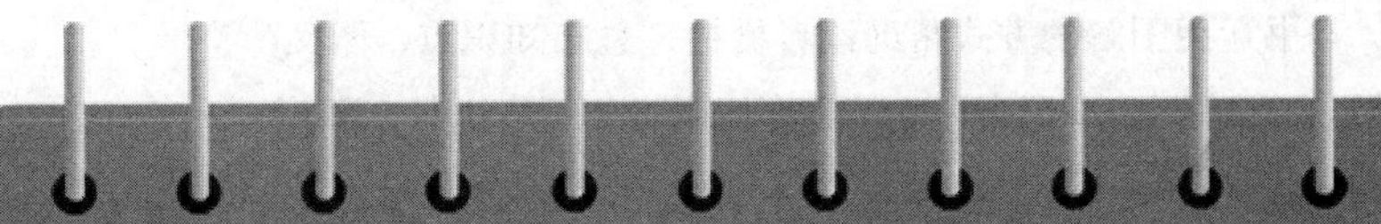

一学就会的
会计入门

周　葵◎主编

YIXUEJIUHUI DE KUAIJI RUMEN
QUAN TUJIE

中国纺织出版社有限公司 | 国家一级出版社
全国百佳图书出版单位

内 容 提 要

本书运用图解的方式帮助读者概括、总结知识点，图文并茂，简明易懂，便于会计人员操作使用。全书共分十一章，主要内容包括会计基础知识，会计工作的理论基础，会计凭证，会计账簿，会计报表的编制，货币资金的账务处理，往来业务的账务处理，投资的账务处理，长期资产的账务处理，负债和所有者权益的账务处理。

本书适用于会计人员或即将走上会计岗位的人员、财务管理人员阅读使用，也可作为企业培训会计人员的参考教材。

图书在版编目（CIP）数据

一学就会的会计入门全图解 / 周葵主编. --北京：中国纺织出版社有限公司，2020.6

ISBN 978－7－5180－7133－3

Ⅰ. ①一…　Ⅱ. ①周…　Ⅲ. ①会计学—图解　Ⅳ. ①F230-64

中国版本图书馆CIP数据核字（2020）第004120号

策划编辑：陈　芳　　特约编辑：魏丹丹　　责任印制：储志伟

中国纺织出版社有限公司出版发行

地址：北京市朝阳区百子湾东里 A407 号楼　邮政编码：100124

销售电话：010—67004422　传真：010—87155801

http：//www.c-textilep.com

E-mail：faxing@c-textilep.com

中国纺织出版社天猫旗舰店

官方微博 http://weibo.com/2119887771

北京市密东印刷有限公司印刷　　各地新华书店经销

2020 年 6 月第 1 版第 1 次印刷

开本：787 × 1092　1/16　印张：20.5

字数：261 千字　定价：78.00 元

前言 preface

会计工作是对企业实行科学管理，监督整个企业活动的重要手段，是企业制定政策和计划的主要依据。随着企业改革的日益深入和现代企业制度的逐步完善，会计工作在企业管理中的作用已日益显现，企业会计工作的任务，已从单纯的信息咨询、监督、服务等职能进一步向预测、检测和参与企业决策职能发展。同时，会计工作也是国民经济统计数据的来源之一。而对于很多人，会计是职业，是谋生和实现自我价值的途径。要成为一名合格的会计，就需要了解会计的职业道德、职责，掌握系统、全面的会计专业知识，并具备会计业务实际操作能力，能在专业素养上胜任会计岗位。

为了满足广大读者学习和工作的需要，我们编写了《一学就会的会计入门全图解》一书。本书运用图解的方式帮助读者概括、总结知识点，图文并茂，简明易通，便于会计人员操作使用。全书共分十一章，主要内容包括会计基础知识，会计工作的理论基础，会计凭证，会计账簿，会计报表的编制，货币资金的账务处理，往来业务的账务处理，投资的账务处理，长期资产的账务处理，负债和所有者权益的账务处理。

本书适合会计人员或即将走上会计岗位的人员、财务管理人员阅读使用，也可作为企业培训会计人员的参考教材。

由于编者学识和经验有限，虽经编者尽心尽力，书中难免有不足之处，恳请广大读者热心指点。

编 者

2018 年 3 月

目录 contents

第一章　会计基础知识

第一节　会计认知

一、会计的基本概念

会计是以货币为主要计量单位，从价值量上对一个单位（一定会计主体，这一主体可以是一个企业，也可以是某一企业内一个独立核算的部门等）的经济活动过程及其结果进行完整、连续、系统而综合的计量和记录、核算与监督，并向有关方面提供相关信息的一种经济管理活动。

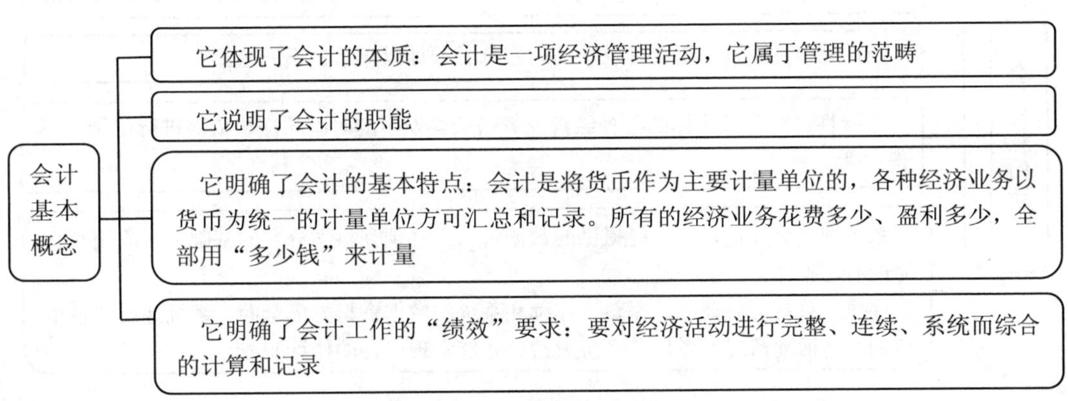

图1-1　会计基本概念

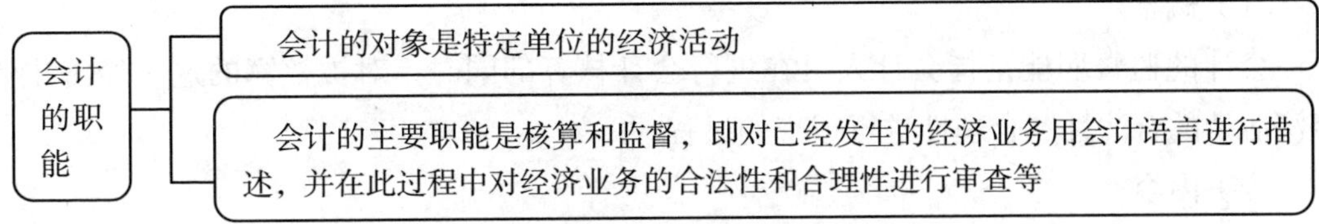

图1-2　会计的职能

二、会计的职能

在会计的基本概念中提到，会计的基本职能是核算与监督。核算是监督的基础，没有核算也就没有监督，只有经过正确的核算，监督方可有效。监督是核算的继续，若只有核算没有监督，核算就不能充分发挥职能，只有严格地监督，核算才能起到应有的作用。

1. 会计的核算职能

（1）概念

会计的核算职能是指会计通过确认、计量、记录、报告等方式，将一个单位所有的、能以货币计量的经济活动内容转换成对报表使用人有用的会计信息的整个过程。

这一过程即是平常说的记账、算账、报账等内容。

这一职能是会计的首要职能。

（2）会计核算的特点

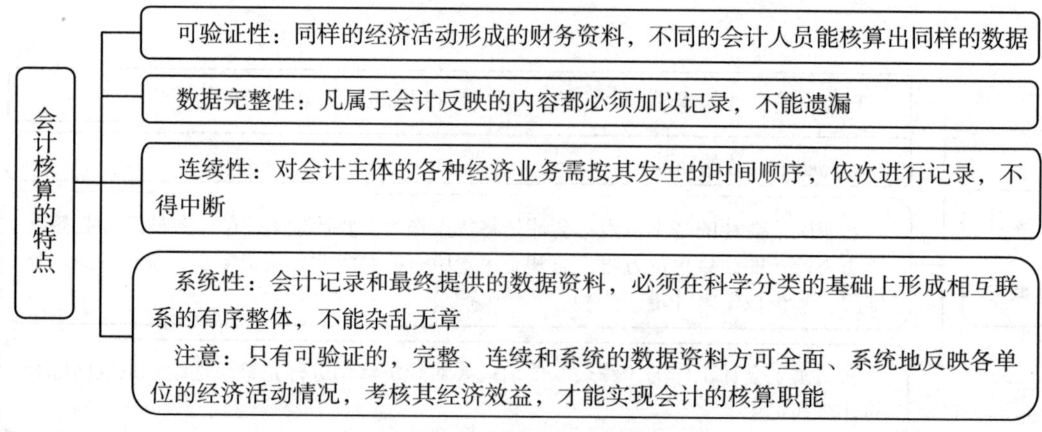

图1–3　会计核算的特点

2. 会计的监督职能

（1）概念

会计的监督职能是指会计人员在进行会计核算的同时，对被核算的这一经济主体经济活动的合法性、合理性进行审查的过程。

（2）内容

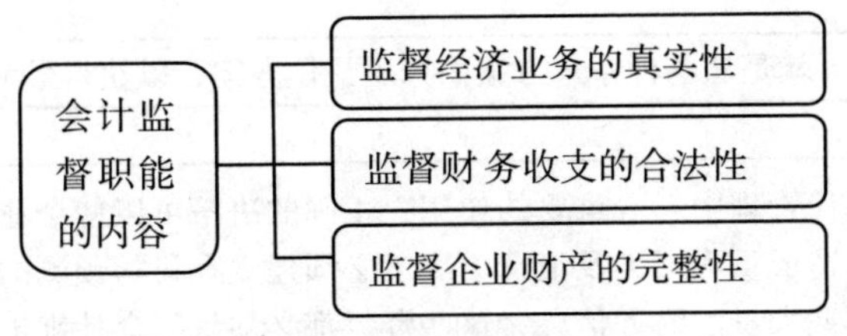

图1–4　会计的监督职能

（3）分类

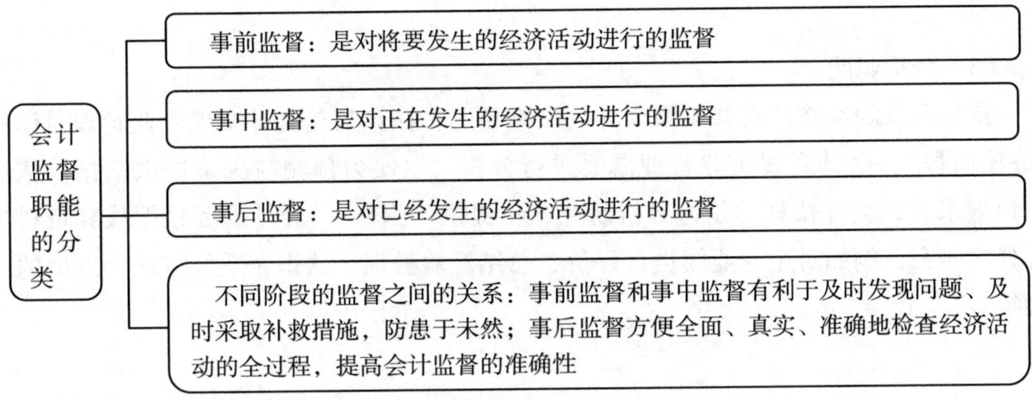

图1–5　会计监督职能的分类

3. 会计的其他职能

（1）预测职能

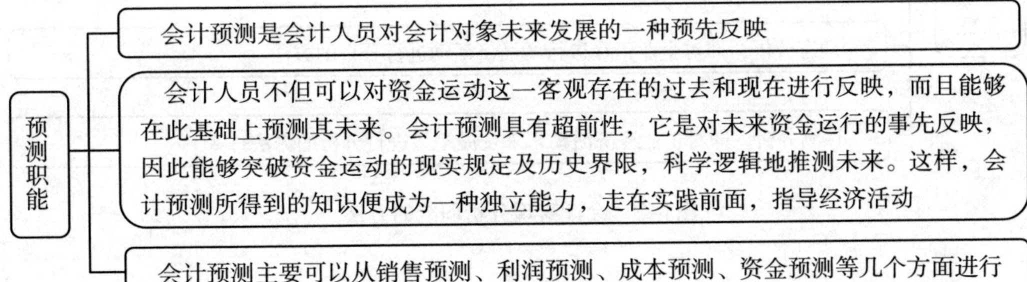

图1–6　会计的预测职能

（2）决策职能

决策职能

- 所谓决策，就是从各种备选方案中选出最佳方案，以获得最大的经济效益
- 决策在现代管理中起着重要的作用，正确的决策可以使企业得到最大效益，错误的决策将会造成重大损失及浪费。决策必须建立在科学预测的基础上，而预测和决策都需要掌握大量的财务信息，这些资料都必须依靠会计来提供。所以，为企业取得最大经济效益奠定基础的参与决策的职能，是会计的一项重要职能
- 运用各项会计信息，进行决策分析，做出最优决策，是“观念总结”的集中表现

图1–7　会计的决策职能

（3）分析职能

核算和反映经济活动并不是会计的最终目的，核算只是会计实现企业管理目标的“原始阶段”。会计实现企业管理需要进行分析，以便为预测与决策提供依据，从这个角度来看，会计核算即是为分析研究工作提供“原料”。会计需要根据核算资料进行分析研究，例如对企业业绩进行评价，总结经验教训，认识企业经济活动发展的趋势等。

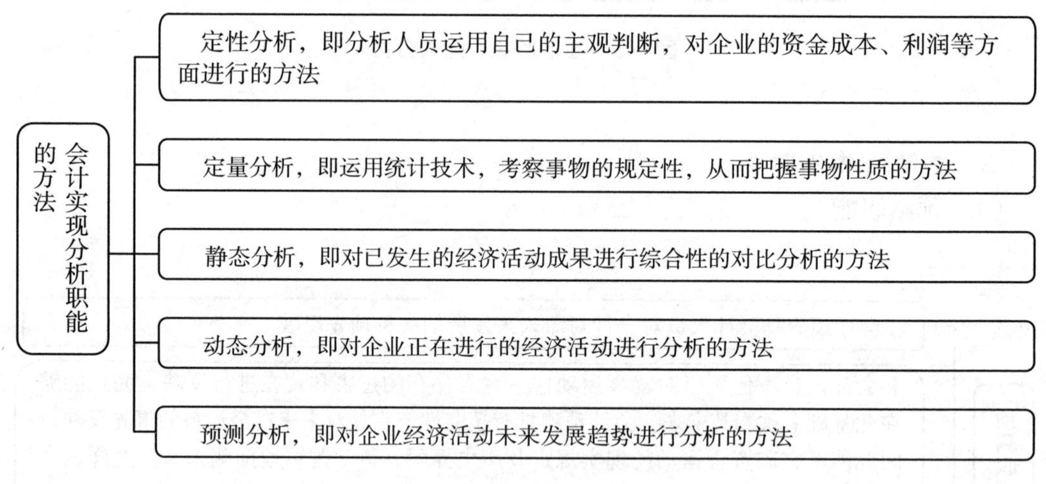

图1–8　会计实现分析职能的方法

4. 会计在企业内部的职能

实际操作中，会计通过其数据处理，对企业内部的作用是系统且全面的，它在企业内部与研究开发、生产、销售、经营管理、财务决策和人力资源等部门都有着非常密切的关系。

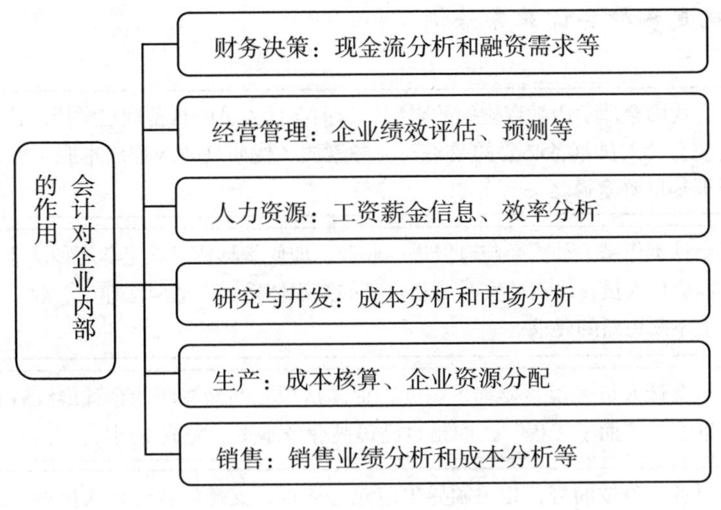

图1–9　会计对企业内部的作用

5．会计在企业外部的职能

会计提供的经济信息是企业外部相关人员或部门（例如股东、银行、潜在的投资者）做出投资或信贷决策的根据，也是国家宏观管理部门做出宏观决策的根据，它对企业外部使用者的作用可以用图 1–10 来概括。

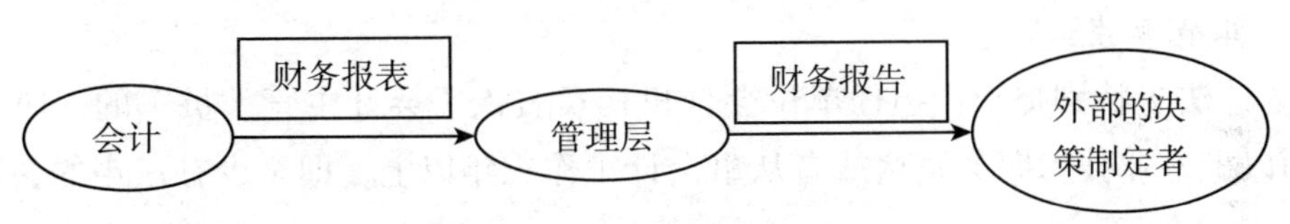

图1–10　会计在企业外部的职能

注意：财务报告包括财务报表。

三、会计人员的基本要求

1．具备必要的专业知识、专业技能和良好的职业道德

《会计基础工作规范》第十四条规定：“会计人员应当具备必要的专业知识和专业技能，熟悉国家有关法律、法规、规章和国家统一会计制度，遵守职业道德。”这是对会计人员最基本的要求。至于怎样考核和确认会计人员的专业知识和业务技能，从目前来说，主要是通过设定会计专业职务和会计专业技术资格考试来进行。

2. 按照规定参加会计业务培训

按照规定参加会计业务培训

受我国会计学历教育规模的限制，目前会计人员中具备规定学历的比例还较低，要使会计人员具备必要的政治与业务素质，优质高效地完成本职工作，进行在职培训是重要途径之一

会计工作是一种需要与时俱进的职业，即使是具备了规定学历和从业基本要求的专职会计人员，也需要实时更新自己的知识体系，以适应法律上、政治上和专业技术上不断更新的要求

对会计人员来说，要端正态度，提高认识，明确在职的会计继续教育并不是做给谁看的“面子工程”，而是自己提高业务水平、完成本岗位工作的必需过程

对各个单位而言，相关领导也应充分认识，支持配合会计人员做好在职教育，这不但是完成本公司会计工作的需要，也是提高员工专业素质的重要方式之一。为此《会计基础工作规范》第14条还做出了针对性的规定：“各单位应当合理安排会计人员的培训，保证会计人员每年有一定时间用于学习和参加培训。”

会计人员的在职继续教育，是会计人员完成本职工作的保障，同样也是提高其专业技能的有效途径，与各单位的根本利益一致

图1-11　按照规定参加会计业务培训

3. 其他要求

《会计法》特别提出：担任单位会计机构负责人（会计主管人员）的，应当具备会计师以上专业技术职务资格或者从事会计工作三年以上，即至少有三年的会计工作经历。

四、会计人员的职责权限

1. 会计人员的职责

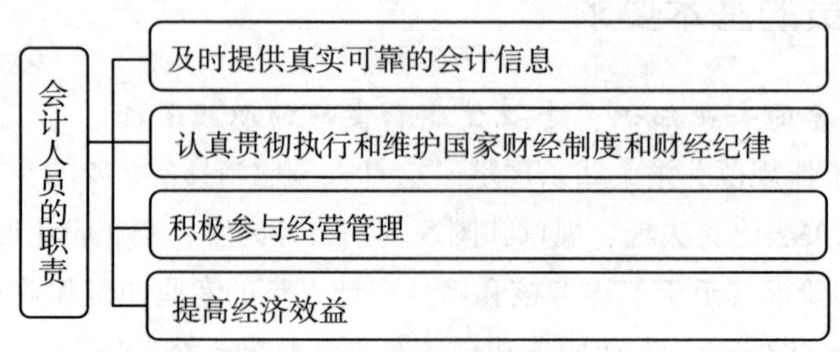

图1-12　会计人员的职责

- 会计人员的主要职责
  - 进行会计核算：会计人员应以实际发生的经济业务为依据，记账、算账、报账，做到手续齐全，内容真实，数字准确，账目清楚，日清月结，按期报账，真实地反映企业财务状况、经营成果及财务收支情况，实时提供真实可靠的、可以满足各方需要的会计信息，是会计人员最基本的职责
  - 实行会计监督：各单位的会计机构、会计人员对本单位实行会计监督
  - 拟订本单位办理会计事务的具体办法
  - 参与拟订本单位的经济计划、业务计划，考核、分析预算、财务计划的执行情况
  - 办理其他会计事务

图1–13　会计人员的主要职责

- 会计监督职责
  - 会计人员对不真实、不合法的原始凭证，应不予受理
  - 对记载不准确、不完整的原始凭证，应予以退回，要求更正补充
  - 发现账簿记录与实物、款项不符的时候，应当按照有关规定进行处理
  - 会计人员无权自行处理的，应当立即向本单位行政领导人报告，请求查明原因，做出处理
  - 对违反国家统一的财政制度、财务制度规定的收支，应不予办理

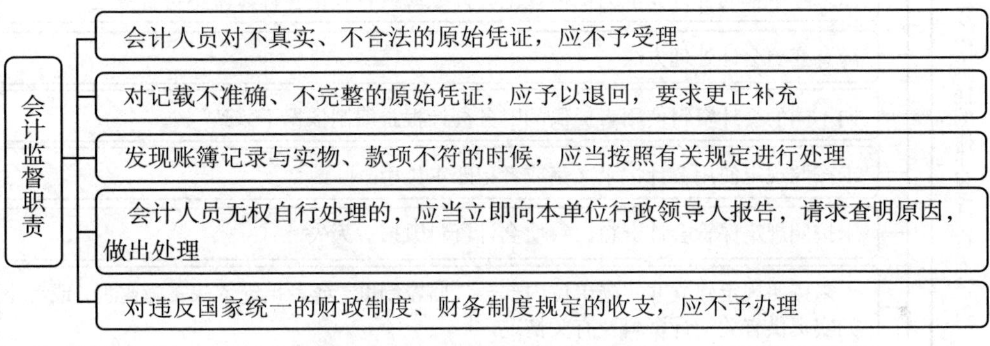

图1–14　会计监督职责

2. 会计人员的权限

- 会计人员的权限
  - 会计人员有权要求本单位相关部门和人员认真执行国家批准的计划、预算，遵守国家法令、纪律和财务制度等
  - 会计人员有权参与本单位编制计划、制定定额、签订经济合同，有权参与相关生产、经营管理会议
  - 会计人员有权监督、检举本单位有关部门的财务收支、资金使用和财产保管、收发、计量和验收等经济活动的执行效果等

图1–15　会计人员的权限

五、会计人员的法律责任

1. 会计人员的会计法律责任

《会计法》第 4 条规定，单位负责人对本单位的会计工作及会计资料的真实性、完整性负责。虽然《会计法》明确了单位负责人是本单位会计行为的责任主体，但不意味着削弱了会计人员在会计行为中的法律责任，而是增大并明确界定了会计人员在会计行为中的法律责任。

（1）应承担法律责任的违法会计行为

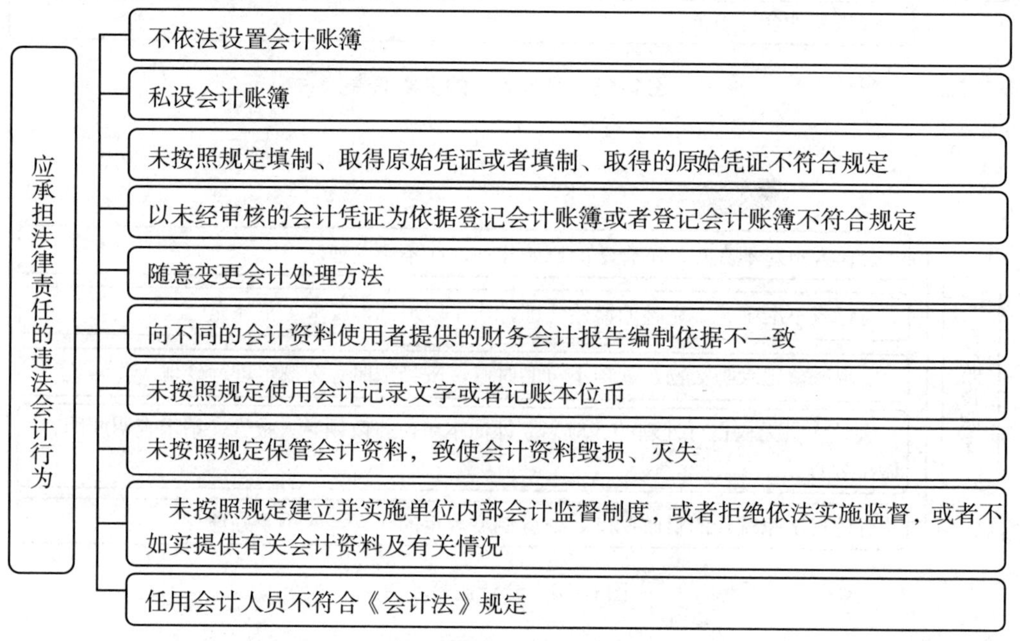

图1–16　应承担法律责任的违法会计行为

（2）违反会计制度规定行为应承担的法律责任

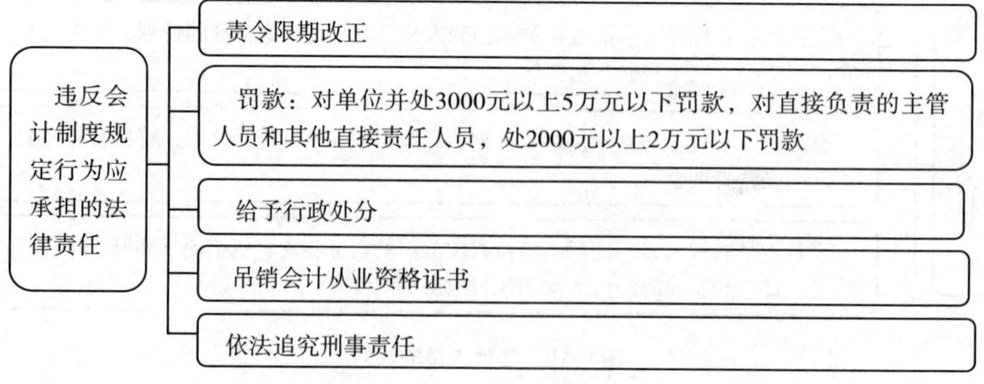

图1–17　违反会计制度规定行为应承担的法律责任

（3）伪造、变造会计凭证、会计账簿，编制虚假财务会计报告的法律责任

伪造、变造会计凭证	伪造会计凭证行为，是以虚假的经济业务或者资金往来作为前提，伪造虚假的会计凭证的行为
	变造会计凭证的行为，是采取涂改、挖补等手段来修改会计凭证的真实内容，歪曲事实真相的行为

图1–18　伪造、变造会计凭证的含义

法律责任	根据《会计法》的规定，对于伪造、变造会计凭证、会计账簿或者编制虚假财务会计报告的行为，构成犯罪的，依法追究刑事责任；尚不构成犯罪的，由县级以上人民政府财政部门予以通报：对单位并处5000元以上10万元以下罚款，对其直接负责的主管人员和其他直接责任人员，处3000元以上5万元以下罚款；属于国家工作人员的，还应当由其所在单位或者有关单位给予撤职直至开除的行政处分
	根据《会计法》的规定，授意、指使、强令会计机构、会计人员及其他人员伪造、变造会计凭证、会计账簿，编制虚假财务会计报告或者隐匿、故意销毁依法应当保存的会计凭证、会计账簿、财务会计报告行为，构成犯罪的，依法追究刑事责任；尚不构成犯罪的，可以处5000元以上5万元以下罚款，属于国家工作人员的，还应当由其所在单位或者有关单位依法给予降级、撤职、开除的行政处分

图1–19　法律责任

2. 会计人员的其他法律责任

会计人员需要遵守的法律法规，除了《会计法》涉及的条款外，还有《民法通则》《审计法》《税收征收管理法》和《发票管理办法》等，这些法律对会计人员同样具有约束作用。

（1）会计人员违反《民法通则》应承担的法律责任

会计人员的行为虽然是一项专业行为，但它首先是一种基本的民事行为，因此会计人员的行为同样受到《民法通则》的规范，与会计人员相关的民法责任主要有下列几方面。

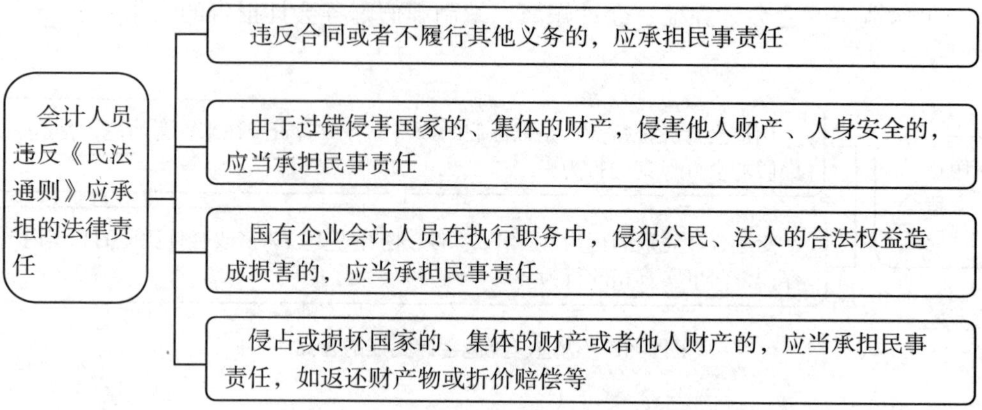

会计人员违反《民法通则》应承担的法律责任
违反合同或者不履行其他义务的，应承担民事责任
由于过错侵害国家的、集体的财产，侵害他人财产、人身安全的，应当承担民事责任
国有企业会计人员在执行职务中，侵犯公民、法人的合法权益造成损害的，应当承担民事责任
侵占或损坏国家的、集体的财产或者他人财产的，应当承担民事责任，如返还财产物或折价赔偿等

图1-20　会计人员违反《民法通则》应承担的法律责任

（2）会计人员违反《审计法》应承担的法律责任

会计人员的会计工作需要接受企业内部、国家相关监督机构的监督与检查，对于不配合检查的行为，《审计法》做出了明确规定。

会计人员违反《审计法》应承担的法律责任
拒绝或者拖延提供与审计事项有关的资料的，或者拒绝、阻碍检查的，要给予行政处分
违反《审计法》的规定，转移、隐匿违法取得的资产的，给予行政处分；构成犯罪的，依法追究刑事责任
有违反国家规定进行财政收支、财务收支行为的，给予行政处分；构成犯罪的，承担刑事责任

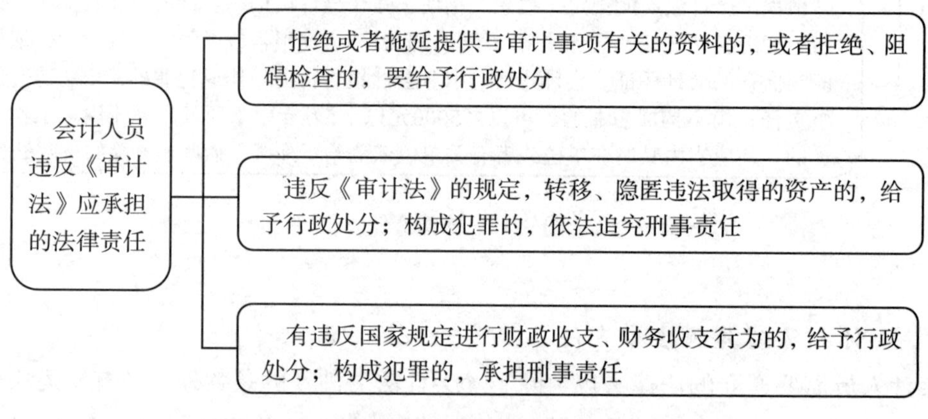

图1-21　会计人员违反《审计法》应承担的法律责任

（3）会计人员违反《税收征收管理法》的法律责任

会计人员的重要责任之一就是定期进行纳税申报，确保国家税收的及时、足额入库。针对不同程度的违反国家税收法律的行为，《税收征收管理法》分别做出如下规定。

①有下列行为之一又不在一定限期内改正的，可以处 2000 元以下的罚款；情节严重的，承担行政责任，并处 2000 元以上 1 万元以下的罚款。

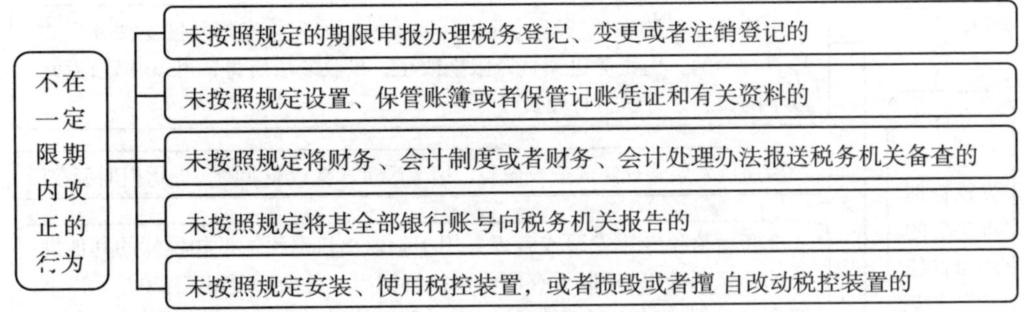

图1-22　不在一定限期内改正的行为

②纳税人伪造、变造、隐匿、擅自销毁账簿、记账凭证，或者在账簿上多列支出或者不列、少列收入，或者经税务机关通知申报而拒不申报或者进行虚假的纳税申报，不缴或者少缴应纳税款的，构成偷税。对纳税人偷税的，由税务机关追缴其不缴或者少缴的税款、滞纳金，并处不缴或者少缴的税款 50% 以上 5 倍以下的罚款，构成犯罪的，依法承担刑事责任。

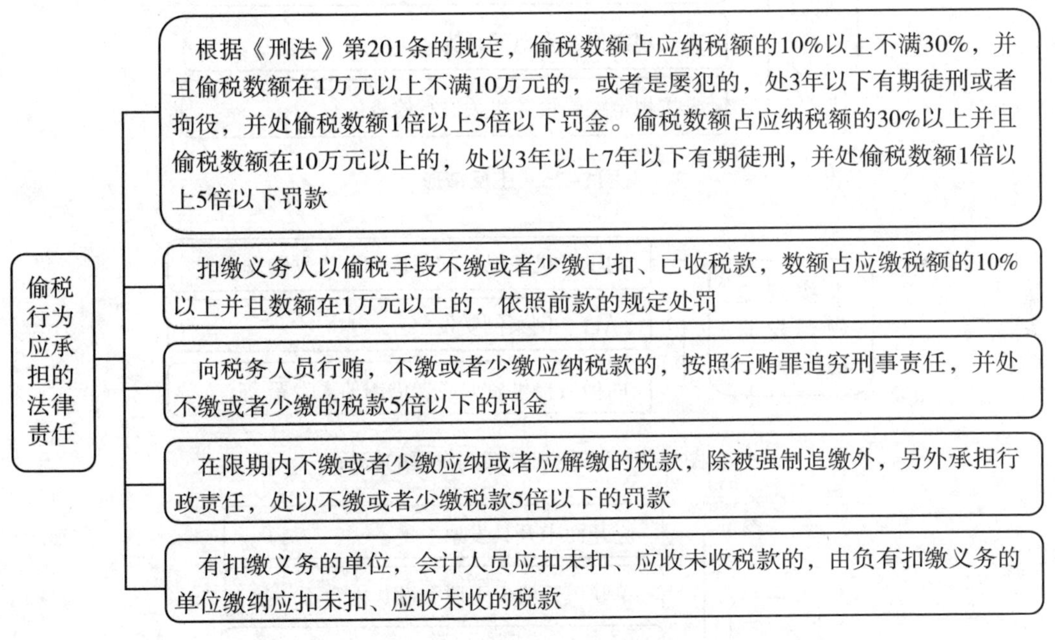

图1-23　偷税行为应承担的法律责任

（4）会计人员违反《发票管理办法》应承担的法律责任

发票作为基本的会计凭证，是会计人员记账的基础，因此会计人员在向外开具发票和处理本单位业务取得发票时，均需要遵守《发票管理办法》。

会计人员违反《发票管理办法》的法律责任

- 未按规定领购发票、开具发票、取得发票、保管发票及接受税务机关检查行为的，由税务机关责令限期改正，没收非法所得，可以并处1万元以下的罚款，并承担行政责任
- 对违反发票管理法规造成偷税，情节严重，构成犯罪的，应承担刑事责任
- 虚开增值税专用发票或者虚开用于骗取出口退税、抵扣税款的其他发票的，轻则处以3年以下有期徒刑或者拘役，并处2万元以上20万元以下罚金；重则处3年以上有期徒刑或者无期徒刑，直至死刑，并处5万元以上50万元以下罚金或者没收财产

图1–24　会计人员违反《发票管理办法》的法律责任

违反情形

- 未按规定领购发票的行为
- 未按规定开具发票的行为
- 未按规定取得发票的行为
- 未按规定保管发票的行为
- 未按规定接受税务机关进行检查的行为

图1–25　违反情形

未按规定领购发票的行为

- 向税务机关以外的单位和个人领购发票
- 私售、倒买倒卖发票
- 向他人提供发票或者借用他人发票 等

图1–26　未按规定领购发票的行为

未按规定开具发票的行为

- 应开而未开具发票
- 单联填开或上下联金额、内容不一致
- 填写项目不齐全
- 涂改发票
- 转借、转让、代开发票
- 虚开发票
- 其他单据或白条代替发票等

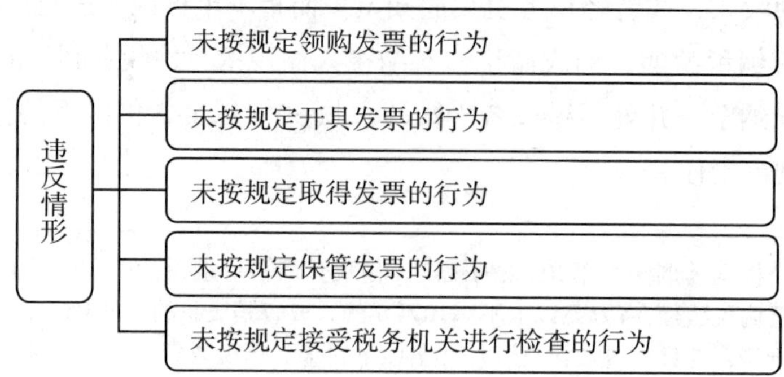

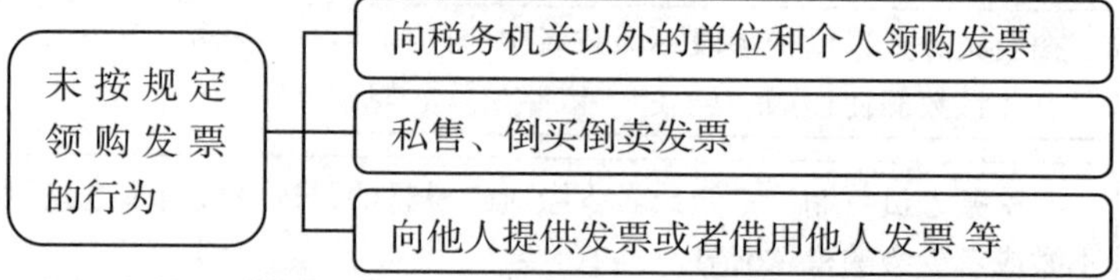

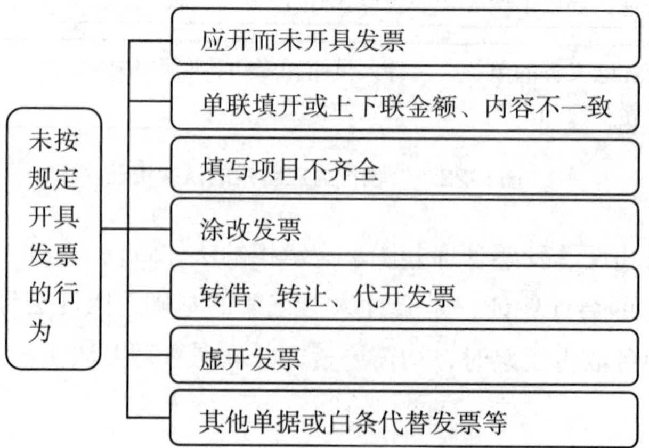

图1–27　未按规定开具发票的行为

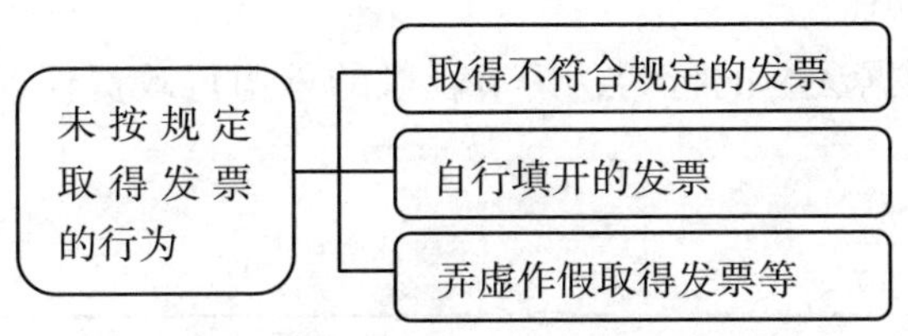

图1–28　未按规定取得发票的行为

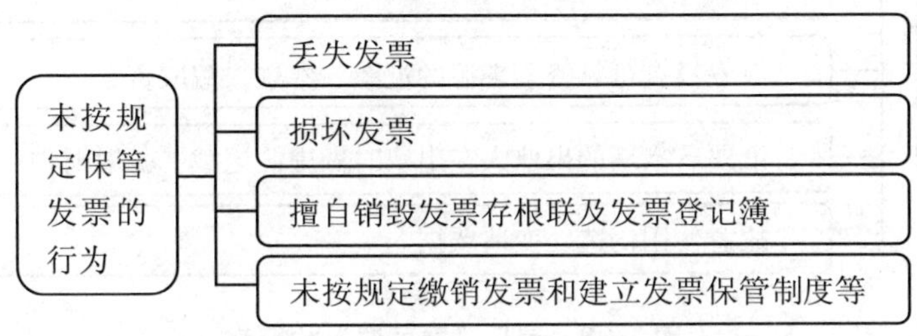

图1–29　未按规定保管发票的行为

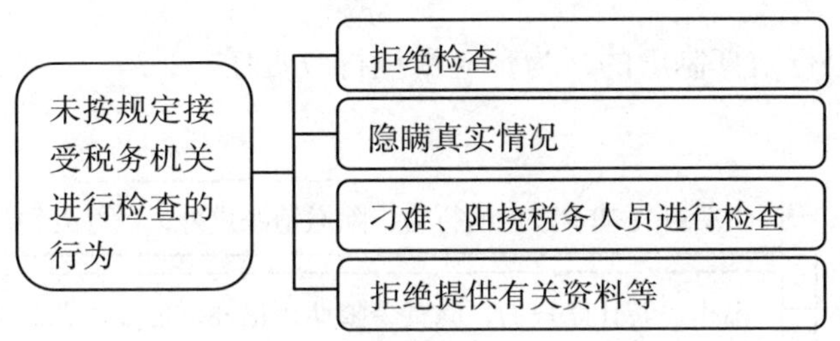

图1–30　未按规定接受税务机关进行检查的行为

（5）会计人员违反有关金融法规的法律责任

会计工作其实就是对企业“钱”的处理，因此，国家的金融法律法规同样对会计人员具有约束力。

①下列违反现金管理规定的行为，将承担行政责任。

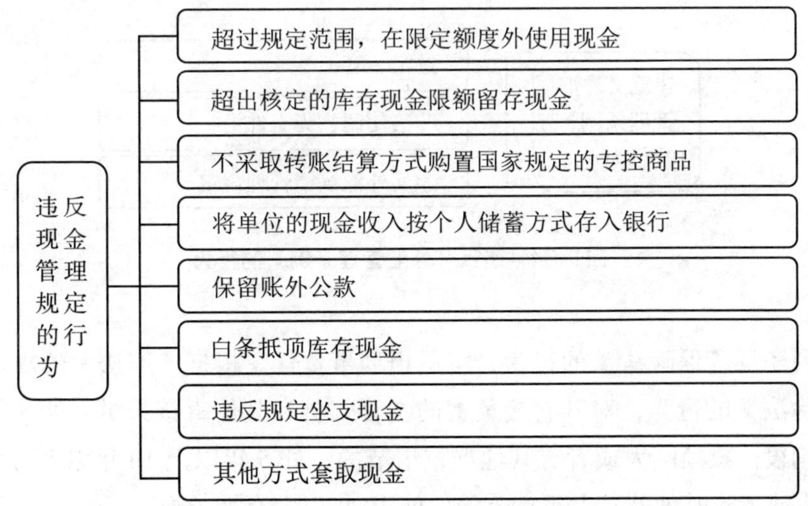

图1–31　违反现金管理规定的行为

②下列违反《票据法》的行为，情节轻微的承担行政责任，构成犯罪的承担刑事责任。

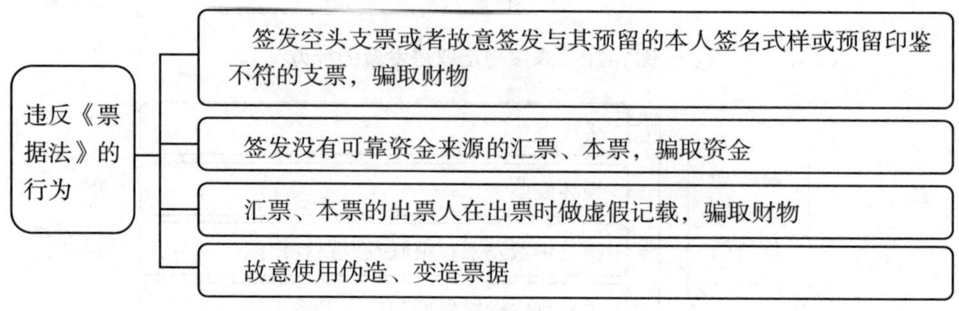

图1-32　违反《票据法》的行为

③下列违反银行结算制度的行为，应承担行政责任。

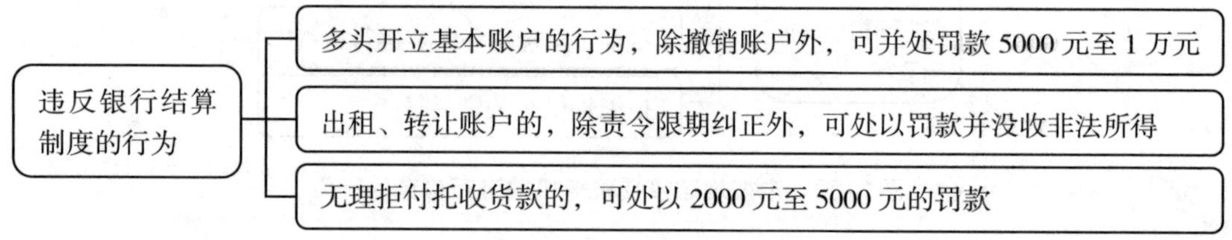

图1-33　违反银行结算制度的行为

④下列违反《外汇管理条例》的行为，轻则承担行政责任，重则承担法律责任。

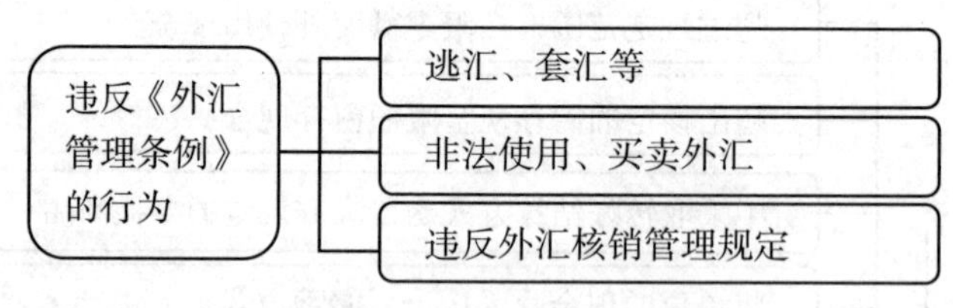

图1-34　违反《外汇管理条例》的行为

⑤下列违反《保险法》的行为，应承担刑事责任。根据《刑法》的规定，对下列违反《保险法》的行为，对其直接负责的主管人员和其他直接人员，处 5 年以下有期徒刑或者拘役；数额巨大或者有其他严重情节的，处 5 年以上 10 年以下有期徒刑；数额特别巨大或者有其他特别严重情节的，处 10 年以上有期徒刑。

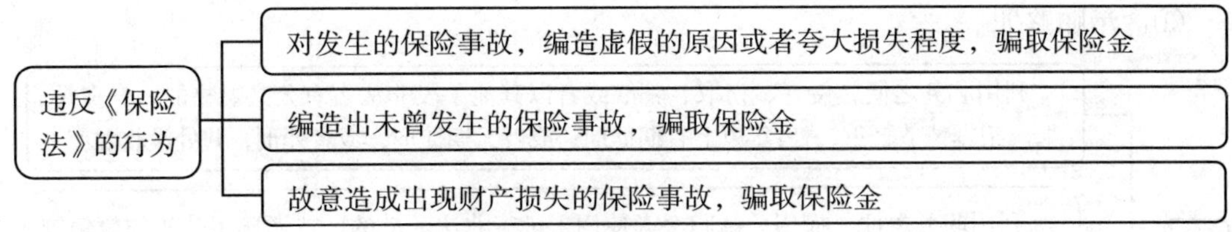

图1–35　违反《保险法》的行为

（6）会计人员触犯有关《刑法》的法律责任

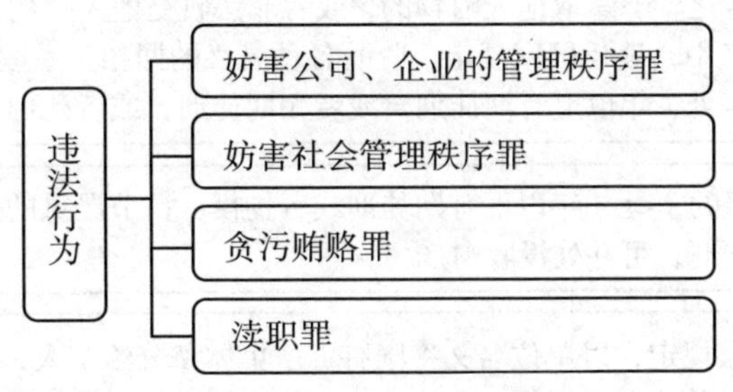

图1–36　违反《刑法》的行为

①妨害公司、企业的管理秩序罪。

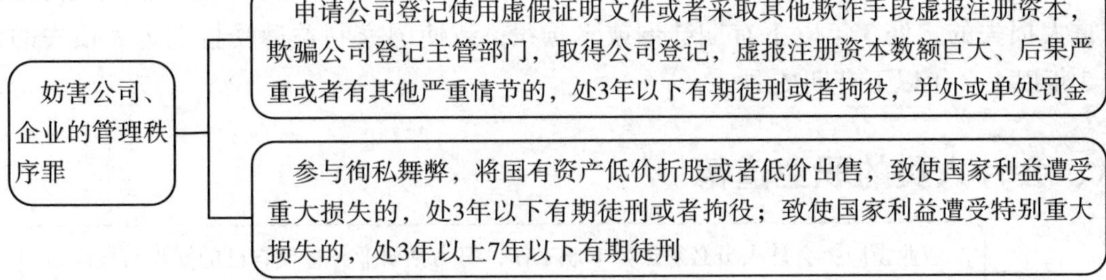

图1–37　妨害公司、企业的管理秩序罪

②妨害社会管理秩序罪。有下列行为之一的，处 5 年以下有期徒刑或者拘役；后果特别严重的，处 5 年以上有期徒刑。

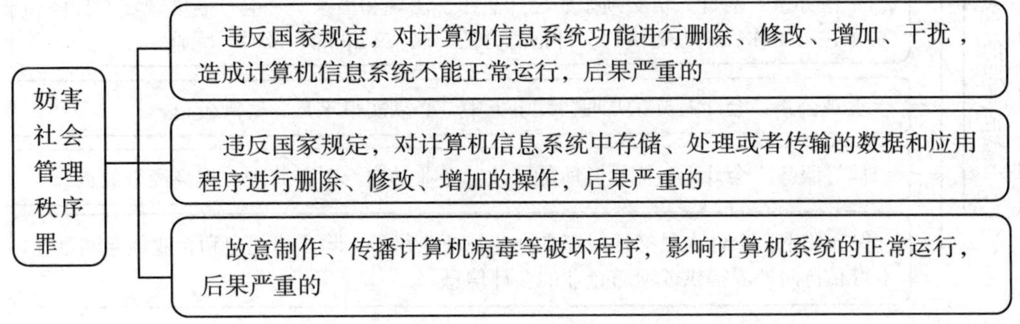

图1–38　妨害社会管理秩序罪

③贪污贿赂罪。

贪污贿赂罪应承担的法律责任

- 利用职务之便，侵吞、窃取、骗取或者以其他手段非法占有公共财物的，是贪污罪。根据情节轻重，处1年以上有期徒刑，或者无期徒刑，或者死刑，并处没收财产
- 利用职务之便，挪用公款归个人使用，进行非法活动的，或者挪用公款的数额较大、进行营私活动的，或者挪用公款的数额较大、超过3个月未还的，是挪用公款罪。轻则处5年以下有期徒刑或者拘役，重则处5年以上有期徒刑或者无期徒刑
- 利用职务之便，索取他人财物的，或者非法收受他人财物，为他人谋取利益的；在经济往来中，违反国家规定，收受各种名义的回扣、手续费，归个人所有的，是受贿罪。处1年以上有期徒刑，或者无期徒刑，或者死刑，并处没收财产
- 犯行贿罪的，处5年以下有期徒刑或者拘役，情节严重的处5年以上有期徒刑或者无期徒刑，可并处没收财产
- 违反国家规定，以单位名义将国有资产集体私分给个人，或将应当上缴国家的罚没财物以单位名义集体私分给个人，数额较大的，处3年以下有期徒刑或者拘役，并处或者单处罚金；数额巨大的，处3年以上7年以下有期徒刑，并处罚金

图1-39　贪污贿赂罪应承担的法律责任

④渎职罪。在签订、履行合同过程中，因严重不负责任被诈骗，致使国家利益遭受重大损失的，处3年以下有期徒刑或者拘役；致使国家利益遭受特别重大损失的，处3年以上7年以下有期徒刑。

六、会计人员的职业道德

会计人员的职业道德

- 敬业爱岗：会计人员必须热爱本职工作，努力钻研业务，使自己的知识与技能适应所从事工作的要求
- 熟悉法规：会计人员必须熟悉财经法律、法规、规章和国家统一会计制度，并结合会计工作进行广泛宣传
- 依法办事：会计人员必须按照会计法律、法规和国家统一会计制度规定的程序和要求进行工作；确保提供的会计信息合法、真实、准确、及时、完整
- 客观公正：会计人员在办理会计事务中，必须实事求是、客观公正
- 搞好服务：会计人员需尽其所能，改善企业的内部财务管理，提高经济效益
- 保守秘密：会计人员必须保守本企业的商业秘密，除法律规定和企业领导同意外，不得私自向外界提供或泄露企业的会计信息

图1-40　会计人员的职业道德

第二节　会计部门的岗位设置

一、会计部门岗位设置的一般要求

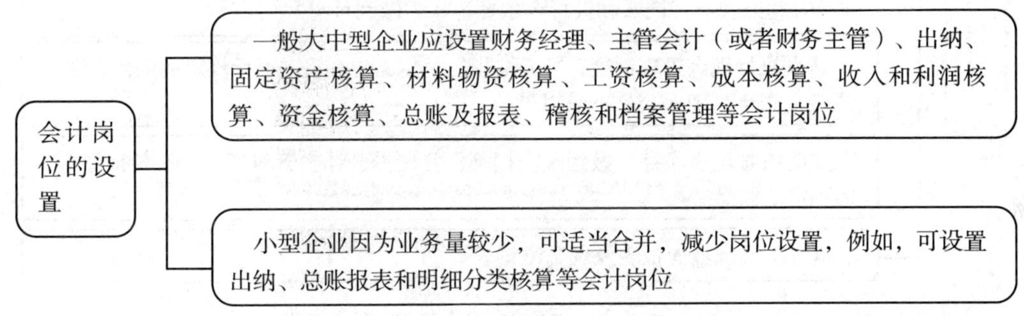

图1–41　会计岗位的设置

会计部门常见的岗位设置包括出纳岗、材料物资核算岗、库存商品核算岗、往来结算岗、工资核算岗、成本费用核算岗、固定资产核算岗、总账会计岗以及会计主管等。不同岗位的工作内容不同，所有岗位既有独立分工又须相互协作，共同完成企业的会计工作。会计岗位可以一人一岗、一人多岗或多岗一人。但为了确保企业资金安全，避免舞弊行为的发生，实现不同岗位能够互相制约，在岗位设置时要注意下列两方面。

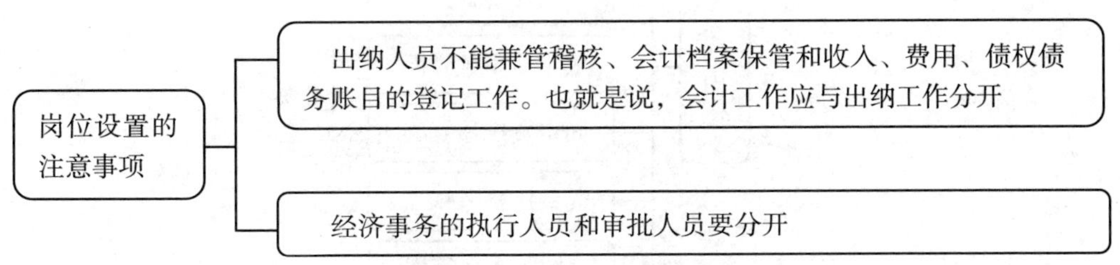

图1–42　岗位设置的注意事项

二、出纳岗位的工作内容

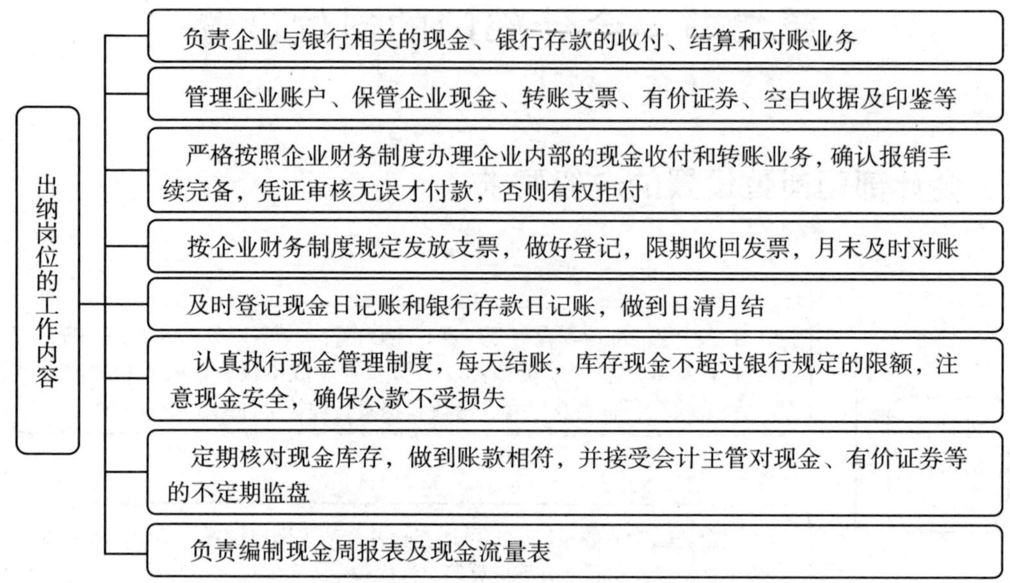

图1–43　出纳岗位的工作内容

三、会计岗位的工作内容

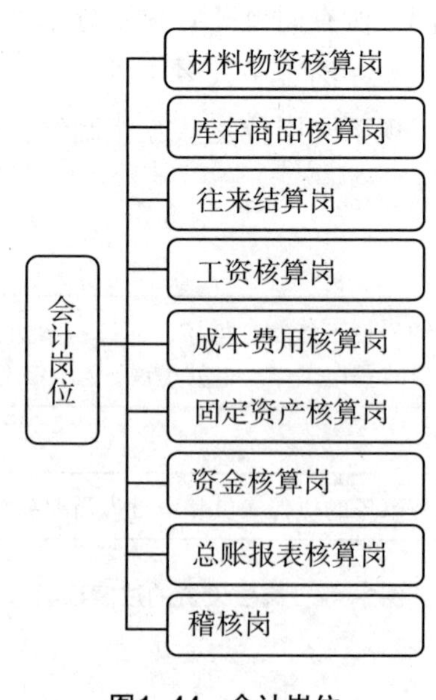

图1–44　会计岗位

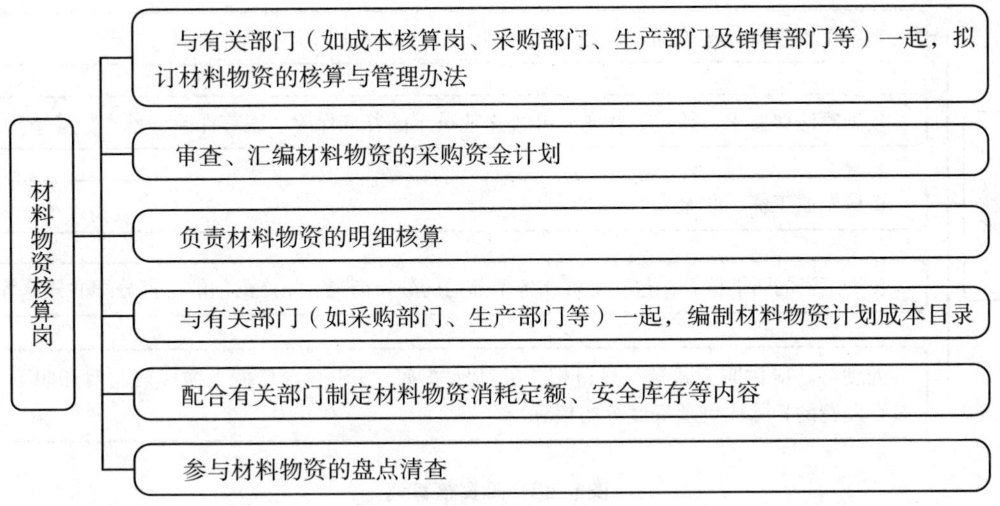

图1–45 材料物资核算岗

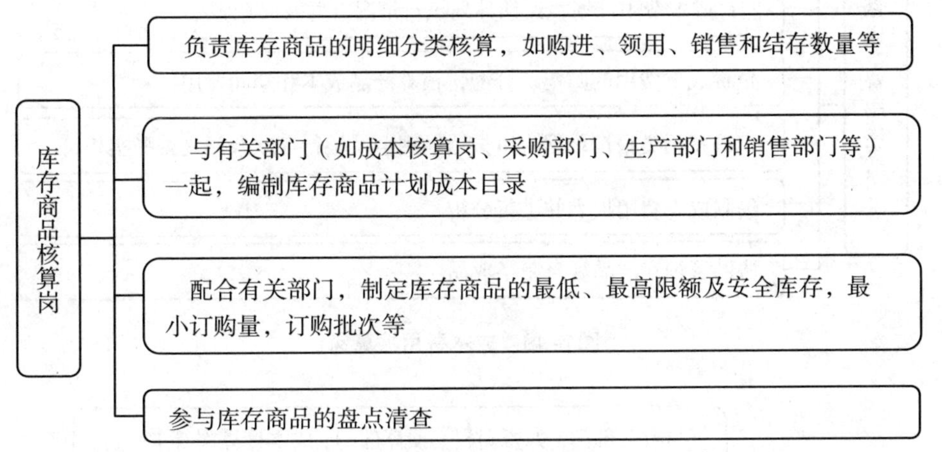

图1–46 库存商品核算岗

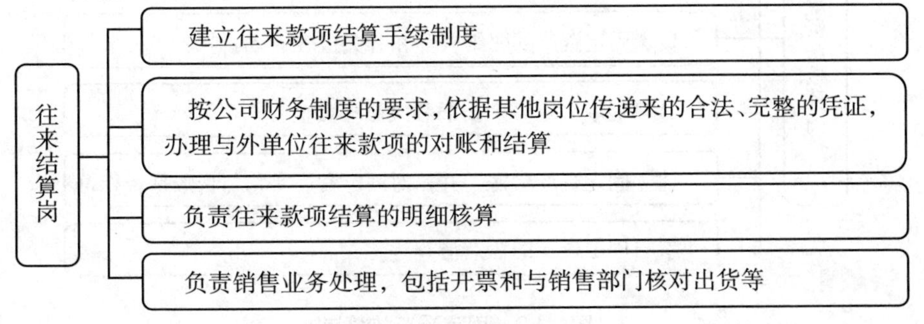

图1–47 往来结算岗

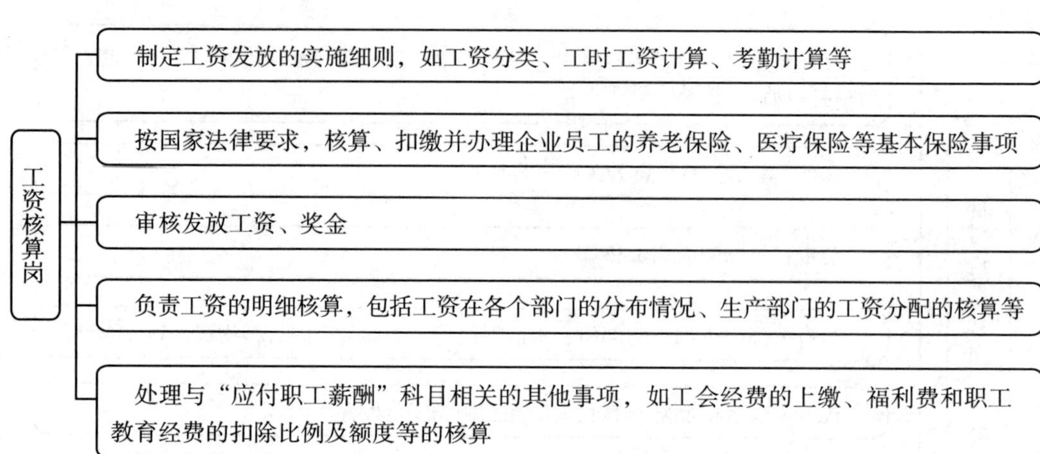

图1-48　工资核算岗

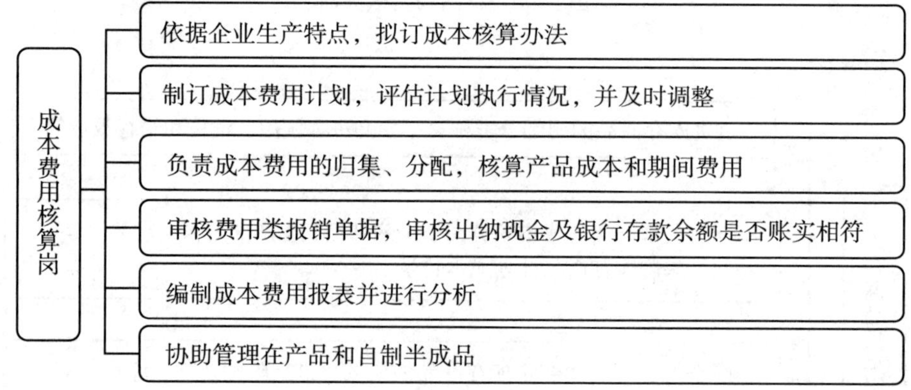

图1-49　成本费用核算岗

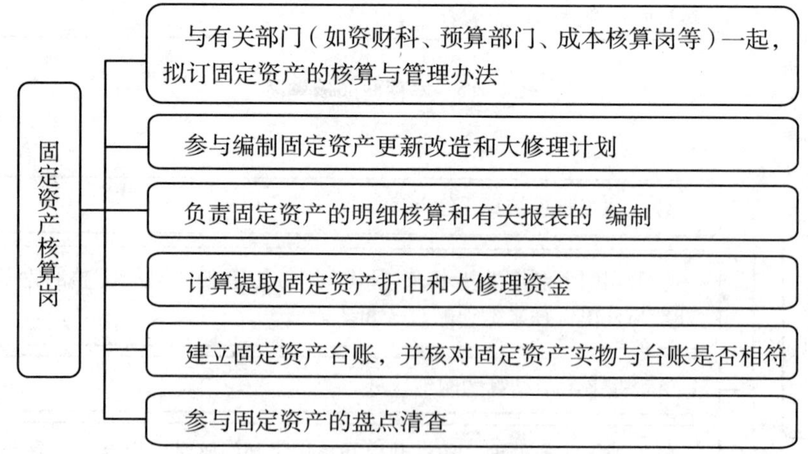

图1-50　固定资产核算岗

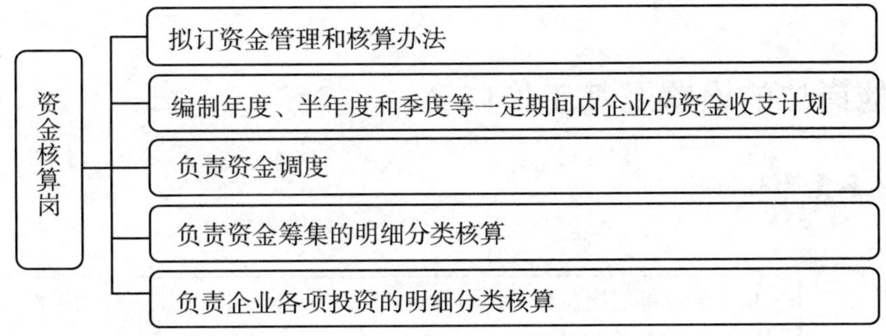

图1–51　资金核算岗

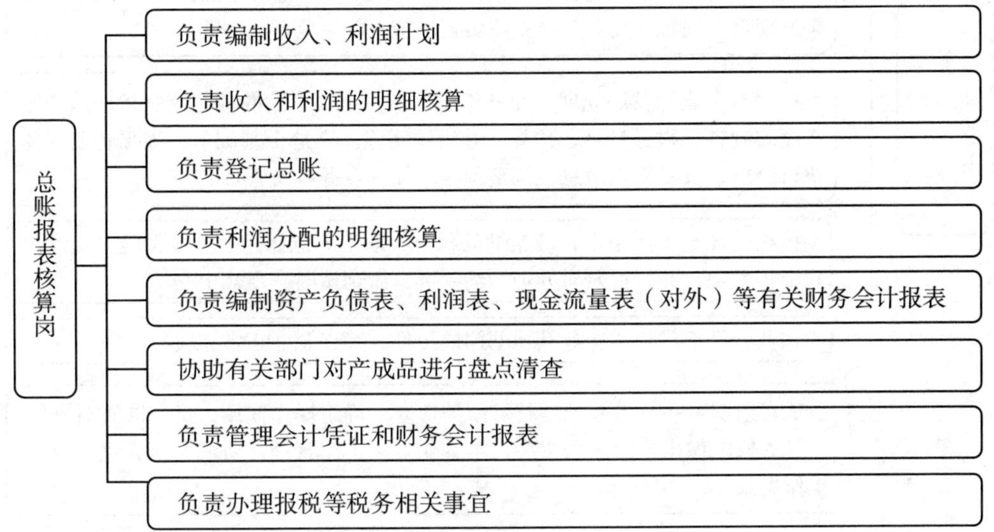

图1–52　总账报表核算岗

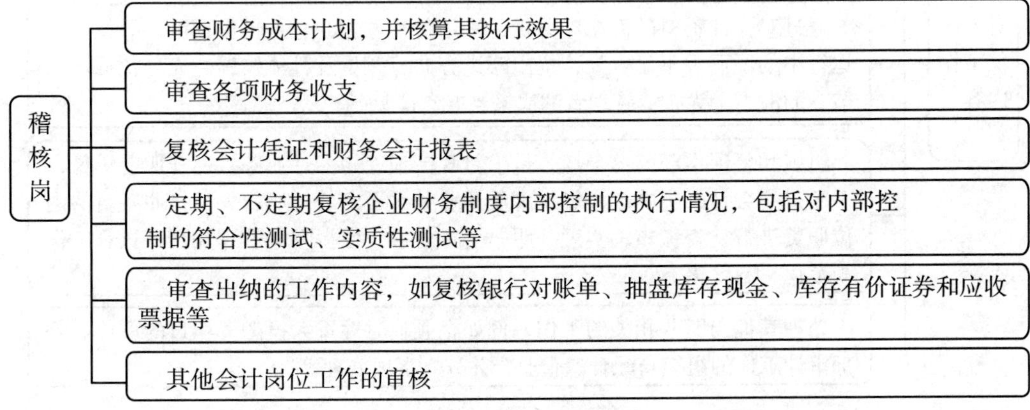

图1–53　稽核岗

四、其他岗位的设置及其工作内容

1. 财务负责人岗位

财务负责人岗位工作内容

- 根据会计部门岗位分工、内部不同岗位互相牵制的原则，提出本部门岗位设置和人员配备方案
- 认真贯彻国家的财经方针政策、法律、法规，严格遵循财经纪律及各项规章制度。对本企业的财务会计制度进行监督检查，发现问题，及时纠正；如果发现重大问题，需及时向企业负责人或上级主管部门报告
- 根据本企业的发展规划、业务工作计划及上级下达的各项控制指标，按照年度编制各类财务计划、预算，并组织实施。在这个基础上，加强企业预算执行分析，及时提供信息，调整预算，加强业务收支管理
- 按相关规定，严格审查应缴纳的税金、职工养老保险、失业保险、医疗保险金等款项，并督促及时办理缴纳手续，做到按时、足额上交
- 协调会计部门与本企业其他部门的工作，确保企业正常运转

财务负责人岗位工作内容

- 负责组织财务软件系统运行环境的建立，确定操作使用人员，同时对操作人员的权限做出规定。负责会计电算化日常工作管理，协调各电算化岗位的工作关系
- 定期和不定期地检查计算机输出的财务报表数据、凭证数据的正确性与及时性
- 在财务软件系统发生故障时，及时组织有关人员尽早恢复系统的正常运行
- 通过对会计资料的汇总和分析，采用科学方法，进行销售预测，寻找企业运行中的漏洞和不足之处，提出改进方向、意见及具体措施，充分挖掘增收节支的潜力，为企业管理者的决策当好参谋
- 组织和督促本部门的会计人员学习政治理论与会计业务，遵守职业道德，不断提高会计人员的政治思想素质及业务水平，并对所属人员按照各自的岗位职责进行检查考核，奖惩分明，公正处事，使得财务管理和会计核算工作规范化、制度化
- 处理其他与财务相关的工作，例如企业临时性重大投融资项目的评估、外部审计工作的组织与配合、企业合并分立事项处理等

图1-54 财务负责人岗位工作内容

2. 系统管理岗位

系统管理岗位工作内容

- 负责财务软件操作系统的维护，定期对计算机设备进行检查，保证机器设备正常运转，但不得擅自修改已经经过测验和检验的程序和计算公式
- 严格遵守计算机管理和维护的各项制度规定，做好密码与口令的保密工作，做好权限开通履行核准手续工作
- 定期检查计算机病毒，维护好机内会计数据，并及时备份
- 负责电算化系统升级换版的调试和人员变动重新设置工作
- 定期做好电算化系统操作运行情况的总结工作，并提出改进意见

图1-55　系统管理岗位工作内容

3. 档案管理岗位

档案管理岗位工作内容

- 指导各个会计岗位对各种会计资料进行收集、编号、整理、装订工作。年终负责将全年的会计资料收集齐全，完成审查、核对、整理立卷、编制目录、装订成册的工作
- 当年的会计档案保管一年后，应填写归档清册，按时间、类别进行长期资料的统一保管
- 按照企业对会计档案的管理制度要求，协调办理企业内、外各个部门的档案归集、查询、复印或外借工作
- 对需销毁的会计档案，应填写“会计档案销毁清册”，提出申请，并经相应级次主管部门核准后方能执行。会计档案销毁前，若档案管理人员认为其中某部分会计资料非常重要，应将复印件留存

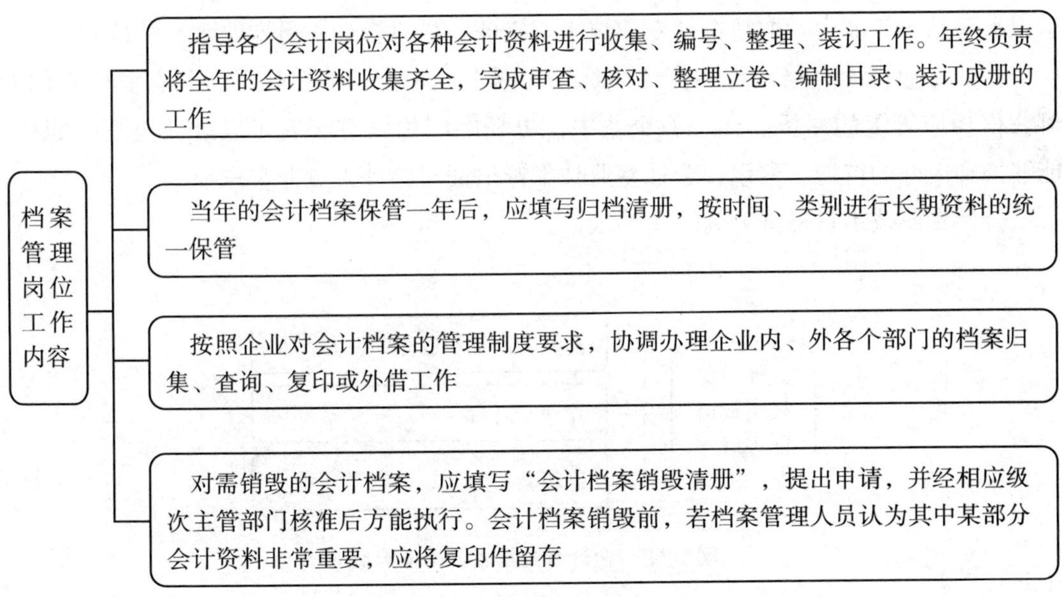

图1-56　档案管理岗位工作内容

第三节　国内会计行业证书简介

我国的会计专业证书有两类。

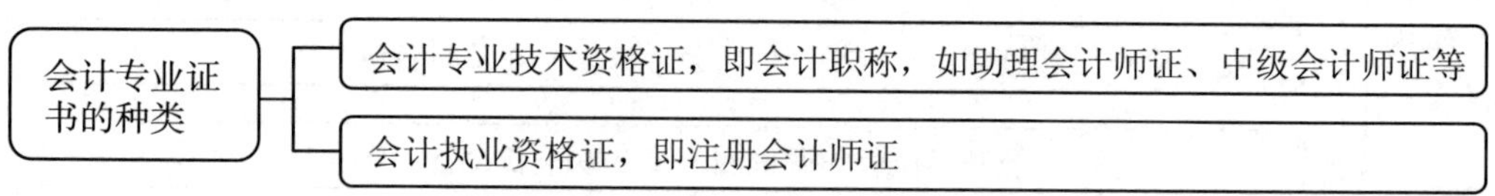

图1-57　会计专业证书的种类

一、会计专业技术资格证的取得

会计专业技术资格证在一个科学、公正的平台上，客观地评价了会计专业人员的学识水平及业务能力。取得会计专业技术资格证，是对会计人员专业水平的认同。

会计专业技术资格，也称会计职称，在国企及国家事业单位里，只有取得职称方可获得相应等级的提拔。在一般企业中，更高的职称则意味着可以胜任更高的职位，能够得到更好的待遇。所以，会计专业技术资格证对会计人员非常重要。

会计专业技术资格证分为三个等级。

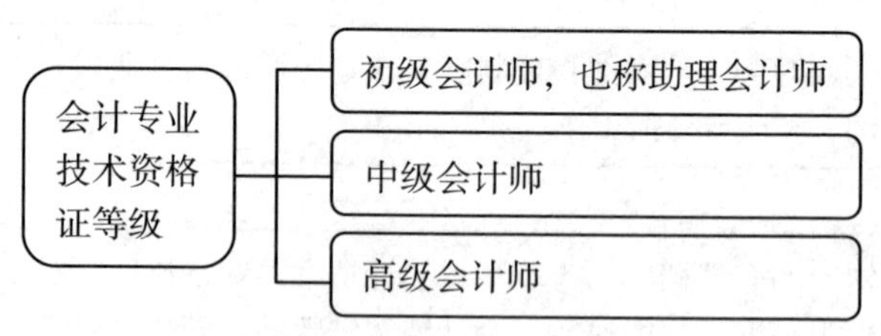

图1-58　会计专业技术资格证等级

其中，初级与中级职称可以通过考试直接取得，而高级职称的取得则相对比较复杂。除了需要参加全国统一的“高级会计实务”考试并且考试合格外，还要由具有高级会计师职务任职资格评审权的相关单位或所在地省级高级会计师职务任职资格评审委员会审定认可。

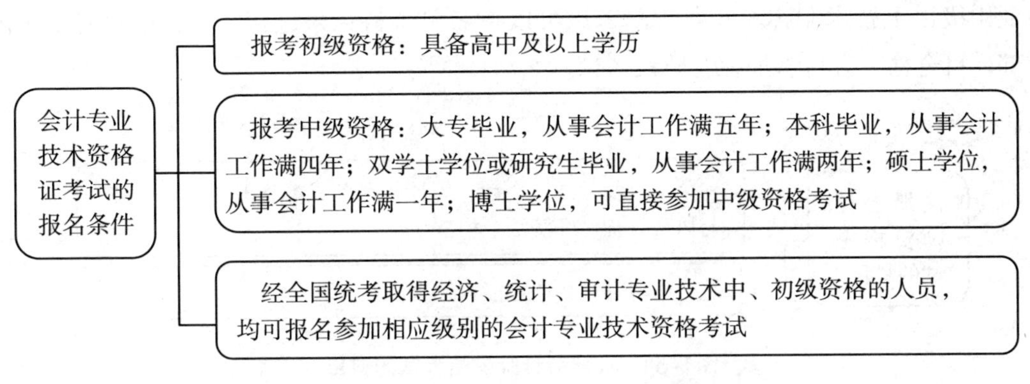

图1–59　会计专业技术资格证考试的报名条件

参加初级资格考试的人员，必须在一个考试年度内通过所有科目的考试，方可获得会计专业技术初级资格证书；参加会计专业技术中级资格考试的人员，在连续的两个考试年度内，所有科目考试均合格者，可取得会计专业技术中级资格证书。

二、注册会计师执业资格认证

注册会计师英文全称为 Certified Public Account，简称 CPA，是指依法取得注册会计师证书，可以开始接受委托从事审计和会计咨询、会计服务业务的会计执业人员。注册会计师既是一个称号，同时也是一个资格。

取得注册会计师执业资格后，可以成为会计师事务所的合伙人，也可以为大型企业，特别是上市公司出具有法律效力的相关会计文件。我国的相关经济法规明确规定，注册会计师依法执行审计业务出具的报告，具有证明效力。

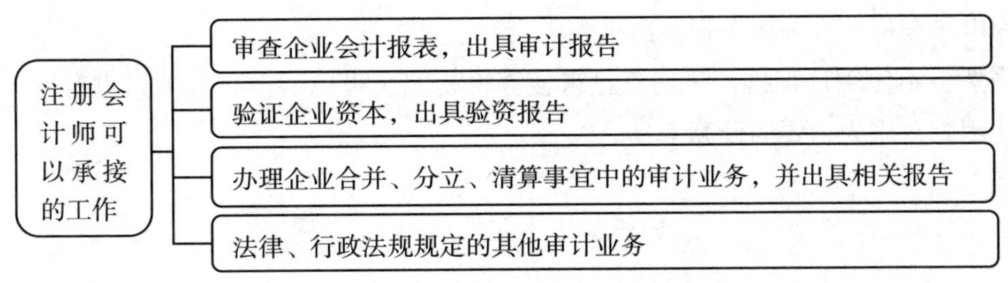

图1–60　注册会计师可以承接的工作

要取得注册会计师的资格证，需要参加严格的执业资格考试，即注册会计师考试。注册会计师考试每年统考一次，通常是 4 月中旬到 5 月初报名，9 月的第三周考试。

参加注册会计师考试需要具备高等专科以上学校毕业学历，或者具有会计或相关专业中级以上技术职称。专业阶段考试可以报名单个科目来进行考试，但只有 5 年内全部科目合格，方可参加综合阶段考试。

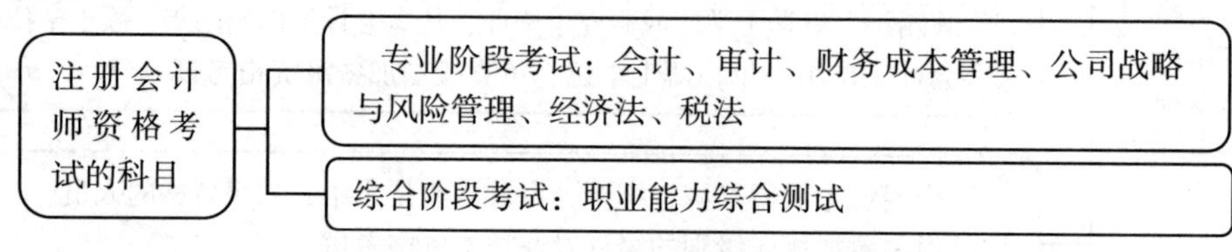

图1–61　注册会计师资格考试的科目

注册会计师能够出具有法律效力的审计报告，上市公司公开发布的年报也必须有注册会计师的签名才有效，因此注册会计师的门槛是较高的。而且我国对注册会计师的管理非常严格，对其违纪违法后的处罚力度也非常大。

第四节　会计需要的工作用品

一、会计使用的计算用品

会计的计算工具近年来发生了很大的变化，从传统的老算盘到加了复位按键、样式也相当现代的新算盘，再到人手一个的电子计算器，最后发展为应用计算机记账的无纸化会计核算。

大部分企业将计算机应用到会计核算当中，就算不是应用会计软件进行全盘做账，也要用电子表格软件来算工资、出报表。

当然，不使用计算机，只用算盘来核算也是完全可以的。在我国，也有一些企业还在使用算盘作为主要的计算工具。

二、会计使用的记录用品

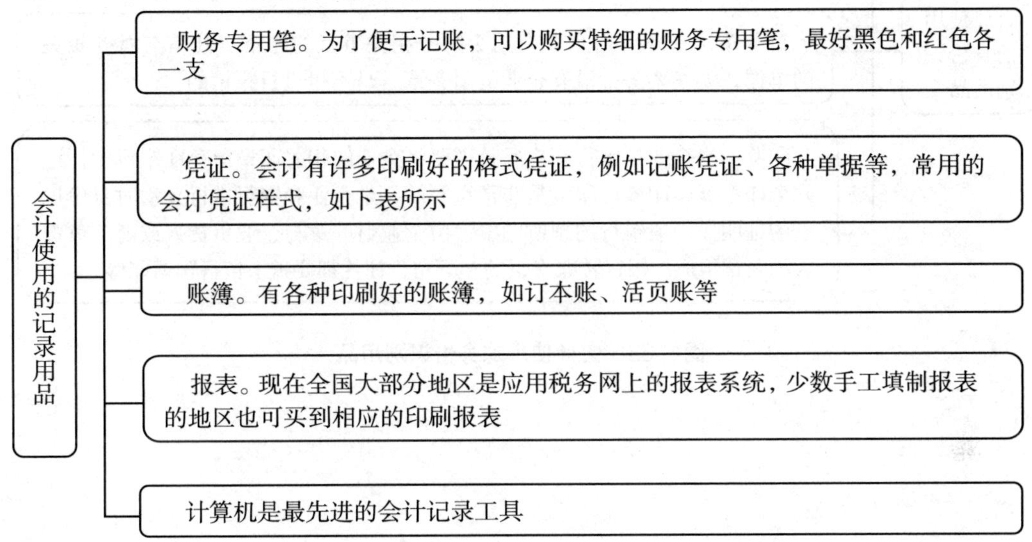

图1-62　会计使用的记录用品

常用的会计凭证样式

收　款　凭　证

收字第　号

摘　　要	会计科目		借方金额	贷方金额	记账√
	总账科目	明细科目			
附件　　张	合　　　计				

会计主管　　　　记账　　　　审核　　　　制证

三、会计使用的身份识别用品

会计使用的身份识别用品

公章：公司的公章是企业最重要的身份识别用品。企业正式的、重要的特别是对外的正式文件、介绍信、合同等都需要加盖公章

财务章：财务章是企业专用于财务相关事宜的印章。凡是与财务相关的单据，如发票等，没有企业的财务章，是不得进行报销的

印鉴：当企业在银行开户后，需要将企业的相关印章留存在银行中，这几个印章就叫印鉴。印鉴是非常重要的，是企业和银行进行互动时身份识别的证明。一般银行的预留印鉴，由企业财务章与企业负责人或财务负责人的名章组成。银行转账支票的左下角，往往都要盖上银行预留印鉴

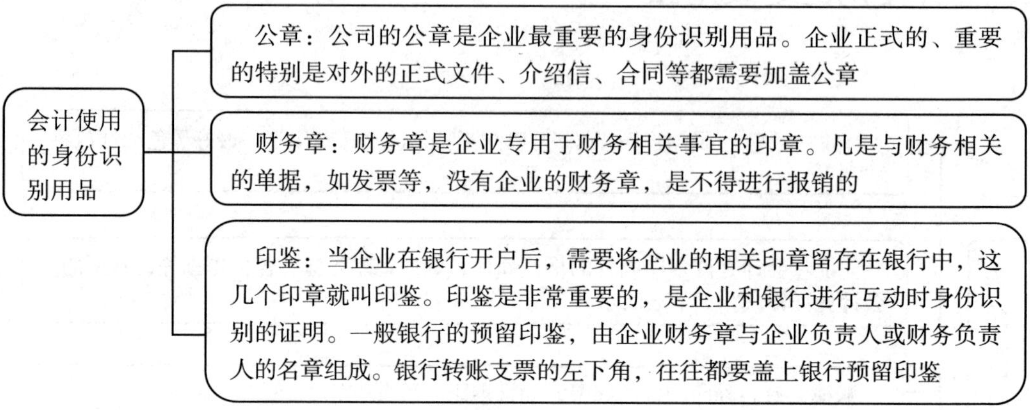

图1–63　会计使用的身份识别用品

第二章　会计工作的理论基础

第一节　会计假设

会计假设作为会计核算的基本前提，是指为了保证会计工作的正常进行和会计信息的质量，对会计核算的范围、内容、基本程序和方法等做出限定，并在此基础上建立的会计原则。会计假设包括四个，分别是：会计主体假设、持续经营假设、会计分期假设以及货币计量假设。

一、会计主体假设

1. 会计主体假设的概念

所谓会计主体，是指会计核算所“服务”的特定单位，它明确了会计工作的空间范围，解决了会计核算“谁”的经济业务、为“谁”记账的问题。

2. 会计主体应具备的条件

会计主体应具备的条件
- 要具有一定数量的经济资源。无论这些资源是投资者投入的还是借来的，抑或别人捐赠的，反正会计主体要“拥有”一定的资源，没有资源，就无须核算，也就无所谓会计主体
- 会计主体应能进行独立的生产经营活动或其他经济活动。会计主体拥有了资源，还要能够在一定范围内自由地支配这些资源，可以在“被限制的自由下”开展经济活动
- 要能实行独立核算，提供反映本主体经济情况的会计报表。需注意的是：法律主体通常是会计主体，但会计主体不一定是法人

图2–1　会计主体应具备的条件

就我国目前的企业组织形式来看，可将其分为独资企业、合伙企业、公司制企业

等会计主体。

会计主体应具备的条件

独资企业：企业主与企业主本人所经营的企业界限不明显（如公司的车也是自己的车）

合伙企业：因为涉及多名合伙人，要求区分不同主体之间企业与各个企业主之间利益的界限（公司名下的车不能算企业主个人的，但可以使用）

公司制企业：所有权与经营权分离，企业主的个人利益应服从企业的利益，只能在额定范围内取得个人利益，如分红等

图2-2 会计主体应具备的条件

二、持续经营假设

1. 持续经营假设的概念

所谓持续经营，是指会计核算应以持续、正常的生产经营活动为前提，而不考虑是否将破产清算。它明确了会计工作的时间范围。

2. 持续经营假设的意义

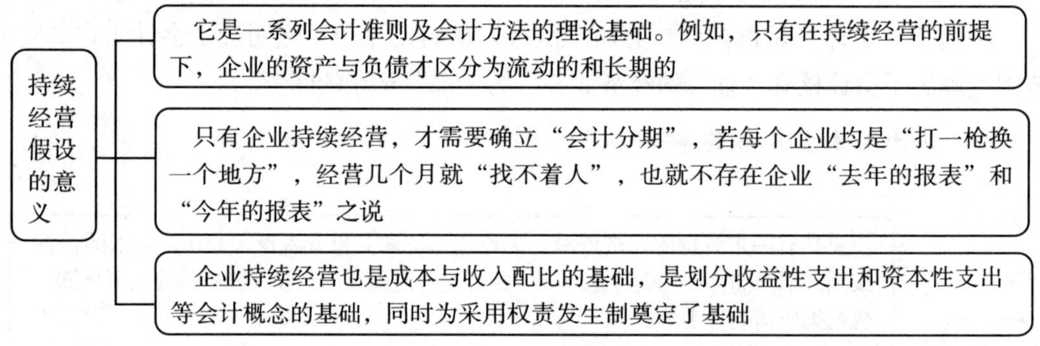

图2-3 持续经营假设的意义

三、会计分期假设

1. 会计分期假设的概念

会计分期，又叫会计期间，是指把企业持续不断的生产经营过程，人为地划分为若干个连续的、相对较短的等距会计期间。它是对会计工作时间范围的具体划分，是在会计工作中，为了核算生产经营活动或预算执行情况所规定的起讫日期。

2. 会计分期假设的意义

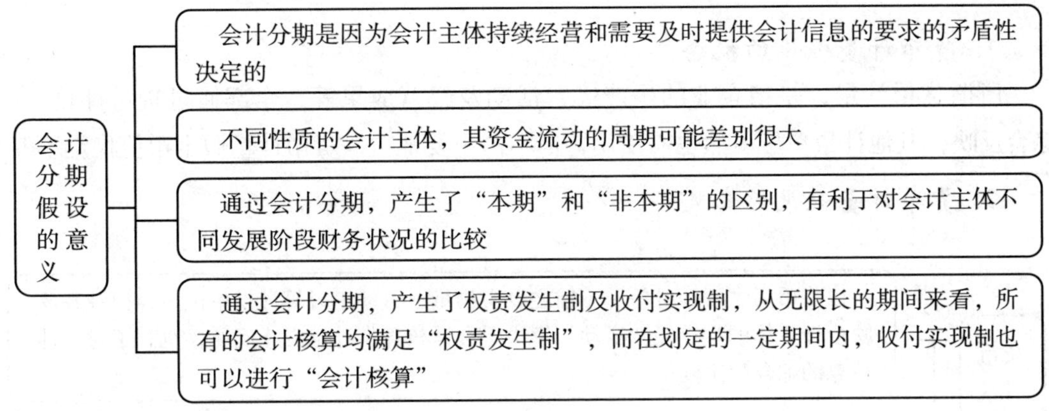

图2-4　会计分期假设的意义

会计分期实际上是持续经营假设的延续，由于是持续经营，因此需要分期核算。目前我国通用的会计分期包括年度、半年度、季度和月度等，所有分期均按公历起止日期（每年 1 月 1 日至 12 月 31 日）确定。半年、季度和月度都称为会计中期。

3. 会计期间的概念

会计期间就是将企业川流不息的经营活动划分为若干个相等的区间，在连续反映的基础上，分期进行会计核算和编制会计报表，定期反映企业某一期间的经营状况和财务成果。

我国《企业会计准则》规定：会计期间一般应从公历 1 月 1 日开始，12 月 31 日结束，又称会计年度、财务年度基准日、会计年度基准日。

4. 会计期间对会计工作的影响

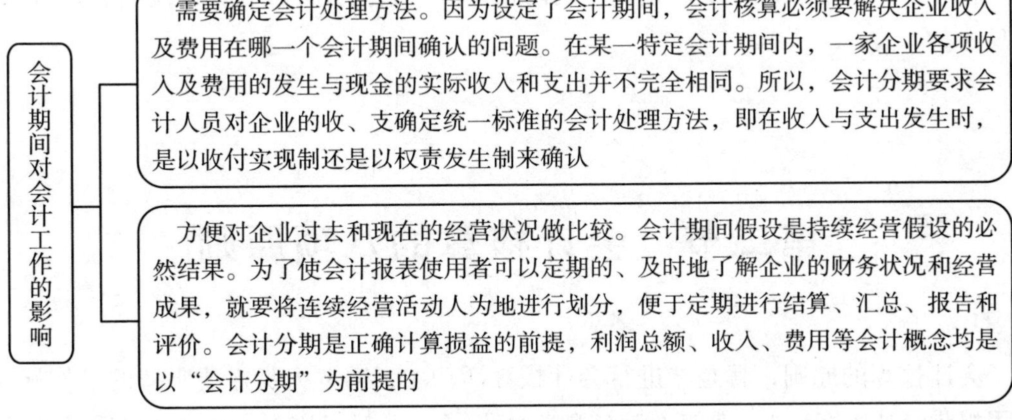

图2-5　会计期间对会计工作的影响

四、货币计量假设

1. 货币计量假设的概念

所谓货币计量，是指企业的生产经营活动及经营成果等，全部通过货币计量予以综合反映，其他计量单位虽然也需使用，但不占主要地位。货币计量假定币值稳定不变。

2. 货币计量假设的意义

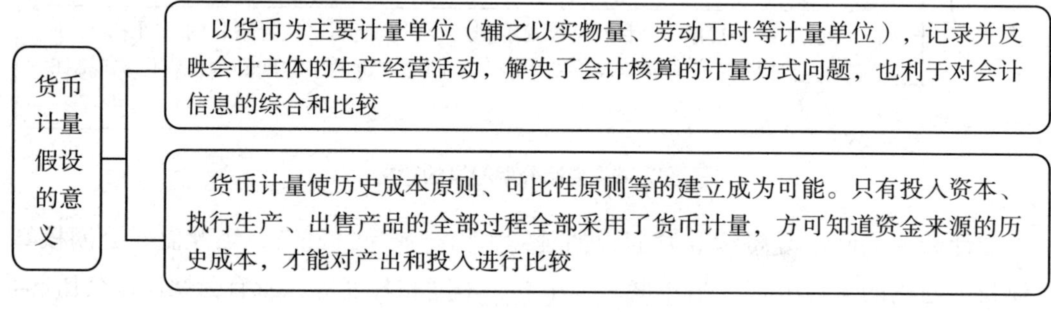

图2–6 货币计量假设的意义

因为不同国家采用不同的币种，一个国家在确认本国会计记账的内容时，都会规定记账本位币。

所谓记账本位币，是指企业经营所处的主要经济环境中的货币。而主要经济环境，一般是指企业主要产生和支出现金的环境，应用该环境中的货币最能反映企业的主要交易的经济结果。例如，我国绝大多数企业主要产生和支出现金的环境在国内，所以，我国会计法规规定，在中国注册或经营的企业必须将人民币作为记账本位币。对于业务收支以外币为主的企业，也可以选用某种外币作为记账本位币，但编制会计报表时应当折算为人民币反映。境外企业向国内相关部门编报会计报表，也应当折算为人民币反映。

第二节 会计核算的八项原则

会计核算的原则，就是在进行会计核算活动中，财务人员需要坚持的工作标准。为了规范会计核算行为，保证会计信息质量，《企业会计准则》对会计信息质量进行了明确的要求，提出了八项会计核算的原则。

会计核算的八项原则

- 可靠性原则：是会计核算的基本原则，要求会计处理活动所提供的会计信息是真实可靠、内容完整的，可以如实反映各项交易和事项的相关信息。企业需以实际发生的交易或者事项为基础进行确认、计量，不能根据虚构的、没有发生的或者尚未发生的交易或者事项进行确认、计量和报告
- 相关性原则：为了保证所提供的会计信息有助于信息使用者做出决策，必须与决策需要相关。只有相关的会计信息，方可实现会计的职能和目标，相关性是以可靠性为基础的，两者之间并不矛盾，不应将两者对立起来
- 可理解性原则：是指在进行会计处理时，所填制的凭证、登记的账簿、编制的报表都应该清晰明了，有利于财务报告使用者理解与使用
- 可比性原则：要求企业提供的会计信息应当相互可比
- 实质重于形式原则：是指在进行会计处理时，不能仅仅以交易的形式来进行处理，而应该以其经济实质作为会计计量和确认的依据。大多数的业务交易，其法律形式反映了经济实质；但是，在有些情况下，法律形式没有反映经济实质
- 重要性原则：是指在进行会计处理时，财务人员要进行适当的职业判断，所编制的财务报表要能够反映所有对企业有重要性的交易或事项。在会计实务中，通常以项目的性质和涉及金额的大小两个方面来判断其重要性程度
- 谨慎性原则：是指在进行会计处理时，对所处理的事项要保持必需的谨慎，不能高估资产或取得的收入，也不能低估负债或发生的支出和费用
- 及时性原则：是指应该及时地进行会计处理活动，将所发生的事项及时填制凭证、登记账簿，按照要求及时编制财务报表，不能提前或者延后。信息的价值就在于及时性，若不能及时地提供有效的会计信息，会计信息也就没有了意义

图2–7 会计核算的八项原则

可比性原则

- 同一企业不同时期可比：要求在对同一企业不同时期的相同交易或事项进行会计处理时，必须采取相同的会计政策，不得随意变更，以满足会计信息的可比性
- 不同企业相同会计期间可比：要求不同企业同一会计期间发生的相同或是相似的交易或者事项，应当采用规定的会计政策，保证会计信息口径一致、相互可比，使得不同企业按照一致的确认、计量和报告要求提供有关会计信息

图2–8 可比性原则

第三节　会计对象

一、工业企业的会计对象

工业企业的会计对象就是工业企业的资金运动。所谓资金，凡是可以用货币表现的财产物资都属于该范畴，而资金运动是由“资金投入、资金在企业内部周转、资金退出”三部分组成的，其运动形式如图 2-9 所示。

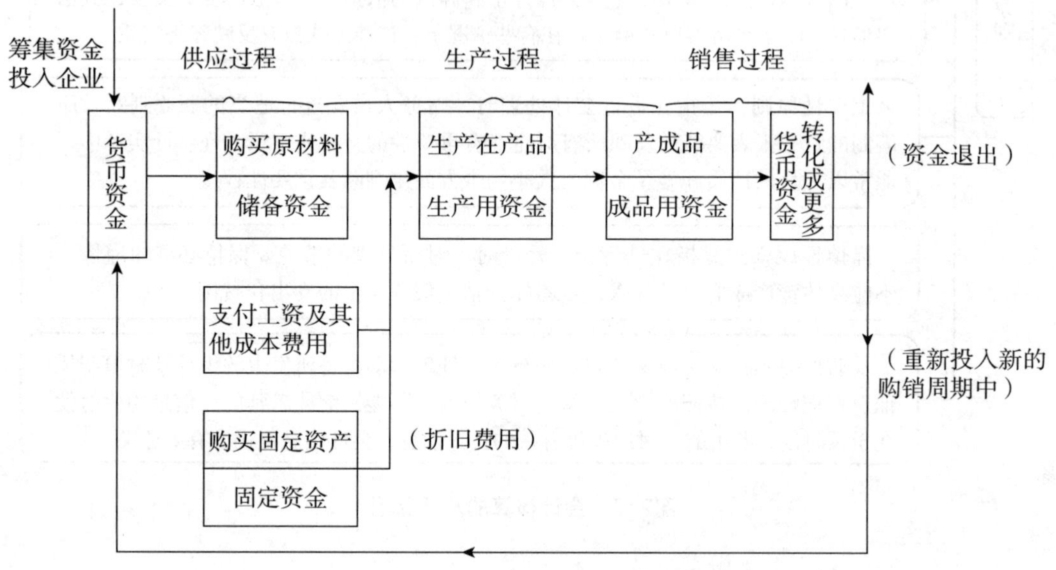

图2-9　工业企业资金运动过程图

二、商业企业的会计对象

商品流通企业的会计对象就是指商品流通企业的资金运动，其运动形式与工业企业比较，主要是没有生产环节，其资金运动形式如图 2-10 所示。

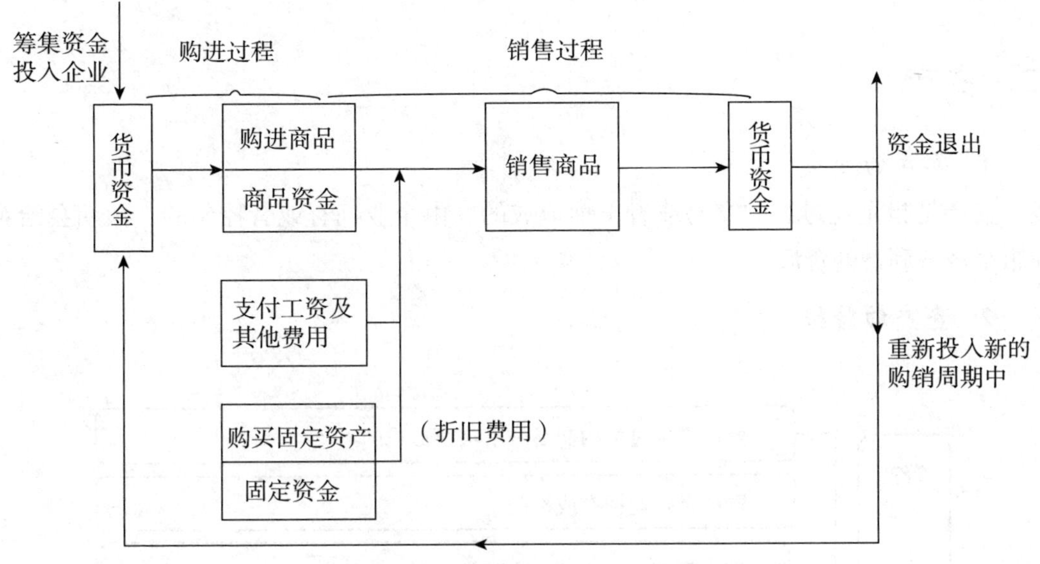

图2-10　商业企业资金运动过程图

第四节　会计要素

一、会计要素的概念及组成

1. 会计要素的概念

会计要素又称为会计对象要素，是为实现会计职能，根据会计基本前提对会计对象进行的基本分类，是会计核算对象的具体化，也是会计用来反映会计主体财务状况、确定经营成果的基本单位。

2. 会计要素的组成

会计要素是组成会计报表的基本单位，是根据交易或事项的经济特征所做的基本分类，企业会计要素共有六项，分为两大类。

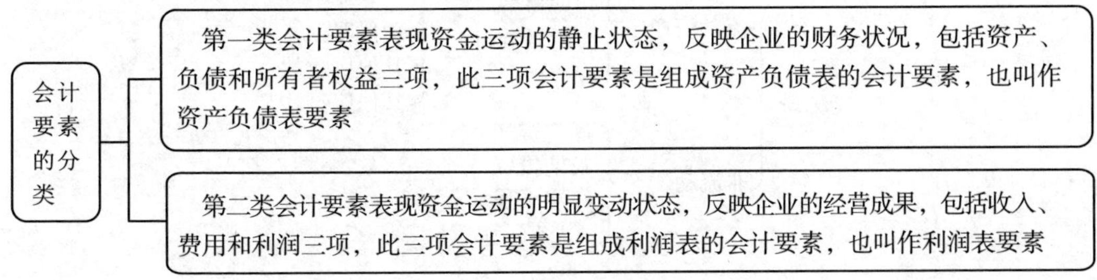

图2-11　会计要素的分类

二、资产

1. 资产的定义

资产是指企业过去的交易或者事项形成的，由企业拥有或者控制的，预期会给企业带来经济利益的资源。

2. 资产的特征

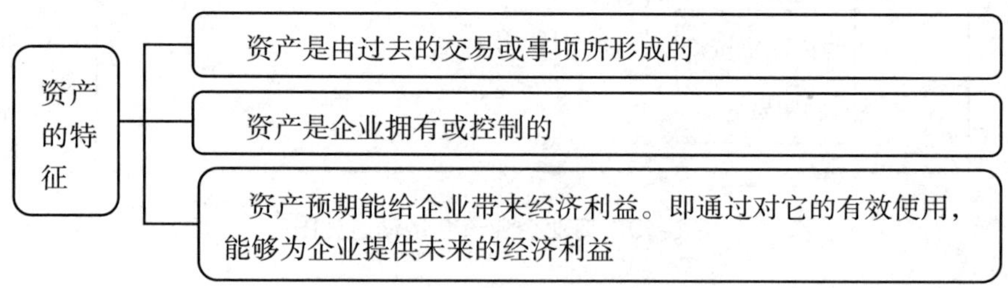

图2–12　资产的特征

3. 资产的种类

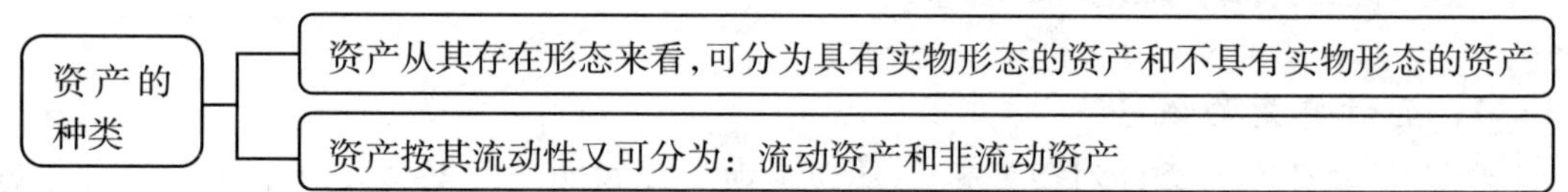

图2–13　资产的种类

目前我国会计报表中涉及的资产的具体分类如图 2–14 所示。

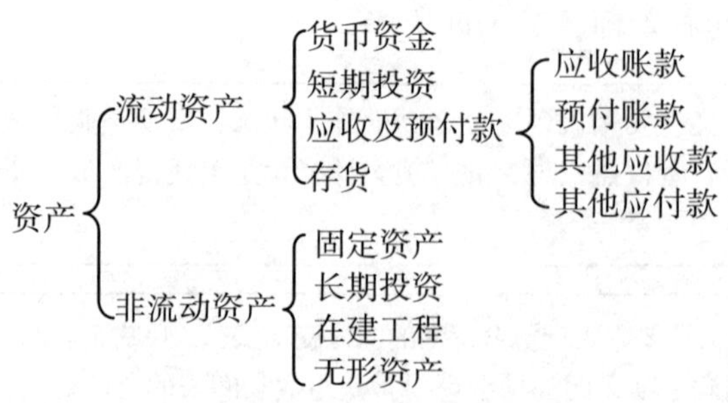

图2–14　企业资产分类图

三、负债

1. 负债的定义

负债是指企业过去的交易或者事项形成的，预期会导致经济利益流出企业的现时义务。

2. 负债的特征

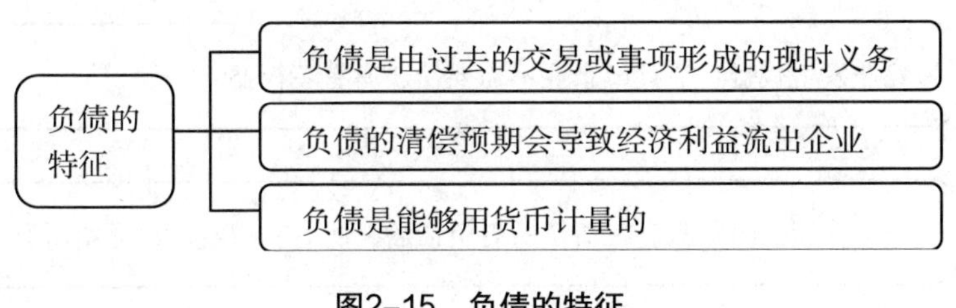

图2-15　负债的特征

3. 负债的种类

负债按其流动性可分为：流动负债和长期负债。

目前我国会计报表中涉及的负债的具体分类如图 2-16 所示。

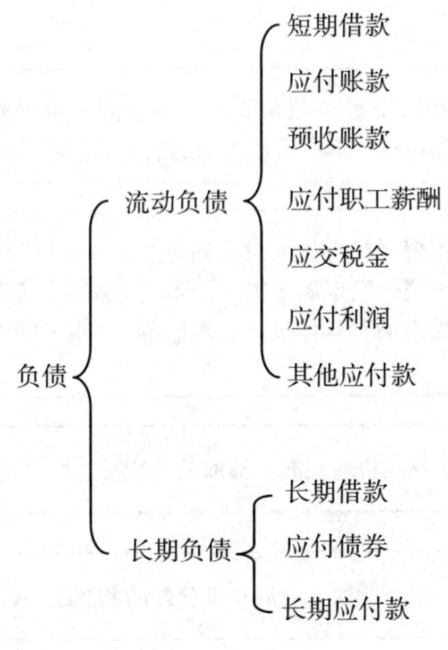

图2-16　企业负债分类图

四、所有者权益

1. 所有者权益的定义

所有者权益是所有者在企业资产中享有的经济利益，其金额为资产减去负债后的余额，也叫净资产，所以，所有者权益是企业投资人对企业净资产的所有权。

2. 所有者权益的特征

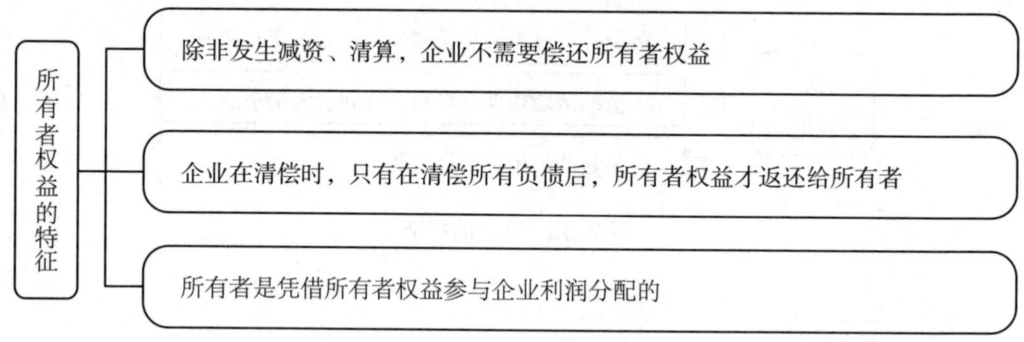

图2-17　所有者权益的特征

3. 所有者权益的种类

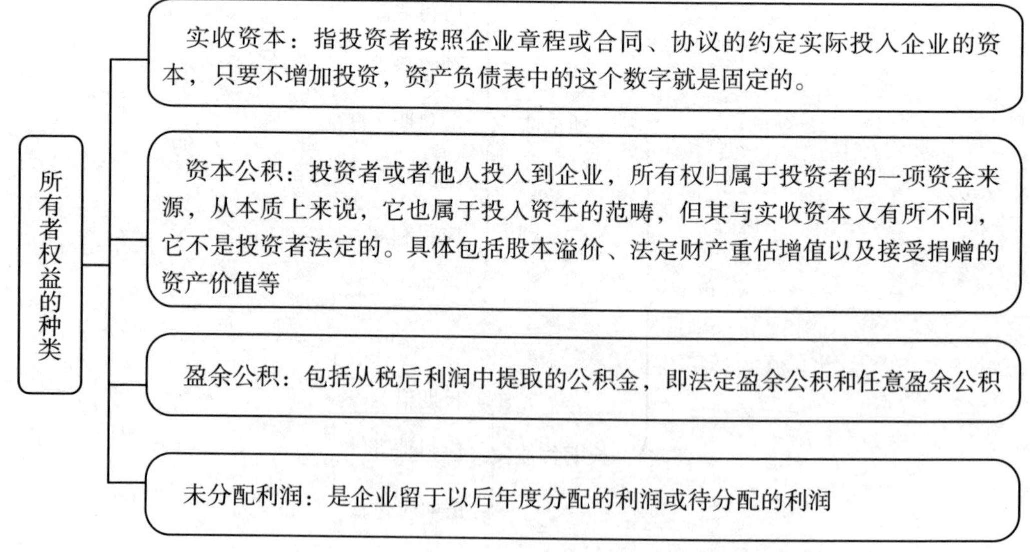

图2-18　所有者权益的种类

4. 所有者权益与负债的区别

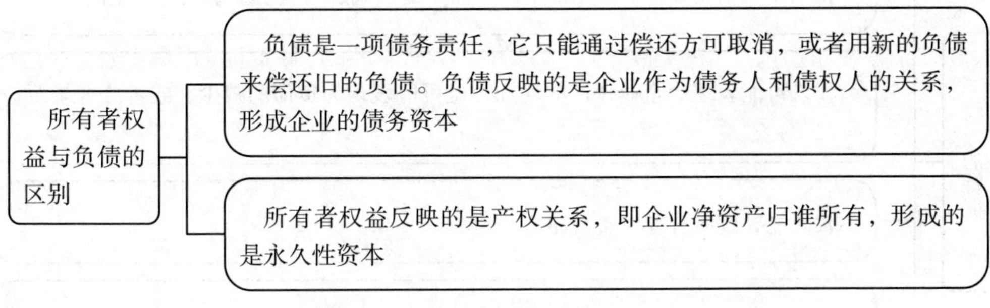

图2-19 所有者权益与负债的区别

五、收入

1. 收入的定义

收入是企业在销售商品、提供劳务及让渡资产使用权等日常经营活动中所形成的经济利益的总流入。

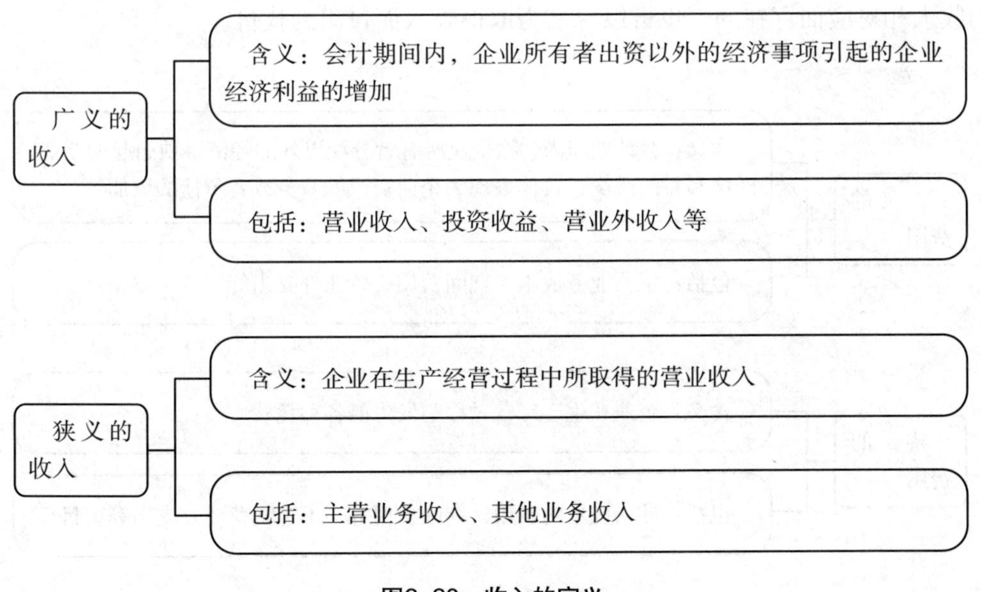

图2-20 收入的定义

2. 收入的特征

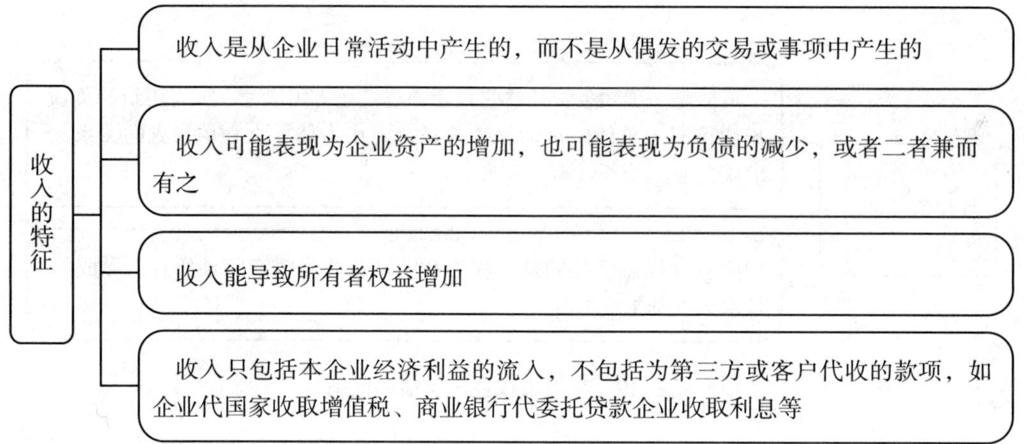

图2-21　收入的特征

六、费用

1. 费用的定义

费用是指企业为销售商品、提供劳务等日常活动所发生的经济利益的流出。费用是与收入相对应而存在的，也可以说是为取得收入而付出的代价。

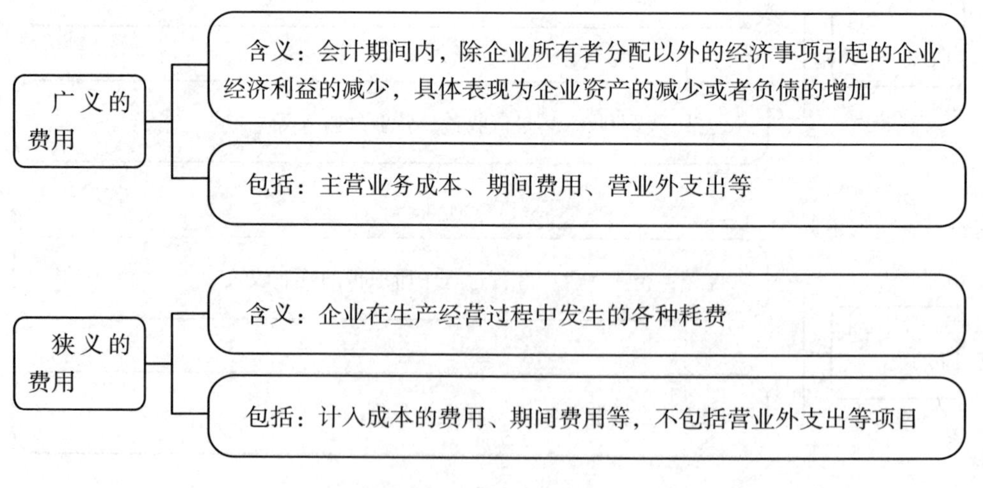

图2-22　费用的定义

2．费用的特征

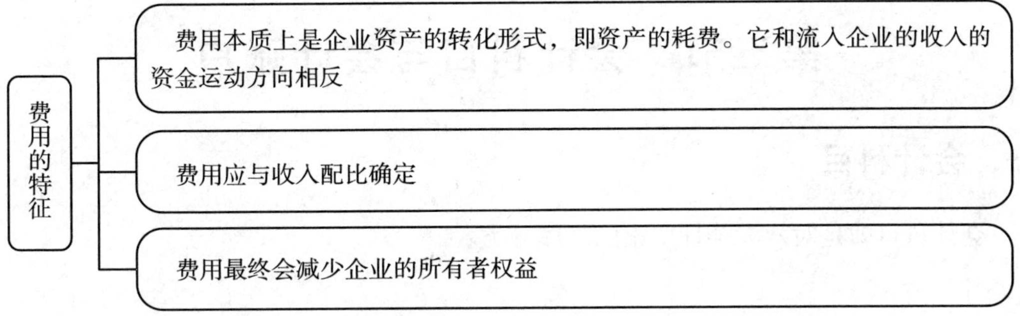

图2–23　费用的特征

七、利润

1．利润的定义

利润是指企业在一定会计期间内的经营成果，包括收入减去费用后的余额、直接计入当期利润的利得与损失。

2．利润的特征

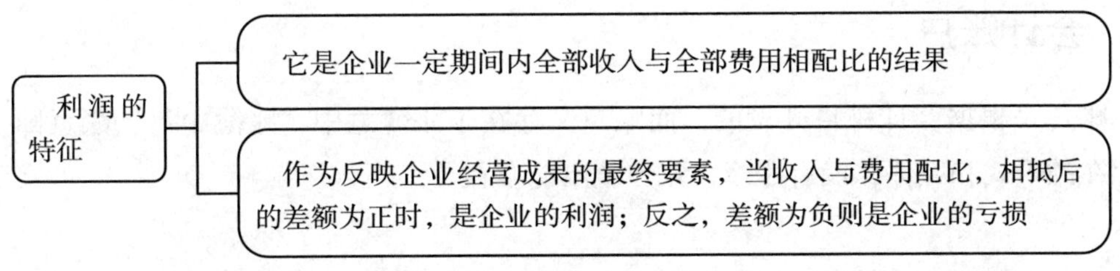

图2–24　利润的特征

第五节　会计科目与会计账户

一、会计科目

会计科目即是对六大会计要素的具体分类。

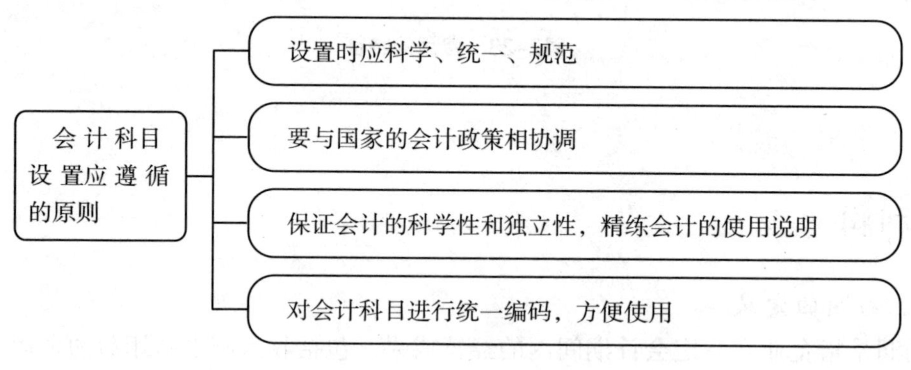

图2-25　计科目设置应遵循的原则

二、会计账户

账户是根据会计科目开设的，而账户又存在于账簿之中，账簿中每一账页即是账户存在的形式和载体，没有账簿，账户就不能存在。

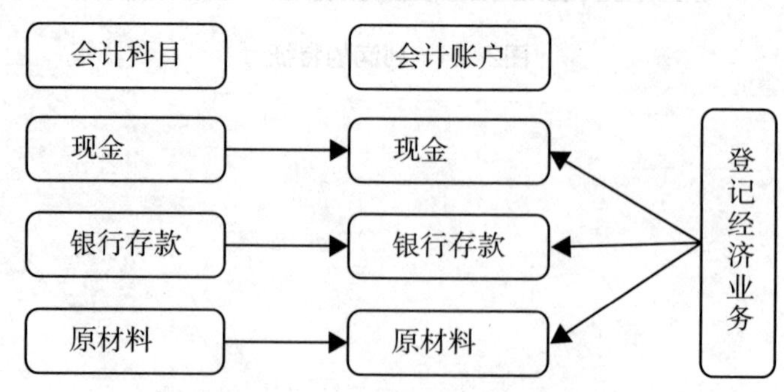

图2-26　会计帐户与会计科目的关系

在实际工作中，科目和账户反映的经济内容是一致的，互相通用，不加以区别，但是账户有自己的具体结构。账户的基本结构如图 2–27 所示。

账户名称（会计科目）

年		凭证号数	摘要	借方	贷方	借或贷	余额
月	日						

图2–27　账户基本结构

会计账户设置应遵循的原则如图 2–28 所示。

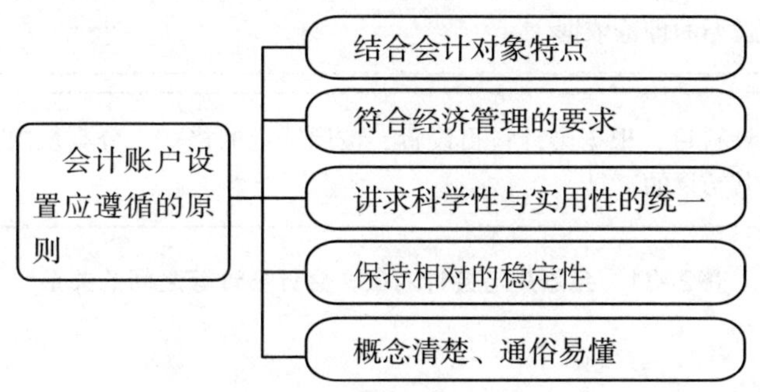

图2–28　会计账户设置应遵循的原则

会计账户可以采用简单的 T 形账户表示，按照经济业务内容的性质和所采用的记账方法来决定哪方登记增加额，哪方登记减少额。

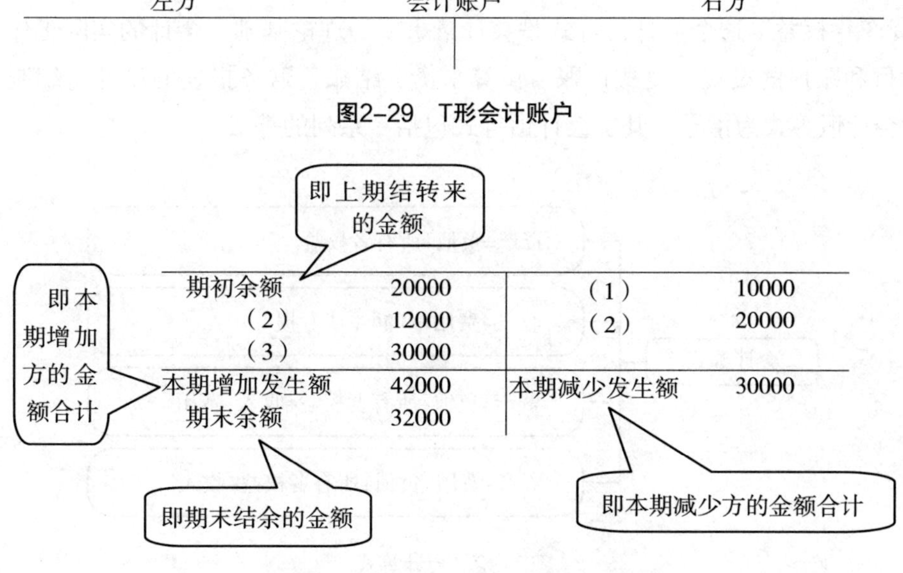

图2–29　T形会计账户

图2–30　会计账户所提供的金额指标

根据不同类型的账户，在T形账户两边填写相应的增减数额。

会计账户与会计对象、会计要素等之间的关系如下。

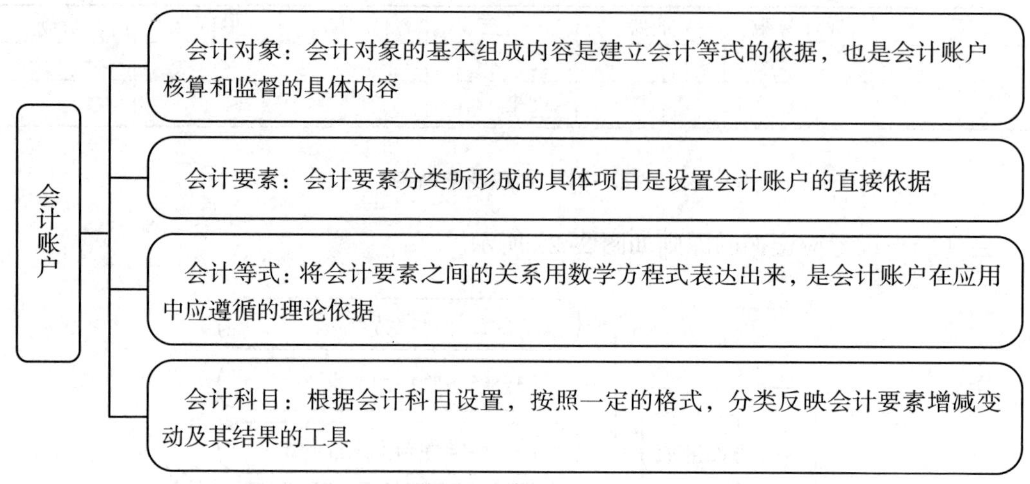

图2-31　会账户与会计对象、会计要素等之间的关系

第六节　会计等式

“资产＝权益”这个会计恒等式是会计最重要的理论基础。会计的实际工作，例如会计科目和账户的设置、复式记账、试算平衡、结账、财务报表的设计与编制，均须以这一会计恒等式为指导。其实会计恒等式包括一系列的等式。

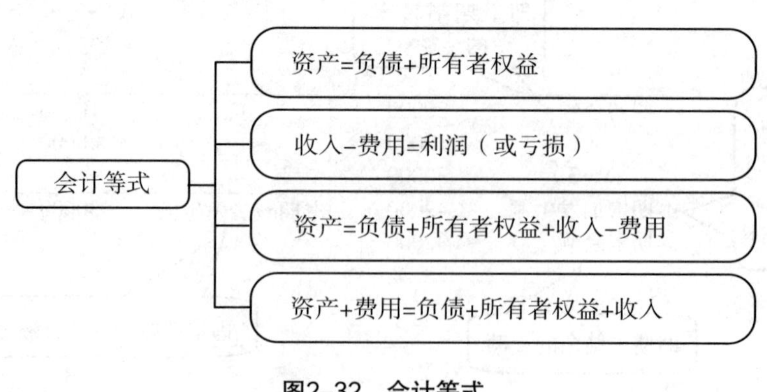

图2-32　会计等式

一、会计等式1：资产＝负债＋所有者权益

会计等式1

这个等式是会计记账、核算的基础，也是编制资产负债表的基础，它表明了股东和债权人两者在企业的资产中各自所占的份额。在负债不变时，资产与所有者权益同方向变化。若所有者权益不变，资产就与负债同方向变化；而当所有者权益与负债均变化的时候，其资产的变化则等于两者之和。它反映了企业资金运动的静态状况，也就是企业经营中的某一天，通常是开始日或结算日的情况

会计恒等式1从时间状况分析是静态的，反映了会计主体在某一时点上的财务状况。所以，以此为理论依据编制的资产负债表也叫作静态会计报表，其数据资料在会计中被称为余额，在统计中被称为时点数

若一个会计主体的财务状况总是停留在某一状态下静止不变，则该会计主体也就失去了存在的意义。毕竟会计主体是以追求利润为存在目标的，这就注定了其会计主体在拥有一定资产为物质基础的前提下，需积极开展各项生产经营活动，以期获得盈利，努力使资产保值并增值

图2–33　资产=负债+所有者权益

二、会计等式2：收入－费用＝利润

会计等式2

这个等式从时间状况分析是动态的，反映了会计主体在某一段时期的经营成果。所以，以此为理论依据编制的损益表叫作动态会计报表，其数据资料在会计中被称为发生额，在统计中被称为时期数

企业的目标就是赚钱，只有取得的收入抵消为这笔收入所花的费用还有剩余，企业方能算是盈利。这个等式反映的是企业资金运动的情况，所有的资产均是为了赚钱，而资产一旦运用并获得收入时，资产就转化为费用，收入减去费用即为利润，又称为净收益。净收益又会作为资产用到下一轮的经营中，因此产生了会计等式3

图2–34　收入–费用=利润

三、会计等式3（综合式）：资产 = 负债 + 所有者权益 + 收入 – 费用

会计等式3

企业在经营中，“收入 – 费用 = 利润”中的利润表明现金流入多于现金流出，也就是企业资产增多。从另一个角度来说，这一时刻负债不变，赚和赔都是股东的

新的所有者权益 = 旧的所有者权益 + 利润 = 旧的所有者权益 + 收入 – 费用
新的资产 = 负债 + 新的所有者权益 = 负债 + 旧的所有者权益 + 收入 – 费用

等式 3 并没有破坏等式 1。当利润分配后，等式 3 就消失了，又成了等式 1。所以会计六要素无论如何转变，最后都会回到“资产 = 负债 + 所有者权益”这一等式。在实际工作中若等式不平衡，则说明记账有错

当提及会计恒等式时，通常指的是等式 1。因为等式 2 源于等式 1 又回归于等式 1，即经营成果以资产为前提，且不论其盈亏最终归属于所有者。所以，等式 2 对等式 1 的影响可以表达为：资产 = 负债 +（所有者权益 + 利润）

这时，当利润不为零时，等式 1 中的资产、负债、所有者权益三要素中，最少有一项会因为利润这一要素的加入而发生改变，但恒等关系不变，改变的仅是等式两边的金额

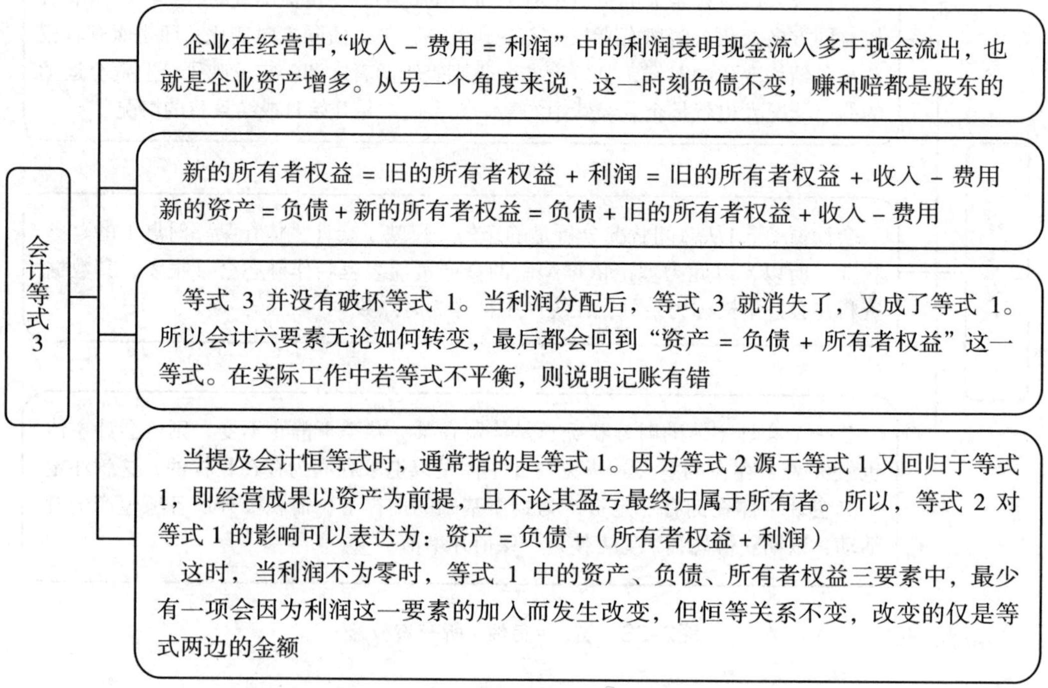

图2–35 资产=负债+所有者权益+收入–费用

四、会计等式 4：资产 + 费用 = 负债 + 所有者权益 + 收入

将等式 3 中的利润按照等式 2 展开，并将各类要素按其对应的账户性质进行归类、移项，于是就形成会计扩张恒等式 4：

资产 + 费用 = 负债 + 所有者权益 + 收入

当然，生产经营过程中还会出现不影响利润的经济业务，即资产、负债及所有者权益三要素之间或某一要素内部发生增减变化，但这并不会影响等式 4 的表现形式，可能改变的也仅是等式两边的金额。

这样，会计扩张恒等式就将动态与静态的会计要素巧妙地结合起来，将等式 1 反映的某一个时点上的原财务状况发展至另一个时点上的新财务状况，并以此成为会计主体又一轮生产经营的新起点，如此周而复始。

五、经济业务的发生对会计等式的影响

企业日常发生的经济业务是多种多样的，但不论企业在生产经营过程中发生怎样的经济业务，引起资产、负债及所有者权益这三个会计基本要素在数量上发生怎样的增减变化，均不会影响和破坏会计基本等式的平衡关系。

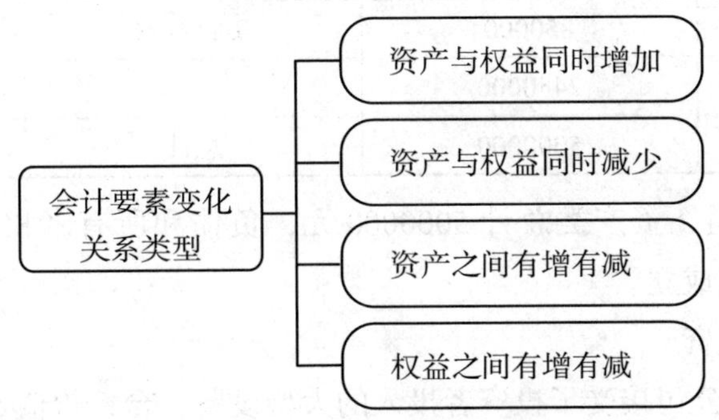

图2-36　会计要素变化关系类型

其中的变化关系如图 2-37。

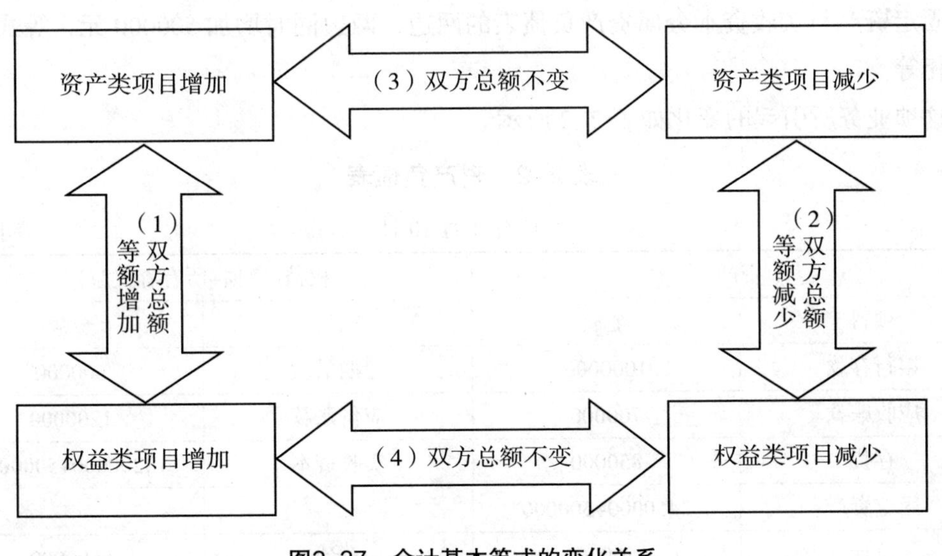

图2-37　会计基本等式的变化关系

六、会计等式实例

【例 2-1】某公司 2017 年 1 月 1 日的资产负债表如表 2-1 所示。

表 2–1　资产负债表

2017 年 1 月 1 日　　　　单位：元

资产		权益（负债+所有者权益）	
项目	金额	项目	金额
银行存款	1000000	短期借款	600000
应收账款	700000	应付账款	1200000
存货	850000	实收资本	3200000
固定资产	2450000		
总计	5000000	总计	5000000

从表中可以知道，资产类总计 5000000 元，负债和所有者权益总计 5000000 元，两者完全相等，等式成立。

（1）接受实物投资

2017 月 10 日，公司接受了投资者投入的大型设备一台，价值 500000 元。

分析：

本笔业务的会计分录为：

借：固定资产　　　　　500000

　　贷：实收资本　　　　　500000

固定资产与实收资本分属资产负债表的两边，两边同时增加 500000 元，等式两边仍然相等。

这项业务所引起的变化如表 2–2 所示。

表 2–2　资产负债表

2017 年 1 月 10 日　　　　单位：元

资产		权益（负债+所有者权益）	
项目	金额	项目	金额
银行存款	1000000	短期借款	600000
应收账款	700000	应付账款	1200000
存货	850000	实收资本	3200000+500000
固定资产	2450000+500000		
总计	5500000	总计	5500000

通过（1），表明经济业务的发生是不会破坏资产、负债及所有者权益的平衡关系的，这一平衡关系是复式记账、账户试算平衡和编制资产负债表的理论依据。

（2）购入原材料

2017 月 15 日，公司以银行存款购入原材料，共计 800000 元。

分析：这一业务发生后，使资产方的存货项目增加了 800000 元，由原来的 850000 元增加到 1650000 元；同时又使资产方的银行存款项目减少了 800000 元，由原来的 1000000 元减少到 200000 元。因为这项业务所引起的增减变化是发生在同一类项目之内，金额又是相等的，虽然使有关项目的金额发生了变化，但不会影响总额的变化。这项业务所引起的变化如表 2–3 所示。

表 2–3　资产负债表

2017 年 1 月 15 日　　单位：元

资产		权益（负债+所有者权益）	
项目	金额	项目	金额
银行存款	1000000–800000	短期借款	600000
应收账款	700000	应付账款	1200000
存货	850000+800000	实收资本	3700000
固定资产	2950000		
总计	5500000	总计	5500000

这一项经济业务只涉及资产方有关项目之间的金额增减变化，其总额不会发生变动。同时，由于它不涉及权益方的项目，因而其总额也不会发生变动，所以双方仍然保持平衡关系。

第七节　会计核算的方法及工作流程

一、会计的核算方法

会计的核算方法

- 设置会计科目：设置会计科目，是将会计工作中需要涉及的各种对象或元素，划分成若干个类别。如库存现金科目，即是用来专门处理与现金相关的业务
- 复式记账：复式记账法是从国外流入我国的一种记账方法。这种方法是将同一笔业务，用相同的金额记入两个或两个以上相联系的账户中，也可以说是将同一笔业务以相同的金额，分别记入借方和贷方。只要操作和计算均正确，则所有账户的借方余额总和与贷方余额总和应当完全相等

图2–38

会计的核算方法

填制和审核凭证：凭证是会计记账的依据，填制会计凭证需注意将经济业务记录清楚，每一个步骤均应有相应的经手人签章以明确责任。审核会计凭证应由专人负责。正确填制并审核会计凭证，是核算和监督经济活动财务收支的基础，是做好会计工作的前提

登记账簿：账簿是会计账务的载体，登记会计账簿，就是依据会计凭证将各项经济业务连续地、完整地记录下来。会计账簿中的信息是完整的和系统的。会计账簿是重要的会计资料，是进行会计分析及会计检查的重要依据

成本计算：成本是为生产产品或提供劳务所事先付出的代价。成本计算是一种专门的、系统的计算方法，它依照一定的对象，归集和分配生产经营过程中发生的各种费用，然后按照归集和分配的结果确定相应产品的总成本和单位成本。成本是重要的经济考核指标，正确地进行成本计算，能够更好地控制生产经营过程中的费用支出水平，同时也可当作确定产品价格的基础

财产清查：财产清查就是实际工作中常说的盘点。但财产清查并不单单是清点实物，还包括清盘实物之后的账实核对，以及发生账实不符后的原因查找过程。财产清查亦是一种专门的方法，通过财产清查，能够验证会计记录的正确性，也可以监督各种财产物资的保管及使用情况

编制会计报表：会计报表是反映经营综合情况的财务报告，是用于考核、分析财务计划和预算执行情况以及编制下期财务和预算的重要依据。编制会计报表是一种专门的方法，其过程是，在特定的表格中，根据相应的规则将各种经济数据填报，以总括地反映企业的经济活动情况和结果

图2-38　会计的核算方法

上述七种核算方法相互联系、密切配合，构成了一个完整的方法体系。这个体系的运转方式如图 2-39 所示。

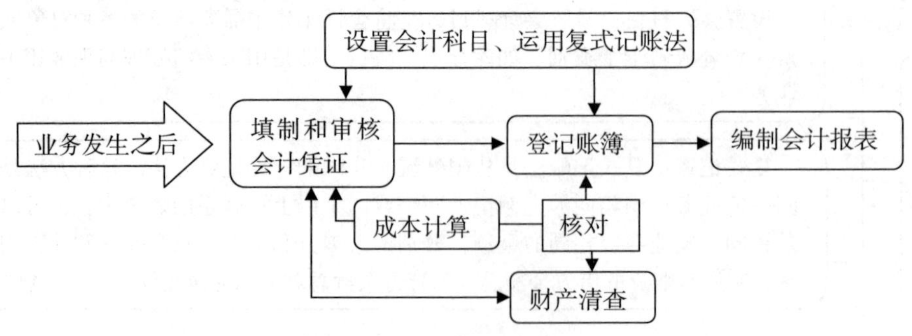

图2-39　会计核算体系的运转方式

二、会计的工作流程

会计的工作流程可分为经济业务的处理流程和会计业务的综合流程两类，如图2-40所示。

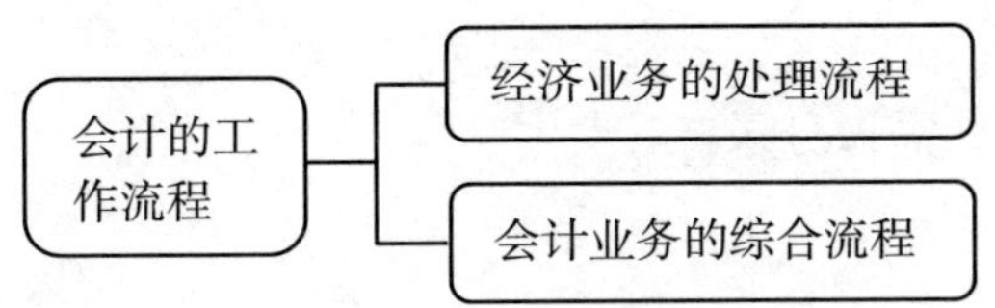

图2-40　会计的工作流程

会计业务的综合流程工作步骤如图2-41所示。

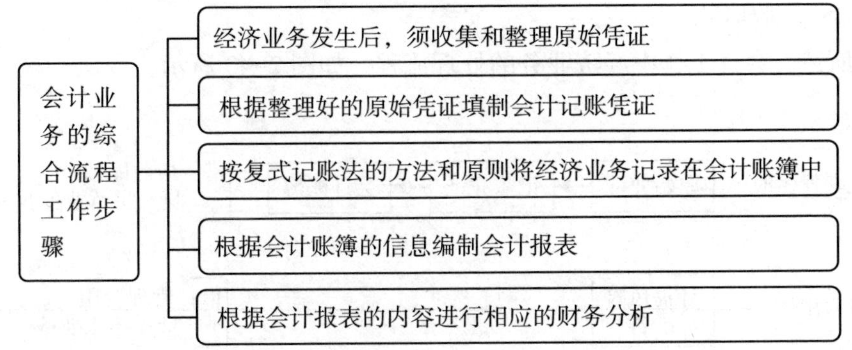

图2-41　会计业务的综合流程工作步骤

会计业务的综合流程示意图，如图2-42所示。

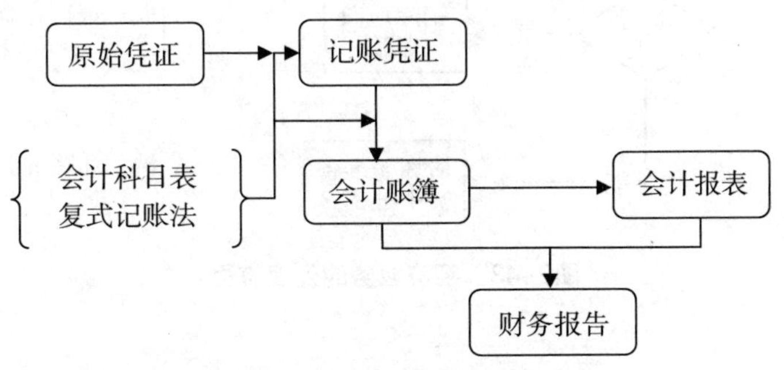

图2-42　会计业务的综合流程示意图

会计工作中的经济业务处理流程，是指从一个业务发生，到后续跟踪，最后到结束。以应收账款的处理流程为例：

①业务发生时，先把销售业务记入账簿中，会计分录如下：

借：应收账款

　　贷：主营业务收入

②中间需要对应收账款的风险进行相应的评估，计提一部分坏账准备，会计分录如下：

借：管理费用

　　贷：坏账准备

③应收账款交回时，需做分录：

借：银行存款

　　贷：应收账款

④应收账款确认收不回时，需做分录：

借：坏账准备

　　贷：应收账款

综上所述，会计工作中经济业务的处理流程，如图 2–43 所示。

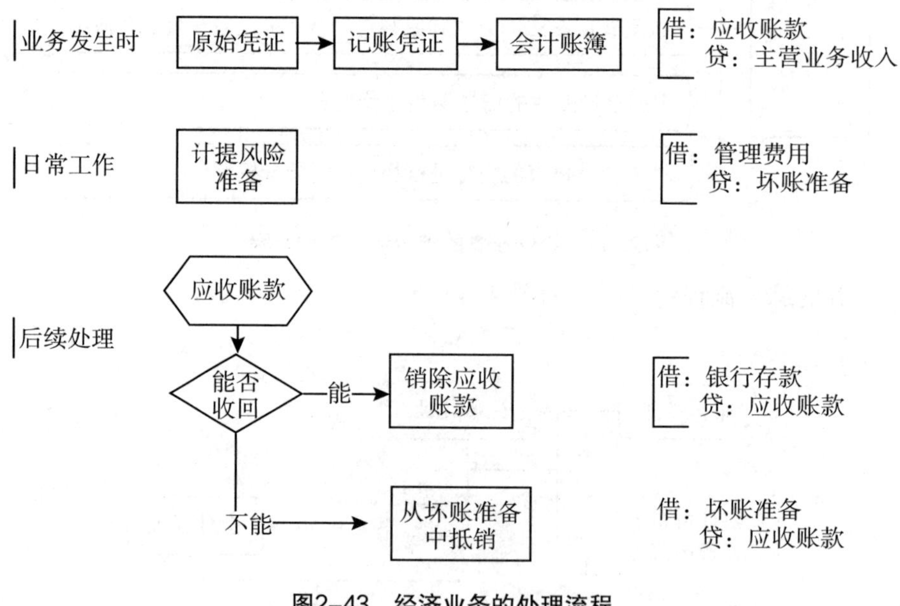

图2–43　经济业务的处理流程

三、会计循环

会计循环是指在规则的会计业务时间间隔期中，用于记录、分类并汇总会计信息的一系列的会计程序及方法。从经济业务发生以后收集整理会计凭证起，直至会计期末编制报表和提交财务报告，这个工作程序每月都会循环往复。

会计循环之所以被称为循环，就是因为这些业务每天都要从起点到结束重复进行。会计循环的步骤和程序如图 2–44 所示。

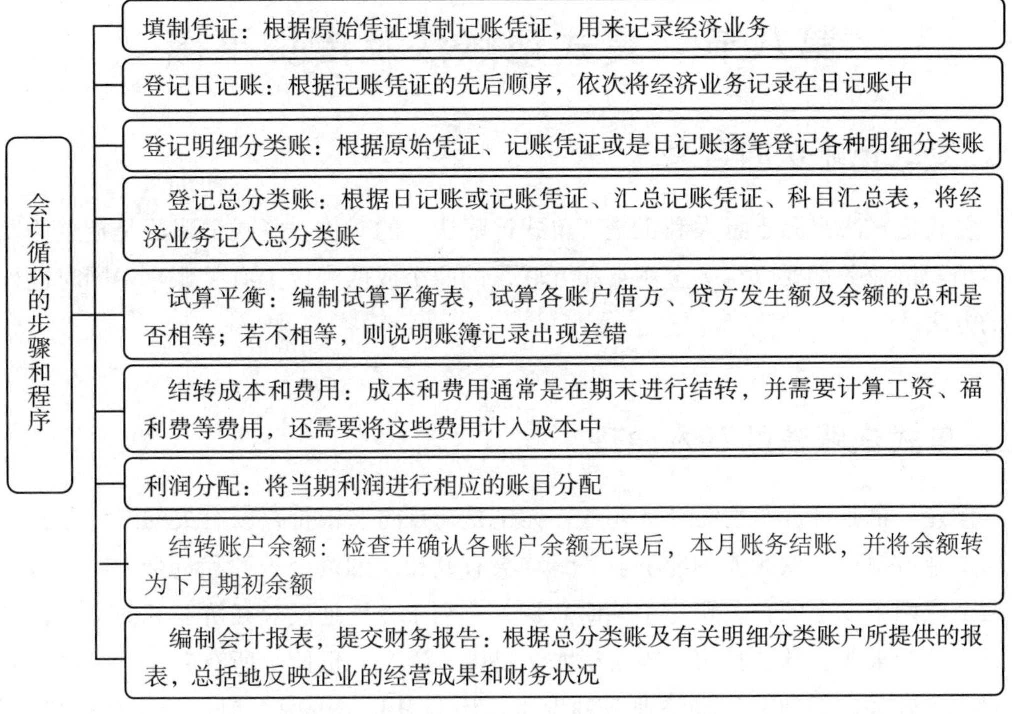

图2–44　会计循环的步骤和程序

会计循环流程示意图，如图 2–45 所示。

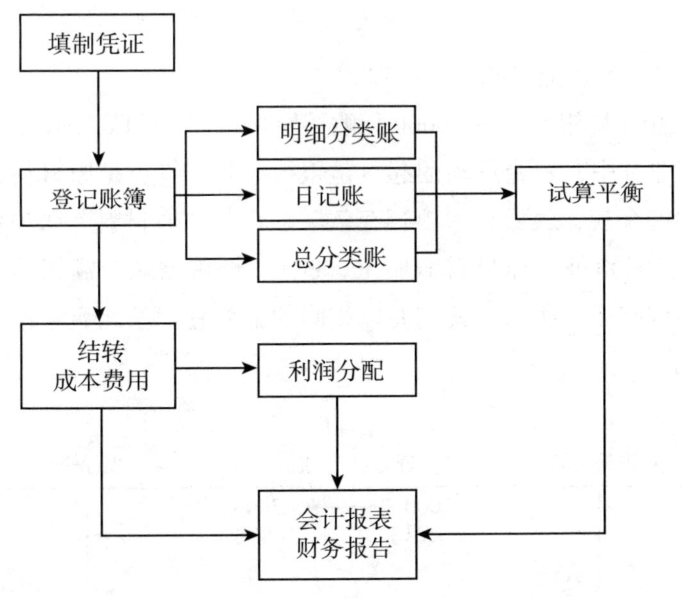

图2–45　会计循环流程示意图

第八节　复式记账法及借贷平衡

一、复式记账法的含义

复式记账法来源于意大利，是“单式记账法”的对称。复式记账法是指企业发生的每项经济业务都要以相等金额在相互联系的两个或两个以上有关账户中同时进行登记的方法。

二、复式记账法的基本原理

首先，企业日常发生的经济业务，无论是与现金、银行存款有关的经济业务，还是与现金或银行存款无关的经济业务，均会有其相应的资金来源和资金去向，这就要在两个或两个以上的有关账户中同时登记，有利于完整地反映经济业务的全貌，揭示资金运动的来龙去脉。其次，复式记账法是由“资产 = 负债 + 所有者权益”这一会计等式所决定的。任何一笔经济业务的发生，均会引起至少两个项目的资金增减变动，而两个项目的资金变动金额相等，平衡不会被打破。对经济业务中客观存在的这种现象，就需要以相同的金额在两个以上相互联系的账户中进行登记，便于检查账户记录的正确性。

现举例简要说明复式记账的基本原理。

【例 2–2】某企业用银行存款 30000 元购买原材料，并验收入库。

在这项经济业务中，资金运动的起点是银行存款，终点是原材料，为了能够完整地反映资金运动的全貌，就要在“银行存款”账户与“原材料”账户做双重记录；因为银行存款减少 30000 元，原材料增加 30000 元，两者增减金额相同，会计等式所体现的平衡关系不被破坏，所以，就需要以相同的金额登记。此业务在账户中登记的结果如图 2–46 所示。

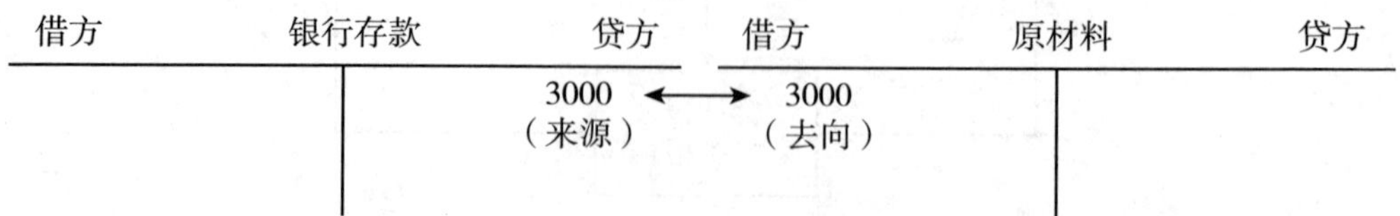

图2–46　复式记账原理举例

三、复式记账法的优点

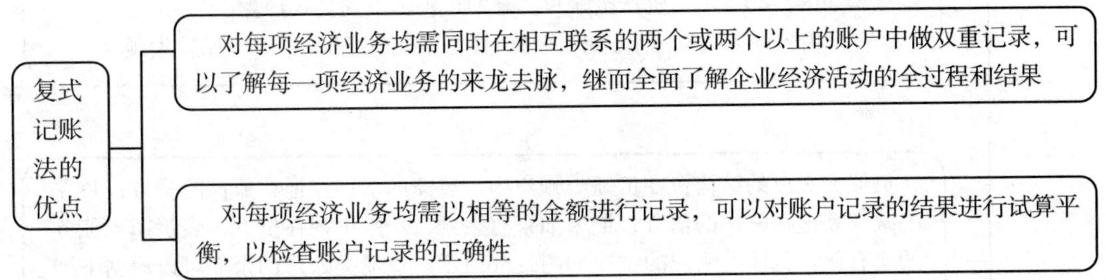

图2-47　复式记账法的优点

可见，复式记账法突破了单式记账法的局限，从而使会计记录体现了全面、辩证的观点。所以，复式记账法是一种比较完善的、科学的记账方法，为世界各国所通用。

四、借贷记账法

借贷记账法是复式记账法的一种，又称为借贷复式记账法。它是以“资产＝负债＋所有者权益”作为理论依据，以“借”和“贷”为记账符号，以“有借必有贷，借贷必相等”作为记账规则的一种复式记账法。其具体内容包括记账符号、账户结构、记账规则以及试算平衡。

1. 记账符号

借贷记账法的记账符号就是“借”与“贷”，用来反映经济业务增减变化的方向。通常把账户的左方规定为借方，右方规定为贷方，在任何一笔经济业务中，均须同时登记到账户的借方和贷方。

在这里应该注意的是，“借”与“贷”不能从字面上理解，只是一种单纯的记账符号。

2. 账户结构

每个账户都分为“借方”和“贷方”，用于记录经济业务的增减变化，那么在借贷记账法下，哪一方登记增加，哪一方登记减少，则需根据账户反映的经济内容决定。下面就以不同性质的账户分别说明账户结构。

账户结构

资产类账户的结构：在资产类账户中，资产的增加登记在账户的借方；资产的减少登记在账户的贷方；期末若有余额，一般出现在借方，表示期末资产的实有数额。在一个会计期间，记入资产账户借方金额合计数称为“借方本期发生额”，记入资产账户贷方金额合计数称为“贷方本期发生额”。资产类账户的结构如图2–49所示。资产类账户的余额可根据下列公式计算：

借方期末余额=借方期初余额+借方本期发生额–贷方本期发生额

负债类账户的结构：在负债类账户中，负债的增加登记在账户的贷方；负债的减少登记在账户的借方；期末如果有余额，一般出现在贷方，表示期末债务的实有额。负债类账户的结构如图2–50所示。负债类账户的余额可以根据下列公式计算：

贷方期末余额=贷方期初余额+贷方本期发生额–借方本期发生额

所有者权益类账户的结构：在所有者权益类账户中，所有者权益的增加登记在账户的贷方；所有者权益的减少登记在账户的借方；期末如果有余额，一般出现在贷方，表示期末所有者权益的实有数额。所有者权益类账户的结构如图2–51所示。

所有者权益类账户期末余额的计算公式和负债类账户相同

成本费用类账户的结构：企业在日常经营活动中会产生各种耗费，这些耗费会计上称为成本费用，它们是收入的抵减项目，在抵消收入之前，可将其当作一种资产。因此成本费用类账户的结构与资产类账户的结构大致相同，即成本费用的增加记在账户的借方；成本费用的减少或转销记在账户的贷方；通常借方记录的增加额都要通过贷方转出，所以此类账户在期末转销后无余额，若有余额，出现在借方。成本费用类账户的结构如图2–52所示

收入类账户结构：企业取得的收入最终会造成所有者权益的增加，因此，收入类账户结构与所有者权益类账户的结构大致相同，即收入的增加记在账户的贷方；收入的减少或是转销记在账户的借方；一般该账户期末无余额。收入类账户结构如图2–53所示

图2–48　账户结构

借方	资产类账户		贷方
期初余额	××× ×××		
资产的增加额	××× ×××	资产的减少额	××× ××× ×××
本期发生额	×××	本期发生额	×××
期末余额	×××		

图2-49　资产类账户的结构

借方	负债类账户		贷方
		期初余额	×××
负债的减少额	××× ××× ×××	负债的增加额	××× ××× ×××
本期发生额	×××	本期发生额	×××
		期末余额	×××

图2-50　负债类账户的结构

借方	所有者权益类账户		贷方
		期初余额	×××
所有者权益的减少额	××× ××× ×××	所有者权益的增加额	××× ××× ×××
本期发生额	×××	本期发生额	×××
		期末余额	×××

图2-51　所有者权益类账户的结构

借方	成本费用类账户		贷方
成本费用的增加额	××× ××× ×××	成本费用的减少或转出额	××× ××× ×××
本期发生额	×××	本期发生额	×××

图2-52　成本费用类账户结构

借方		收入类账户	贷方
收入的减少或转出额	××× ××× ×××	收入的增加额	××× ××× ×××
本期发生额	×××	本期发生额	×××

图2–53 收入类账户的结构

为方便了解掌握借贷记账法的账户结构，将前面介绍的各类账户结构汇总如表 2–4 所示。

表 2–4 各类账户结构借贷方向

账户类别	借方	贷方	期末余额方向
资产	增加	减少	借方
成本费用	增加	减少	一般无余额
负债	减少	增加	贷方
所有者权益	减少	增加	贷方
收入	减少	增加	一般无余额

3. 记账规则

记账规则

记账规则是记账方法的核心，它体现着记账方法的本质特征。借贷记账法的记账规则是：根据复式记账原理和借贷记账法下账户结构的特点，将发生的每一笔经济业务都以同等金额记入一个账户的借方及另外一个（或几个）相关账户的贷方；或者记入一个账户的贷方及另外一个（或几个）相关账户的借方。其借贷金额相等，方向相反。可将其概括为：有借必有贷，借贷必相等

对应关系：在运用借贷记账法的记账规则记账时，在相关账户之间会形成应借、应贷的相互关系，这种关系称为账户对应关系。发生对应关系的账户称为对应账户

会计分录：将经济业务以T形账户记录清晰明了，但在实际工作中，为了确保各账户记录的正确性，要先编制会计分录，再记入账户的借方和贷方。会计分录是指对某项经济业务标明其应借应贷账户及其金额的记录，简称分录。会计分录根据其简单与复杂程度，可以分为简单分录和复合分录。

在书写会计分录时，应按照一定的书写规范书写。具体为：书写时，应先借后贷，借贷分两行，借方在上，贷方在下；而且借贷错一位，即贷要在借的后面一位，贷方记账符号、账户、金额都要比借方退后一格，表明借方在左，贷方在右

图2–54 记账规则

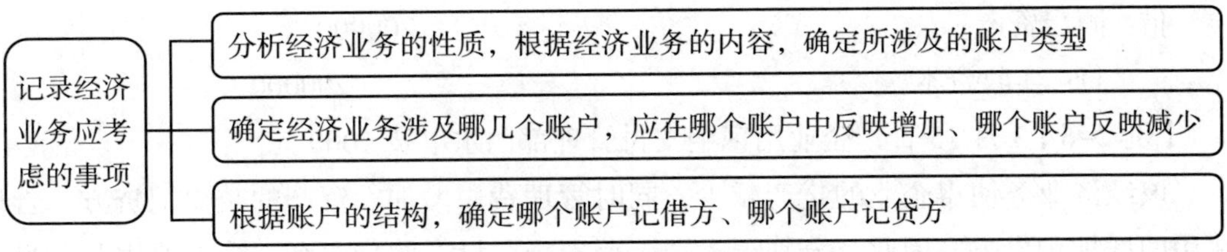

图2–55　记录经济业务应考虑的事项

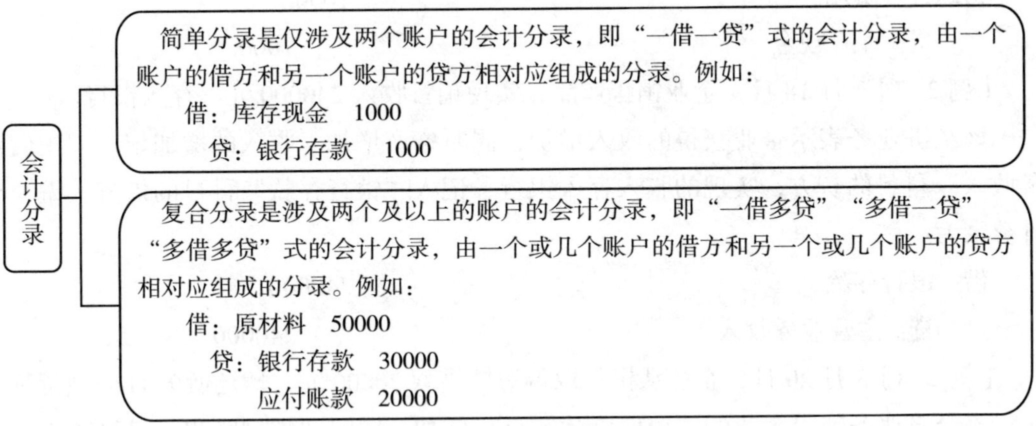

图2–56　会计分录

现以某公司 2017 年 3 月发生的经济业务为例，说明会计分录的编写程序。

【例 2–3】3 月 5 日，从银行提取现金 10000 元，备用。

该经济业务表示企业的银行存款减少，库存现金增加。“银行存款”是资产类账户，贷方表示减少，此业务应记入该账户的贷方；同时，现金增加，该账户属于资产类账户，借方表示增加，此业务应记在该账户的借方。编写会计分录为：

借：库存现金　　　　10000

　　贷：银行存款　　　　10000

【例 2–4】3 月 10 日，从银行取得短期借款 100000 元，存入银行。

企业取得短期借款，表明负债增加，应记入“短期借款”账户贷方；同时，该经济业务引起资产增加，应记入“银行存款”科目的借方。编写会计分录为：

借：银行存款　　　　100000

　　贷：短期借款　　　　100000

【例 2–5】3 月 11 日，李某以 200000 元的全新固定资产作为对本企业的投资。

以固定资产投资表示该企业资产和所有者权益同时增加。涉及的科目为“固定资产”和“实收资本”，资产类科目的增加记入账户的借方，所有者权益类科目的增加记入账户的贷方。编写会计分录为：

借：固定资产　　　　　　　　　　　　　　　　200000

　　贷：实收资本　　　　　　　　　　　　　　　　200000

【例 2-6】3 月 15 日，企业用现金支付管理部门水电费 1000 元。

该经济业务使得企业的贷产减少，同时管理费用增加。资产的减少记贷方，管理费用的增加记借方，因此，分别记入“库存现金”科目的贷方和“管理费用”科目的借方。编写会计分录为：

借：管理费用　　　　　　　　　　　　　　　　1000

　　贷：库存现金　　　　　　　　　　　　　　　　1000

【例 2-7】3 月 18 日，企业销售产品，实现销售收入 240000 元，存入银行。

该经济业务表示企业获得的收入增加，同时资产增加。收入的增加记入“主营业务收入”科目的贷方，实现的收入存入银行，记入“银行存款”科目的借方。编写会计分录为：

借：银行存款　　　　　　　　　　　　　　　　240000

　　贷：主营业务收入　　　　　　　　　　　　　　240000

【例 2-8】3 月 20 日，企业从银行取得短期借款 20000 元，偿还所欠 D 公司货款。

该经济业务使得企业的“短期借款”科目增加，同时“应付账款”科目减少，又因为负债类科目借方表示减少，贷方表示增加。因此编写会计分录为：

借：应付账款——D 公司　　　　　　　　　　　　20000

　　贷：短期借款　　　　　　　　　　　　　　　　20000

【例 2-9】3 月 28 日，企业用银行存款偿还短期借款 80000 元。

该经济业务使得企业的资产减少，同时负债也减少。资产的减少记入贷方，负债的减少记入借方。编写会计分录为：

借：短期借款　　　　　　　　　　　　　　　　80000

　　贷：银行存款　　　　　　　　　　　　　　　　80000

【例 2-10】3 月 30 日，企业股东张某退股 20000 元，用银行存款支付。

该经济业务表示该企业资产减少，同时所有者权益减少。资产的减少，记入贷方，所有者权益的减少记入借方。编写会计分录为：

借：实收资本　　　　　　　　　　　　　　　　20000

　　贷：银行存款　　　　　　　　　　　　　　　　20000

【例 2-11】3 月 30 日，企业接受 D 公司建议，将其欠 D 公司的 40000 元贷款转为对本企业的投资。

该经济业务使得该企业的负债减少，同时增加了一个投资方，即增加了所有者权益。负债的减少记借方，所有者权益的增加记贷方。编写会计分录为：

借：应付账款　　　　　　　　　　　　　　　　40000

　　贷：实收资本　　　　　　　　　　　　　　　　40000

【例 2-12】3 月 31 日，企业向 A 公司销售货物 200000 元，货款未收到。

该经济业务使得企业收入、资产同时增加；因为未收到货款，增加了企业的债权，记入“应收账款”科目的借方，收入的增加记入贷方。编制会计分录为：

借：应收账款——A 公司　　　　　　　　　　200000

　　贷：主营业务收入　　　　　　　　　　　　　200000

根据以上某公司 2017 年 3 月发生的十笔不同类型的经济业务，对会计分录借贷方向的编写规律总结如表 2-5 所示。

表 2-5　会计分录借贷方向总结

经济业务类型	借贷方向		
	资产	负债	所有者权益
资产内部一增一减	借；贷		
负债内部一增一减		贷；借	
所有者权益内部一增一减			贷；借
资产增加，负债增加	借	贷	
资产减少，负债减少	贷	借	
资产增加，所有者权益增加	借		
资产减少，所有者权益减少	贷		借
负债增加，所有者权益减少		贷	借
负债减少，所有者权益增加		借	贷

4. 试算平衡

所谓试算平衡，是指根据资产与权益的恒等关系以及借贷记账法的记账规则，检查所有账户记录是否正确的过程。这种试算平衡包括两个方面。

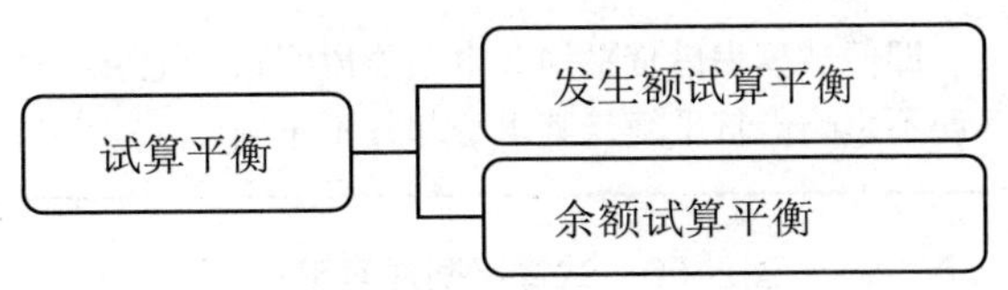

图2-57　试算平衡

（1）发生额试算平衡

发生额试算平衡

- 发生额试算平衡的理论依据为借贷记账法的记账规则，即“有借必有贷，借贷必相等”
- 其平衡公式为：本期所有账户借方发生额合计=本期所有账户贷方发生额合计。
  通过这一平衡公式，可以判断每一项经济业务的记录是否正确，也可以检查一定会计期间内所有经济业务记录的正确性
- 发生额试算平衡通过编制各科目当期发生额的试算平衡表的方式来实现，即在期末时将所有账户的本期的借方发生额进行汇总，看是否和所有账户本期的贷方发生额相等

图2–58　余额试算平衡

（2）余额试算平衡

余额试算平衡

- 余额试算平衡的理论依据是会计恒等式
- 其平衡公式为：全部账户期末借方余额合计=全部账户期末贷方余额合计。
  通过这一平衡公式，可以检查每一账户记录的正确性，也可检查一定会计期间内所有账户记录的正确性
- 余额试算平衡通过编制的总分类账户的期末余额试算平衡表的方式来实现，即是在期末时，将所有账户借方的本期期末余额进行汇总，和所有账户本期期末的贷方余额合计数进行比较，判断两者是否相等

图2–59　余额试算平衡

试算平衡注意事项

- 必须保证所有账户的发生额、余额均已计入试算表
- 若通过试算表（不管是发生额试算平衡表还是余额试算平衡表）发现借贷不平衡，就一定可以肯定账户记录有误
- 即便试算表借贷平衡，也不能说明账户记录绝对正确，因为有些错误不影响借贷平衡，其本身却并不正确

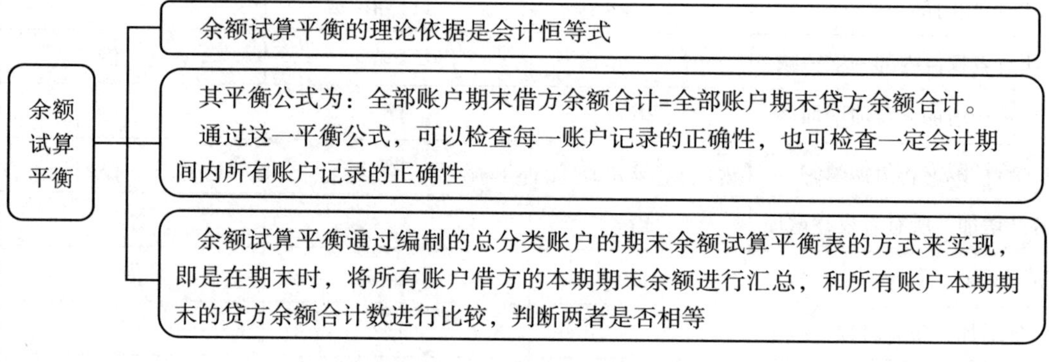

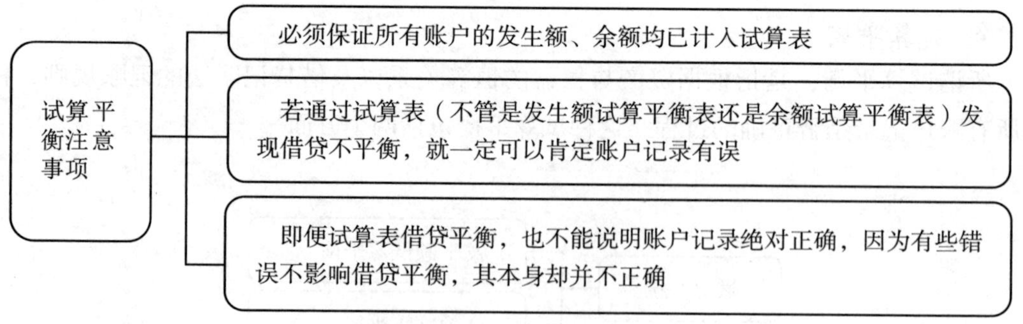

图2–60　试算平衡注意事项

（3）不能通过试算平衡法发现的错误

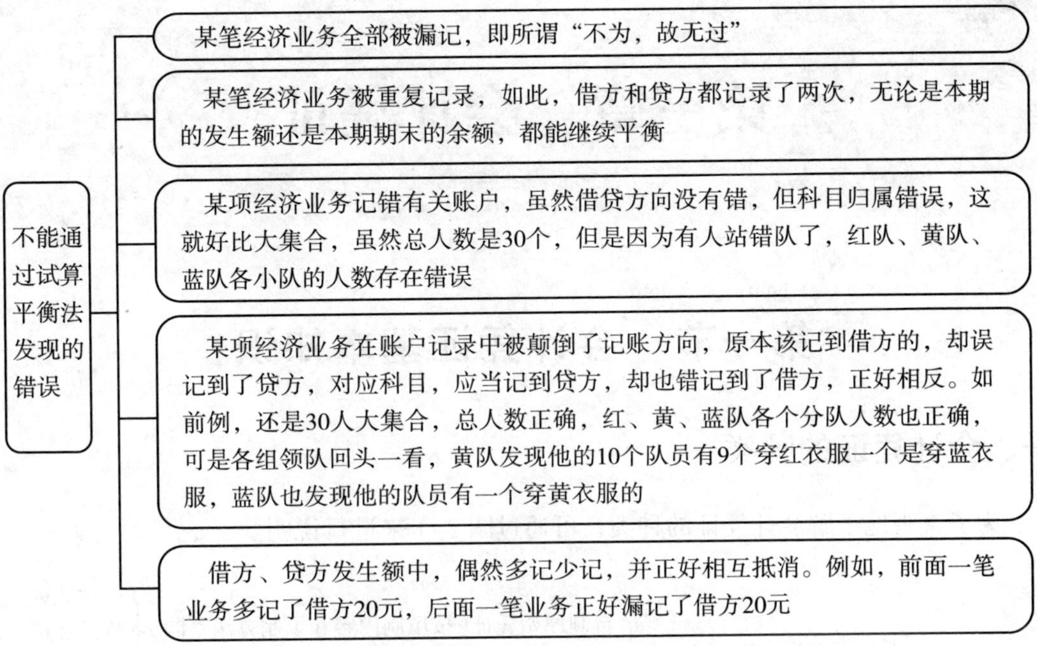

不能通过试算平衡法发现的错误

- 某笔经济业务全部被漏记，即所谓“不为，故无过”
- 某笔经济业务被重复记录，如此，借方和贷方都记录了两次，无论是本期的发生额还是本期期末的余额，都能继续平衡
- 某项经济业务记错有关账户，虽然借贷方向没有错，但科目归属错误，这就好比大集合，虽然总人数是30个，但是因为有人站错队了，红队、黄队、蓝队各小队的人数存在错误
- 某项经济业务在账户记录中被颠倒了记账方向，原本该记到借方的，却误记到了贷方，对应科目，应当记到贷方，却也错记到了借方，正好相反。如前例，还是30人大集合，总人数正确，红、黄、蓝队各个分队人数也正确，可是各组领队回头一看，黄队发现他的10个队员有9个穿红衣服一个是穿蓝衣服，蓝队也发现他的队员有一个穿黄衣服的
- 借方、贷方发生额中，偶然多记少记，并正好相互抵消。例如，前面一笔业务多记了借方20元，后面一笔业务正好漏记了借方20元

图2-61　不能通过试算平衡法发现的错误

总之，在运用借贷记账法处理经济业务时，需要进行详细分析，先确认要记录的经济业务涉及哪些账户，然后确定是增加还是减少，最后根据账户性质来判断记账方向，确定应该记录在借方还是在贷方。

第三章　会计凭证

第一节　会计凭证基本知识

一、会计凭证的种类

为了直观地了解会计凭证的种类，可通过图 3–1 来进行说明。

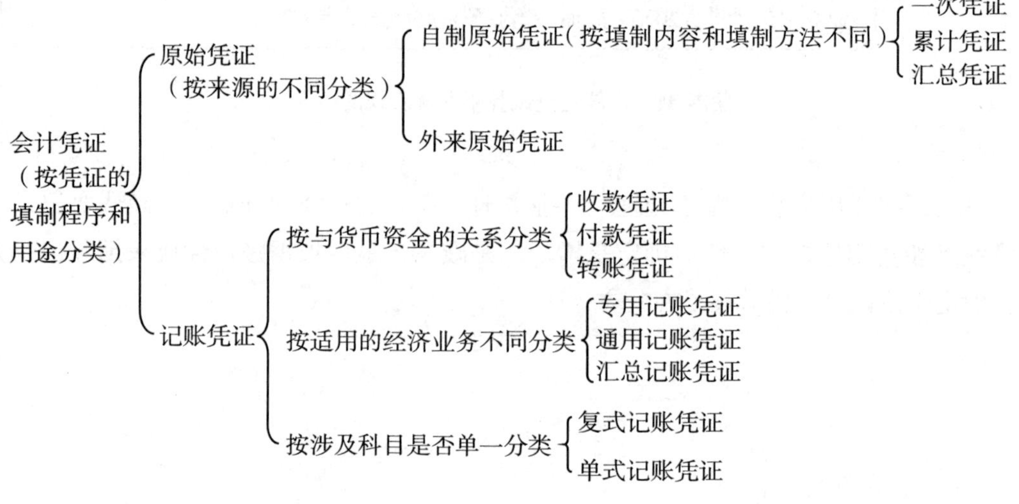

图3–1　会计凭证分类

二、会计凭证的作用

会计凭证的作用：

- 会计凭证本身是提供原始资料、传导经济信息的工具
- 经济业务中，通过会计凭证记载并传递工作内容和流程，可以明确不同部门、不同人员的经济责任，强化内部控制
- 通过会计凭证上经手人、审核人、复核人及记账人员等签字或盖章等方式的内部管理方式，能够有效地监督企业经济活动，控制经济运行

会计凭证本身所记录交易或事项，为会计部门记账提供了最可信的依据。会计凭证在企业会计工作中的作用，可用图3-2表示

企业经济业务 → 会计凭证 → 登记账簿，编制会计报表

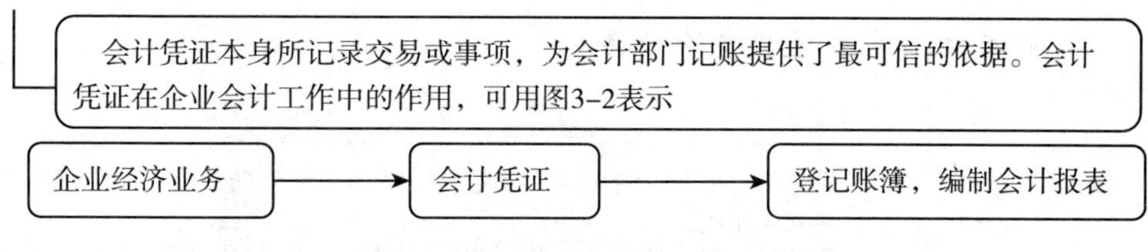

图3-2　会计凭证在会计工作中的位置（续）

第二节　原始凭证

一、原始凭证的定义

原始凭证是用于记录经济业务的发生、执行或完成的书面证明文件，通过原始凭证，能明确利益各方的经济责任，并能够为会计记账提供最基本的依据。如出差时的火车票、采购材料的发票、到仓库领料的领料单等，均是原始凭证。

从定义可知，原始凭证是在经济业务发生的过程中直接产生的，属于经济业务发生的最初证明，它在法律上具有证明效力，因此也可称为“证明凭证”。

二、原始凭证的分类

1．按来源分类

按来源分类

- 外来原始凭证：是指那些在同外单位发生经济往来事项时，从外单位取得的凭证。除特殊情形外，原则上外来原始凭证不能以内部凭证代替。外来原始凭证如有遗失，须得到原出据人的证明文件，证明原交易的内容、金额、日期及其他必要事项。若因事实上的限制，无法取得外来原始凭证，或由于意外事故，以致外来原始凭证毁损、缺少的，应根据事实及金额，另补证明单
- 自制原始凭证：是指在经济业务活动发生或完成时，由本单位内部经办部门或人员填制的凭证

图3-3　原始凭证按来源分类

2. 按填列内容和填制方法分类

按填列内容和填制方法分类

- 一次凭证：是指凭证的填制手续随着经济活动结束而一次完成，已填列的凭证不能再重复使用；一次凭证只反映一项经济业务，或同时记录若干项同类性质经济业务的原始凭证，如企业有关部门领用材料的“领料单”、购进材料的“入库单”等
- 累计凭证：是指在一定时期内（一般以一个月为限），在一张凭证中连续、累计填列某项不断重复发生而分次进行的特定业务的具体情况，如“限额领料单”等
- 汇总原始凭证：是指根据一定时期内反映相同经济业务的多张原始凭证，汇总编制而成的自制原始凭证，用以集中反映某项经济业务总括发生情况。汇总原始凭证既能够简化会计核算工作，又方便进行经济业务的分析比较。如“工资汇总表”“差旅费报销单”等

图3-4　原始凭证按填列内容和填制方法分类

三、原始凭证的基本内容

原始凭证的基本内容

- 从外单位取得的原始凭证，应使用统一发票，发票上应印有税务专用章；必须加盖填制单位的财务专用章或发票专用章
- 自制的原始凭证，必须有经办单位负责人或者由单位负责人指定的人员签名或盖章
- 支付款项的原始凭证，必须要有收款单位和收款人的收款证明，不能只以支付款项的凭证作为入账的依据
- 购买实物的原始凭证，必须有验收人签字确认的验收证明
- 销售货物发生退货并退还货款时，必须以退货发票、退货验收证明以及对方的收款收据三类原始凭证一起，方可作为入账的原始凭证
- 职工因为公务借款的借据等，必须附在记账凭证之后。收回借款时，需另开收据或者退还借据副本，不能退还原借款收据
- 一式几联的原始凭证，应当在各联次上分别写明各联的用途，只能以一联作为报销凭证，且必须采用双面复写纸（发票和收据本身具备复写纸功能的除外）套写，并连续编号。作废时，需加盖“作废”戳记，连同存根一起保存，不得撕毁
- 经上级有关部门批准后执行的经济业务，应当将批准文件作为原始凭证的附件

图3-5　原始凭证的基本内容

四、原始凭证填制的一般要求

原始凭证填制的一般要求

- 记录要真实：原始凭证所填列经济业务的内容及数字，必须真实可靠，必须符合国家相关政策、法令、法规、制度的要求，必须符合经济业务的实际情况，不得弄虚作假，更不能伪造
- 内容要完整：原始凭证所要求填列的项目必须逐一填列齐全，不能遗漏和省略，经办业务的有关部门及人员要认真审核，签名盖章确认
- 手续要完备：企业自制的原始凭证，必须要有经办单位主管或者其他指定的人员签名盖章；从外部取得的原始凭证，必须盖有填制单位的公章，且必须有本单位经手人签字；从个人取得的原始凭证，必须要有填制人员的签名盖章
- 书写要清楚、规范
- 编号要连续：若原始凭证已预先印定编号，在写坏作废时，应加盖“作废”戳记，妥善保管，不能撕毁
- 不得涂改、刮擦、挖补：原始凭证有错误的，需由出具单位重开或更正，更正处应加盖出具单位印章
- 填制要及时：各种原始凭证必须要及时填写，并按规定的程序及时送交会计部门，由会计人员进行审核

图3-6　原始凭证填制的一般要求

原始凭证填制的书写要求

- 原始凭证应按规定填写，文字要简要，字迹要清楚，易于辨认，禁止使用未经国务院公布的简化汉字
- 在原始凭证中，涉及大量的数字大小写问题。针对这一问题，《会计法》有明确规定：大、小写金额必须相符且填写规范，小写金额用阿拉伯数字逐个书写，不得写连笔字，在金额前要填写人民币符号“¥”，且人民币符号“¥”与阿拉伯数字之间不得留有空白
- 涉及金额的数字，一律填写到角和分，无角和分的，写“00”或符号“—”；有角无分的，分位写“0”，不能用符号“—”
- 大写金额用汉字壹、贰、叁、肆、伍、陆、柒、捌、玖、拾、佰、仟、万、亿、元、角、分、零、整等，一律用正楷或行书字书写。大写金额前未印有“人民币”字样的，应加写“人民币”三个字，“人民币”字样和大写金额之间不得留有空白，大写金额到元或角为止的，后面要写“整”或“正”字，有分的，不写“整”或“正”字。如小写金额为¥1003.00元，大写金额应写成“壹仟零叁元整”

图3-7　原始凭证填制的书写要求

五、原始凭证的审核

1. 审核的主要内容

审核的主要内容

- 审核原始凭证的合法性和真实性：会计人员得到原始凭证后，需要审核所记载的经济业务是否符合国家有关规定的要求，有否违反财经制度的现象；除此之外，还要审核原始凭证中所列的经济业务事项是否真实，有无弄虚作假情况。若在审核原始凭证中发现有多计或少计收入、费用，擅自扩大开支范围、提高开支标准，或巧立名目、虚报冒领等违反财经制度及财经纪律的情况，会计人员不但不能将其作为合法、真实的原始凭证，还要按规定处理
- 审核原始凭证的合理性：会计人员得到原始凭证后，需要审核所发生的经济业务是否符合厉行节约、反对浪费、有利于提高经济效益的原则。若审核原始凭证后发现，确定有突击使用预算结余购买不需要的物品，或其他违反上述原则的情况，应立即向上级主管反映
- 审核原始凭证的完整性：会计人员得到原始凭证后，需要审核原始凭证是否具备基本内容，有否应填项目未填或填写不清楚的现象。若审核原始凭证后发现，确实有未填写接受凭证单位名称、无填写单位或制证人员签章，或是业务内容与附件不符等情况，不能作为内容完整的原始凭证使用
- 审核原始凭证的正确性：会计人员得到原始凭证后，需要审核原始凭证在计算方面是否存在失误。若审核凭证后发现，确实有业务内容摘要与数量、金额不相符，业务所涉及的数量和单价的乘积与余额不符，金额合计错误等情况，不能作为正确的原始凭证

图3–8 审核的主要内容

六、原始凭证处理举例

1. 开具发票的处理

如图 3–9 所示为一张由某公司会计人员开具的发票。

北京市服务业、娱乐业、文化体育业专用发票
BEIJING SPECIAL INVOICE FOR SERVICE INDUSTRY ENTERTAINMENT INDUSTRY AND PHYSICAL CULTURE INDUSTRY
发票联
发票代码 211000772140
发票号码 03873957
密　码
信息码 2014070201
税务登记号：110102788615851000
收款单位：
付款单位（个人）：
服务项目
版面费
金　额
900.00
金额合计（人民币大写）玖佰元整
900.00
机打票号 201407020103873957
开票日期：2008-11-11

图3–9　发票标准格式图

从发票内容可以看出，发票本身包括名称、发票号码等内容，会计人员需要填制的内容具体包括以下几方面。

填制的内容

- 付款单位名称，也就是接受发票的单位名称，即平常所说的“发票抬头”，该项目须按客户提供的名称详细填写，不得漏字，也不能有错字、别字，更不能采用客户名称的缩写、简写称呼等
- 填制发票的日期，即开具发票的日期，在采用机打发票后，这一项通常由开票系统自动带出（其目的是杜绝企业延期开票，推迟缴税）
- 经济业务内容摘要，摘要要求全面反映经济业务的内容，同时又要简明扼要。若涉及的费用是一定期间的，还需要注明所跨期间，如图3–9提供的发票，注明为版面费
- 经济业务的实物数量和单价，按实际交易的数量和单价如实填写即可
- 经济业务的大小写金额，除了保证“数量×单价=小写金额”外，所有栏次的小写金额汇总数应等于发票“小写金额合计数”栏，而且小写合计数与“大写合计”栏的数值要相等
- 经办人签章，由开具发票的人签名或盖个人名章
- 填制企业的单位发票专用章或财务专用章，所盖章需清晰，而且要离裁剪位置远一点，防止裁剪时章不完整

图3–10　填制的内容

2. 收到借款单的处理

如图 3–11 所示为借款单的标准格式。

借　款　单

丙式-107　12×21厘米

资金性质＿＿＿＿＿＿　　年　月　日

借款单位：		
借款理由：		
借款金额：人民币（大写）		¥
本单位负责人意见：		借款人（签章）
机关首长批示：	会计主管员核批：	付款记录： 年　月　日以第　号 支票或现金支出凭单付给

图3–11　借款单标准格式

会计人员在收到员工提供的借款单后，需要复核以下内容。

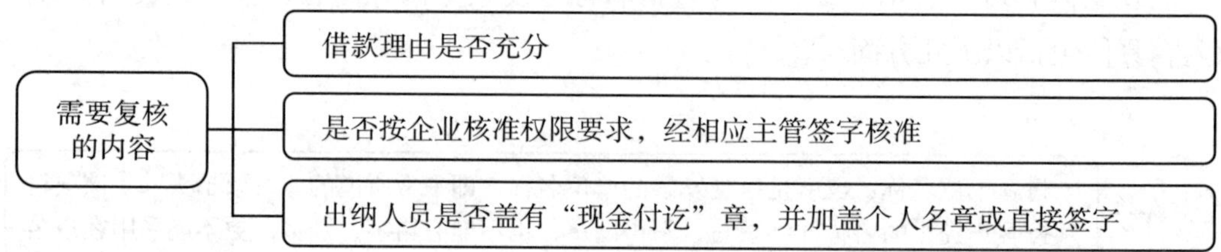

图3–12　需要复核的内容

3. 收到差旅费报销单的处理

如图 3–13 所示为差旅费报销单的标准格式。

差 旅 费 报 销 单

丙式-104　12×21厘米（通）

部门＿＿＿＿＿＿　　年　月　日

出差人									出差事由							
出发				到达				交通工具	交通费		出差补贴		其他费用			附件
月	日	时	地点	月	日	时	地点		单据张数	金额	天数	金额	项目	单据张数	金额	
													住宿费			
													市内车费			
													邮电费			
													办公用品费			
													不买卧铺补贴			
													其他			张
合　计																
报销总额	人民币（大写）								预借旅费	¥			补领金额	¥		
													退还金额	¥		

主管　　审核　　出纳　　领款人

图3–13　差旅费报销单标准格式

会计人员在收到员工填写好的差旅费报销单后，需要复核以下内容。

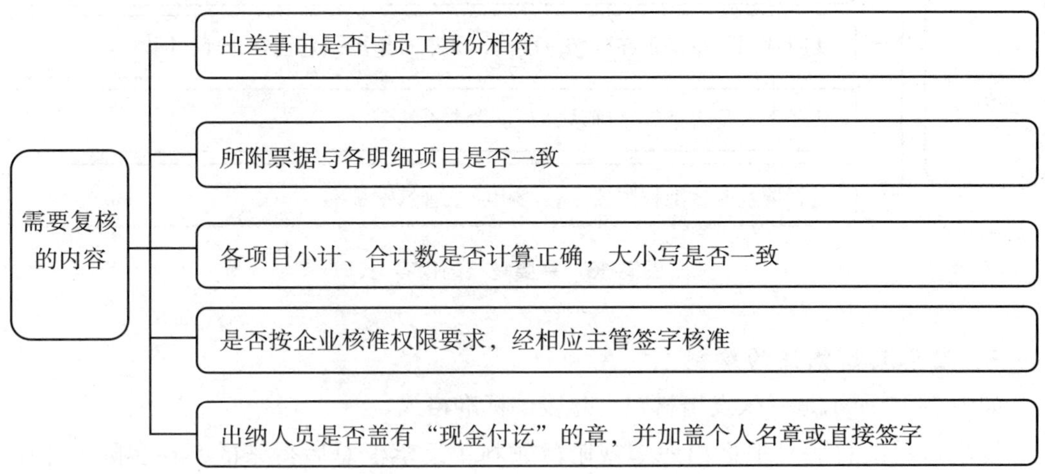

图3–14 需要复核的内容

4. 收到本企业限额领料单的处理

如图 3–15 所示为一张限额领料单的标准格式。

限额领料单

领料部门： 发料仓库：

用　　途： 年　月　单　号：

材料类别	材料编号	材料名称	材料规格	计量单位	领料限额	实际领料	单价	金额	备注
日期	请领		实发			限额结余	退库		
	数量	经手人	数量	发料人	领料人		数量	退库单号	
合计									

供应部门负责人：　　生产计划部门负责人：　　仓库负责人：

图3–15 限额领料单标准格式

会计人员在收到由企业生产部门提供的限额领料单后，需要复核下列内容。

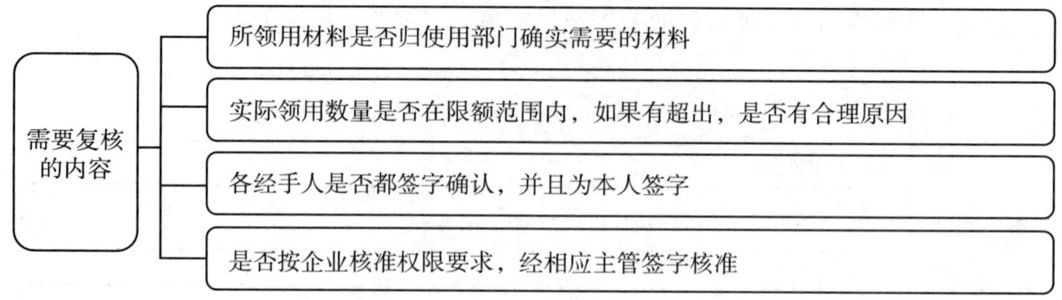

图3–16 需要复核的内容

5. 汇总原始凭证的编制

如图 3–17 所示是一张发出材料汇总表的标准格式。

发出材料汇总表是根据出库单或限额领料单逐笔汇总后得来的，在实际工作中，会计人员为了期末结账快捷、准确，也为了平素查找资料方便，会做大量的原始凭证汇总工作，包括发出材料汇总表、差旅费报销单汇总等，均是对原始凭证的汇总。

发出材料汇总表

领料单汇总表

年 月 日

用途（会计科目）	上旬	中旬	下旬	月计

图3–17 发出材料汇总表标准格式

6. 汇总原始凭证的功能

如发出材料汇总表、差旅费报销单汇总这种内部自制的原始凭证是企业常用的汇总原始凭证，通常由会计部门会同单据使用部门一起设计格式、内容和相关人员填列栏次及对应责任。

汇总原始凭证作为企业的一种内部凭证，往往有固定的格式和填列项目。它以外来的原始凭证和一次性原始凭证作为依据，通过对一次性原始凭证的整理、分类和适当综合，可以直观地揭示企业交易事项的内容、性质、数量及金额，也方便企业内部不同部门的传递，使各部门经办人员可以便捷地向会计部门报告会计信息。

原始凭证是会计工作的起点，是账簿组织系统的第一要素，而汇总的原始凭证是企业为实施内部控制，推动业务进行，增进工作效率以及强化分工合作的良好工具。

其在企业管理和会计工作中均发挥着重要作用，具体表现在以下几个方面。

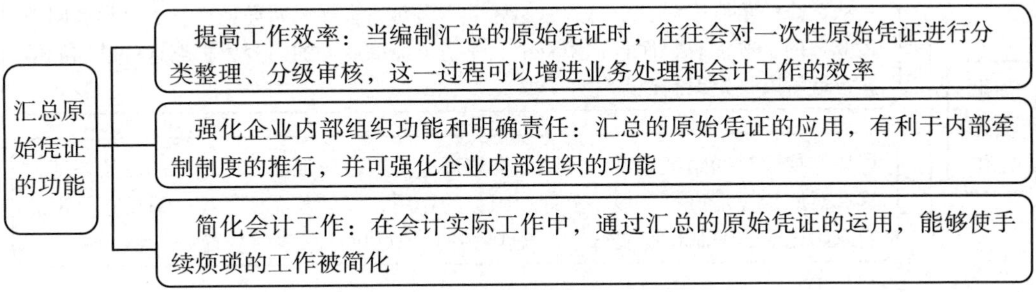

汇总原始凭证的功能

提高工作效率：当编制汇总的原始凭证时，往往会对一次性原始凭证进行分类整理、分级审核，这一过程可以增进业务处理和会计工作的效率

强化企业内部组织功能和明确责任：汇总的原始凭证的应用，有利于内部牵制制度的推行，并可强化企业内部组织的功能

简化会计工作：在会计实际工作中，通过汇总的原始凭证的运用，能够使手续烦琐的工作被简化

图3–18　汇总原始凭证的功能

（1）提高工作效率

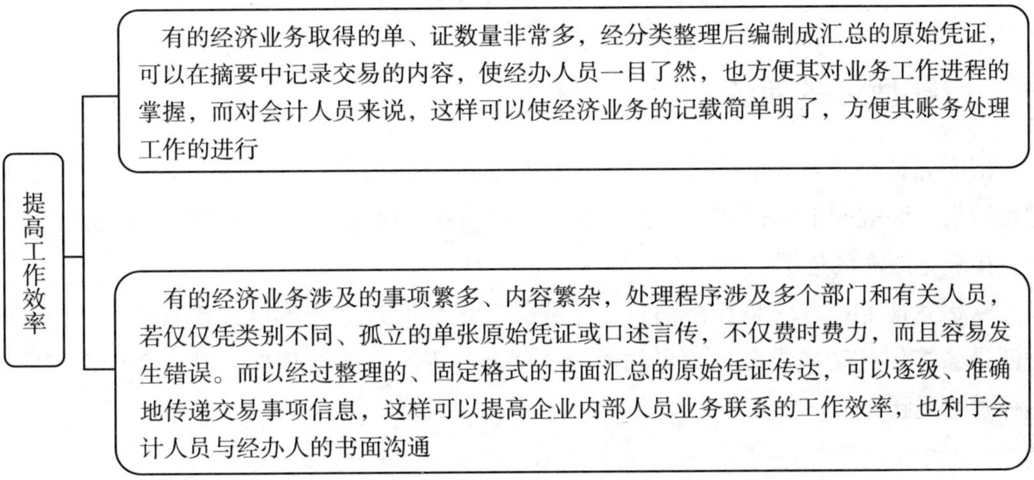

提高工作效率

有的经济业务取得的单、证数量非常多，经分类整理后编制成汇总的原始凭证，可以在摘要中记录交易的内容，使经办人员一目了然，也方便其对业务工作进程的掌握，而对会计人员来说，这样可以使经济业务的记载简单明了，方便其账务处理工作的进行

有的经济业务涉及的事项繁多、内容繁杂，处理程序涉及多个部门和有关人员，若仅仅凭类别不同、孤立的单张原始凭证或口述言传，不仅费时费力，而且容易发生错误。而以经过整理的、固定格式的书面汇总的原始凭证传达，可以逐级、准确地传递交易事项信息，这样可以提高企业内部人员业务联系的工作效率，也利于会计人员与经办人的书面沟通

图3–19　提高工作效率

（2）强化企业内部组织功能和明确责任

内部控制制度的基本原则是：不允许一个人或一个部门，自始至终单独处理一项经济业务。当一项交易发生时，必须凭合法有效的原始凭证编制汇总的原始凭证，并传递到各相关部门，每一经办人员基于自身的职责，彼此互相核对并监督，由一人的工作，可验证另一人工作的正误性，这样可以减少差错的发生，从而达成自动防弊和消除错误的效果，增强了内部牵制。

而且，企业所有环节成本控制及绩效考核制度的实施，都强调企业内部各岗位经济责任的划分。记账凭证的运用，要求各经办人员都必须在汇总的原始凭证上，就其所涉及的收支范围及金额签章，以确定其职责，评价其绩效，这样能够加强企业组织和管理的职责功效，使职责分明。

（3）简化会计工作

简化会计工作

- 从记账的角度来看，汇总的原始凭证不但对一次性原始凭证进行了分类和同类型业务的金额汇总，而且在摘要中也写明了经济业务的内容，根据这些已知的信息，就可以直接编制记账凭证
- 从查找资料的角度来看，按照分类整理过的原始凭证编制的汇总的原始凭证，具有对原始凭证进行审核、整理和归类的作用，以后若需要查核，只要查到汇总的原始凭证的编制日期或编号，就能够找到原始单证存放的位置，非常方便

图3-20　简化会计工作

第三节　记账凭证

一、记账凭证的定义

记账凭证是企业内部会计人员根据审核后的原始凭证对经济业务事项按照其性质进行归类、整理和汇总，并按照会计准则及记账规则确定会计分录后编制形成的凭证，是直接登记账簿的依据。

原始凭证上记载的是经济信息，记账凭证记载的是会计信息，从原始凭证到记账凭证是经济信息转换成会计信息的过程，这个过程标志着会计信息进入会计系统，是一种质的飞跃。

二、记账凭证与原始凭证的关系

1. 记账凭证与原始凭证的区别

记账凭证与原始凭证的区别

- 原始凭证是由经济事务的经办人员填制的，而记账凭证一律由会计人员填制
- 原始凭证根据发生或完成的经济业务填制，而记账凭证通常是根据审核后的原始凭证填制
- 原始凭证只用来记录、证明经济业务已经发生或完成，而记账凭证需依据会计科目对已经发生或完成的经济业务进行归类、整理
- 原始凭证是填制记账凭证的依据，记账凭证是登记账簿的依据，两者在会计工作中的位置是有先后顺序差异的

图3-21　记账凭证与原始凭证的区别

2．记账凭证与原始凭证的联系

记账凭证与原始凭证的联系

- 原始凭证是记账凭证的基础，记账凭证是根据原始凭证编制的
- 在实际工作中，原始凭证附在记账凭证后面，作为记账凭证的附件；记账凭证是对原始凭证内容的概括及说明：原始凭证有时还是登记明细账户的依据

图3–22　记账凭证与原始凭证的联系

三、记账凭证的分类

按所反映的经济业务是否与货币有关分类

- 收款凭证：指用来反映货币资金收入业务的记账凭证，它是根据货币资金收入业务的原始凭证填制而成的
- 付款凭证：指用来反映货币资金支出业务的记账凭证，它是根据货币资金支出业务的原始凭证填制而成的
- 转账凭证：指用来反映与货币资金收付无关的转账业务的凭证，它是根据有关转账业务的原始凭证或记账凭证填制而成的

图3–23　按所反映的经济业务是否与货币有关分类

按填制方式分类

- 复式记账凭证：指将每一项经济业务所涉及的会计科目集中到一起，填列在一张记账凭证上的一种凭据。它可以比较完整地反映每一项经济业务的全貌，可以在一张凭证上集中记录某项经济业务所涉及的全部账户及其对应关系，填写方便，有利于凭证的分析、审核和保管
- 单式记账凭证：指按照一项经济业务所涉及的每个会计科目单独编制一张记账凭证，每张记账凭证中只登记一个会计科目。采用单式记账凭证有利于分工记账以及按科目汇总

图3–24　按填制方式分类

四、记账凭证的基本内容

记账凭证的基本内容如图 3–25 所示。

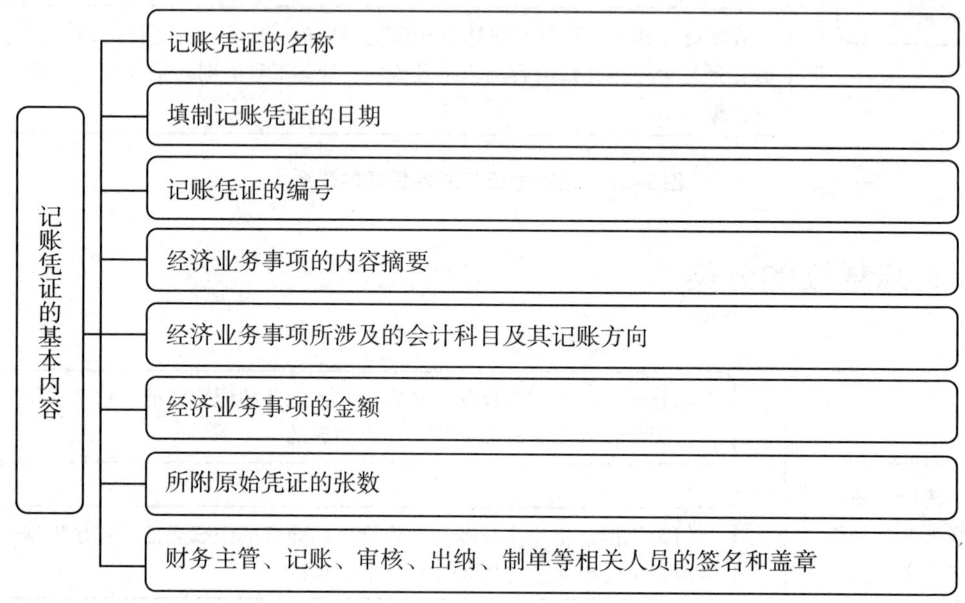

图3–25　记账凭证的基本内容

五、记账凭证的填制要求

1. 基本要求

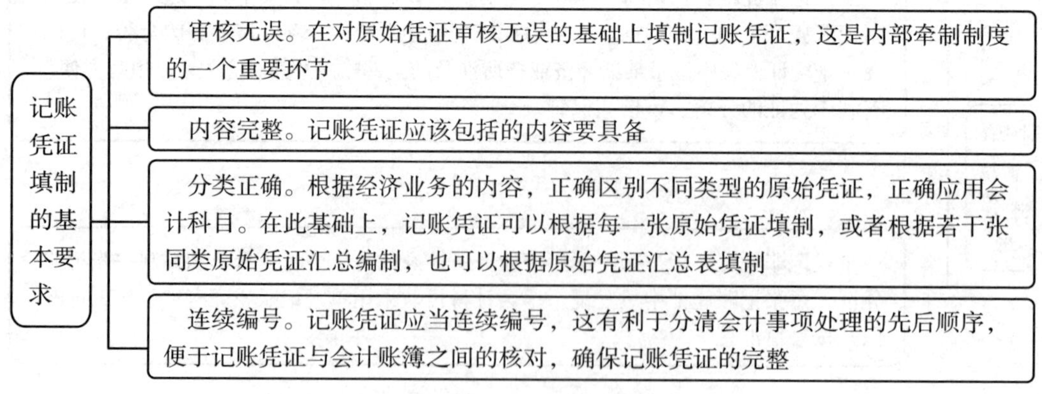

图3–26　记账凭证填制的基本要求

2. 具体要求

图3-27　记账凭证填制的具体要求

图3-28　记账凭证填制的具体要求

记账凭证编号的方法

记账凭证编号的方法有多种，可以按现金收付、银行存款收付及转账业务三类分别编号，也可以按现金收入、现金支出、银行存款收入、银行存款支出及转账五类进行编号，或者将转账业务按照具体内容再分成几类进行编号

各单位可以根据本单位业务的繁简程度、人员的多寡和分工情况来选择方便记账、查账、内部稽核，且简单严密的编号方法。不论采用哪一种编号方法，都应该按月顺序编号，即每月都从1号编起，按顺序编到月末。对于一笔经济业务需要填制两张或者多于两张记账凭证的，可以采用分数编号法进行编号，如1号会计事项分录需要填制三张记账凭证，则可以将其编成$1\frac{2}{3}$、$1\frac{1}{3}$、$1\frac{3}{3}$号

图3–29　记账凭证编号的方法

六、记账凭证的审核

记账凭证的审核

按原始凭证审核的要求，对所附的原始凭证进行复核，确认记账凭证的填制依据是否真实

审核记账凭证所附的原始凭证是否齐全，是否与所附原始凭证的内容相符，金额是否一致等。对一些需要单独保管的原始凭证及文件，应在凭证上加注说明

凭证中会计科目使用是否准确，应借、应贷的金额是否一致，账户的对应关系是否清晰，核算的内容是否符合会计制度的规定等

记账凭证所需要填写的项目是否齐全，有关人员是否都已签章等

图3–30　记账凭证的审核

在审核中如果发现记账凭证有记录不全或错误时，应重新填制或按规定办理更正手续。只有经过审核无误的记账凭证，方可据以登记账簿。

七、记账凭证填制举例

1. 收款凭证的填制

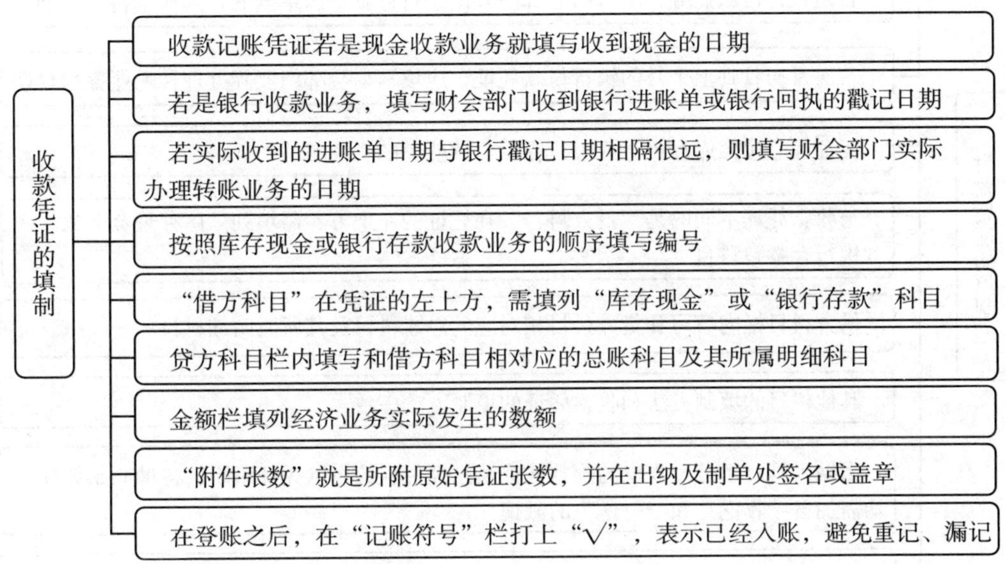

图3-31 收款凭证的填制

【例 3-1】A 公司 2017 年 3 月 20 日收到 B 公司交来的前欠货款 7850 元。根据“银行进账单”和其他原始凭证填制收款凭证如图 3-32 所示。

收 款 凭 证

借方科目：银行存款　　2017年 3 月 20 日　　收字第___号

摘要	贷方科目		金额										记账符号
	总账科目	明细科目	千	百	十	万	千	百	十	元	角	分	
收回前欠货款	应收账款	B 公司					7	8	5	0	0	0	
合计						¥	7	8	5	0	0	0	

附单据 1 张

会计主管：　记账：　出纳：　审核：　制单：王××

图3-32 收款凭证

2. 付款凭证的填制

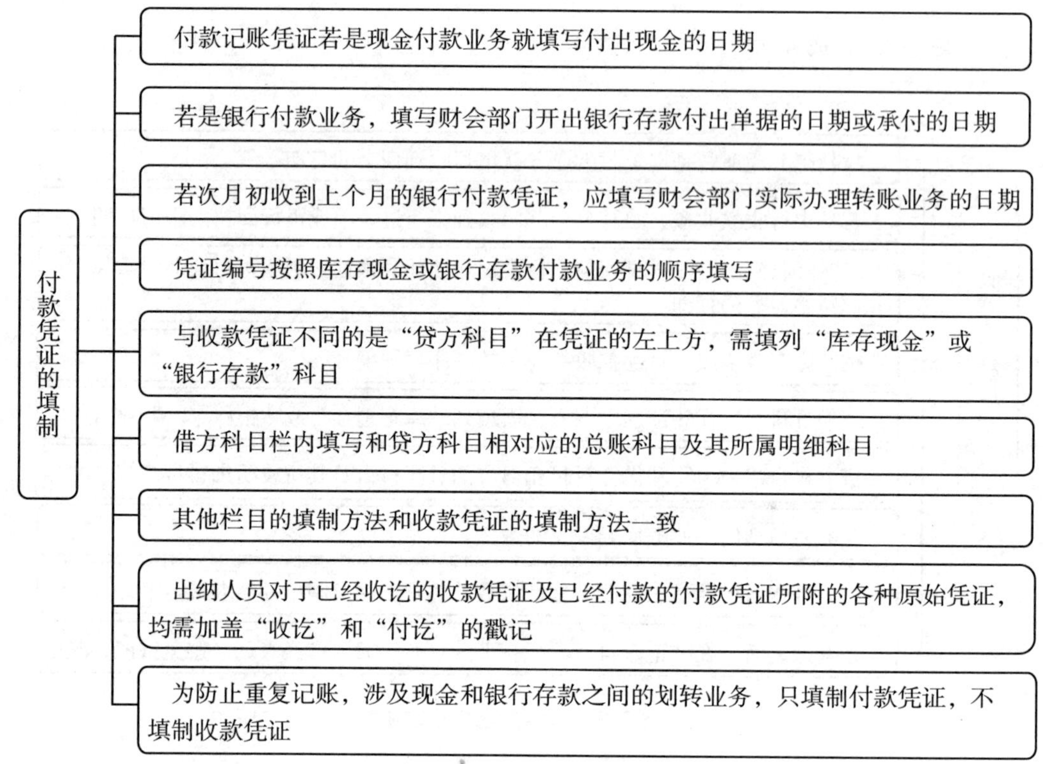

图3–33 付款凭证的填制

【例 3–2】2017 年 4 月 16 日某公司职工张某某出差，借出现金 5000 元，其付款凭证填制如图 3–34 所示。

付 款 凭 证

贷方科目：库存现金　　　　2017年 4月 16日　　　　付字第___号

摘要	借方科目		金额										记账
	总账科目	明细科目	千	百	十	万	千	百	十	元	角	分	符号
职工出差预借差旅费	其他应收款	张××					5	0	0	0	0	0	
合　计						¥	5	0	0	0	0	0	

附单据1张

会计主管：　　记账：　　出纳：李××　　审核：　　制单：王××

图3–34 付款凭证

3. 转账凭证的填制

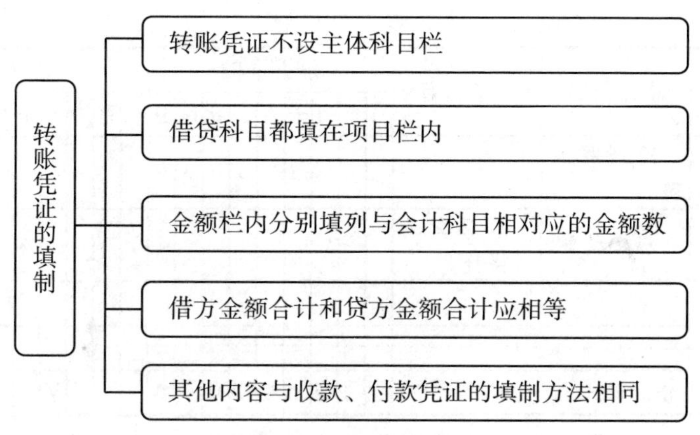

图3-35 转账凭证的填制

【例 3-3】2017 年 4 月 23 日，一车间生产 A 产品领用甲材料 20000 元，生产 B 产品领用甲材料 40000 元。根据领料的原始单据，填写转账凭证如图 3-36 所示。

转 账 凭 证

2017 年 4 月 23 日　　　　转字第___号

摘要	总账科目	明细科目	借方金额									✓	贷方金额									✓
			百	十	万	千	百	十	元	角	分		百	十	万	千	百	十	元	角	分	
生产产品领用甲材料	生产成本	A 产品			2	0	0	0	0	0	0											
		B 产品			4	0	0	0	0	0	0											
	原材料	甲材料													6	0	0	0	0	0	0	
合 计				¥	6	0	0	0	0	0	0			¥	6	0	0	0	0	0	0	

附单据 1 张

会计主管：　　记账：　　出纳：　　审核：　　制单：王 × ×

图3-36 转账凭证

4. 通用记账凭证的填制

在通用记账凭证中，经济业务所涉及的会计分录全部填列在凭证内，借方科目在先，贷方科目在后，其填制方法与前述转账凭证填制方法一致。

【例 3-4】2017 年 5 月 31 日，某公司结算本月应交的企业所得税 8500 元，填制记账凭证如图 3-37 所示。

记　账　凭　证

2017年 5月 31 日　　　　　　　　记字第____号

摘要	总账科目	明细科目	借方金额									✓	贷方金额									✓
			百	十	万	千	百	十	元	角	分		百	十	万	千	百	十	元	角	分	
结算应交企业所得税	所得税费用					8	5	0	0	0	0											
	应交税费	应交企业所得税														8	5	0	0	0	0	
合　计					¥	8	5	0	0	0	0				¥	8	5	0	0	0	0	

附单据1张

会计主管：　　记账：　　出纳：　　审核：　　制单：王××

图3-37　通用记账凭证

第四节　会计凭证的传递和保管

一、会计凭证的传递

会计凭证的传递，是指从经济业务发生后或完成时取得或填制原始凭证开始到会计凭证归档保管为止，按照规定的手续、时间和传递路线进行处理、移交的程序。

会计凭证的传递

- 制定传递路线：企业需根据自身的工作性质和所进行的经济活动的特点，结合内部机构与人员分工情况及满足经营管理和会计核算的需要，制定会计凭证从取得或填制开始的整个传递程序及应经手的部门人员。这一程序必须合理、适用，方便企业各环节的有机联系和相互监督，并可以加速业务处理过程，提高工作效率
- 合理的传递时间：合理的传递时间，即根据规定的办理经济业务的手续及要求，确定会计凭证在各环节的停留时间及交接时间。时间要恰当，不宜过紧或过松，要能够确保各经办部门和人员正确、及时地对会计凭证进行填制及审核，并及时进行移交

图3-38　会计凭证的传递

二、会计凭证的装订

会计凭证的装订是指把定期整理完毕的会计凭证按照编号顺序，外加封面、封底，装订成册，并在装订线上加贴封签。在封面上，还要注明企业名称、年度、月份、记账凭证的种类、起讫日期、起讫号数，以及记账凭证和原始凭证的张数，并且在封签处加盖会计主管的骑缝图章。

如果企业的业务量小，凭证不多，则可以把若干月份的凭证合并订成一册，仅需在凭证封面注明本册所含的凭证月份即可。为了使得装订成册的会计凭证外形美观，在装订时要考虑到凭证的整齐均匀，尤其是装订线的位置，如果太薄可用纸折一些三角形纸条，均匀地垫在此处，以确保它的厚度与凭证中间的厚度一致。

会计凭证的装订

- 将会计凭证封面与封底裁开，分别附在凭证前面和后面，再取一张质地相同的纸（可以再找一张凭证封皮，裁下一半用，另一半为订下一本凭证备用）放在封面上角，作为护角线
- 在凭证的左上角画一个边长为5厘米的等腰三角形，用夹子夹住，用装订机在底线上分布均匀地打两个孔眼
- 用大针引线绳穿过两个孔眼。若没有针，可以将回形针顺直，然后将两端折向同一个方向，将线绳从中间穿过并夹紧，即可将线引过来（一般装订机打出的孔眼是可以穿过的）
- 在凭证的背面打线结，线绳最好在凭证中端系上
- 将护角向左上侧折，并将一侧剪开至凭证的左上角，然后涂抹胶水
- 向后折叠，并将侧面和背面的线绳扣粘死
- 最后等到胶水干后，在凭证本的脊背上面写上“××年×月第×册共×册”的字样。装订人在装订线封签处签名或者盖章。银行凭证、现金凭证及转账凭证最好依次顺序编号，一个月从头编一次序号，凭证较少的单位，可以全年顺序编号

图3-39　会计凭证的装订

会计凭证的封面如图 3-40 所示。

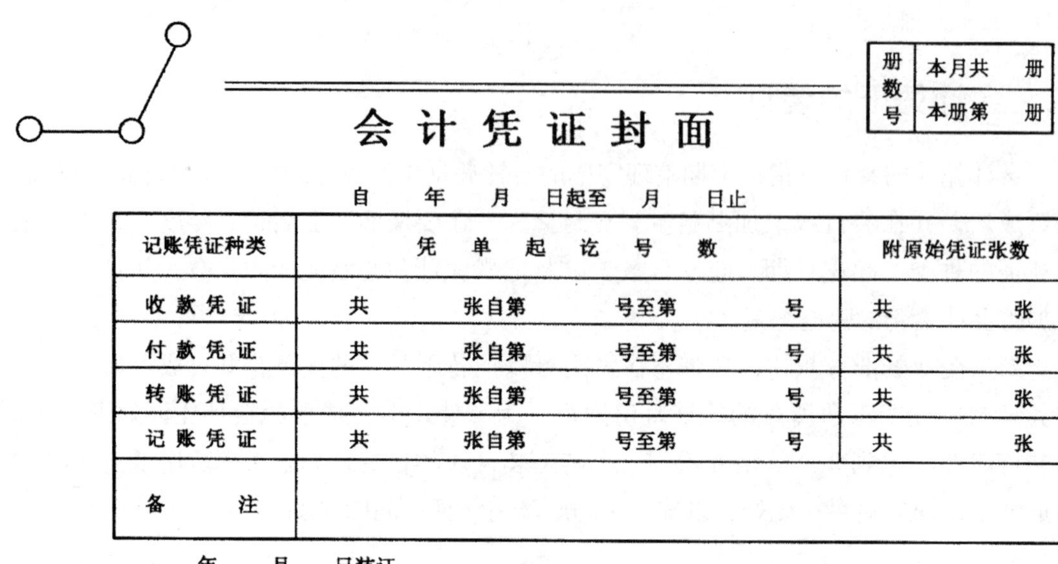

册数号	本月共　　册
	本册第　　册

会计凭证封面

自　　年　　月　　日起至　　月　　日止

记账凭证种类	凭单起讫号数	附原始凭证张数
收款凭证	共　　张自第　　号至第　　号	共　　张
付款凭证	共　　张自第　　号至第　　号	共　　张
转账凭证	共　　张自第　　号至第　　号	共　　张
记账凭证	共　　张自第　　号至第　　号	共　　张
备注		

年　　月　　日装订

会计主管人员　　　　复核　　　　装订员

图3–40　凭证封面

会计凭证的封底如图 3–41 所示。

抽出附件登记表

抽出日期			抽出附件名称、件数	抽出理由	抽取人签章	财务主管签章	备注
年	月	日					

图3–41　凭证封底

三、会计凭证的保管

会计凭证的保管是指会计凭证记账后的整理、装订、归档和存查工作。它是企业经济活动的见证及重要的历史资料，作为会计档案的重要组成部分，必须妥善保管。

每个经手会计凭证的人员都有责任保管好手中的各项资料、单据，保持其完整、齐全。会计凭证的保管有其严格的要求。

会计凭证的保管

- 会计凭证应定期装订成册，以免散失。从外单位取得的原始凭证遗失时，应取得原签发单位盖有公章的证明，并写明原始凭证的号码、金额、内容等，由经办单位会计机构负责人、会计主管人员及单位负责人批准后，方可代替作为原始凭证。若确实无法取得证明的，如果车票丢失，则应由当事人写明详细情况，由经办单位会计机构负责人、会计主管人员及单位负责人批准后，代替作为原始凭证
- 会计凭证封面应注明相关信息。会计凭证封面需注明企业名称、凭证种类、凭证张数、起止号数、年度、月份、会计主管人员、装订人员等有关事项，会计主管人员及保管人员应在封面上签章
- 会计凭证应加贴封条，避免抽换凭证。原始凭证不得外借，如果因特殊原因确实需要借阅的，则需要履行借阅手续，经本企业会计机构负责人、会计主管人员批准，可以复制。向外企业提供原始凭证复制件，应在专设的登记簿上登记，并由提供人员与收取人员共同签名、盖章
- 原始凭证较多时，可单独装订。原始凭证较多时，可单独装订，但需在凭证封面写明所属记账凭证的日期、编号和种类，同时应在所属的记账凭证上写明“附件另订”及原始凭证的名称和编号，便于查阅
- 每年装订成册的会计凭证，在年度终了时可暂由单位会计机构保管一年，期满后需移交企业档案机构统一保管；未设立档案机构的，需在会计机构内部指定专人保管。出纳人员不能监管会计档案
- 严格遵守会计凭证的保管期限要求，期满前不得随意销毁。达到保管期限可以销毁的会计凭证，需要办理销毁手续，对其中重要的资料，会计部门应当留存复印件

图3-42 会计凭证的保管

第四章　会计账簿

第一节　会计账簿基本知识

一、会计账簿的意义

设置和登记账簿，是对经济信息进行加工整理的一种专门方法，属于会计核算工作中的一个重要环节，其在会计核算工作总流程中的位置如图 4–1 所示。

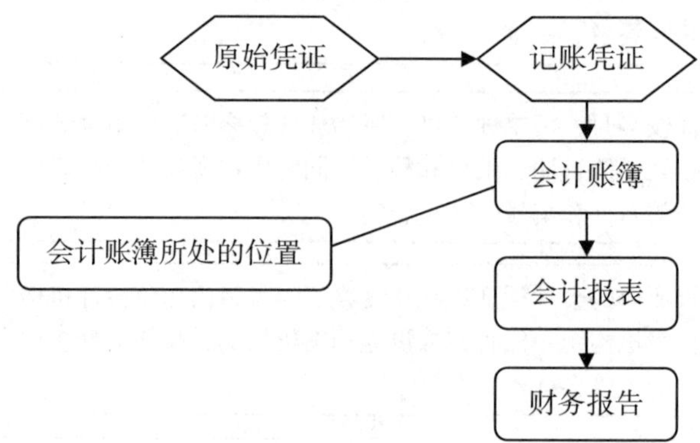

图4–1　会计账簿所处的位置

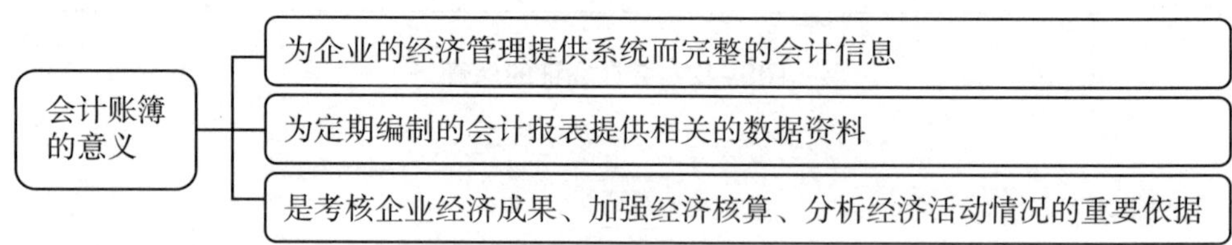

图4–2　会计账簿的意义

二、会计账簿的种类

账簿由具有一定格式、相互联系的若干账页构成，按照不同的标准可以对账簿进行不同的划分。

1. 会计账簿按用途分类

会计账簿按用途可以分为日记账、分类账和备查账。

会计账簿按用途分类

- 日记账又叫序时账，它是按照经济业务发生或完成时间的先后顺序逐日逐笔进行登记的账簿，即是日常生活中所说的流水账。企业的现金日记账与银行存款日记账属于这一类
- 分类账是对经济业务按照会计要素的具体类别而设置的账户进行登记的账簿。根据总分类账户分类登记经济业务的是总分类账，简称为总账；根据明细分类账户分类登记经济业务的是明细分类账，简称为明细账。总账提供概括的会计信息，明细账则提供详细的会计信息，两者相辅相成，相互补充
- 备查账也叫备查登记簿或辅助账簿，是对在序时账与分类账中未能反映和记录的事项进行补充登记的账簿。备查账对完善企业会计核算、增强企业内部控制与管理、强化对重要经济业务事项的监督、明确会计交接责任等均具有重要意义，企业可以根据自己的实际需求来设置这类账簿

图4-3　会计账簿按用途分类

2. 会计账簿按外表形式分类

会计账簿按照外表形式可以分为订本式账簿、活页式账簿及卡片式账簿。

会计账簿按外表形式分类

- 订本式账簿是在启用前进行顺序编号、装订成册的账簿。采用订本式账簿，可以防止账页散失或人为抽换账页，但是因为账页的序号和总页数已经固定，所以在账簿中开设账户时必须为每一账户预留账页。它适用于总账与日记账的登记
- 活页式账簿是将若干张零散的、格式相同的账页装订在账夹内，可以随时增添或取出账页的账簿
- 卡片式账簿是由专门格式、分散的卡片作为账页组成的账簿。在登记卡片式账簿时，必须按照顺序编号并装置在卡片箱内，由专人保管

图4-4　会计账簿按外表形式分类

会计账簿适用范围

- 企业日常用的现金日记账、银行存款日记账、总分类账都是订本式账簿
- 企业日常用的甲式明细账、乙式明细账、费用账等都是活页式账簿
- 固定资产明细账一般都采用卡片式账簿登记

图4-5　会计账簿适用范围

3. 会计账簿按账页格式分类

会计账簿按照账页格式可以分为三栏式账簿、多栏式账簿和数量金额式账簿。

会计账簿按账页格式分类

- 三栏式账簿是只设有借方、贷方和余额三个基本栏目的账簿，适用于仅要求进行金额核算、不要求进行数量核算的账簿，企业的现金、银行存款日记账和总账等通常采用三栏式的账簿。其格式如图4-7所示
- 多栏式账簿是指在账簿的两个基本栏目借方和贷方按照需要分设若干专栏的账簿，但专栏设置在借方还是贷方，或者两方同时设专栏，设置多少专栏，则根据需要来确定。企业的成本、费用明细账通常采用多栏式账簿登记，如应交税费、生产成本、管理费用等。其格式如图4-8所示
- 数量金额式账簿是指账簿的借方、贷方和余额三个栏目内，均分设数量、单价和金额三个小栏，用于反映财产物资的实际数量和价值量。企业的原材料和库存商品等明细账通常采用数量金额式的账簿。其格式如图4-9所示

图4-6 会计账簿按账页格式分类

银 行 存 款 日 记 账

开户银行名称________ 账号________

年		凭证		对方科目	摘要	支票		借方											贷方											✓	余额											✓
月	日	字	号			种类	号码	亿	千	百	十	万	千	百	十	元	角	分	亿	千	百	十	万	千	百	十	元	角	分		亿	千	百	十	万	千	百	十	元	角	分	

图4-7 三栏式账簿

投产日期______计划工时______　　**生产成本明细分类账**　　科目名称______页次______总页______

完工日期______实际工时______　　生产批号______

完成产量______数　　量______产品规格______　　生产车间______

产品名称______

年		凭证		摘要	借方发生额	成本项目					
月	日	字	号			直接材料	直接工资	制造费用			
					千百十万千百十元角分	千百十万千百十元角分	千百十万千百十元角分	千百十万千百十元角分	千百十万千百十元角分	千百十万千百十元角分	千百十万千百十元角分

图4-8　多栏式账簿

(科目)　**明细账**(乙)　　总第　页　分第　号第　页

月	日	进价	调拨价	批发价	零售价

最高存量______贮存天数______

最低存量______每件数量______

类别		编号	
产地		规格	
名称		单位	

账务主管

复核

记账

A—0020

年		凭证		摘要	借(收入)方			贷(发出)方			结存		
月	日	字	号		数量	单价	金额	数量	单价	金额	数量	单价	金额
							亿千百十万千百十元角分			亿千百十万千百十元角分			亿千百十万千百十元角分

图4-9　数量金额式账簿

第二节　会计账簿的设置与登记

一、会计账簿的设置和建立

1. 会计账簿的设置原则

会计账簿的设置需做到组织严密、层次分明、相互联系、相互制约，同时要避免复杂化和简单化。总之，应在遵守国家相关法规的基础上，以全面、清晰地反映企业经济业务为原则。

会计账簿的设置原则

- 合法性原则：是指企业要按照国家统一规定的会计法规、制度设置账簿，不允许不设置账簿或在法定规定之外另设账簿
- 完整性原则：是指设置账簿要能够全面、系统地反映企业经济活动的全貌，为经营管理提供所需的核算资料，不得遗漏
- 合理性原则：是指设置账簿时既要根据不同账簿的作用特点，做到账簿结构严密、科学，还应考虑企业规模的大小、业务的繁简以及管理的需要，力求合理、简明、适用

图4–10　会计账簿的设置原则

2. 会计账簿的建立

会计账簿的建立

- 设置账簿：根据企业日常的经济业务涉及的会计账户设置账簿，准备的账簿包括日记账、总账和明细账，其中总账与日记账采用订本式账簿，明细账可以根据实际需要采用订本式或活页式账簿
- 启用账簿：启用会计账簿时，需首先在账簿的封面上注明单位名称、账簿名称和使用年度，然后认真填写账簿扉页上的“账簿启用及交接登记表”，注明单位名称、账簿名称、册数、编号、起止页数、启用日期以及记账人员和会计主管人员姓名，同时加盖名章和单位公章。中途更换记账人员时，应办理交接手续。账簿启用表样式如图4–12所示
- 建立总账账户，二三级明细账账户：启用账簿后，需开设账户，订本式账簿要开设总账账户，活页式的账簿往往能够登记的是二三级的明细账户。为了便于记账，可以口取纸将不同的账户名称登记在上面，贴在账页衔接的地方

活页账簿按顺序编号、编制账户目录、贴上账户标签：启用订本式账簿，应从第一页起将到最后一页止顺序编定号码，禁止跳页、缺号；使用活页式账簿，需按账簿顺序编号，并需定期装订成册，装订后再按照实际使用的账页顺序编号。各账户编列号码后，应填“账户目录”，将账户名称页次登入目录内，并且粘贴索引纸（账户标签），写明账户名称，方便检索。其格式如图4-12所示

图4-11　会计账簿的建立

账 簿 启 用 表

单位名称		单位公章
账簿名称		
账簿编号	字第　　号第　　册共　　册	
账簿页数	本账簿共计　　页	
启用日期	年　月　日	

经管人员		接管			移交			会计负责人		印花税票粘贴处
姓名	盖章	年	月	日	年	月	日	姓名	盖章	

规格：210 × 145mm

货号：　　　货名：总分类账

图4-12　账簿启用表

账 户 目 录

顺序	编号	名称	页号	顺序	编号	名称	页号	顺序	编号	名称	页号	顺序	编号	名称	页号
1				26				51				76			
2				27				52				77			
3				28				53				78			
4				29				54				79			
5				30				55				80			
6				31				56				81			
7				32				57				82			
8				33				58				83			
9				34				59				84			
10				35				60				85			
11				36				61				86			
12				37				62				87			
13				38				63				88			
14				39				64				89			
15				40				65				90			
16				41				66				91			
17				42				67				92			
18				43				68				93			
19				44				69				94			
20				45				70				95			
21				46				71				96			
22				47				72				97			
23				48				73				98			
24				49				74				99			
25				50				75				100			

图4-13　账户目录

二、会计账簿的登记方法

1. 库存现金日记账的登记方法

库存现金日记账是用于核算和监督库存现金每天的收入、支出和结存情况的账簿。库存现金日记账通常采用订本式账簿，由会计人员根据与现金收付有关的记账凭证，按照时间顺序逐日逐笔进行登记，并根据“上日余额 + 本日收入 – 本日支出 = 本日余额”逐日结出现金余额，和库存现金实存数比较，检查每日现金收付是否正确无误。

下面以某公司 2017 年 5 月份发生的业务为例，说明账簿登记方法。

【例 4–1】2017 年 4 月份库存现金期末余额为 3800 元，5 月份发生如下经济业务：

5 月 5 日，购买办公用品，用现金支付 200 元；

5 月 5 日，从银行提取现金 1500 元备用；

5 月 10 日，用现金支付本月生产一车间的水电费 800 元。

以上业务全部取得了合法规范的原始凭证，该企业的会计人员已经根据原始凭证填制了记账凭证，并根据记账凭证登记了库存现金日记账，如图 4–14 所示。由于篇幅原因在此略去了记账凭证的列示。

现金日记账

2017年 月	日	凭证 类别	凭证 号数	摘要	对方科目	类页	借方（亿千百十万千百十元角分）	贷方（亿千百十万千百十元角分）	借或贷	余额（亿千百十万千百十元角分）
5	1			期初余额					借	380000
5	3	现付		购买办公用品				20000	借	360000
				本日合计			0	20000	借	360000
5	5	银付		提取现金备用			150000		借	510000
				本日合计			150000	20000	借	510000
5	10	现付		支付一生产车间水电费				80000	借	430000
				本日合计			150000	100000	借	430000

图4–14　库存现金日记账

2. 银行存款日记账的登记方法

银行存款日记账是用于核算和监督银行存款每日的收入、支出和结余情况的账簿。银行存款日记账采用订本式账簿，应按照企业在银行开立的账户和币种分别设置，每个银行账户设置一本日记账。由会计人员根据与银行存款收付业务相关的记账凭证，按时间先后顺序逐日逐笔进行登记。根据银行存款收款凭证及有关的库存现金付款凭证登记银行存款日记账的借方栏，依据银行存款付款凭证登记其贷方栏，每日结出银行存款余额，银行存款日记账的登记方法与现金日记账的登记方法相同。

【例 4–2】公司 4 月份银行存款日记账余额为 53000 元，5 月份企业发生如下经济业务：

5 月 4 日，销售 A 产品 200 件，单价 50 元，价款计 10000 元，增值税 1700 元，贷款和税款已收到并存入银行；

5 月 5 日，提取现金 2000 元备用；

5 月 6 日，以银行存款支付广告费 1200 元；

5 月 12 日，从银行取得短期借款 100000 元，并存入银行；

5 月 13 日，收到 A 公司上月欠款 50000 元，存入银行；

5 月 25 日，以银行存款支付本月职工工资 55000 元。

该企业的会计人员已经根据原始凭证填制了记账凭证，并根据记账凭证登记了银行存款日记账，如图 4–15 所示。由于篇幅原因在此略去了记账凭证的列示。

银行存款日记账

开户银行名称＿＿＿＿＿＿＿＿账号＿＿＿＿＿＿＿＿

2017年		凭证		对方科目	摘要	支票	借方	贷方	✓	余额	✓
月	日	字	号			种类号数	亿千百十万千百十元角分	亿千百十万千百十元角分		亿千百十万千百十元角分	
5	1				期初余额	略			借	5300000	
	4	银收		主营业务收入	销售商品		1170000		借	6470000	
	5	银付		库存现金	提取现金			200000	借	6270000	
	6	银付		销售费用	支付广告费			120000	借	6150000	
	12	银收		短期借款	取得短期借款		10000000		借	16150000	
	13	银收		应收账款	收到前欠货款		5000000		借	21150000	
	25	银付		应付职工薪酬	支付工人工费			5500000	借	15650000	
					本月合计		16170000	5820000	借	15650000	

图4–15　银行存款日记账

3. 明细分类账的登记方法

明细分类账是依据明细账户开设账页，分类、连续地登记经济业务，用于提供明细核算资料的账簿，它是总账的明细记录。明细分类账是根据记账凭证及其所附的原始凭证登记，通常采用活页式账簿或卡片式账簿，其格式一般包括三栏式、数量金额式和多栏式三种。

【例 4–3】4 月份公司的应付账款和原材料明细账余额分别为 50000 元和 800 元，公司 5 月份发生的经济业务如下：

5 月 3 日，购买办公用品共计 200 元，用现金支付。

5 月 9 日，从 A 公司购入甲材料 5000 千克，单价 20 元，价款计 100000 元，增值税款 17000 元，材料已验收入库，货款尚未支付；

5 月 20 日，采购员王某预借差旅费 3000 元，以现金支付；

5 月 26 日，以银行存款归还前欠 A 公司的贷款；

5 月 26 日，从 B 公司购入甲材料 1000 千克，单价 10 元，价款计 10000 元，增值税款 1700 元，材料已验收入库，货款通过银行存款支付；

5 月 29 日，采购员王某出差归来，报销差旅费 3000 元。

该企业的会计人员已经根据原始凭证填制了记账凭证，并根据记账凭证登记了有关明细账簿，如图 4–16～图 4–19 所示。由于篇幅原因在此略去了记账凭证的列示。

（科目）原材料 明 细 账（乙）　　总第　页　分第　号第　页

月	日	进价	调拨价	批发价	零售价

最高存量______ 储存天数______
最低存量______ 每件数量______

类别		编号	
产地		规格	
名称	甲材料	单位	

2017年		凭证		摘要	借（收入）方			贷（发出）方			结存		
月	日	字	号		数量	单价	金额（亿千百十万千百十元角分）	数量	单价	金额（亿千百十万千百十元角分）	数量	单价	金额（亿千百十万千百十元角分）
5	1			期初余额							100	8	80000
	9	转		购进甲材料款未付	5000	20	10000000				5100		10080000
	26	银付		购进甲材料款已付	1000	10	1000000				6100		11080000
	31			本期发生额及余额	6000		11000000				6100	18.2	11080000

财务主管　　复核

图4–16　原材料明细账

(科目) **应付账款 明 细 账** (甲)

总第	页
分第 号第	页

子目 应付A公司 户名

2017年 月	日	凭证 字	号	摘要	借方	✓	贷方	✓	借或贷	余额	✓
5	1			期初余额					贷	5000000	
	9	转		购进甲材料款未付			11700000		贷	16700000	
	26	银付		偿还甲材料贷款	11700000				贷	5000000	
	31			本期发生额及余额	11700000		11700000		贷	5000000	

图4-17 应付账款明细账

总第____页 分第____页
____级科目编号及名称 管理费用
____级科目编号及名称____

2017年 月	日	凭证号数	摘 要	借方	贷方	借或贷	余额	(借)方 办公费	差旅费	招待费	折旧费
5	3	现付	购进办公用品	20000				20000			
	29	转	报销差旅费	300000					300000		
	31		本月合计	320000				20000	300000		

图4-18 管理费用明细账

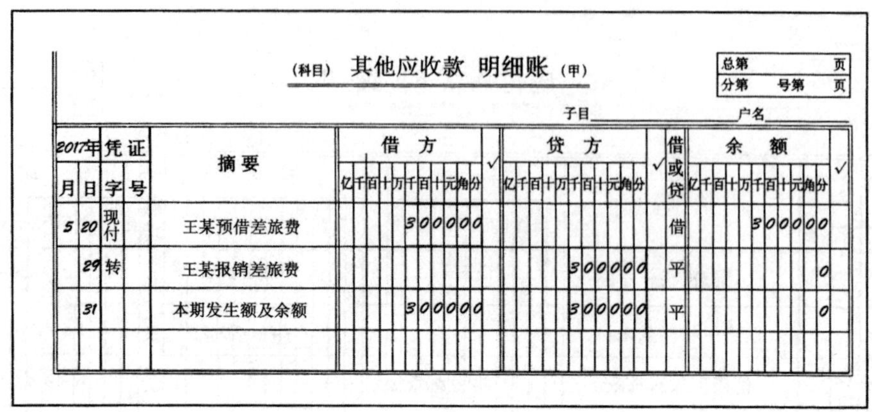

(科目) 其他应收款 明细账 (甲)

总第　　页
分第　　号第　　页

子目＿＿＿＿　户名＿＿＿＿

2017年 月	日	凭证 字	号	摘要	借方	✓	贷方	✓	借或贷	余额	✓
5	20	现付		王某预借差旅费	300000				借	300000	
	29	转		王某报销差旅费			300000		平	0	
	31			本期发生额及余额	300000		300000		平	0	

图4–19　其他应收款明细账

4. 总分类账的登记方法

总分类账能全面、概括地反映应记录经济业务引起的资金运动和财务收支情况，每个单位均必须设置，通常采用三栏式，只能使用货币作为计量指标。登记总账的方法，因为各单位采用的账务处理程序不同而有所不同，既可以依照记账凭证逐笔登记，也可以根据科目汇总表或汇总记账凭证登记，一般的单位均是采用科目汇总表账务处理程序的。

【例4–4】4月30日某公司的会计人员编制了4月份的科目汇总表，如图4–20所示。

根据科目汇总表以原材料、短期借款（期初余额为140000元）、应付账款三个账户为例，说明总分类账的登记，如图4–21～图4–23所示。

科目汇总表

凭证	至号	号	张
凭证	至号	号	张
凭证	至号	号	张

2017年4月1日　至30日　　编号 1

会计科目	账页	本期发生额 借方	✓	本期发生额 贷方	✓
库存现金		200000		315000	
银行存款		7643500		8046500	
应收账款		0		2000000	
原材料		1450000		0	
其他应收款		200000		200000	
制造费用		100000		0	
管理费用		215000		0	
销售费用		150000		0	
短期借款		0		5000000	
应交税费		246500		93500	
应付账款		1170000		1170000	
应付职工薪酬		6000000		0	
主营业务收入		0		550000	
合　计		¥17375000		¥17375000	

会计主管　　记账　　审核　　制单

图4–20　科目汇总表

总分类账

科目 原材料 编号（ ）

2015年		凭证		摘要	借方											贷方											借或贷	余额											核对号
月	日	字	号		亿	千	百	十	万	千	百	十	元	角	分	亿	千	百	十	万	千	百	十	元	角	分		亿	千	百	十	万	千	百	十	元	角	分	
4	1			期初余额																							借							8	0	0	0	0	
4	30	科汇	1	本月发生额					1	4	5	0	0	0	0												借					1	5	3	0	0	0	0	
	30			本月发生额及余额					1	4	5	0	0	0	0												借					1	5	3	0	0	0	0	

图4–21 原材料总分类账

总分类账

科目 应付账款 编号（ ）

2015年		凭证		摘要	借方											贷方											借或贷	余额											核对号
月	日	字	号		亿	千	百	十	万	千	百	十	元	角	分	亿	千	百	十	万	千	百	十	元	角	分		亿	千	百	十	万	千	百	十	元	角	分	
4	1			期初余额																							贷					5	0	0	0	0	0	0	
4	30	科汇	1	本月发生额					1	1	7	0	0	0	0					1	1	7	0	0	0	0	贷					5	0	0	0	0	0	0	
4	30			本期发生额及余额					1	1	7	0	0	0	0					1	1	7	0	0	0	0	贷					5	0	0	0	0	0	0	

图4–22 应付账款总分类账

总分类账

科目 短期借款 编号（ ）

2015年		凭证		摘要	借方											贷方											借或贷	余额											核对号
月	日	字	号		亿	千	百	十	万	千	百	十	元	角	分	亿	千	百	十	万	千	百	十	元	角	分		亿	千	百	十	万	千	百	十	元	角	分	
4	1			期初余额																							贷				1	4	0	0	0	0	0	0	
4	30	科汇	1	本月发生额																5	0	0	0	0	0	0	贷				1	9	0	0	0	0	0	0	
4	30			本期发生额及余额																5	0	0	0	0	0	0	贷				1	9	0	0	0	0	0	0	

图4–23 短期借款总分类账

5. 总账与明细账的平行登记

平行登记是指在经济业务发生后根据会计凭证，一方面要登记有关的总账账户，另一方面要登记该总分类账户所属的各有关明细分类账户。

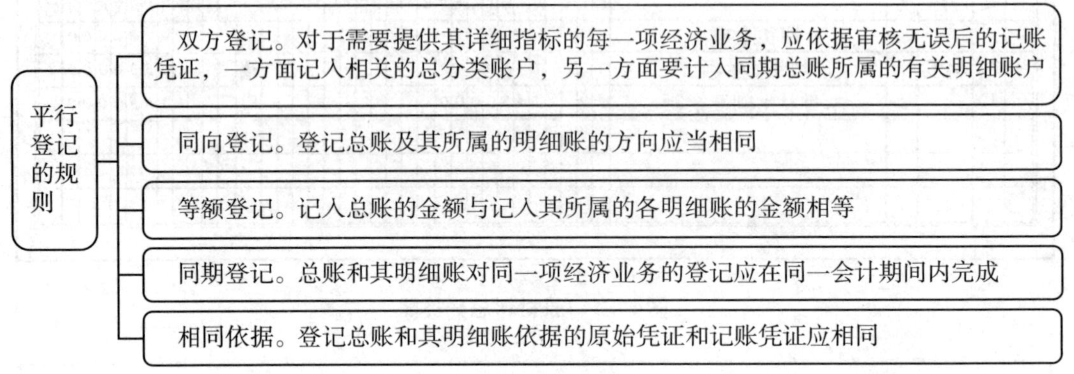

图4–24 平行登记的规则

【例 4–5】某公司 4 月份原材料的期初余额为 200000 元，其中 A 材料 150000 元，B 材料 50000 元，本月发生额为 20000 元，其中 A 材料本月购入 500 千克，单价 20 元，B 材料购进 200 千克，单价 50 元，根据以上资料登记总账和明细账。登记总账和明细账如图 4–25～图 4–27 所示。

遵照账簿登记方法将每期发生的经济业务全部计入到总账和其所属的明细账以后，在会计期末为了全面了解记账结果正确与否，还需要根据账簿记录，编制总账和明细账发生额及余额对照表，如表 4–1 所示。

总分类账

科目 原材料 编号（ ）

2017年		凭证		摘要	借方											贷方											借或贷	余额											核对号
月	日	字	号		亿	千	百	十	万	千	百	十	元	角	分	亿	千	百	十	万	千	百	十	元	角	分		亿	千	百	十	万	千	百	十	元	角	分	
4	1			期初余额																							借				2	0	0	0	0	0	0		
4	30	科汇	1	本月发生额					3	0	0	0	0	0	0												借				2	3	0	0	0	0	0		
4	30			本期发生额及余额					3	0	0	0	0	0	0												借				2	3	0	0	0	0	0		

图4–25 原材料总分类账

总第　页　分第　号第　页

(科目) 原材料 明 细 账(乙)

类别		编号	
产地		规格	
名称	A材料	单位	kg

最高存量________ 储存天数________
最低存量________ 每件数量________

月	日	进价	调拨价	批发价	零售价

2017年		凭证		摘要	借(收入)方			贷(发出)方			结存		
月	日	字	号		数量	单价	金额(亿千百十万千百十元角分)	数量	单价	金额(亿千百十万千百十元角分)	数量	单价	金额(亿千百十万千百十元角分)
4	1			期初余额							7500	20	1500000
4	6	转		购入A材料	500	20	1000000				8000	20	1600000
4	30			本期发生额及余额	500	20	1000000				8000	20	1600000

图4–26　原材料（A材料）明细账

总第　页　分第　号第　页

(科目) 原材料 明 细 账(乙)

类别		编号	
产地		规格	
名称	B材料	单位	kg

最高存量________ 储存天数________
最低存量________ 每件数量________

月	日	进价	调拨价	批发价	零售价

2015年		凭证		摘要	借(收入)方			贷(发出)方			结存		
月	日	字	号		数量	单价	金额(亿千百十万千百十元角分)	数量	单价	金额(亿千百十万千百十元角分)	数量	单价	金额(亿千百十万千百十元角分)
4	1			期初余额							5000	50	500000
4	6	转	1	购入B材料	200	50	1000000				5200	50	600000
4	30			本期发生额及余额	200	50	1000000						600000

图4–27　原材料（B材料）明细账

表 4-1 总账和明细账发生额及余额对照表

账户名称	月初余额		本期发生额		月末余额	
	借方	贷方	借方	贷方	借方	贷方
A材料明细账	15000		10000		160000	
B材料明细账	50000		10000		60000	
原材料总分类账	200000		20000		220000	

以上例子反映了总账与明细账之间的关系，企业在登记明细账与总账时一定要遵循“双方登记、同向登记、等额登记、同期登记”的十六字原则。同时，会计人员需在期末对总账和明细账的余额进行核对，检查账簿并更正错账，确保账簿的记录正确无误。

6. 会计账簿的登记规则

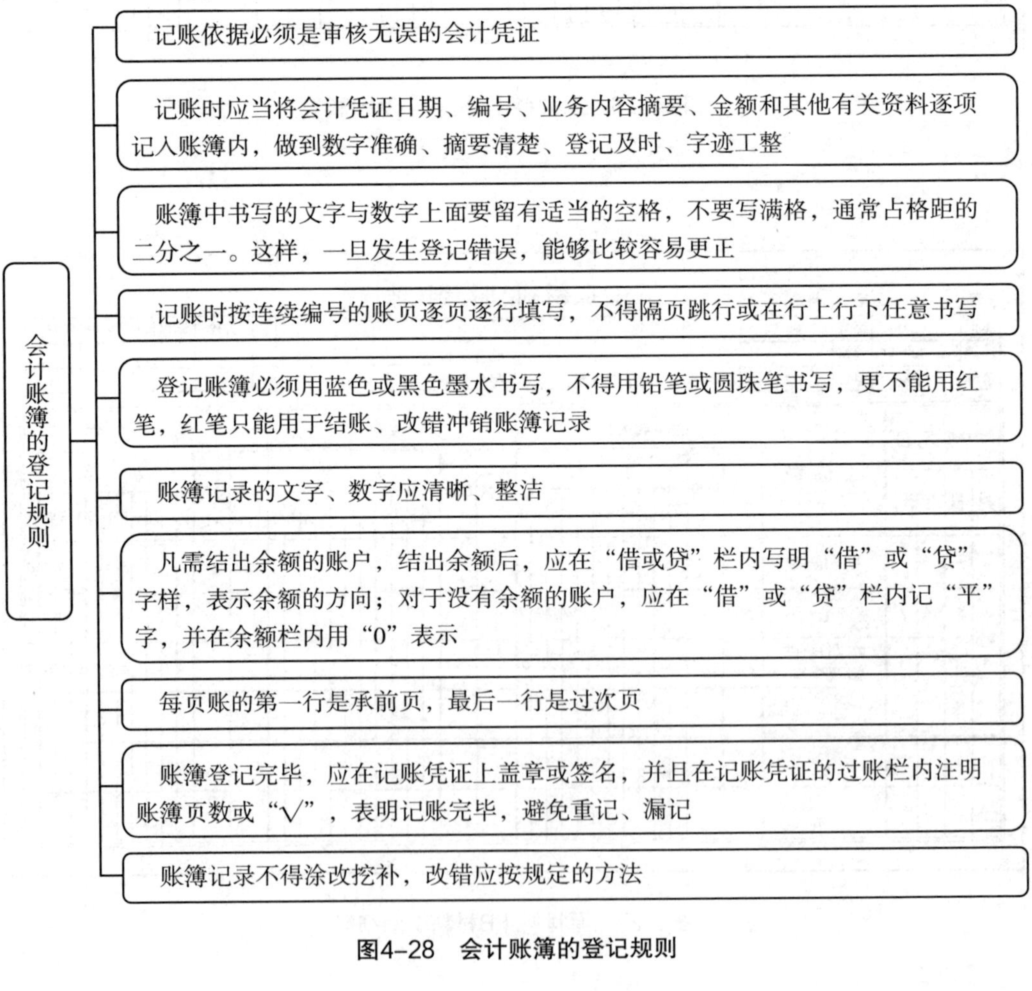

会计账簿的登记规则

- 记账依据必须是审核无误的会计凭证
- 记账时应当将会计凭证日期、编号、业务内容摘要、金额和其他有关资料逐项记入账簿内，做到数字准确、摘要清楚、登记及时、字迹工整
- 账簿中书写的文字与数字上面要留有适当的空格，不要写满格，通常占格距的二分之一。这样，一旦发生登记错误，能够比较容易更正
- 记账时按连续编号的账页逐页逐行填写，不得隔页跳行或在行上行下任意书写
- 登记账簿必须用蓝色或黑色墨水书写，不得用铅笔或圆珠笔书写，更不能用红笔，红笔只能用于结账、改错冲销账簿记录
- 账簿记录的文字、数字应清晰、整洁
- 凡需结出余额的账户，结出余额后，应在“借或贷”栏内写明“借”或“贷”字样，表示余额的方向；对于没有余额的账户，应在“借”或“贷”栏内记“平”字，并在余额栏内用“0”表示
- 每页账的第一行是承前页，最后一行是过次页
- 账簿登记完毕，应在记账凭证上盖章或签名，并且在记账凭证的过账栏内注明账簿页数或“√”，表明记账完毕，避免重记、漏记
- 账簿记录不得涂改挖补，改错应按规定的方法

图4-28 会计账簿的登记规则

第三节　会计账簿的对账

一、对账的主要内容

对账的主要内容
账证核对
账账核对
账实核对

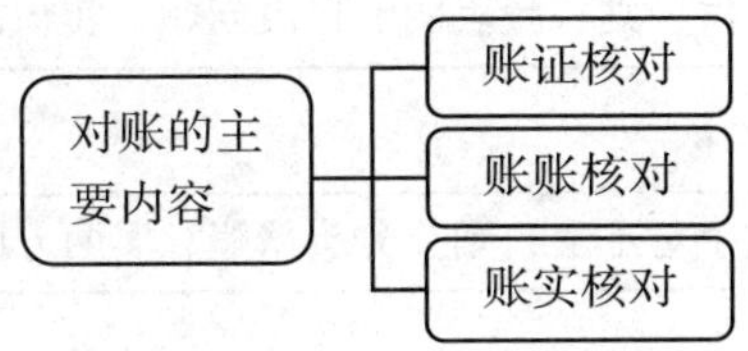

图4-29　对账的主要内容

二、会计账簿的账证核对

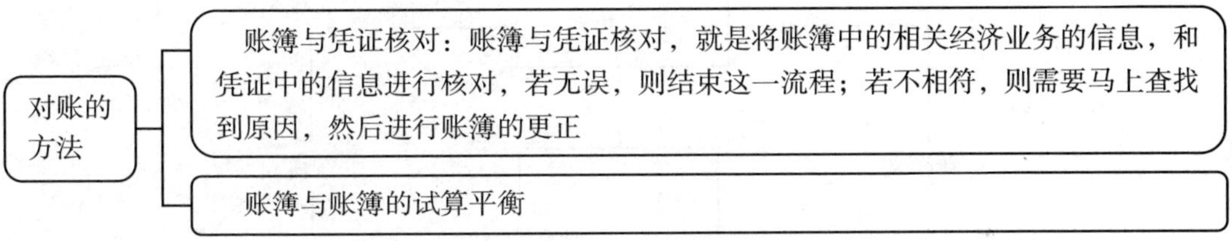

对账的方法
账簿与凭证核对：账簿与凭证核对，就是将账簿中的相关经济业务的信息，和凭证中的信息进行核对，若无误，则结束这一流程；若不相符，则需要马上查找到原因，然后进行账簿的更正
账簿与账簿的试算平衡

图4-30　对账的方法

账证核对流程如图 4-31 所示。

返回重新核对
账证核对
账薄
会计凭证
是否相符
不符
查找原因，尽快更正
相符
完成核对

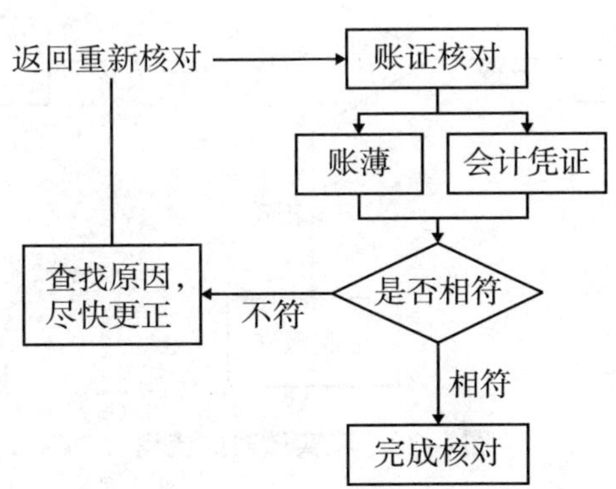

图4-31　账证核对的流程

三、会计账簿的账实核对

账实核对主要针对那些存在实物的科目，比如固定资产、库存现金等，在期末，这些科目的余额均需与实际余额进行核对。账实核对的内容如图 4–32 所示。

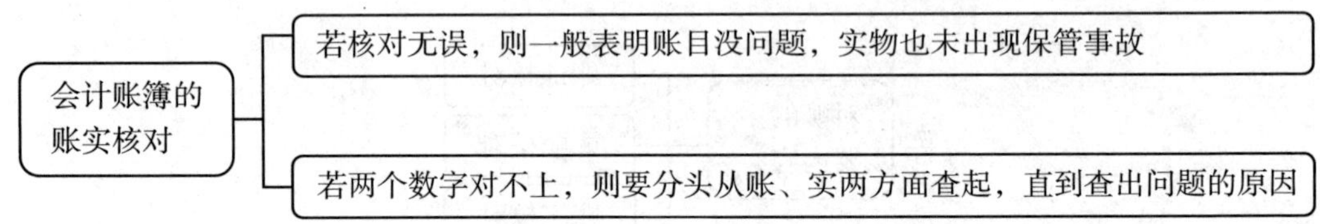

图4–32　账实核对的内容

账实核对流程如图 4–33 所示。

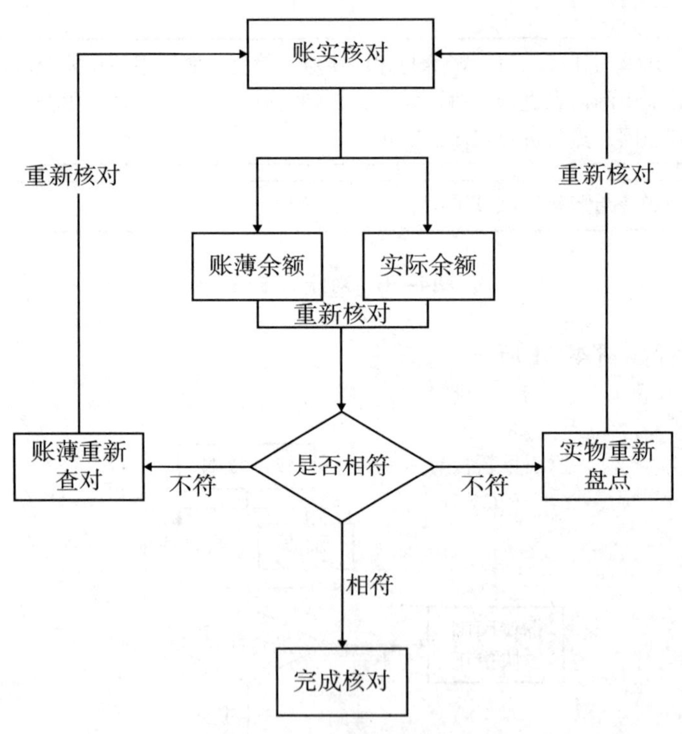

图4–33　账实核对的流程

四、会计账簿的账账核对

账账核对，是指各种账簿之间根据相互关系进行核对。

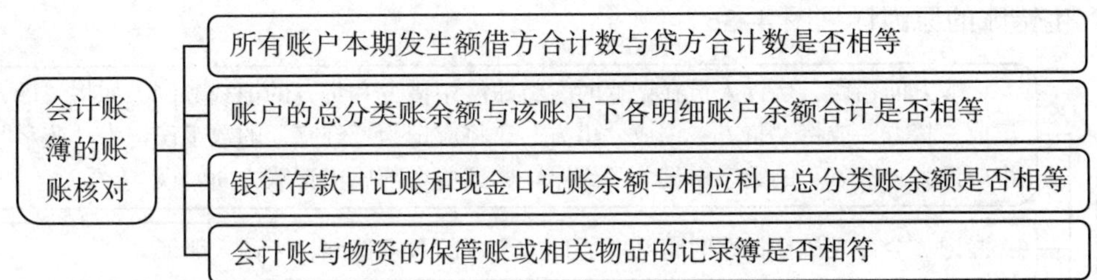

图4–34　会计账簿的账账核对

上述四类情况在进行核对时，其核对流程如图 4–35 所示。

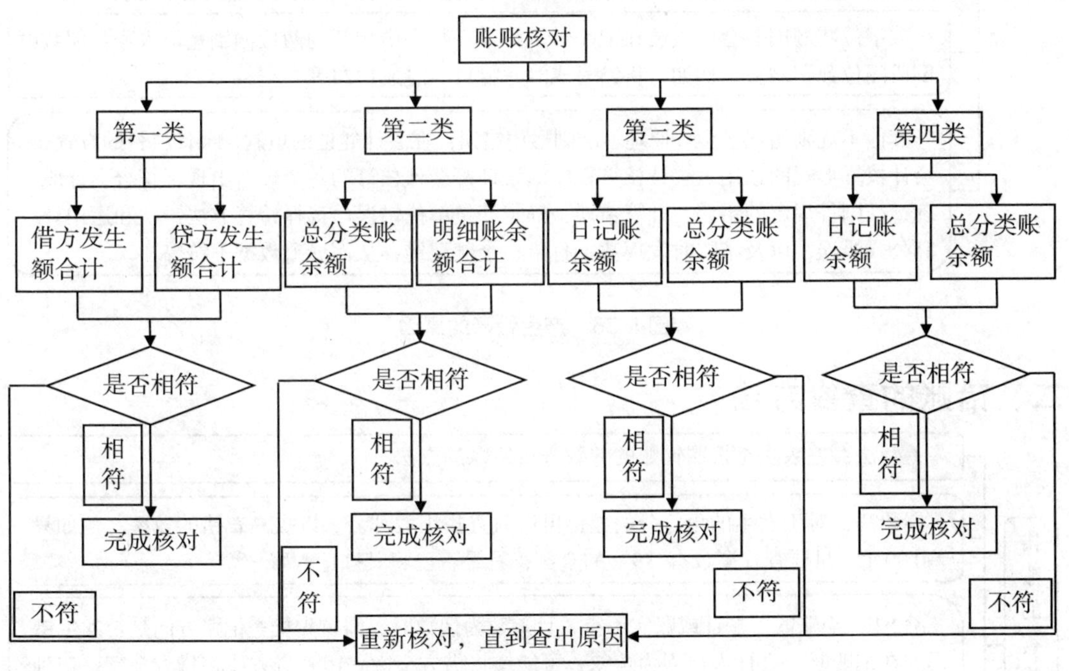

图4–35　账账核对的流程

第四节 会计账簿的错账处理

一、产生错账的原因

产生错账的原因详见图 4–36。

产生错账的原因

- 记账方向错误。会计人员在记账时，将账簿中借方和贷方的记载颠倒，如将“借方”记成“贷方”或将“贷方”记成“借方”，将应记为“红字”的数字误记为“蓝字”，将应记为“蓝字”的数字误记为“红字”，这些全部属于记账方向错误
- 漏记。会计人员在记账时将某一凭证的金额的数字遗漏，未记入账簿
- 重记。会计人员把已经登记入账的金额数字，又重复记入账簿
- 记错科目。会计人员在记账时将现金记入银行存款账目
- 数字位数移位。会计人员在记账时将数字位数移动，即以大写小（少写1个或几个0）或以小写大（多写1个或几个0）。例如，将1000写成100或将100写成1000等
- 数字位数颠倒。会计人员在记账时，将某一数字中相邻的两位颠倒登记入账：邻数颠倒或隔位数字倒置。例如，将23写成32、将1234写成1324等
- 其他不规则错误。会计原理、准则运用错误：在会计凭证的填制、会计科目的设置、会计核算形式的选用、会计核算程序的设计等会计核算的各个环节出现不符合会计原理、准则等规定的错误。计算错误：确定计量单位错误、选择计算方法错误和运用计算公式错误，以及结账时发现数字打错、余额记错，从而导致数据不符等

图4–36 产生错账的原因

二、错账的查找方法

错账的查找方法

- 差数法：差数法是按照错账的差数查找错账的方法
- 尾数法：对于发生的角、分的差错可以只查找小数部分，以提高查错的效率。例如只差0.09元，只要查找尾数有“9”的金额，看是否已将其登记入账
- 除2法：当账账、账证或账实不符，且差数为偶数时，需首先检查记账方向是否发生错误。在记账时，会计人员因为疏忽，可能错将借方金额登记到贷方或将贷方金额登记到借方，这一定会出现一方合计数增多、另一方合计数减少的情况，其差额恰是记错方向数字的1倍，且差数是偶数。对于这种错误的检查，可以用差错数除以2，得出的商数即是账中记账方向的反方向数字，然后再到账目中去寻找差错的数字就会具有一定的针对性
- 除9法：是指用对账差额除以9来查找差错的一种方法

图4–37 错账的查找方法

除9法的应用

- 数字错位的查找：在查找错误时，若差错的数额较大，就应该检查一下是否在记账时发生了数字错位。在登记时，偶尔会计人员会把位数看错，如把十位数看成百位数，百位数看成千位数，将小数看大；也可能把百位看成十位数，千位看成百位数，将大数看小。这种情况下，差错数额通常比较大，可以用除9法进行检查。如将50元看成500元并登记入账，这时在对账时就会出现余额差500–50=450（元），用450元除以9，商为50元，50元即是应该记录的正确数额
- 相邻数字颠倒错误的查找：在记账时，有时容易将相邻的两位数或三位数的数字登记颠倒，比如将27记成72、928记成298，它们的差值分别是45和630，都可以被9整除，这样知道错误问题之后，再进一步判断错在哪一笔业务上即可

图4–38　除9法的应用

三、错账更正方法

1. 划线更正法

划线更正法，即红线更正法，是指将原账簿记录上的错误数字用红线划掉，再用蓝黑字填上正确数字的一种更正方法。

在结账前，若发现账簿记录有错误，而记账凭证无错误，即过账时发生数字或文字上的笔误或数字计算有错误，需采用划线更正法。

【例 4–6】会计人员过账时误将金额 1230 元在账簿中记为 1320 元，应做如图 4–39 所示更正。

总 分 类 账

科目 应收账款　　编号（　　　）

2017年		凭证		摘要	借方	贷方	借或贷	余额	核对号
月	日	字	号		亿千百十万千百十元角分	亿千百十万千百十元角分		亿千百十万千百十元角分	
5	1			期初余额			贷	1230.00 ~~1320.00~~	

图4–39　划线更正

若将正确的数字误认为是错误的加以更正了，如经检查发现这类情况，就应将错误数字划销，用红笔在正确的数字两旁各划“△”表示正确，并且在错误处盖章。

2. 红字更正法

红字更正法是指用红字冲销原有错误账户名称或数字，以更正或调整原账簿记录的方法。红字更正法一般适用于下列两种情况。

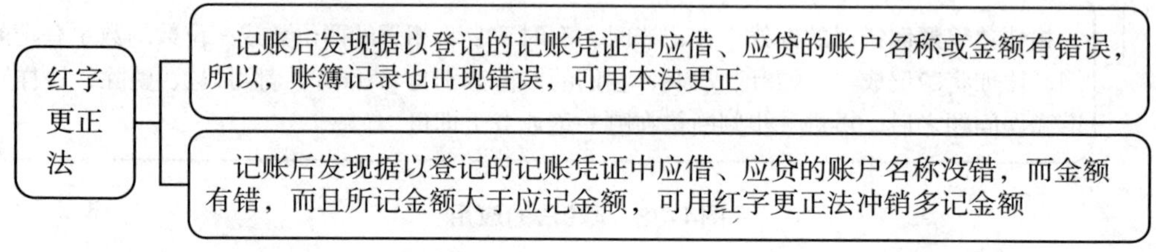

【例 4–7】生产车间一般耗用材料 5000 元，应记入“制造费用”，但会计人员在编制记账凭证时，误记入“生产成本”账户，并已经登记入账，事后发现。

（1）原错误记录为：

借：生产成本　　5000

　　贷：原材料　　5000

（2）用红字填制一张内容与错误凭证一样的凭证并登记入账，冲销原错误记录（方框内数字代表红字）：

借：生产成本　　[5000]

　　贷：原材料　　[5000]

（3）用蓝字填制一张正确的记账凭证并登记入账：

借：制造费用　　5000

　　贷：原材料　　5000

上述分录在账户中登记后的情况如图 4–40 所示。

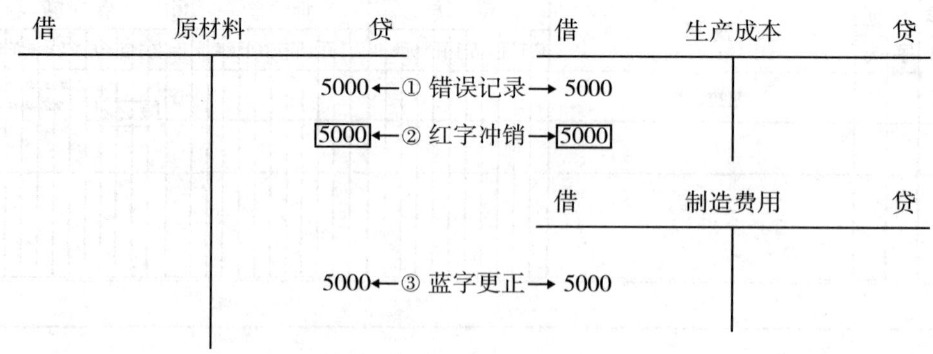

图4–40　红字更正程序

【例 4-8】生产 A 产品领用原材料 5000 元，误记为 50000 元，而所记账户无错。

（1）原错误记录为：

借：生产成本　　　　　　　　　　　　　　50000

　　贷：原材料　　　　　　　　　　　　　　　　50000

（2）用红字填制一张与原错误凭证科目相同，但金额为多记部分的凭证并登记入账，冲销多记部分的金额。

借：生产成本　　　　　　　　　　　　　　45000

　　贷：原材料　　　　　　　　　　　　　　　　45000

上述分录在账户中登记后的情况如图 4-41 所示。

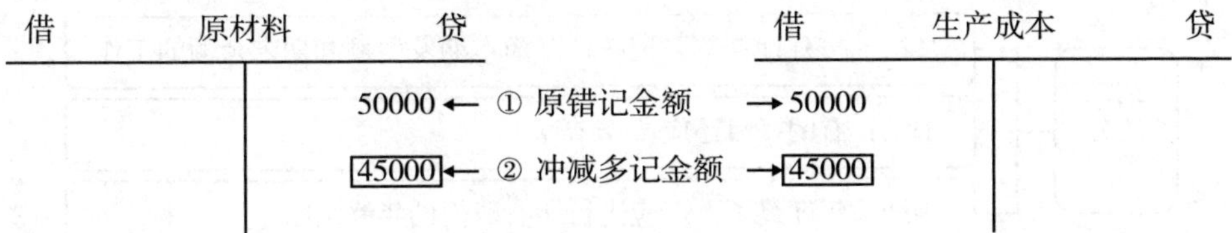

图4-41　红字更正程序

3．补充登记法

记账后，发现据以登记的记账凭证应借、应贷账户没错，所记金额有错，且所记金额小于应记金额，可用此法补充登记。

【例 4-9】生产车间一般耗用原材料 5000 元，误记为 500 元，而所记账户无错。

（1）原错误记录为：

借：制造费用　　　　　　　　　　　　　　500

　　贷：原材料　　　　　　　　　　　　　　　　500

（2）用蓝字填制一张与原凭证科目相同，但金额为少记部分的凭证并登记入账，补足少记部分的金额 4500 元。

借：制造费用　　　　　　　　　　　　　　4500

　　贷：原材料　　　　　　　　　　　　　　　　4500

上述分录在账户中登记后的情况如图 4-42 所示。

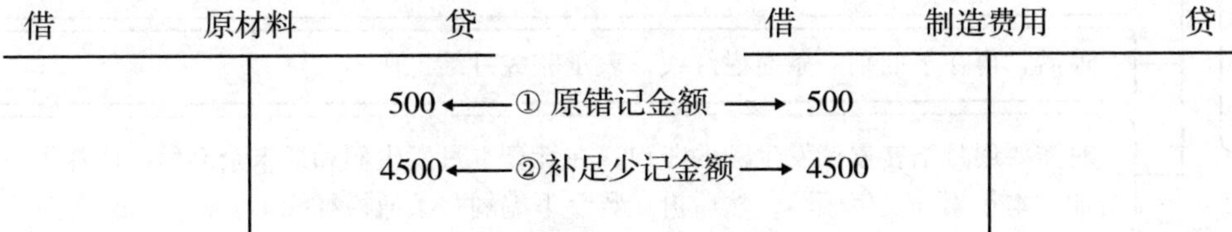

图4-42　补充更正程序

第五节 会计账簿的结账

一、结账的基本知识

结账，即在一定时期内（如月份、季度、年度）将所发生的经济业务全部登记入账之后，于会计期末按照规定的方法结算账目，包括结出本期发生额和期末余额的账务处理工作。

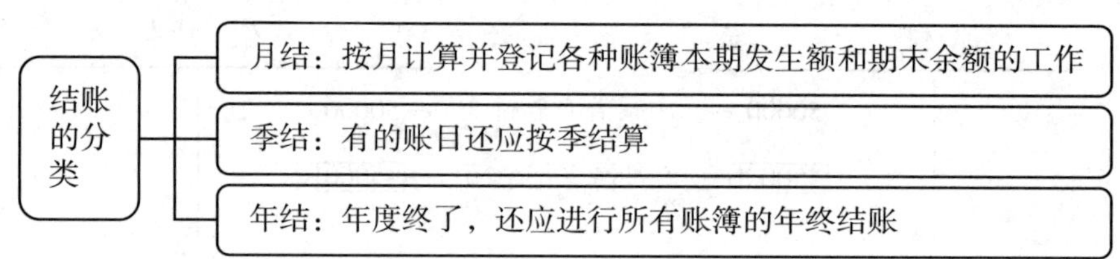

图4-43 结账的分类

二、结账的方法和步骤

1. 结账的方法

期末结账主要采用划线结账法，也就是期末结出各账户的本期发生额和期末余额后，进行划线标记，将期末余额结转下期。

2. 结账的步骤

（1）月结的具体步骤

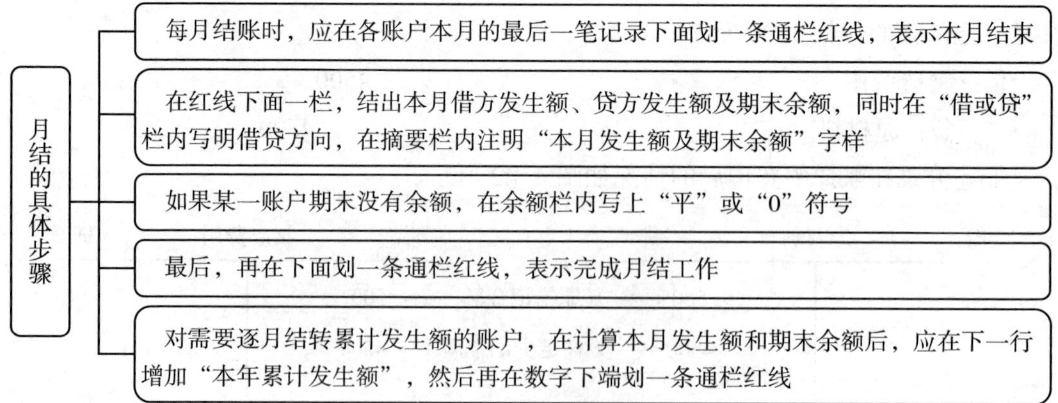

图4-44 月结的具体步骤

（2）季结的具体步骤

季结的具体步骤和结账方法和月结基本相同，只是在摘要栏内注明“本季合计”或“第 × 季度发生额及余额”字样。

（3）年结的具体步骤

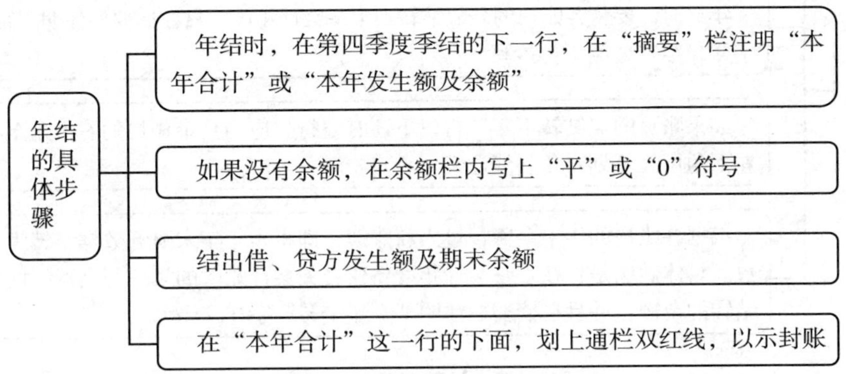

图4–45　年结的具体步骤

三、结账注意事项

1. 结账前的注意事项

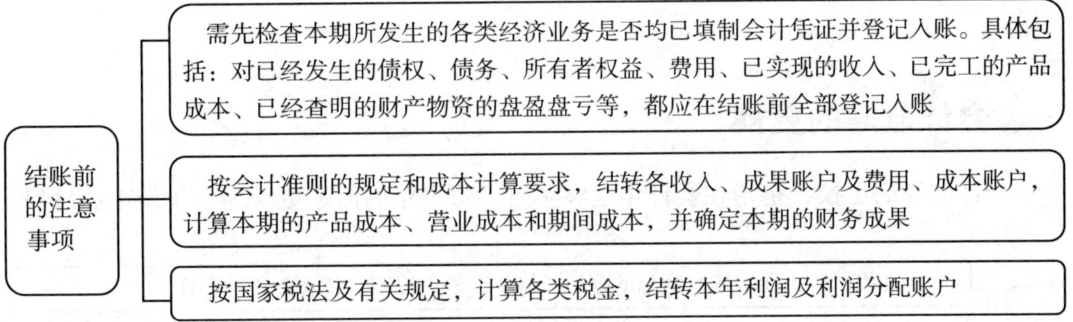

图4–46　结账前的注意事项

2. 结账过程中的注意事项

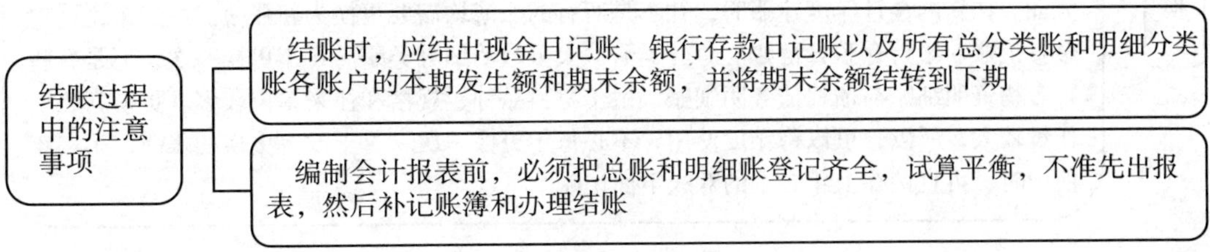

图4–47　结账过程中的注意事项

3. 结账后的注意事项

结账后的注意事项

年度结账后，在新的会计年度，总账与日记账应当更换新账，明细账一般也应更换。但有些明细账，例如固定资产明细账等可以连续使用，不必每年更换

年终时，要将各账户的余额结转到下一会计年度，只在摘要栏注明“结转下年”字样，结转金额不再抄写

如果账页的“结转下年”行以下还有空行，应当自余额栏的右上角至日期栏的左下角用红笔划对角斜线注销

根据各账户的年末余额，过入新账簿，即将本年年末财务数据结转为下年年初数。具体做法是：在下一会计年度新建有关会计账簿的第一行余额栏内填写上年结转的余额，并且在摘要栏注明“上年结转”字样

图4-48 结账后的注意事项

第六节 会计账簿的更换与保管

一、会计账簿的更换

会计账簿的更换，是指在会计年度终了时，将本年的旧账更换为下年新账的过程。

会计账簿的更换

年度终了时，在本年有余额的账户“摘要”栏内注明“结转下年”字样

在启用新账本时，在账本封面写明各账户的年份，在第一页账页的第一行“日期”栏内写明1月1日，“记账凭证”栏空置不填，将各账户的上年末余额直接抄入新账余额栏内，并且注明余额的借贷方向。过入新账的有关账簿余额的转入事项，不需要编制记账凭证。在新的会计年度建账时，并不是所有的账簿均需要更换为新账簿。一般来说，现金日记账、银行存款日记账、总分类账、大多数明细分类账需每年更换一次，但是有些财产物资明细账与债权债务明细账，由于材料品种、规格和往来单位较多，更换新账工作量较大，所以，可以跨年度使用，不必每年更换一次。对于没有更换的账簿，第二年使用时，可直接在上年终了的双线下面记账

图4-49 会计账簿的更换

二、会计账簿的保管

1. 账簿的平时管理

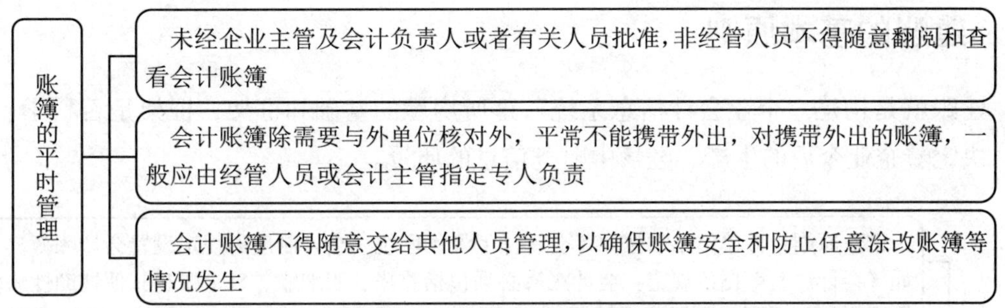

图4-50　账簿的平时管理

2. 旧账的归档保管

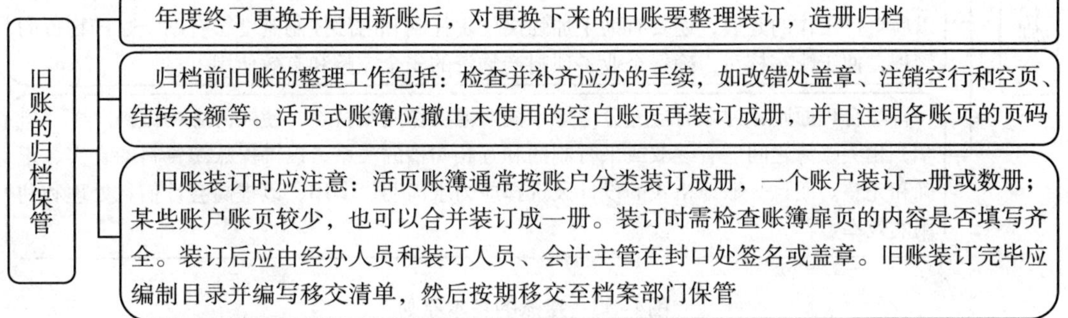

图4-51　旧账的归档保管

3. 账簿的保存年限

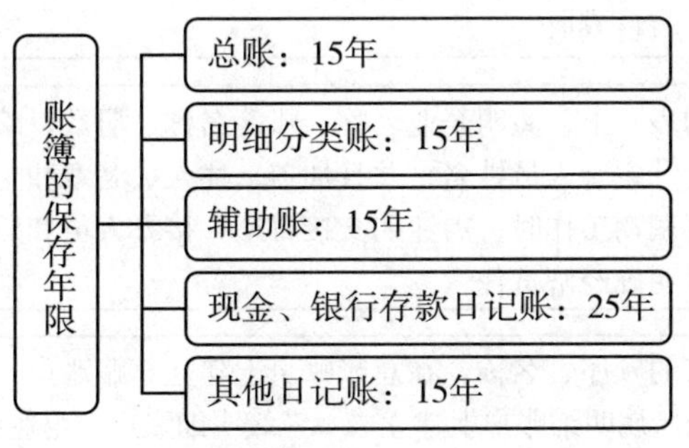

图4-52　账簿的保存年限

账簿的保管期满后，应依照规定的审批程序报经批准后才能销毁。

第七节 建账

一、建账的基本原则

建账就是构建“企业会计信息系统”这所房屋的基础和框架，框架是否科学、合理，决定着企业今后的生产、经营中财务信息的质量。

建账的基本原则

- 依法原则：各单位必须按照《会计法》及国家统一会计制度的规定设置会计账簿。如《会计法》第15条规定：会计账簿必须包括总账、明细账、日记账和其他辅助性账簿
- 全面系统原则：为企业建账时，设置的账簿应能全面、系统地反映企业的经济活动，能为企业经营管理提供所需的会计核算资料，同时需符合各单位生产经营规模和经济业务的特点，使设置的账簿可以全面、系统地反映企业经济活动的所有内容
- 组织控制原则：为企业建账时，设置的账簿需有助于账簿的组织、建账人员的分工和以后会计工作的开展，还要有助于加强岗位责任制和内部控制制度，有助于财产物资的管理，便于账实核对，确保企业各项财产物资的安全完整和有效使用
- 科学合理原则：建账时应充分考虑不同账簿的作用及特点，使账簿结构做到严密、科学，相关账簿之间应有统驭或平行制约和互相勾稽的关系，以确保账簿资料的真实、正确和完整。而且，账簿格式的设计及选择应力求简明、实用，以提高会计信息处理和利用的效率

图4–53　建账的基本原则

二、建账的基本程序

建账的基本程序

- 按照企业经济业务特点，设立需用的各种账簿，并且确定具体格式，预备各种账页，将活页的账页用账夹装订成册
- 在账簿的“启用表”上，注明企业名称、账簿名称、册数、编号、起止页数、启用日期以及记账人员和会计主管人员姓名，并且加盖上述人员名章和企业公章。记账人员或会计主管人员在本年度调动工作时，需注明交接日期、接办人员和监交人员姓名，并由交接双方签名或盖章，以明确经济责任
- 按照会计科目表的顺序、名称，在总账账页上建立总账账户；并且按照总账账户明细核算的要求，在各个所属明细账户上建立二、三级明细账户。企业在新的会计年度更换账本、重新开立各级账户时，需将上年账户余额结转过来

建账的基本程序

启用订本式账簿的，应从第一页起至最后一页止顺序编号，不能跳页或缺号；使用活页式账簿的，应按照账户顺序编列每个账户的页码。各账户编列号码后，应填齐“账户目录”栏位，将账户名称、页次登入目录内，并粘贴索引纸（账户标签），写明账户名称，方便检索

图4–54　建账的基本程序

三、建账的具体内容

建立现金日记账和银行存款日记账的具体内容

- 日记账一般按业务发生的时间先后顺序逐一登记，所以又称“序时账”
- 由于现金和银行存款流动性强、管理风险较高，业务发生频繁，因此现金日记账和银行存款日记账应使用“订本式账簿”，格式通常采用三栏式
- 现金日记账用来登记企业库存现金每日的收入、支出和结存情况
- 银行存款日记账是用来反映企业银行存款增加、减少和结存情况。若企业有多个银行账号，应分账号分别登记各个账号的业务发生情况

图4–55　建立现金日记账和银行存款日记账的具体内容

建立其他三栏明细账的具体内容

- 其他三栏账登记的项目有：应收票据、应收账款、其他应收款、无形资产、应付账款、其他应付款、应交税金、主营业务收入等科目
- 明细账通常采用“活页式”账页，便于会计人员按不同科目业务量的差异及时增加账页
- 针对应收账款、其他应收款、应付账款等往来类科目，需要按二级明细登记，每一个二级明细分别登记一页

图4–56　建立其他三栏明细账的具体内容

建立多栏明细账的具体内容

- 采用多栏明细账登记的项目有：营业费用、管理费用、生产成本等科目
- 多栏式明细账在“账户名称”位置标明账户名称，在各个二级明细栏次标明二级明细的名称，登记时，纵轴日期、摘要填写完整后，到横轴的二级明细项目找到对应的名称，在横轴与纵轴交叉的位置登记本笔业务的发生额

图4-57 建立多栏明细账的具体内容

建立数量金额明细账的具体内容

- 采用数量金额明细账登记的项目通常是既有数量又有金额的经济业务，如存货，只有数量×单价方可得到金额。采用这种账簿登记的项目包括：原材料、库存商品等科目
- 在登记数量金额明细账时，需要逐一记录增加或减少的项目的数量和金额，并及时计算其结余数。在实际操作中，存货成本的计价方式包括先进先出法、全月一次加权平均法、移动加权平均法、个别计价法等多种方法

图4-58 建立数量金额明细账的具体内容

建立与固定资产相关的账簿的具体内容

- 企业一般都应设立固定资产总账、固定资产明细账、固定资产台账、固定资产技术（资料）档案等
- 固定资产总账和明细账由会计人员负责，主要核算固定资产的原价，反映固定资产总价的增减变动和结存情况
- 固定资产台账是为固定资产专门设立的账簿

图4-59 建立与固定资产相关的账簿的具体内容

固定资产台账

- 固定资产往往价值较高，为企业长期使用，绝大部分固定资产，如厂房、机器设备、办公器材等，与企业的生产、经营有关，这些固定资产管理上如果出现纰漏的话，会影响企业的正常工作及生产，所以需要加强对固定资产的管理，维护其安全和完整。会计部门为了方便管理固定资产，需专门设立固定资产台账
- 固定资产台账账页应按照各项资产的增减序时登记，写明该项固定资产的编号、名称、规格、价值、购置日期、技术档案、产地（厂家）、经办人员、启用日期、使用部门、使用人员等资料。凡是关于固定资产的内部转移、清理出售等业务，均应在台账的相应位置予以说明，并序时登记，以实现账实相符、账账相符（固定资产台账与固定资产明细账的一致）

图4-60 固定资产台账

与税金有关的明细账：在实际会计工作中，为了方便会计人员核算税金，对与税金相关的项目也需要设置三栏式明细账登记和税金有关的会计科目。

建立总账的具体内容

- 总账是将所有明细账汇总的账簿。总账通常采用“订本式”账簿，其格式为三栏式
- 总账根据一级会计科目开设，用来提供企业资产、负债、所有者权益、费用、收入和利润等项目的总括性核算资料
- 总账依据每月的“记账凭证汇总表”逐个账户进行登记

图4–61　建立总账的具体内容

四、建账的物资准备

建账的物质准备

- 原始凭证：具体包括支出凭单、借款单、差旅费报销单、收据等
- 记账凭证和报表：具体包括收款凭证、付款凭证、转账凭证，若企业收、付款业务量较少，只购买通用记账凭证也可以，另外还要按业务量多少，适当购买记账凭证封面、记账凭证汇总表、记账凭证装订线以及凭证装订工具。为填制报表方便起见，还需购买空白资产负债表、利润表（损益表）和现金流量表等相关会计报表
- 账簿和账页：具体包括现金日记账、银行存款日记账、总分类账、借贷余三栏式明细账、多栏式明细账、数量金额式明细账、固定资产台账等。按照开设明细账的多少，选择所需要的封面及装订明细账用的账钉或线

图4–62　建账的物质准备

五、工业企业建账

由于工业企业会计核算涉及的内容多，成本核算程序复杂多样，因此工业企业建账是最为复杂的，但最具有典型意义。工业企业通常是按日记账、明细账、总分类账等项目来建立财务体系的。

1．现金日记账和银行存款日记账

现金日记账是用来登记企业库存现金每日的收入、支出及结存情况的。实际操作中，现金日记账要求日清月结，余额应和出纳保管的库存现金相符，杜绝资金的体外循环。

银行存款日记账是用来反映企业银行存款增加、减少和结存情况的。若企业有多个银行账号，还应分账号分别登记各个账号的业务发生情况。银行存款日记账余额应

和银行对账单相符，月初需编制银行存款余额调节表，格式如表 4–2 所示。

表 4–2　银行存款余额调节表

<table>
<tr><td colspan="10">银行存款余客调节表</td></tr>
<tr><td colspan="10">年　　月　　日</td></tr>
<tr><td colspan="5">单位名称：</td><td colspan="5">账号：</td></tr>
<tr><td colspan="3">企业账面余额</td><td colspan="2"></td><td colspan="3">银行账面余额</td><td colspan="2"></td></tr>
<tr><td colspan="3">加：企业未收账款</td><td colspan="2"></td><td colspan="3">加：银行未收账款</td><td colspan="2"></td></tr>
<tr><td colspan="3">减：企业未付账款</td><td colspan="2"></td><td colspan="3">减：银行未付账款</td><td colspan="2"></td></tr>
<tr><td colspan="3">调整后余客</td><td colspan="2"></td><td colspan="3">调整后余额</td><td colspan="2"></td></tr>
<tr><td colspan="3">会计主管：</td><td colspan="2">复核：</td><td colspan="5">出纳：</td></tr>
<tr><td colspan="5">企业未达账项</td><td colspan="5">银行未达账项</td></tr>
<tr><td>月</td><td>日</td><td>摘要</td><td>未收</td><td>未付</td><td>月</td><td>日</td><td>摘要</td><td>未收</td><td>未付</td></tr>
<tr><td></td><td></td><td></td><td></td><td></td><td></td><td></td><td></td><td></td><td></td></tr>
<tr><td></td><td></td><td></td><td></td><td></td><td></td><td></td><td></td><td></td><td></td></tr>
<tr><td></td><td></td><td></td><td></td><td></td><td></td><td></td><td></td><td></td><td></td></tr>
<tr><td></td><td></td><td></td><td></td><td></td><td></td><td></td><td></td><td></td><td></td></tr>
<tr><td colspan="3">合计</td><td></td><td></td><td colspan="3">合计</td><td></td><td></td></tr>
</table>

【例 4–10】某公司采用根据收款凭证登记现金日记账、银行存款日记账的方法。现收到投资人张某转入企业银行账户投资款 20 万元，会计人员可以依据银行出具的银行收款凭证填制银行存款收款凭证，编号为银收字 001 号：

借：银行存款　　　　200000

　　贷：实收资本　　　　200000

根据以上填制的银收字 001 号凭证，可以登记银行存款日记账。

【例 4–11】

某公司的会计人员开出现金支票，提取现金 50000 元作为公司日常支出。根据现金支票的存根联，可以填制银行存款付款凭证，编号为银付字 001 号：

借：现金　　　　50000

　　贷：银行存款　　　　50000

根据以上填制的银付字 001 号凭证，可以登记现金日记账和银行存款日记账。

2. 明细分类账

在不同性质的企业中，其设置的明细分类账是按照企业自身管理需要和外界各部门对企业信息资料的需要设置的。

（1）资产负债类明细分类账

资产负债类明细分类账格式如表 4–3 所示。

表 4–3　资产负债类明细分类账格式

序号	账户名称	备注	二级账户例子
1	短期投资	根据投资种类和对象设置	如 A 公司、B 公司等
2	应收账款	根据客户名称设置	如 ×× 客户等
3	其他应收款	根据应收部门、员工等设置	如行政部或 ×× 员工等
4	固定资产	根据固定资产类型设置	如办公设备、机械设备等
5	待摊费用	根据费用种类设置	如预付报刊订阅费等
6	短期借款	根据短期借款的种类或对象设置	如 ×× 银行
7	应付账款	根据应付对象设置	如 ×× 公司
8	预收账款	根据客户名称设置	如 ×× 公司
9	其他应付款	根据应付的内容设置	如医疗保险、住房公积金等
10	应付工资	根据应付部门设置	如行政部、财务部等
11	应付福利费	根据福利费的构成内容设置	如医药费等
12	应交税金	根据税金的种类设置	如应交增值税等
13	管理费用	根据费用的构成设置	如办公费等
14	财务费用	根据费用的构成设置	如银行手续费等

（2）基本成本明细分类账

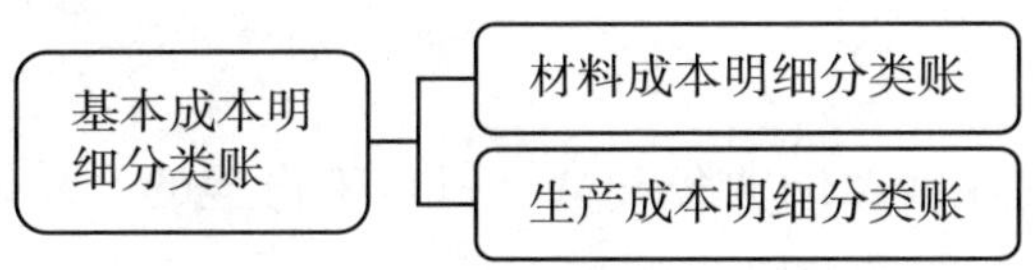

图4–63　基本成本明细分类账

①材料成本明细分类账

材料成本明细分类账

材料按照实际成本计价：设置在途物资或材料采购明细账，有助于核算不同原材料的实际成本

材料按计划成本计价：设置材料采购明细账，采用横线登记法。按照材料的规格、型号登记材料采购时的实际成本与发出材料的计划成本，计算出材料的成本差异。此外，还可以建立材料成本差异明细账，反映各种材料的实际成本和计划成本的差异，计算出材料成本差异分配率

图4–64　材料成本明细分类账

②生产成本明细分类账

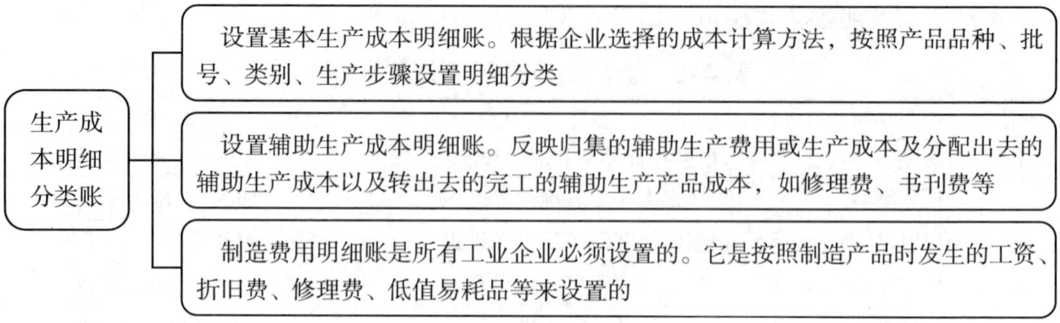

生产成本明细分类账

- 设置基本生产成本明细账。根据企业选择的成本计算方法，按照产品品种、批号、类别、生产步骤设置明细分类
- 设置辅助生产成本明细账。反映归集的辅助生产费用或生产成本及分配出去的辅助生产成本以及转出去的完工的辅助生产产品成本，如修理费、书刊费等
- 制造费用明细账是所有工业企业必须设置的。它是按照制造产品时发生的工资、折旧费、修理费、低值易耗品等来设置的

图4–65 生产成本明细分类账

（3）损益类明细分类账

损益类明细分类账格式如表 4–4 所示。

表 4–4 损益类明细分类账格式

序号	账户名称	备注	二级明细例子
1	主营业务收入	根据产品的品种、类别设置	如甲产品、乙产品等
2	主营业务成本	与主营业务收入的分类相对应	如甲产品、乙产品等
3	其他业务收入		
4	其他业务成本		
5	营业税金及附加		

3．总分类账

总分类账是根据企业涉及的业务和会计科目来设置的，总体而言，只要是企业涉及的会计科目，就要有相应的总账账簿与之对应。

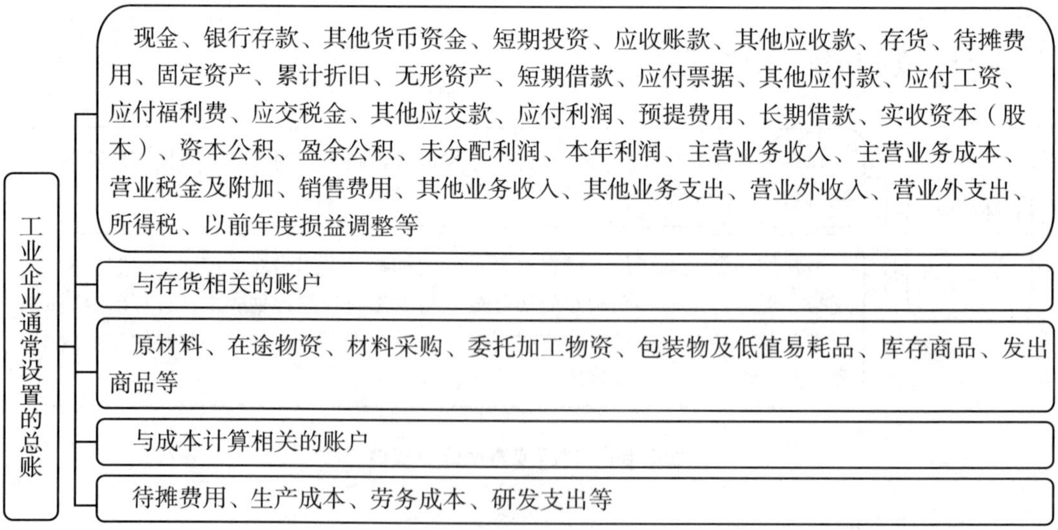

工业企业通常设置的总账

- 现金、银行存款、其他货币资金、短期投资、应收账款、其他应收款、存货、待摊费用、固定资产、累计折旧、无形资产、短期借款、应付票据、其他应付款、应付工资、应付福利费、应交税金、其他应交款、应付利润、预提费用、长期借款、实收资本（股本）、资本公积、盈余公积、未分配利润、本年利润、主营业务收入、主营业务成本、营业税金及附加、销售费用、其他业务收入、其他业务支出、营业外收入、营业外支出、所得税、以前年度损益调整等
- 与存货相关的账户
- 原材料、在途物资、材料采购、委托加工物资、包装物及低值易耗品、库存商品、发出商品等
- 与成本计算相关的账户
- 待摊费用、生产成本、劳务成本、研发支出等

图4–66 工业企业通常设置的总账

总分类账，可以按照记账凭证逐笔登记，也可以按照科目汇总表登记，或者按照汇总记账凭证进行登记。但在建立总分类账时，不需一个科目设置一本总账，可对总账账页进行分页使用。所以即使是业务量再大的企业，总账也仅有几本。为了便于登记，在对总账账页分页使用时，最好按照资产、负债、所有者权益、收入、费用的顺序来分页，在标签纸选择上也可以将资产、负债、所有者权益、收入、费用用不同的颜色标签区分开，以便查找与登记。

最后，也是最为重要的，就是总账的期末余额和明细账的期末余额是必须相等的。

4. 其他问题

工业企业的成本计算相对比较复杂，因此为了方便凭证的编制，需要设计部分计算用的表格，如领料单、进仓单、材料费用分配表、工资费用计算表、完工产品成本计算表等。

领料单格式如图 4–67 所示。

领　料　单					
领用部门：			领料日期：		
序号	材料名称	规格	数量	单位	用途说明
1					
2					
3					
4					
5					
6					
主管/经理：		库管员：	领料人：		

第一联：存根联

图4–67　领料单

入库单格式如图 4–68 所示。

进　仓　单						
项目名称：						
供应商：				日期：		
序号	材料/设备名称	规格	单位	数量	单价	金额
1						
2						
3						
4						
5						
合计						
主管/经理：		采购员：		仓管员：		

图4–68　入库单

完工产品成本计算表格式如表 4–5 所示。

表 4–5 完工产品成本计算表

<table>
<tr><td colspan="12">完工产品成本计算表</td></tr>
<tr><td colspan="12">年 月</td></tr>
<tr><td rowspan="2">产品名称</td><td rowspan="2">单位</td><td rowspan="2">数量</td><td colspan="5">成本项目</td><td rowspan="2">单位成本</td><td rowspan="2">总成本</td><td rowspan="2">备注</td></tr>
<tr><td>材料</td><td>工资</td><td>福利费</td><td>制造费用</td><td>合计</td></tr>
<tr><td></td><td></td><td></td><td></td><td></td><td></td><td></td><td></td><td></td><td></td><td></td></tr>
<tr><td></td><td></td><td></td><td></td><td></td><td></td><td></td><td></td><td></td><td></td><td></td></tr>
<tr><td></td><td></td><td></td><td></td><td></td><td></td><td></td><td></td><td></td><td></td><td></td></tr>
<tr><td></td><td></td><td></td><td></td><td></td><td></td><td></td><td></td><td></td><td></td><td></td></tr>
<tr><td></td><td></td><td></td><td></td><td></td><td></td><td></td><td></td><td></td><td></td><td></td></tr>
<tr><td colspan="12">制表人：</td></tr>
</table>

六、商业企业建账

商业企业，即商品流通企业，是从事商品流通的独立核算企业。它没有生产线，也不生产产品，如商场、超市、销售公司等。商业企业的经济活动主要包括流通领域中的购、销、存活动，核算主要侧重于采购成本，即主营业务成本的核算和商品流通费用的核算。

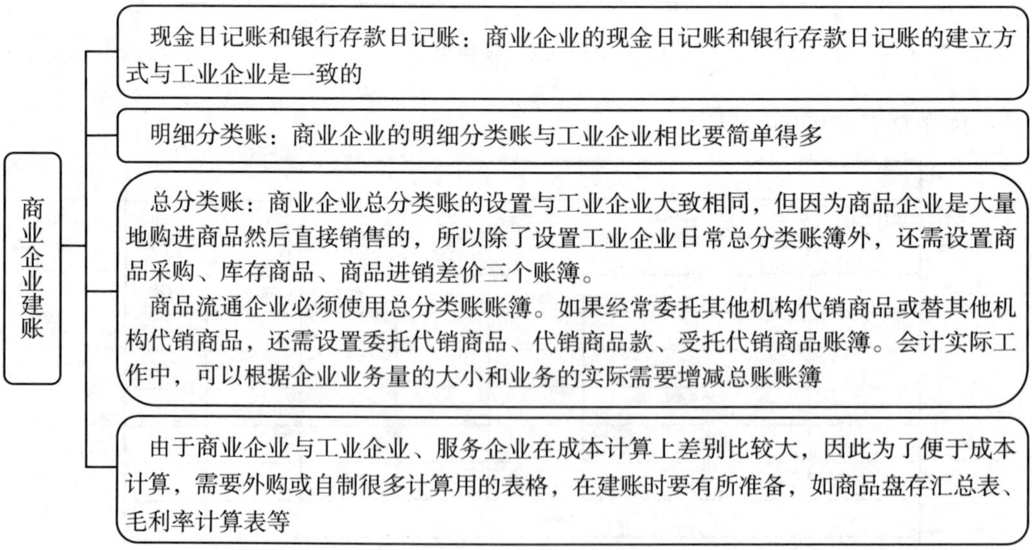

商业企业建账

- 现金日记账和银行存款日记账：商业企业的现金日记账和银行存款日记账的建立方式与工业企业是一致的
- 明细分类账：商业企业的明细分类账与工业企业相比要简单得多
- 总分类账：商业企业总分类账的设置与工业企业大致相同，但因为商品企业是大量地购进商品然后直接销售的，所以除了设置工业企业日常总分类账簿外，还需设置商品采购、库存商品、商品进销差价三个账簿。
  商品流通企业必须使用总分类账账簿。如果经常委托其他机构代销商品或替其他机构代销商品，还需设置委托代销商品、代销商品款、受托代销商品账簿。会计实际工作中，可以根据企业业务量的大小和业务的实际需要增减总账账簿
- 由于商业企业与工业企业、服务企业在成本计算上差别比较大，因此为了便于成本计算，需要外购或自制很多计算用的表格，在建账时要有所准备，如商品盘存汇总表、毛利率计算表等

图4–69 商业企业建账

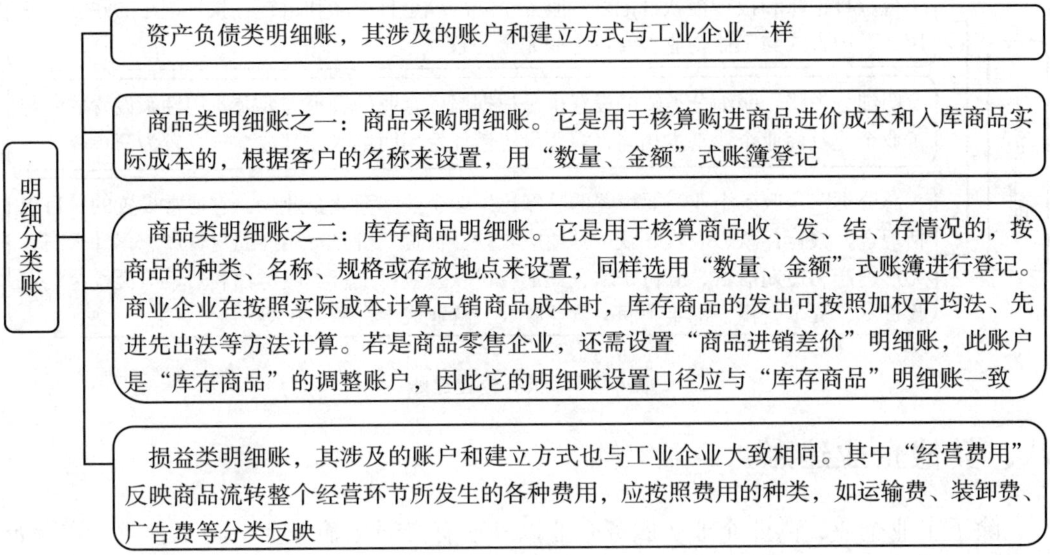

明细分类账

- 资产负债类明细账，其涉及的账户和建立方式与工业企业一样
- 商品类明细账之一：商品采购明细账。它是用于核算购进商品进价成本和入库商品实际成本的，根据客户的名称来设置，用“数量、金额”式账簿登记
- 商品类明细账之二：库存商品明细账。它是用于核算商品收、发、结、存情况的，按商品的种类、名称、规格或存放地点来设置，同样选用“数量、金额”式账簿进行登记。商业企业在按照实际成本计算已销商品成本时，库存商品的发出可按照加权平均法、先进先出法等方法计算。若是商品零售企业，还需设置“商品进销差价”明细账，此账户是“库存商品”的调整账户，因此它的明细账设置口径应与“库存商品”明细账一致
- 损益类明细账，其涉及的账户和建立方式也与工业企业大致相同。其中“经营费用”反映商品流转整个经营环节所发生的各种费用，应按照费用的种类，如运输费、装卸费、广告费等分类反映

图4–70　明细分类账

商品盘存汇总表格式，如表 4–6 所示。

表 4–6　商品盘存汇总表

商品盘存汇总表				
仓库：				年　　月　　日
编号	品名	数量	单价	金额
1				
2				
3				
合计				
制表人：				

七、服务企业建账

服务企业是指那些对外界提供劳务服务的企业，因为其提供的并非商品，而是一种劳务服务，所以称之为服务企业，即第三产业。它包括邮电通信业、文化体育业、旅游服务业、金融保险业、广告业等。服务企业的服务项目很多，但因为其成本核算比较简单，所以账簿的设置也比较简单。

服务企业建账

现金日记账和银行存款日记账：服务企业的现金日记账和银行存款日记账的建立、使用、登记方式与工业企业和商业企业完全一致

明细分类账：明细分类账的设置也是根据服务企业的管理需要及实用性来设置的。与工业企业及商业企业基本相同，需要设置销凭费用明细账，其成本核算较为简单

总分类账：服务企业需要设置的总账比工业企业和商业企业少。它通常设置的科目包括现金、银行存款、应收账款、其他应收款、存货、待摊费用、固定资产、累计折旧、无形资产、短期借款、应付账款、其他应付款、应付工资、应付福利费、应交税金、实收资本、资本公积、本年利润、营业收入、营业成本、所得税等

图4–71 服务企业建账

八、其他企业建账

除了工业企业、商业企业、服务企业以外还有交通运输企业、施工企业、农业企业、房地产开发企业等。这些企业对于资产、负债、所有者权益的核算和建账方式都是相同的，主要区别在于成本计算方面总账与明细账的设置有所不同。

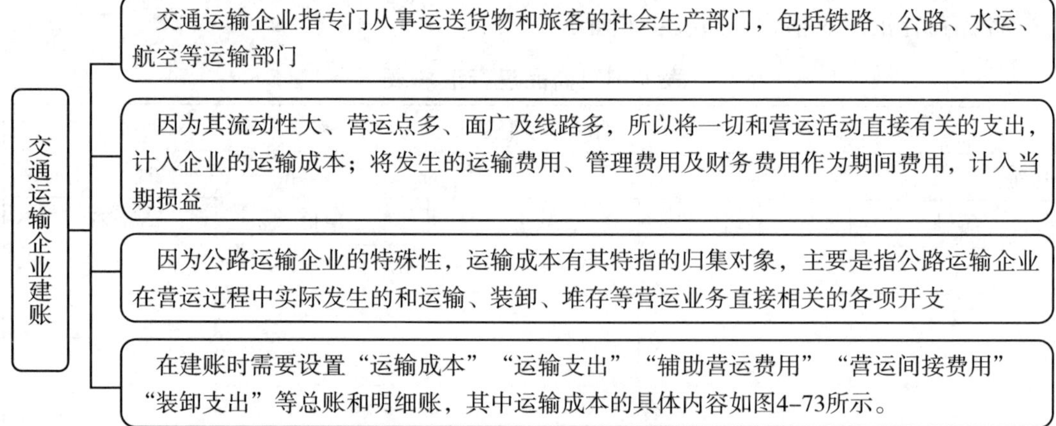

图4–72 交通运输企业建账

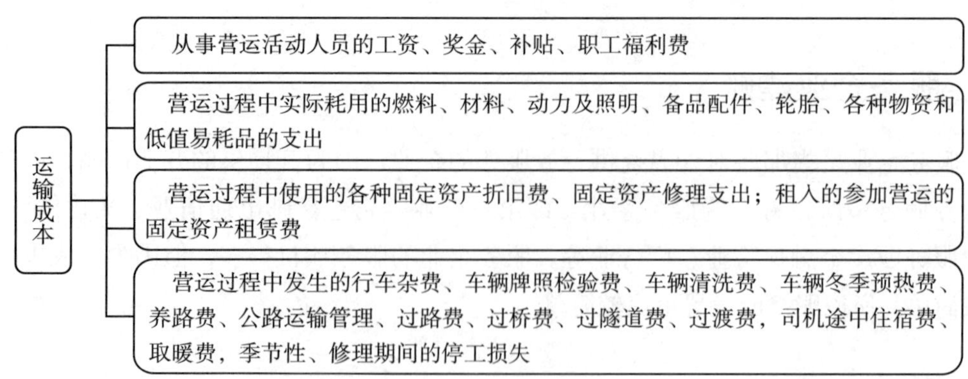

图4–73 运输成本

施工企业建账

- 施工企业是指从事建造各种生产和非生产用房屋、建筑物、构筑物，安装各种机械设备，对原有房屋、建筑物进行修理和改造的企业
- 施工企业包括建筑公司、设备安装公司、建筑装饰工程公司、地基与基础工程公司、土石方工程公司、机械施工公司等
- 工作地点的流动性、工作内容的多样性、施工机械体积大、受自然气候影响大、施工周期长等都是施工企业的特点
- 为了便于核算，需要设置“工程施工”“辅助生产”“机械作业”“工程结算成本”“工业生产”等总账和明细账

图4–74 施工企业建账

房地产开发企业建账

- 房地产开发企业是指专门从事房地产开发和经营的企业
- 根据房地产开发业务在企业经营范围中地位的不同，可将房地产开发企业分为房地产开发专营企业、兼营企业和项目公司
- 它的费用支出主要有土地征用及拆迁补偿费，前期规划、设计、水文、勘察、测绘、建筑安装工程费，道路、供水、供电、排污、通信、环卫、绿化等基础设施费，公共配套设施费，开发间接费等
- 为核算上述费用，需要设置“开发成本”“开发间接费”“开发产品”等总账和明细账

图4–75 房地产开发企业建账

农业企业建账

- 农业企业是指从事农、林、牧、副、渔业等生产经营活动的企业
- 农业生产比较多样，日常核算往往与农作物生长周期及家禽的养殖周期相一致
- 在会计核算中，需要设置“农业生产成本”“农用材料”“辅助生产成本”“畜牧业生产成本”“渔业生产成本”等总账和明细账

图4–76 农业企业建账

第五章　会计报表的编制

第一节　会计报表基本知识

一、财务会计报告概述

财务会计报告，简称财务报告，是指企业对外提供的，用以反映企业某一特定日期的财务状况和某一会计期间的经营成果、现金流量等会计信息的文件。企业财务会计报告包含的内容如图 5–1 所示。

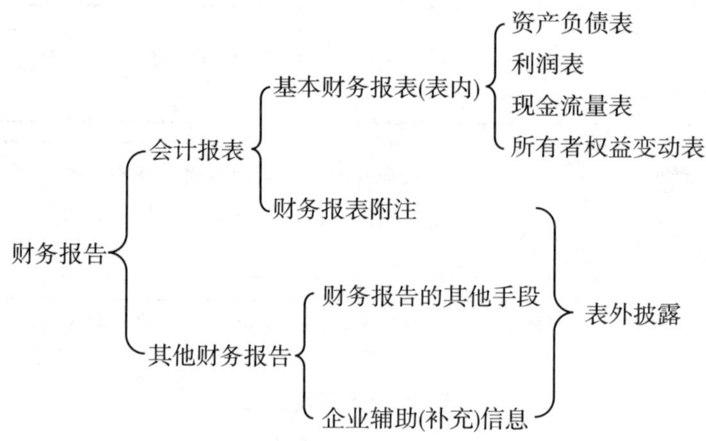

图5–1　财务报告的内容和构成

包括会计报表在内的财务报告，是企业内部管理的重要环节，同时也是企业对外提供经营信息的重要手段。

财务报告的作用

- 可供企业领导和管理人员掌握企业经营管理情况：企业各月的现金收支如何、盈利水平如何，企业全年的销售趋势、采购成本趋势、期间费用在什么范围等所有经营情况，均可通过财务报告提供的数据来确认
- 可供企业上级主管部门和国家管理部门了解所属企业经营业绩和政策执行情况：财务报告，特别是其中的会计报表，规定了所有企业需要报出的项目明细，而且各个项目包含的内容也是固定的，故而便于上级主管部门了解不同企业的经营业绩和经营状况，做出横向比较

财务报告的作用

- 可供企业投资者、债权人等掌握企业财务状况和偿债能力：企业投资者将资金投入到企业中，一定会非常关注企业的盈利状况，也迫切想知道自己的投资收益如何、可支配的收益有多少等。通过会计报表关于企业利润实现和利润分配情况等项目，投资者可以了解到这些信息企业的债权人把自己的资金借给企业使用，除了关心企业是否及时支付利息外，也需要知道企业年终负债额的大小，盈利状况和现金流如何，以确认企业是否有足够的现金偿还到期的欠款，以便评估自己在外资金的风险有多高。所有这些，均需要通过会计报表来取得
- 可供财政、税收、银行、审计等部门及企业潜在投资者了解和掌握企业财务状况和经营成果

图5–2　财务报告的作用

二、会计报表基本知识

会计报表，是对企业财务状况、经营成果和现金流量的结构性表述。按照 2014 年新《企业会计准则》的规定，会计报表至少应当包括资产负债表、利润表、现金流量表、所有者权益（或股东权益）变动表及会计报表附注。小企业编制的会计报表可以不包括现金流量表。

1. 主要会计报表的含义

利润表、资产负债表及现金流量表是企业会计报表的三张主表。

主要会计报表的含义

- 资产负债表是用来反映企业在一定日期财务状况的报表
- 利润表是用来反映企业在一定会计期间内经营成果的报表
- 现金流量表是用来反映企业在一定会计期间内现金和现金等价物流入和流出的报表

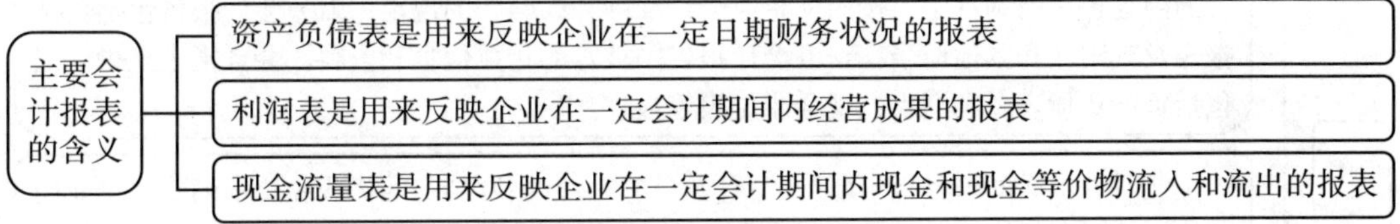

图5–3　主要会计报表的含义

2. 会计报表的种类

（1）按所反映的经济内容的不同分类

按所反映的经济内容的不同分类

- 资产负债表
- 利润表
- 现金流量表
- 所有者权益（或股东权益）变动表
- 会计报表附注

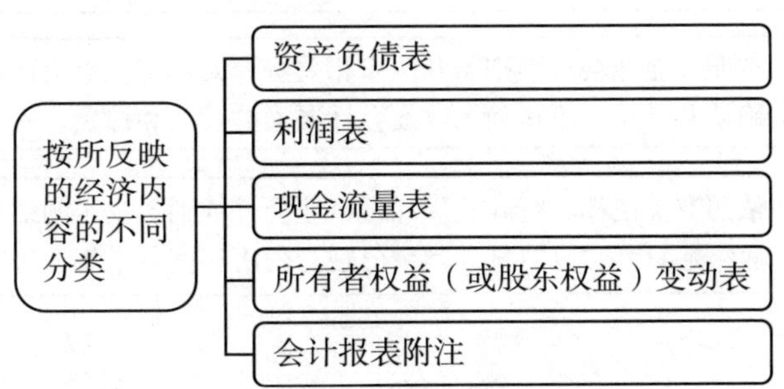

图5–4　按所反映的经济内容的不同分类

（2）按编制和列报时间的不同分类

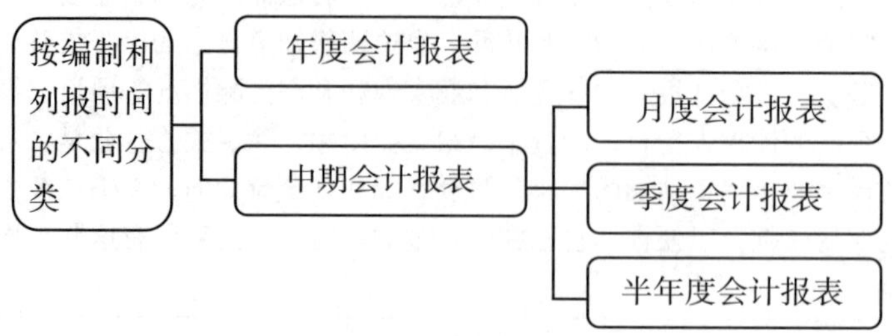

图5–5　按编制和列报时间的不同分类

（3）按编制单位的不同分类

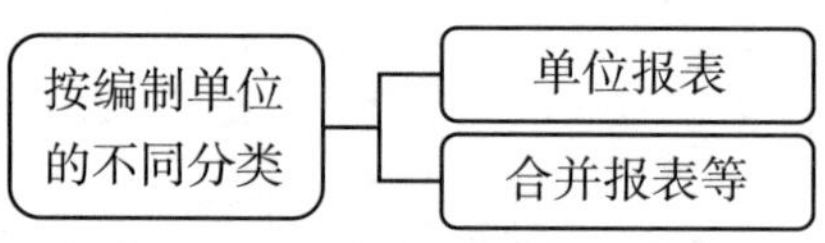

图5–6　按编制单位的不同分类

三、编制会计报表的基本要求

编制会计报表的基本要求

- 所有企业必须按照《企业会计准则》的规定，定期编制财务报告，而且对编制财务报告的内容也有明确规定，按照《企业会计准则》第44条的规定：财务会计报告包括会计报表及其附注和其他应当在财务会计报告中披露的相关信息和资料。会计报表至少应当包括资产负债表、利润表、现金流量表等报表
- 企业对外报送的财务报告应当按照国家统一会计制度规定的格式和要求编制，企业内部使用的财务报告，其格式和要求由各单位自行规定
- 会计报表应当依据真实的交易、事项，登记完整、核对无误的会计账簿记录和其他有关资料编制，并需依据国家统一的会计制度规定的编制基础、编制依据、编制原则和方法编制，做到数字真实、计算准确、内容完整、说明清楚、编制及时、报送及时。任何人不得篡改或者授意、指使、强令他人篡改会计报表的有关数字
- 企业应当按照《企业会计准则》和国家相关法令的规定，对会计报表中各项会计要素进行合理的确认和计量，不得随意改变会计要素的确认和计量
- 企业应当依照有关法律、行政法规和《企业会计准则》规定的结账日结账，不得提前或延迟。年底结账日是12月31日，其余分别为公历年度每半年、每季、每月的最后一天

编制会计报表的基本要求

- 会计报表之间、会计报表各项目之间，凡有对应关系的数字，需一致。本期会计报表与上期会计报表之间有关的数字应当相互衔接。若不同会计年度会计报表中各项目的内容和核算方法有变更的，应当在年度会计报表中予以说明
- 所有企业应当按照《企业会计准则》和国家相关法令的规定，认真编写会计报表附注以及说明，做到项目齐全、内容完整
- 各单位应当按照国家规定的期限对外报送财务报告。
  对外报送会计报表，需依次编定页码，加具封面，装订成册，加盖公章。
  封面上需注明：单位名称，单位地址，财务报告所属年度、季度、月份，送出日期，并由企业负责人、会计部门负责人、会计主管人员签名或者盖章
- 根据法律和国家有关规定需对财务报告进行审计的，财务报告编制单位应先行委托注册会计师事务所进行审计，并将注册会计师出具的审计报告连同财务报告按照规定的期限报送有关部门
- 若发现对外报送的会计报表有错误，应当及时办理更正手续。除更正本企业留存的会计报表外，还应同时通知接受会计报表的部门或企业更正。错误较多的，应当重新编报

图5-7　编制会计报表的基本要求

第二节　资产负债表

一、资产负债表基本知识

资产负债表是反映与揭示企业在某一特定日期（如月末、季末、年末）财务状况的报表，是静态报表。通过资产负债表的数据，企业管理当局、投资者、债权人等可以直接取得关于企业财务状况的重要信息。

1．资产负债表的理论依据

资产负债表是用来反映企业一定日期内资产构成和资产来源的会计数据，其理论依据为会计恒等式：资产 = 负债 + 所有者权益。

2．资产负债表的格式

在编制资产负债表时，首先应按照编表的目的，把所有的资产、负债和所有者权益项目按照一定标准和顺序进行正确的编制和排列，常见的基本格式一般有两种，即报告式（垂直式）与账户式。

（1）报告式资产负债表

报告式资产负债表又称垂直式资产负债表，它分为上、中、下三部分。

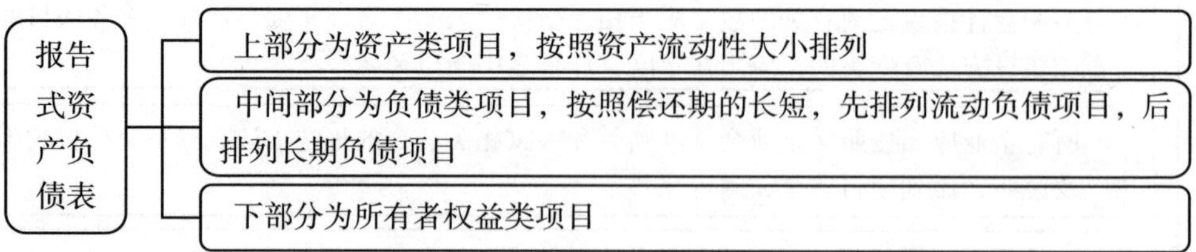

图5-8 报告式资产负债表

上部分资产类项目合计等于中间负债类项目与下部分所有者权益项目的合计。它也是按照“资产 = 负债 + 所有者权益”的会计恒等式来编制的。

（2）账户式资产负债表

账户式资产负债表又称对开式资产负债表，它分为左右两方，左方是资产类项目，右方是负债和所有者权益类项目。

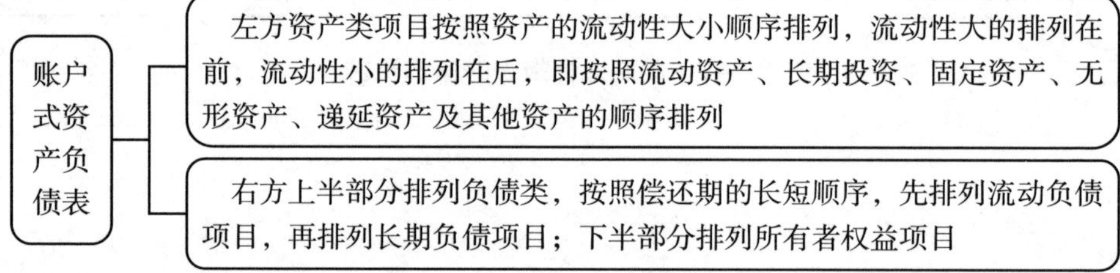

图5-9 账户式资产负债表

左方资产类项目合计等于右方负债类项目与所有者权益项目的合计。因此，它也是依照“资产 = 负债 + 所有者权益”的会计恒等式来编制的。

3. 资产负债表的作用

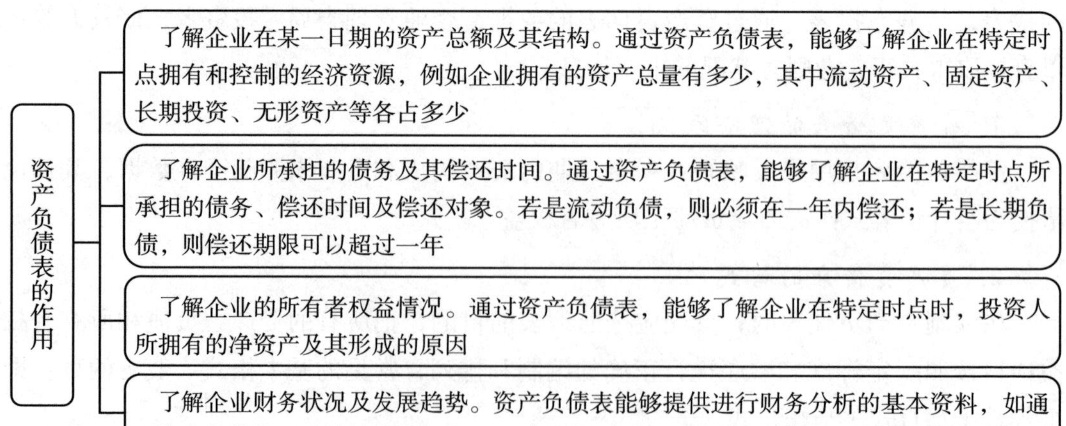

图5-10 资产负债表的作用

二、资产负债表的结构

资产负债表由表头、正表及表外附注三部分组成。其具体格式如表 5-1 所示。

表 5-1　资产负债表结构

资产负债表

编制单位:　　　　　　　　　　　　　　　　　年　　月　　日　　　　　　　　　　单位：元

资产	期末金额	期初金额	负债和所有者权益	期末金额	期初金额
流动资产			流动负债		
货币资金			短期借款		
交易性金融资产			应付标据		
应收票据			应付账款		
应收账款			预收账款		
其他应收款			应付职工薪酬		
预付账款			应付福利费		
存货			应付股利		
其他流动资产			应交税金		
流动资产合计:			其他应付款		
			一年内到期的长期负债		
非流动资产			其他流动负债		
长期投资			流动负债合计:		
长期股权投资					
长期债权投资			长期负债		
长期投资合计:			长期借款		
			应付债券		
固定资产			长期应付款		
固定资产原值			其他长期负债		
减：累计折旧			长期负债合计:		
固定资产净额			递延税项		
工程物资			递延税款贷项		
在建工程			负债合计:		
固定资产清理					
固定资产合计:			所有者权益（或股东权益）		
无形资产及其他资产			实收资本（或股东）		

续表

资产	期末金额	期初金额	负债和所有者权益	期末金额	期初金额
无形资产			资本公积		
其他长期资产			盈余公积		
递延税项			其中：法定公益金		
递延税款借项			未分配利润		
资产合计			所有者权益（股东权益）合计		

从表 5-1 中可以看出，资产负债表对资产、负债和所有者权益的所有项目进行了详细分类，在遵循会计恒等式原理的基础上，保证了报表左右两边的平衡，而且进行了期初与期末的比较。

三、资产负债表的编制

资产负债表的编制是建立在所有会计账户借贷平衡基础上的，即所有账户符合“资产 = 负债 + 所有者权益”的会计恒等式时，资产负债表才能编制。

资产负债表的“期初数”栏内各项数字，依据上年资产负债表的“期末数”填列。若本年度资产负债表规定的各项目及内容与上年不同，应对上年的资产负债表各项目的名称和内容依照本年度的规定进行调整后，再填入本年报表的“期初数”对应栏次内。

资产负债表期末数各项目的内容及填列方法

- “货币资金”项目，根据“库存现金”“银行存款”和“其他货币资金”账户的期末余额合计数填列
- “交易性金融资产”项目，反映企业购入的各种可以随时变现的，持有时间不超过一年的（含一年）的股票、债券和基金，以及不超过一年的（含一年）的其他投资。该项目根据“交易性金融资产”科目账户期末余额，减去“短期投资跌价准备”的期末余额填列
- “应收票据”项目，反映企业收到的未到期收款也未向银行贴现的应收票据，包括商业承兑汇票与银行承兑汇票。该项目应根据“应收票据”的期末余额填列，已向银行贴现及已背书转让的应收票据不包括在本项目内
- “应收账款”项目，反映企业因为销售商品、产品和提供劳务等而应向客户收取的各种款项，减去已计提的坏账准备后的净额。该项目需根据“应收账款”科目所属的各明细科目的期末借方余额合计，减去“坏账准备”科目中关于应收账款计提的坏账准备期末余额后的金额填列

资产负债表期末数各项目的内容及填列方法

“其他应收款”项目，反映企业对其他单位及个人的应收和暂付的款项，减去已计提的坏账准备后的净额。该项目需根据“其他应收款”科目账户的期末余额，减去“坏账准备”科目有关其他应收款计提的坏账准备期末余额后的金额填列

“预付账款”项目，反映企业预付给供应商的款项。该项目需根据“预付账款”科目所属各明细科目的期末借方余额合计填列

“存货”项目，反映企业期末在库、在途及在加工中的各项存货的可变现净值，包括各种材料、商品、在产品、半成品、包装物、低值易耗品、分期收款发出商品、委托代销商品、受托代销商品等。该项目应依据“物资采购”“原材料”“低值易耗品”“自制半成品”“库存商品”“包装物”“分期收款发出商品”“委托加工物资”“委托代销商品”“受托代销商品”“生产成本”等科目的期末余额合计，减去“代销商品款”“存货跌价准备”科目的期末余额填列。对于材料采用计划成本核算，以及“库存商品”采用计划成本或售价核算的企业，需按加减材料成本差异、商品进销差价后的金额填列

“其他流动资产”项目，反映企业除上述流动资产项目外的其他流动资产。该项目应根据有关科目的期末余额填列

“长期股权投资”项目，反映企业不准备在一年内（含一年）变现的各种股权性质投资的可收回金额。该项目需根据“长期股权投资”科目账户的期末余额，减去“长期投资减值准备”科目中关于股权投资减值准备期末余额后的金额填列

“长期债权投资”项目，反映企业不准备在一年内（含一年）变现的各种债权性质投资的可收回金额。该项目应根据“长期债权投资”科目账户的期末余额，减去“长期投资减值准备”科目中有关债权投资减值准备期末余额及一年内到期的长期债权投资后的金额填列

“固定资产原值”和“累计折旧”项目，反映企业各种固定资产的原值及累计折旧。融资租入固定资产的原值和提取的累计折旧也通过它们反映。这两个项目应根据“固定资产”与“累计折旧”科目账户的期末余额填列。固定资产净值=固定资产原值-累计折旧

“工程物资”项目，反映企业期末各项工程没有使用的工程物资的实际成本。该项目应根据“工程物资”科目账户的期末余额填列

“在建工程”项目，反映企业期末各项尚未完成工程的实际支出，包括交付安装的设备价值，未完建筑安装工程已经耗用的原材料、工资和费用支出、预付出包工程的价款、已经建筑安装完毕但还没有交付使用的工程等的可收回金额。该项目应根据“在建工程”科目的期末余额，减去“在建工程减值准备”科目的期末余额后的金额填列

“固定资产清理”项目，反映企业由于出售、毁损、报废等原因转入清理但尚未清理完毕的固定资产的账面价值，以及固定资产清理过程中所产生的清理费用和变价收入等各项金额的差额。该项目需根据“固定资产清理”科目账户的期末余额填列，该科目账户若是贷方余额，则应以“-”填列

图5-11

资产负债表期末数各项目的内容及填列方法

“无形资产”项目，反映各项无形资产的期末可以收回的金额。该项目应根据“无形资产”科目账户的期末余额，减去“无形资产减值准备”科目账户的期末余额后的金额填列

“其他长期资产”项目，反映企业除上述资产以外的其他长期资产。该项目应根据相关科目的期末余额填列

“递延税款借项”项目，反映企业期末尚未转销的递延税款的借方余额。该项目应按照“递延税款”科目账户的期末借方余额填列

“短期借款”项目，反映企业借入尚未归还的一年以下（含一年）的借款。该项目应按照“短期借款”科目账户的期末余额填列

“应付票据”项目，反映企业为了抵付货款等开出、承兑的尚未到期付款的应付票据，包括商业承兑汇票与银行承兑汇票。该项目应按照“应付票据”科目账户的期末余额填列

“应付账款”项目，反映企业购买原材料、商品及接受劳务供应等应付给供应商的款项。该项目应根据“应付账款”所属各相关部门明细科目的期末贷方余额合计数填列

“预收账款”项目，反映企业预收客户的账款。该项目应按照“预收账款”科目账户所属明细科目贷方余额之和填列

“应付职工薪酬”项目，反映企业应付未付的职工工资。该项目应按照“应付职工薪酬”科目的期末贷方余额填列。如果为借方余额，以“-”填列

“应付福利费”项目，反映外商投资企业按净利润提取的职工奖励和福利基金。本项目应按照“应付福利费”科目的期末余额填列

“应付股利”项目，反映企业尚未支付的现金股利。该项目应按照“应付股利”科目的期末余额填列

“应交税费”项目，反映企业期末未交、多交或未抵扣的各种税金。该项目应按照“应交税费”科目的期末贷方余额填列。如果为借方余额，以“-”填列

“其他应付款”项目，反映企业所有应付和暂收其他单位和个人的款项。该项目应按照“其他应付款”科目账户的期末贷方余额填列。如果为借方余额，以“-”填列

“一年内到期的长期负债”项目，反映企业将于一年内（含一年）到期的长期负债。按“长期负债”项目中将在一年内（含一年）到期的所有明细项目的合计数填列

“其他流动负债”项目，反映企业除上述流动负债以外的其他流动负债。该项目应根据有关科目的期末余额填列，如“待转资产价值”科目的期末余额即可在本项目内反映

“长期借款”项目，反映企业借入尚未归还的一年以上（不含一年）的借款本息。该项目应按照“长期借款”科目账户的期末余额填列

“应付债券”项目，反映企业发行的尚未偿还的各种长期债券的本息。该项目应按照“应付债券”科目账户的期末余额填列

资产负债表期末数各项目的内容及填列方法

“长期应付款”项目，反映企业除长期借款与应付债券以外的其他各种长期应付款。该项目应根据“长期应付款”科目账户的期末余额，减去“未确认融资费用”科目的期末余额后的金额填列

“其他长期负债”项目，反映企业除上述长期负债以外的其他长期负债。该项目应按照有关科目的期末余额填列

“递延税款贷项”项目，反映企业期末尚未转销的递延税款的贷方余额。该项目应按照“递延税款”科目的期末贷方余额填列

“实收资本（或股本）”项目，反映企业各投资者实际投入的资本（或股本）总额。该项目应按照“实收资本（或股本）”科目的期末余额填列

“资本公积”项目，反映企业资本公积的期末余额。该项目应按照“资本公积”科目的期末余额填列

资产负债表期末数各项目的内容及填列方法

“盈余公积”项目，反映企业盈余公积的期末余额。该项目应按照“盈余公积”科目的期末余额填列。其中的法定公益金期末余额应按照“盈余公积”科目所属的法定公益金明细科目的期末余额填列

“未分配利润”项目，反映企业尚未分配的利润。该项目应按照“本年利润”和“利润分配”科目的余额计算填列。存在尚未弥补亏损的，在该项目以“–”填列

图5–11　资产负债表期末数各项目的内容及填列方法

四、资产负债表编制实例

【例 5–1】某公司为增值税一般纳税人，该公司 2015 年 12 月 31 日的资产负债表（表 5–2），2016 年发生的经济业务已经汇总（表 5–3），根据表 5–2 和表 5–3 提供的资料，编制某公司 2016 年 12 月 31 日的资产负债表，如表 5–4 所示。

表 5–2　资产负债表

会企: 01 表

编制单位:　　　　2015 年 12 月 31 日　　　　单位：元

资产	期末余额	年初余额	负债和所有者权益（或股东权益）	期末余额	年初余额
流动资产:		略	流动负债:		略

续表

资产	期末余额	年初余额	负债和所有者权益（或股东权益）	期末余额	年初余额
货币资金	700000		短期借款	470000	
交易性金融资产	0		交易性金融负债	0	
应收票据	70000		应付票据	42000	
应收账款	417900		应付账款	200000	
预付款项	35000		预收款项	0	
应收利息	0		应付职工薪酬	116000	
应收股利	0		应交税费	50400	
其他应收款	2100		应付利息	0	
存货	560000		应付股利	0	
一年内到期的非流动资产	0		其他应付款	23600	
其他流动资产	0		一年内到期的非流动负债	0	
流动资产合计	1785000		其他流动负债	628000	
非流动资产			流动负债合计	1530000	
可供出售金融资产	0		非流动负债：		
持有至到期投资	0		长期借款	784000	
长期应收款	0		应付债券	40000	
长期股权投资	511000		长期应付款	70000	
投资性房地产	0		专项应付款	0	
固定资产	2088000		预计负债	0	
在建工程	210000		递延所得税负债	0	
工程物资	0		其他非流动负债	0	
固定资产清理	0		非流动负债合计	894000	
生产性生物资产	0		负债合计	2424000	
油气资产	0		所有者权益（或股东权益）：		
无形资产	715000		实收资本（或股本）	2100000	
开发支出	0		资本公积	350000	
商誉	0		减：库存股	0	
长期待摊费用	35000		盈余公积	280000	
递延所得税资产	0		未分配利润	190000	
其他非流动资产	0		所有者权益（或股东权益）合计	2920000	
非流动资产合计	3559000				
资产总计	5344000		负债和所有者权益总计	4450000	

表 5-3　科目汇总表

单位：元

资产	期末余额	年初余额
57600	库存现金	63480
1019000	银行存款	738600
609200	原材料	226000
254000	库存商品	504000
819000	应收账款	819000
0	坏账准备	2000
100000	应收股利	100000
284000	生产成本	254000
30000	制造费用	30000
6000	其他应收款	6000
245000	固定资产	0
0	累计折扣	20000
0	在建工程	210000
0	长期待摊费用	35000
0	累计摊销	71500
0	短期借款	100000
122000	应付账款	243360
145360	应交税费	156306
57000	应付职工薪酬	57000
6000	应付利息	6000
700000	主营业务收入	700000
504000	主营业务成本	504000
3600	营业税金及附加	3600
22000	营业处收入	22000
4000	营业外支出	4000
113180	销售费用	113180
6000	财务费用	6000
40000	销售费用	40000
2000	资产减值损失	2000
37306	所得税费用	37306
100000	投资收益	100000

续表

资产	期末余额	年初余额
822000	本年利润	822000
0	实收资本	100000
100000	资本公积	0
22384	利润分配	123106
0	盈余公积	11192
6230630	合　计	6230630

表 5-4　资产负债表

会企：01 表

编制单位：　　2016 年 12 月 31 日　　单位：元

资产	期末余额	年初余额	负债和所有者权益（或股东权益）	期末余额	年初余额
流动资产：			流动负债：		
货币资金	974520	700000	短期借款	570000	470000
交易性金融资产	0	0	交易性金融负债	0	0
应收票据	70000	70000	应付票据	42000	42000
应收账款	415900	417900	应付账款	321360	200000
预付款项	35000	35000	预收款项	0	0
应收利息	0	0	应付职工薪酬	116000	116000
应收股利	0	0	应交税费	61346	50400
其他应收款	2100	2100	应付利息	0	0
存货	723200	560000	应付股利	0	0
一年内到期的非流动资产	0	0	其他应付款	23600	23600
其他流动资产	0	0	一年内到期的非流动负债	0	0
流动资产合计	2220720	1785000	其他流动负债	628000	628000
非流动资产：			流动负债合计	1762306	1530000
可供出售金融资产	0	0	非流动负债：		
持有至到期投资	0	0	长期借款	784000	784000
长期应收款	0	0	应付债券	40000	40000
长期股权投资	511000	511000	长期应付款	70000	70000
投资性房地产	0	0	专项应付款	0	0
固定资产	2313000	2088000	预计负债	0	0
在建工程	0	210000	递延所得税负债	0	0

续表

资产	期末余额	年初余额	负债和所有者权益（或股东权益）	期末余额	年初余额
工程物资	0	0	其他非流动负债	0	0
固定资产清理	0	0	非流动负债合计	894000	894000
生产性生物资产	0	0	负债合计	2656306	2424000
油气资产	0	0	所有者权益（或股东权益）：		
无形资产	643500	715000	实收资本（或股本）	2100000	2100000
开发支出	0	0	资本公积	350000	350000
商誉	0	0	减：库存股	0	0
长期待摊费用	0	35000	盈余公积	291192	280000
递延所得税资产	0	0	未分配利润	290722	190000
其他非流动资产	0	0	所有者权益（或股东权益）合计	301914	2920000
非流动资产合计	3467500	3559000			
资产总计	5688220	5344000	负债和所有者权益总计	5688220	534000

第三节　利润表

一、利润表基本知识

利润表又称损益表，是指反映企业在一定会计期间经营成果的报表。

1. 利润表的理论依据

利润表的理论依据

利润表是用于核算企业一定时期利润（亏损）实际情况的，而利润（亏损）的实际情况又是通过收入和费用的对比体现出来的，因此，会计等式“收入-费用=利润”即为利润表编制的理论依据

按最新《企业会计准则》公布的利润表的格式，可以把基本会计等式细分为为：利润总额=销售利润+投资净收益+营业外收支净额

图5-12　利润表的理论依据

这样能区分企业通过不同的途径得到的收入和获利情况，有利于企业确认自身正

常经营产业的经营状况及通过投资与其他途径取得企业利得的状态。

2. 利润表的格式

利润表有单步式与多步式两种格式，我国最新《企业会计准则》规定，利润表采用多步式。

3. 利润表的作用

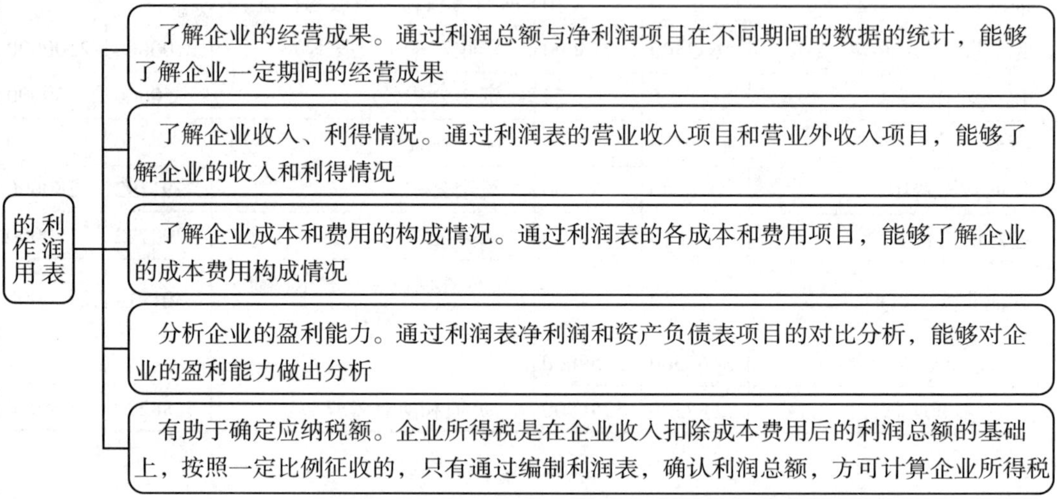

利润表的作用

了解企业的经营成果。通过利润总额与净利润项目在不同期间的数据的统计，能够了解企业一定期间的经营成果

了解企业收入、利得情况。通过利润表的营业收入项目和营业外收入项目，能够了解企业的收入和利得情况

了解企业成本和费用的构成情况。通过利润表的各成本和费用项目，能够了解企业的成本费用构成情况

分析企业的盈利能力。通过利润表净利润和资产负债表项目的对比分析，能够对企业的盈利能力做出分析

有助于确定应纳税额。企业所得税是在企业收入扣除成本费用后的利润总额的基础上，按照一定比例征收的，只有通过编制利润表，确认利润总额，方可计算企业所得税

图5-13　利润表的作用

二、利润表的结构

利润表通常包括表首、正表两部分。其结构如表 5-5 所示。

表 5-5　利润表结构

利润表

编制单位：　　　　年　　月　　日　　　　单位：元

行次	项目	本期金额	上期金额
1	一、营业收入		
2	减：营业成本		
3	营业税金及附加		
4	销售费用		
5	管理费用		
6	财务费用		
7	资产减值损失		
8	加：公允价值变动收益		

续表

资产	负债和所有者权益	期末金额	期初金额
9	投资收益		
10	二、营业利润		
11	加：营业外收入		
12	减：营业外支出		
13	三、利润总额		
14	减：所得税费用		
15	四、净利润		
16	五、每股收益		
17	（一）基本每股收益		
18	（二）稀释每股收益		

从表5-5中可以知道，表首提供了利润表名称、编制企业名称、会计期间和所采用的货币计量单位等基本信息，而正表则分步汇总计算企业的利润。

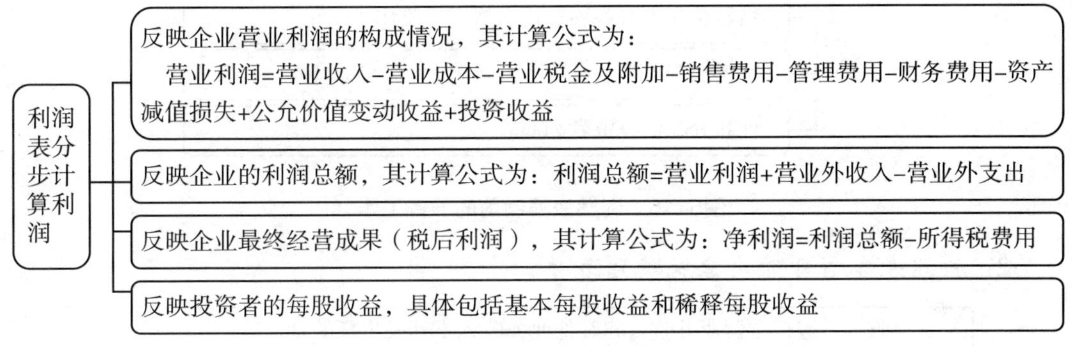

图5-14　利润表分步计算利润

三、利润表的编制

利润表相关项目的编制，基本是直接依据有关科目的本期发生业务量填列的。因为有些科目并不是在日常的会计核算中就可以按部就班地汇总出数据的，需要经由汇总、分配、归集和结转才能得到，所以，利润表的编制可以分为编制前的准备工作及实际编制等几个步骤。

1. 利润表编制前的准备工作

虽然利润表各个项目从会计账簿中基本均能找到对应的账页，但是在编制利润表前，还需要做期末账项结转及调整。

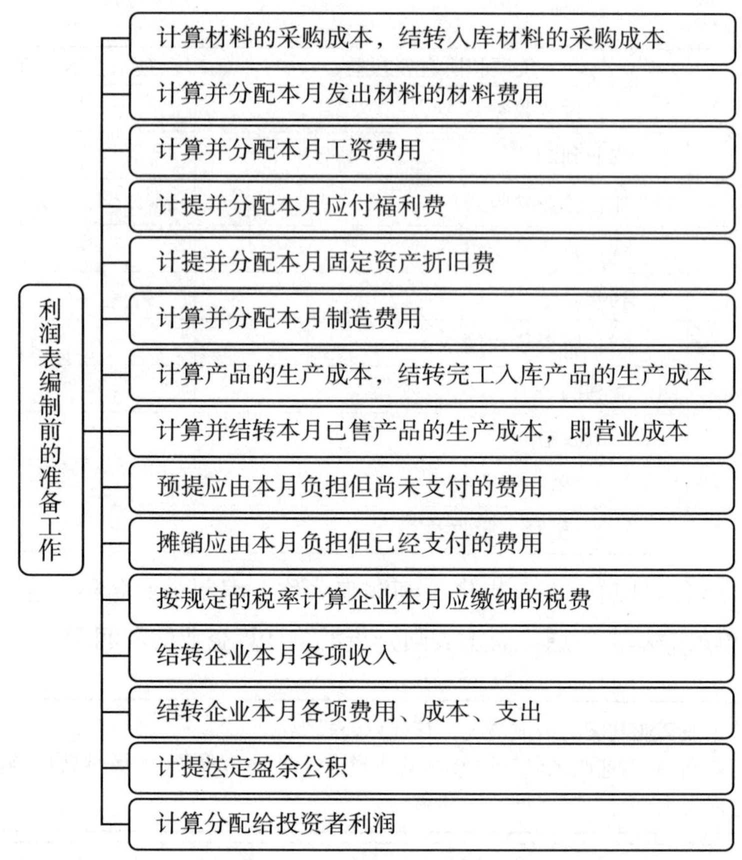

图5-15 利润表编制前的准备工作

2. 利润表各项目的内容及填列方法

利润表各项目的内容及填列方法

- 营业收入，包括主营业务收入和其他业务收入本期发生额的合计数
- 营业成本，包括主营业务成本及其他业务成本本期发生额的合计数。该项目反映企业在一定会计期间为销售商品、提供劳务或让渡资产使用权，以及其他企业支出而发生的成本，需根据“主营业务成本”和“其他业务成本”账户的发生额合计数填列
- 营业税金及附加，包括企业经营活动应负担的消费税、城市维护建设税、资源税、土地增值税和教育费附加等，应根据“营业税金及附加”账户的本期发生额填列
- 销售费用，反映企业在销售商品与商品流通企业在购入商品等过程中发生的费用，应根据“销售费用”账户本期发生额合计数填列
- 管理费用，反映企业行政管理部门为组织与管理生产经营活动而发生的费用，应根据“管理费用”账户本期发生额合计数填列
- 财务费用，反映企业在筹集资金等财务活动中所产生的费用，应根据“财务费用”账户本期发生额合计数填列

利润表各项目的内容及填列方法

资产减值损失，用于核算企业根据资产减值等准则计提各项资产减值准备所形成的损失，应根据“资产减值损失”账户本期余额填列。

因为资产减值损失项目涉及的内容较多，在对该项目进行核对时，需根据“坏账准备”“存货跌价准备”“长期股权投资减值准备”“持有至到期投资减值准备”“固定资产减值准备”“在建工程——减值准备”“工程物资——减值准备”“生产性生物资产——减值准备”“无形资产减值准备”“商誉——减值准备”等账户的期末贷方余额合计数经分析后确认

投资收益，反映企业对外投资所取得的收益，需根据“投资收益”账户的发生额经分析后填列。如果为投资损失，以“-”填列

补贴收入，反映企业取得的各种补贴收入和退回的增值税等，应根据“补贴收入”账户的贷方发生额填列

营业外收入和营业外支出，用来反映和企业生产经营活动没有直接关系的各项收入及支出，应根据“营业外收入”和“营业外支出”账户的本期发生额填列

利润总额，反映企业实现的利润总额，如为亏损额，以“-”填列

所得税费用，反映企业按规定从本期损益中减去的所得税，根据“所得税”账户本期发生额填列

净利润，反映企业实现的净利润，如果为净亏损，以“-”填列

图5-16　利润表各项目的内容及填列方法

营业收入

“主营业务收入”项目反映企业在一定会计期间因为对外销售商品、提供劳务或让渡资产使用权而取得的收入，应根据“主营业务收入”账户本期发生额（贷方减去借方后的余额）填列

“其他业务收入”项目用来核算企业根据收入准则确认的除主营业务之外的其他经营活动实现的收入，包括出租固定资产、出租无形资产、出租包装物和商品、销售材料等实现的收入，应根据“其他业务收入”账户本期发生额（贷方减去借方后的余额）填列

图5-17　营业收入

四、利润表编制实例

【例 5-2】沿用【例 5-1】的资料，2016 年某公司的利润表编制如表 5-6 所示。

表 5–6　利润表

会企: 02 表

编制单位:　　　　　　　　　　　　年度　　　　　　　　　　　　单位：元

项目	本期金额	上期金额
一、营业收入	700000	（略）
减：营业成本	504000	
营业税金及附加	3600	
营业费用	40000	
管理费用	113180	
财务费用	6000	
资产减值损失	2000	
加：公允价值变动收益（损失以“—”填列）	0	
投资收益（损失以“—”填列）	100000	
其中：对联营企业和合营企业的投资收益		
二、营业利润（亏损以“—”填列）	131220	
加：营业外收入	22000	
减：营业外支出	4000	
其中：非流动资产处置损失		
三、利润总额（亏损总额以“—”填列）	149220	
减：所得税费用	37306	
四、净利润（净亏损以“–”号填列）	111914	
五、每股收益		
（一）基本每股收益		
（二）稀释每股收益		

第四节　现金流量表

一、现金流量表基本知识

现金流量表是反映企业在一定会计期间内，从事各项经营活动、投资活动、筹资活动所产生的现金流入、现金流出和现金净变动额的财务报表。它是一张动态报表，通常按年编制。

需要格外注意的是：现金流量表中所指的现金，不单纯是指货币，而是指企业库存现金，以及可以随时用来支付的银行存款和其他货币资金的合计。

1. 现金流量表的编制基础和理论依据

现金流量表的编制基础是收付实现制，即仅记录当期现金收支情况，而不考虑这些现金流入或流出是否归属于当期损益，甚至不考虑是否归企业所有。其理论依据是：当期现金净增加额 = 经营现金净流量 + 投资现金净流量 + 筹资现金净流量。

2. 现金流量表的编制方法

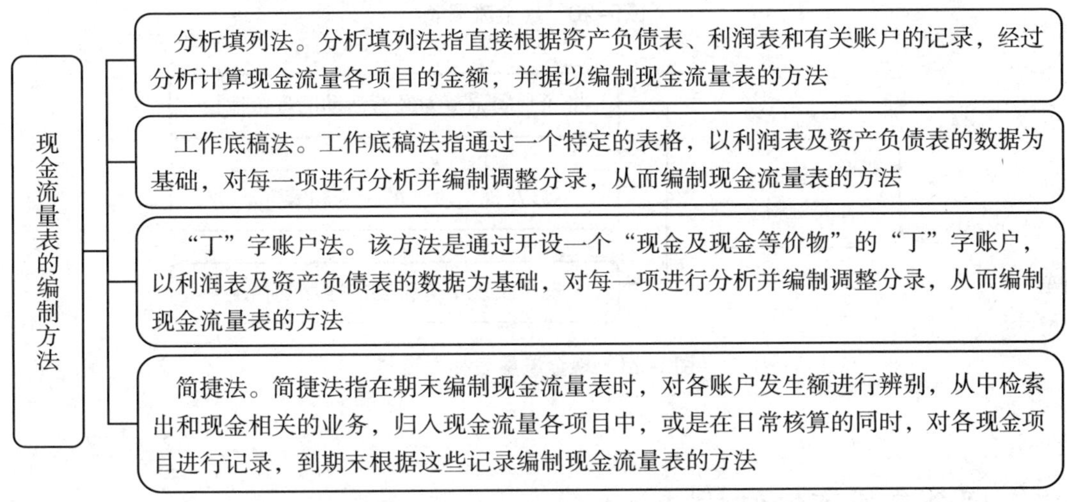

图5–18 现金流量表的编制方法

在这四种方法中，工作底稿法和“丁”字账户法比较常用。

3. 现金流量表的作用

现金流量表作为关于企业现金流出与流入的信息表，与利润表、资产负债表的作用形成互补。

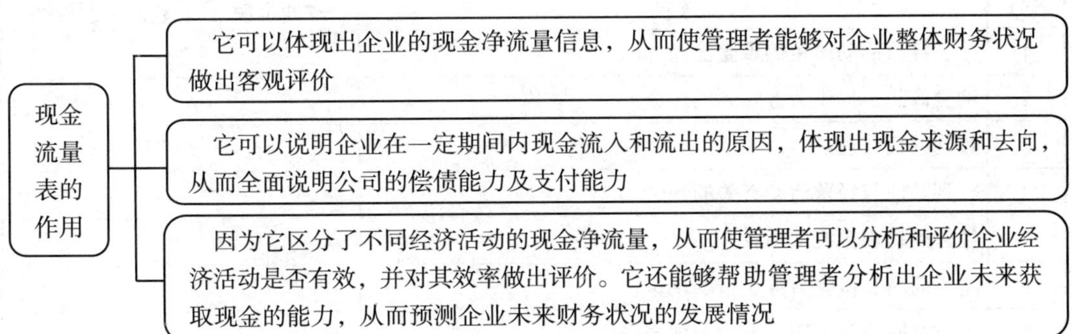

图5–19 现金流量表的作用

4. 现金流量表的内容和格式

现金流量表包括正表与补充资料两部分。

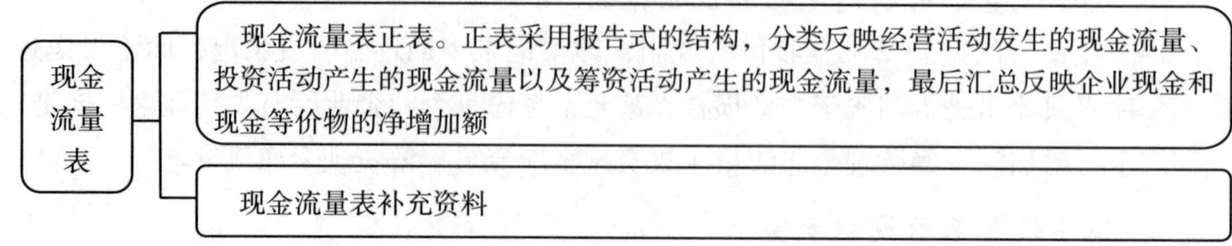

图5-20　现金流量表

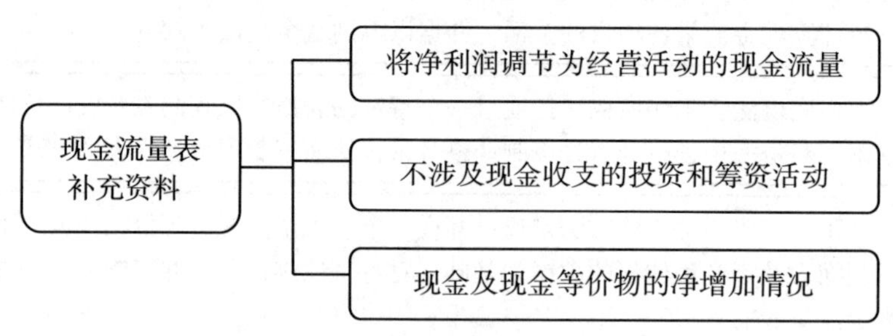

图5-21　现金流量表补充资料

二、现金流量表的结构

现金流量表将企业现金按来源的不同，划分成经营活动产生的现金流量、投资活动产生的现金流量以及筹资活动产生的现金流量，其基本结构如表 5-7 所示。

表 5-7　现金流量表结构

现金流量表

编制单位：　　　　　　　　　年　月　日　　　　　　　　　单位：元

行次	项目	本期金额	数据来源说明
1	**一、经营活动产生的现金流量**		
2	销售商品、提供劳务收到的现金		
3	收到的税费返还		
4	收到其他与经营活动有关的现金		
5	**经营活动现金流入小计**		
6	购买商品、接受劳务支付的现金		
7	支付给职工及为职工支付的现金		
8	支付的各项税费		

续表

行次	项目	本期金额	数据来源说明
9	支付其他与经营活动有关的现金		
10	**经营活动现金流出小计**		
11	**经营活动产生的现金流量净额**		
12	**二、投资活动产生的现金流量**		
13	收回投资收到的现金		
14	取得投资收益收到的现金		
15	处置固定资产、无形资产和其他长期资产收回的现金净额		
16	处置子公司及其他营业单位收到的现金净额		
17	收到其他与投资活动有关的现金		
18	**投资活动现金流入小计**		
19	购建固定资产、无形资产和其他长期资产支付的现金		
20	投资支付的现金		
21	取得子公司及其他营业单位支付的现金净额		
22	支付其他与投资活动有关的现金		
23	**投资活动现金流出小计**		
24	**投资活动产生的现金流量净额**		
25	**三、筹资活动产生的现金流量**		
26	吸收投资收到的现金		
27	取得借款收到的现金		
28	收到其他与筹资活动有关的现金		
29	**筹资活动现金流入小计**		
30	偿还债务支付的现金		
31	分配股利、利润或偿付利息支付的现金		
32	支付其他与筹资活动有关的现金		
33	**筹资活动现金流出小计**		
34	**筹资活动产生的现金流量净额**		
35	**四、汇率变动对现金及现金等价物的影响**		
36	**五、现金及现金等价物净增加额**		
37	加：期初现金及现金等价物余额		
38	**六、期末现金及现金等价物余额**		

除了主表，现金流量表还有附注，其基本格式如表 5–8 所示。

表 5-8 现金流量表附注

现金流量表附注　　单位：元

行次	补充资料项目	本期金额	数据来源介绍
1	一、将净利润调节为经营活动金流量		
2	净利润		
3	加：资产差值准备		
4	固定资产折旧（油气资产折耗、生产性生物资产折旧）		
5	无形资产推销		
6	长期待摊费用摊销		
7	处置固定资产、无形资产和其他长期资产的损失（收益以“–”填列）		
8	固定资产报废损失（收益以“–”填列）		
9	公允价值变动损失（收益以“–”填列）		
10	财务费用（收益以“–”填列）		
11	投资损失（收益以“–”填列）		
12	递延所得税资产减少（增加以“–”填列）		
13	递延所得税负债增加（减少以“–”填列）		
14	存货的减少（增加以“–”填列）		
15	经营性应收项目的减少（增加以“–”填列）		
16	经营性应付项目的增加（减少以“–”填列）		
17	其他		
18	经营活动产生的现金流量净额		
19	二、不涉及现金收支的重大投资和筹资活动		
20	债务转为资本		
21	一年内到期的可转换公司债券		
22	融资租入固定资产		
23	三、现金及现金等价物净变动情况		
24	现金的期末余额		
25	减：现金的期初余额		
26	加：现金等价物的期末余额		
27	减：现金等价物的期初余额		
28	现金及现金等价物净增加额		

从表 5-8 中可以知道，现金流量表附注，即间接法编制现金流量表的过程，是将企业本期的净利润调整为经营活动现金流量的信息披露过程。

三、现金流量表的编制

企业可根据自身业务量的大小以及复杂程度等，选择采用工作底稿法、“丁”字账户法或是直接根据有关科目的记录分析填列现金流量表。

现金流量表各项目的内容和填列方法如下。

1. 经营活动产生的现金流量

经营活动产生的现金流量

“销售商品、提供劳务收到的现金”项目，反映企业销售商品、提供劳务实际收到的现金，包括本期、前期销售商品、提供劳务收到的现金与预收账款，减去本期和前期销售退回的商品支付的现金。企业销售材料及代购、代销业务收到的现金也包括在本项目内。该项目应按照“现金、银行存款、应收账款、应收票据、预收账款、主营业务收入、其他业务收入”等科目的记录，经分析后填列

“收到的税费返还”项目，反映企业收到的各种税费的返还款，收到的增值税、消费税、所得税、教育费附加返还等。该项目应按照“现金、银行存款、营业税金及附加、补贴收入、应收补贴款”等科目的记录，经分析后填列

“收到的其他与经营活动有关的现金”项目，反映企业除以上项目外，收到的与其他经营活动相关的现金收入，如罚款收入、流动资产损失中由个人赔偿的现金收入等。该项目应按照“现金、银行存款、营业外收入”等科目的记录，经分析后填列

“购买商品、接受劳务支付的现金”项目，反映企业购买原物料、商品、接受劳务实际支付的现金，包括本期购入原物料、商品接受劳务支付的现金（包括增值税进项税额），以及本期支付前期购入原物料、商品接受劳务支付的现金（包括增值税进项税额）。本期发生的购货退回收到的现金需从本项目内减去。该项目应按照“现金、银行存款、应付账款、应付票据、主营业务成本、其他业务成本”等科目的记录，经分析后填列

“支付给职工及为职工支付的现金”项目，反映企业实际支付给职工的，即为职工支付的现金，包括职工工资、奖金、各种津贴和补贴等，以及为职工支付的其他费用。该项目应按照“应付工资、现金、银行存款”等科目的记录，经分析后填列。企业为职工支付的养老、失业等社会保险基金、补充养老保险、住房公积金、支付的职工住房困难补助，以及企业支付给职工或为职工支付的其他福利费用等，应按照职工的性质即服务对象，在该项目或在“购建固定资产、无形资产和其他长期资产所支付的现金”项目中反映

“支付的各项税费”项目，反映企业按照规定支付的各项税费，包括本期发生并支付的，以及本期支付以前各期发生的税费和预交的税金，不包括计入固定资产价值、实际支付的耕地占用税、本期退回的增值税、所得税等。该项目应按照“应交税金、现金、银行存款、主营业务税金及附加、管理费用”等科目的记录，经分析后填列

“支付的与其他经营活动有关的现金”项目，反映企业除以上项目外，支付的其他与经营活动有关的现金流出，例如罚款支出，支付的差旅费、业务招待费、保险费等。该项目应按照“其他应收款、管理费用”等科目的记录，经分析后填列

图5–22　经营活动产生的现金流量

2．投资活动产生的现金流量

“收回投资所收到的现金”项目，反映企业出售、转让或到期收回的除现金等价物之外的短期投资、长期股权投资、长期债权投资的本金而收到的现金，不包含长期债权投资收回的利息，以及收回的非现金资产。该项目应按照短期投资、长期股权投资、长期债权投资、现金、银行存款等科目的记录，经分析后填列

“取得投资收益所收到的现金”项目，反映企业因股权、债权投资而获得的现金股利、利息，以及从子公司、联营企业和合营企业分回利润收到的现金，不包含股票股利。该项目应按照现金、银行存款、投资收益等科目的记录，经分析后填列

“处置固定资产、无形资产和其他长期资产所收回的现金净额”项目，反映企业处置固定资产、无形资产以及其他长期资产所取得的现金，减去为处置这些资产而支付的相关费用后的净额。因为自然灾害造成的固定资产等长期资产损失而收到的保险赔偿收入，亦在该项目中反映。该项目应按照固定资产清理、现金、银行存款等科目的记录，经分析后填列

“处置子公司及其他营业单位收到的现金净额”项目，反映企业处置子公司或其他有投资的企业或单位所得到的现金，减去为处置这些资产而支付的相关费用后的净额。该项目应按照长期股权投资、现金、银行存款等科目的记录，经分析后填列

“收到的其他与投资活动有关的现金”项目，反映企业除了上述各项外，收到的其他和投资活动有关的现金流入。该项目应根据相关科目的记录，经分析后填列

“购建固定资产、无形资产和其他长期资产所支付的现金”项目，反映企业购买、建造固定资产、无形资产及其他长期资产所支付的现金。该项目应按照固定资产、无形资产、在建工程、现金、银行存款等科目的记录，经分析后填列

“投资支付的现金”项目，反映企业进行权益性投资与债权性投资所支付的现金，包括企业取得除现金等价物之外的短期股票投资、短期债券投资、长期股权投资、长期债权投资支付的现金、佣金、手续费等附加费用。该项目应按照短期股票投资、短期债券投资、长期股权投资、长期债权投资、现金、银行存款等科目的记录，经分析后填列

“取得子公司及其他营业单位支付的现金净额”项目，反映企业投资子公司或其他企业所支付的现金。该项目应按照长期股权投资、现金、银行存款等科目的记录，经分析后填列

“支付其他与投资活动有关的现金”项目，反映企业除了上述各项外，支付的其他和投资活动有关的现金流出。该项目应根据相关科目的记录，经分析后填列

图5–23　投资活动产生的现金流量

3. 筹资活动产生的现金流量

筹资活动产生的现金流量

“吸收投资收到的现金”项目，反映企业收到的投资者投入的现金，包括以发行股票、债券等方式筹集资金收到款项的净额（发行收入减去支付的佣金等发行费用后的净额）。该项目应按照实收资本（或股本）、现金、银行存款等科目的记录，经分析后填列

“取得借款收到的现金”项目，反映企业举借的各种短期、长期借款所取得的现金。该项目应按照短期借款、长期借款、现金、银行存款等科目的记录，经分析后填列

“收到其他与筹资活动有关的现金”项目，反映企业除了上述各项外，收到的其他和筹资活动有关的现金流入。该项目应根据有关科目的记录，经分析后填列

“偿还债务支付的现金”项目，反映企业以现金偿还债务的本金，包括偿还金融企业的借款本金、偿还债务本金等。该项目应按照短期借款、长期借款、现金、银行存款等科目的记录，经分析后填列

“分配股利、利润或偿付利息支付的现金”项目，反映企业实际支付的现金股利，支付给其他投资单位的利润以及支付的借款利息、债券利息等。该项目应按照应付股利、财务费用、长期借款、现金、银行存款等科目的记录，经分析后填列

“支付其他与筹资活动有关的现金”项目，反映企业除了上述各项外，支付的其他和筹资活动有关的现金流出，如捐赠支出、融资租入固定资产支付的租赁费等。该项目应根据相关科目的记录，经分析后填列

“汇率变动对现金及现金等价物的影响”项目，是那些有外币现金流量以及有境外子公司的企业需要填列的项目，它反映企业外币现金流量和境外子公司的现金流量折算为人民币时，所使用的现金流量发生日的汇率或平均汇率折算的人民币金额与“现金及现金等价物净增加额”中外币现金净增加额按期末汇率折算的人民币金额之间的差额

图5-24　筹资活动产生的现金流量

4. 补充资料中“将净利润调节为经营活动现金流量”各项目的填列方法

补充资料中“将净利润调节为经营活动现金流量”各项目的填列方法

“资产减值准备”项目，反映企业计提的各项资产的减值准备。该项目应按照管理费用、投资收益、营业外支出等科目的发生额，经分析后填列

“固定资产折旧”项目，反映企业本期累计提取的折旧。该项目应根据累计折旧的贷方发生额，经分析后填列

“无形资产摊销”与“长期待摊费用摊销”两个项目，分别反映企业本期累计摊入成本费用的无形资产价值和长期待摊费用。该项目应根据无形资产、长期待摊费用科目的贷方发生额，经分析后填列

“处置固定资产、无形资产和其他长期资产的损失（收益以‘-’填列）”项目，反映企业本期处置固定资产、无形资产及其他长期资产发生的净损失。该项目应按照营业外支出、营业外收入、其他业务支出、其他业务收入科目所属的明细科目的记录，经分析后填列，且若为净收益，要以“-”填列

图5-25

补充资料中"将净利润调节为经营活动现金流量"各项目的填列方法

- "固定资产报废损失"项目，反映企业本期固定资产盘亏（盘盈以"–"填列）后的净损失。该项目应按照营业外支出、营业外收入所属的明细科目中，固定资产盘亏损失减去固定资产盘盈收益后的差额填列，若为净收益，以"–"填列
- "公允价值变动损失"项目，反映企业本期公允价值变动净损失，可根据利润表上的"公允价值变动收益"项目的数字填列，若为净收益，以"–"填列
- "财务费用"项目，反映企业本期发生的应属于投资活动或筹资活动的财务费用。该项目应根据"财务费用"科目本期借方发生额，经分析后填列，若为收益，以"–"填列
- "投资损失（收益以'–'号填列）"项目，反映企业本期投资发生的损失减去收益后的净损失。本项目应按照利润表中"投资收益"项目的数字填列，若为收益，以"–"填列
- "递延所得税资产减少（增加以'–'填列）"与"递延所得税负债增加（减少以'–'填列）"项目统称为"递延税款贷项（借项以'–'填列）"，用来反映企业本期递延税款的净增加或净减少。这两个项目需根据资产负债表"递延税款借项""递延税款贷项"项目的期初、期末余额的差额填列。当"递延税款借项"的期末数少于期初数的差额时，在"递延所得税资产减少"项目中用正数填列，反之用负数填列。同理，当"递延税款贷项"的期末数超过期初数的差额时，在"递延所得税负债增加"项目中用正数填列，反之用负数填列
- "存货的减少（增加以'–'填列）"项目，反映企业本期存货的减少（或增加，填列）。该项目应根据资产负债表"存货"项目的期末、期初余额的差额填列，若期末数大于期初数时，其差额以"–"填列
- "经营性应收项目的减少（增加以'–'填列）"项目，反映企业本期经营性应收项目（包括应收账款、应收票据和其他应收款中与经营活动有关的部分，以及应收的增值税销项税额等）的减少（或增加）
- "经营性应付项目的增加（减少以'–'填列）"项目，反映企业本期经营性应付项目（包括应付账款、应付票据、应付福利费、应交税费、其他应付款中与经营活动有关的部分，以及应付的增值税进项税额等）的增加（或减少）

图5–25　补充资料中"将净利润调节为经营活动现金流量"各项目的填列方法

5. 补充资料中"不涉及现金收支的重大投资和筹资活动"各项目的填列方法

"不涉及现金收支的重大投资和筹资活动"项目，用于反映企业一定期间内影响资产或负债，但不影响该期现金收支的所有投资及筹资活动的信息。

图5-26　补充资料中“不涉及现金收支的重大投资和筹资活动”各项目的填列方法

总之，通过上述第 4、5 两项有关现金流量表补充资料项目的填列，最终实现了补充资料中的“现金及现金等价物净增加额”和表 5-7 所示现金流量表中的“五、现金及现金等价物净增加额”的金额相同。至此，整个现金流量表编制完成。

通过现金流量表编制方法的介绍可以知道，现金流量表的各个项目不是简单地从科目明细账发生总额或本期余额就能取得数据的，而是需要对会计记录进行分析方可确认计入哪个项目。比如收到一笔银行存款 5000 元，若收到的是货款，则经分析后应当计入“销售商品、提供劳务收到的现金”项目；若这笔银行存款是出售短期投资后的回款，则经分析后应当计入“收回投资所收到的现金”项目。也就是说，现金本身并没有经营活动、投资活动、筹资活动的区别，只有依据具体的经济业务内容，方可对不同来源的现金进行分类，这就是现金流量表所有项目均需“经分析后填列”的原因。

需要注意的是，在现金流量表主表中，是分析各笔记录、确认与现金相关后才进行填列。而在附注（补充资料）中，因为是将利润表调整为收付实现制，所以剔除的是和现金无关的项目，即经分析与现金无关后才填列。

四、现金流量表编制实例

【例 5-3】现金流量表的编制不但需要依据资产负债表、利润表的资料，而且还需要根据相关账簿记录的资料，下面根据某企业 2016 年的资产负债表和利润表提供的有关资料，并根据相关账簿资料，编制该企业 2016 年的现金流量表。由于篇幅的限制，具体的记录经济业务的凭证以及相关总账、明细账省略，现将主要项目的计算过程说明如下。

销售商品、提供劳务收到的现金 =350000（1+17%）+（208950-207950）-1000=409500

购买商品、接受劳务支付的现金 =252000（1+17%）+（361600-280000）+（100000-160680）-32000=283760

其中：32000 分别为包含在库存商品中的折旧费和工人工资。

支付的各项税费 =6000+15000=21000

其中：6000 和 15000 分别为交纳的所得税和增值税。

支付的其他与经营活动有关的现金 =2000+20000+13980=35980

其中：2000 为罚款支出，20000 为销售商品发生的销售费用，13980 为发生的付现管理费用合计，其中包括业务招待费 8040、报刊费 240、差旅费 2700、保险费 3000。

编制 2016 年某企业的现金流量表如表 5-9 所示。

表 5-9 现金流量表

会企：03 表

编制单位： 2016 年度 单位：元

项目	本期金额	上期金额
一、经营活动产生的现金流量：		（略）
销售商品、提供劳务收到的现金	409500	
收到的税费返还	0	
收到其他与经营活动有关的现金	0	
经营活动现金流入小计	409500	
购买商品、接受劳务支付的现金	283760	
支付给职工以及为职工支付的现金	28500	
支付的各项税费	21000	
支付其他与经营活动有关的现金	35980	
经营活动现金流出小计	369240	
经营活动产生的现金流量净额	40260	
二、投资活动产生的现金流量：		
收回投资收到的现金	0	
取得投资收益收到的现金	50000	
处置固定资产、无形资产和其他长期资产收回的现金净额	0	
处置子公司及其他营业单位收到的现金净额	0	
收到其他与投资活动有关的现金	0	
投资活动现金流入小计	50000	
购建固定资产、无形资产和其他长期资产支付的现金	0	
投资支付的现金	0	
取得子公司及其他营业单位支付的现金净额	0	
支付其他与投资活动有关的现金	0	
投资活动现金流出小计	0	
投资活动产生的现金流量净额	50000	
三、筹资活动产生的现金流量：		

续表

负债和所有者权益	期末金额	期初金额
吸收投资收到的现金	0	
取得借款收到的现金	50000	
收到其他与筹资活动有关的现金	0	
筹资活动现金流入小计	50000	
偿还债务支付的现金	0	
分配股利、利润或偿付利息支付的现金	3000	
支付其他与筹资活动得多的现金	0	
筹资活动现金流出小计	3000	
筹资活动产生的现金流量净额	47000	
四、汇率变动对现金及现金等价物的影响	0	
五、现金及现金等价物净增加额	137260	
加：期初现金及现金等价物余额	350000	
六、期末现金及现金等价物余额	487260	

第五节　所有者权益变动表

一、所有者权益变动表基本知识

所有者权益（或股东权益，下同）变动表是指反映企业在一定会计期间内，所有者权益构成及增减变化情况的报表。

1. 所有者权益变动表的作用

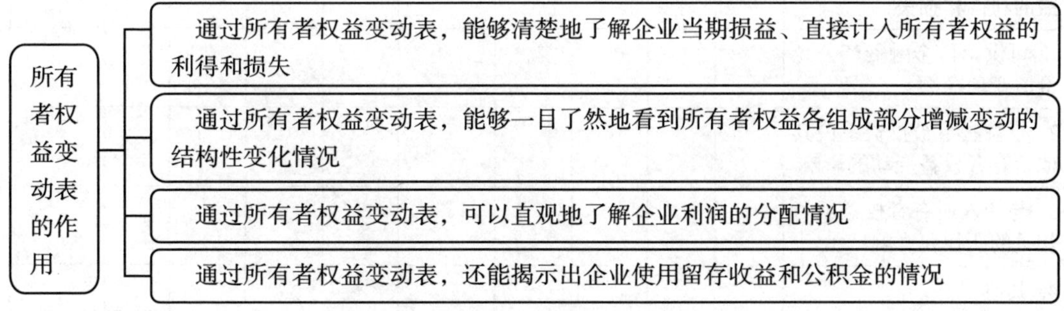

图5–27　所有者权益变动表的作用

2. 所有者权益变动表的格式

所有者权益变动表采用“棋盘式”格式。

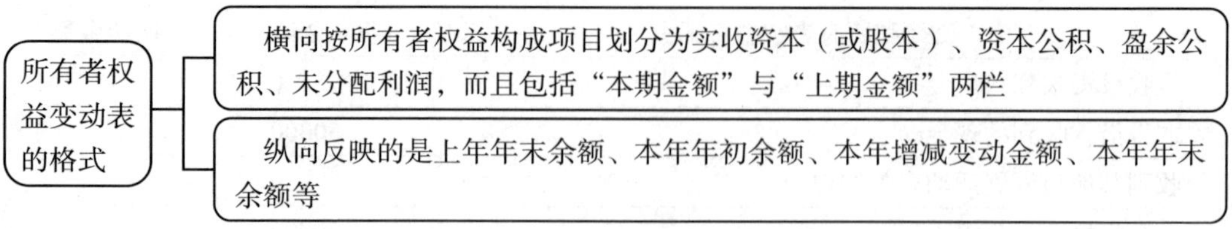

图5–28　所有者权益变动表的格式

二、所有者权益变动表的结构

所有者权益变动表包括表首、正表两部分。其中，表首写明报表名称、编制单位、编制日期、货币名称、计量单位等；正表是所有者权益变动表的主体，具体填列股东权益增减变动的各项内容。其结构如表 5–10 所示。

表 5–10　所有者权益变动表格式

项目	本期金额					上期金额				
	实收资本	资本公积	盈余公积	未分配利润	所有者权益合计	实收资本	资本公积	盈余公积	未分配利润	所有者权益合计
（一、上年年末余额）										
加：会计政策变更										
前期差错更正										
（二、本年年初余额）										
（三、本年增减变动金额（减少以“–”填列）										
（一）净利润										
（二）直接计入所有者权益的利得和损失										
1. 可供出售金融资产公允价值变动净额										
2. 权益法下被投资单位其他所有者权益变动的影响										
3. 与计入所有者权益项目相关的所得税影响										
4. 其他										
上述（一）和（二）小计										
（三）所有者投入和减少资本										
1. 所有者投入资本										

续表

项目	本期金额					上期金额				
	实收资本	资本公积	盈余公积	未分配利润	所有者权益合计	实收资本	资本公积	盈余公积	未分配利润	所有者权益合计
2. 股份支付计入所有者权益的金额										
3. 其他										
（四）利润分配										
1. 提取盈余公积										
2. 对所有者（或股东）的分配										
3. 其他										
（五）所有者权益内部结转										
1. 资本公积转增资本（或股本）										
2. 盈余公积转增资本（或股本）										
3. 盈余公积弥补亏损										
4. 其他										
（四、本年年末余额）										

从表 5–10 中可以知道，所有者权益变动表主要反映企业当期直接计入所有者权益的利得和损失、所有者投入和减少资本，以及利润分配造成的所有者权益发生内部结转等情况，补充了对某些绕过利润表而直接计入所有者权益的利得与损失项目的披露。

三、所有者权益变动表的编制

所有者权益变动表各项目应当按照当期净利润、直接计入所有者权益的利得和损失项目、所有者投入资本和提取盈余公积、向所有者分配利润等情况分析填列。其具体编制方法如图 5–29 所示。

所有者权益变动表的编制

- “上期金额”栏的编制方法：该栏涉及上期的实收资本（或股本）、资本公积、盈余公积、未分配利润四个项目，都取自上一年度所有者权益变动表的期末数
- “本期金额”栏的编制方法：该栏涉及本期的实收资本（或股本）、资本公积、盈余公积、未分配利润四个项目，各项目应按照实收资本（或股本）、资本公积、盈余公积、利润分配科目的发生额，经分析后填列

图5–29 所有者权益变动表的编制

“本期金额”栏的编制方法

- “上年年末余额”行的实收资本（或股本）、资本公积、盈余公积、未分配利润项目，来源于上年所有者权益变动表的年末数
- “会计政策变更”与“前期差错更正”行的实收资本（或股本）、资本公积、盈余公积、未分配利润项目，其中“实收资本（或股本）”通常不会变化，另外三个项目通常根据资本公积、盈余公积、未分配利润三个科目的上期期末发生额，经分析后填列
- “本年增减变动金额——净利润”行的填列，当本年净利润增加时，相应数据填列入“未分配利润”（净亏损时以“–”填列），同时需按照加减逻辑关系增减“所有者权益合计数”
- “本年增减变动金额——直接计入所有者权益的利得和损失”项目，按照其下属的三项明细填列，但该行往往只改变“资本公积”列，且需按加减逻辑关系增减“所有者权益合计数”
- “提取盈余公积”项目，表示增加盈余公积，减少未分配利润，但不影响所有者权益合计
- “对所有者（或股东）的分配”项目，表示减少未分配利润，同时调整所有者权益合计
- “资本公积转增资本（或股本）”项目，表示减少资本公积，同时增加实收资本，但不影响所有者权益合计
- “盈余公积转增资本（或股本）”项目，表示增加实收资本或资本公积，同时减少盈余公积，但不影响所有者权益合计
- “盈余公积弥补亏损”项目，表示减少盈余公积，同时增加未分配利润，但不影响所有者权益合计
- “本年年末余额”项目，是将上述各栏目数据累计下来的结果

图5–30 “本期金额”栏的编制方法

四、所有者权益变动表编制实例

【例 5–4】沿用【例 5–3】的资料，编制 2016 年某企业的所有者权益变动表，如表

5-11 所示。

表 5-11　所有者权益（或股东权益）变动表

会企: 04 表

编制单位:　　　　　　　　2016 年度　　　　　　　　单位：元

项　目	本年金额					
	实收资本（或股本）	资本公积	减：库存股	盈余公积	未分配利润	所有者权益合计
一、上年年末余额	1050000	175000		140000	95000	1460000
加：会计政策变更						
前期差错更正						
二、本年年初余额	1050000	175000		140000	95000	1460000
三、本年增减变动金额（减少以“-”填列）						
（一）净利润					55957	55957
（二）直接计入所有者权益的利得和损失						
1. 可供出售金融资产公允价值变动净额						
3. 与计入所有者权益项目相关的所得税影响						
4. 其他						
上述（一）和（二）小计						
（三）所有者投入和减少资本						
1. 所有者投入资本						
2. 股份支付计入所有者权益的金额						
3. 其他						
（四）利润分配						
1. 提取盈余公积				5596	-5596	0
2. 对所有者（或股东）的分配						
3. 其他						
（五）所有者权益内部结转						
1. 资本公积转增资本（或股本）	50000	-50000				

续表

项　目	本年金额					
	实收资本（或股本）	资本公积	减：库存股	盈余公积	未分配利润	所有者权益合计
2. 盈余公积转增资本（或股本）						
3. 盈余公积弥补亏损						
4. 其他						
四、本年年末余额	1100000	125000		145596	145361	1515957

第六节　会计报表附注

一、会计报表附注基本知识

会计报表附注是对资产负债表、利润表、现金流量表以及所有者权益变动表等报表中列示项目的文字性描述或明细资料说明，以及对未能在这些报表中列示项目的说明等，此外还包括为了便于报表使用者理解财务报表的内容，而对财务报表的编制基础、编制依据、编制原则与方法及主要项目等所做的解释。

1. 会计报表附注的作用

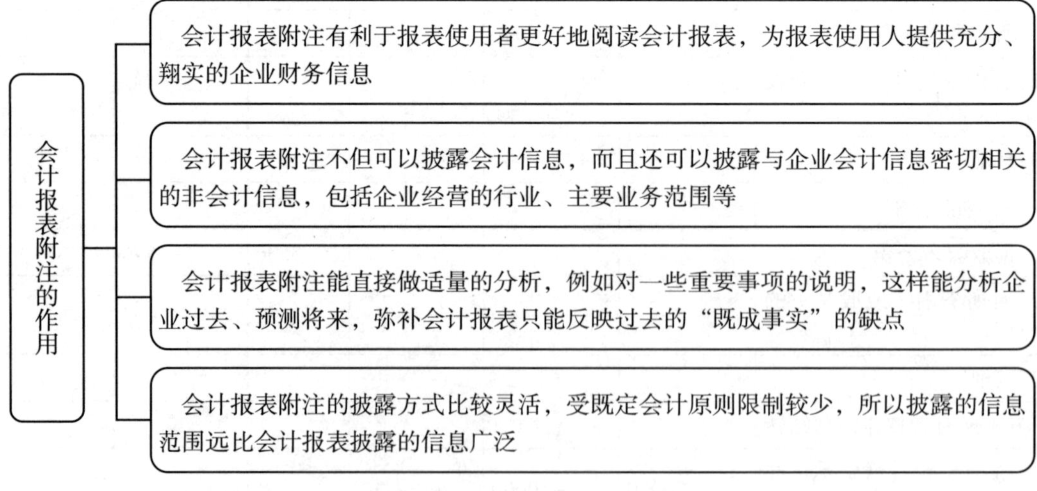

图5–31　会计报表附注的作用

2. 会计报表附注的编制形式

会计报表附注的编制形式

- 尾注说明方式：这是附注的主要编制形式，就是在报表以外，单独成段、成文，详细说明企业所有财务信息细节，通常适用于说明内容较多的企业
- 括弧说明方式：此种形式常用于为会计报表主体内容提供补充信息，由于它把对应的补充信息直接纳入了会计报表主体，因此比起其他形式来，显得更直观，不易被人忽视。但是为了使会计报表不至于太过累赘，一般内容比较简单，不能充分说明所有细节
- 备抵与附加账户方式：就是设立备抵和附加账户，在会计报表之后单独列示，这样可以为报表使用人提供更多有意义的信息，此形式目前主要是对坏账准备等账户的解释说明
- 脚注说明方式：指在报表下端进行的说明，例如，许多企业说明“汇票”项目时，会用脚注方式来显示已贴现的商业承兑汇票有多少；在列示“固定资产”项目时，也会用脚注方式显示已包括在固定资产原值内的融资租入的固定资产原值有多少，方便报表使用人全面理解企业固定资产的内涵等。这些内容，本身不属于会计报表主表要求标明的，就属于附注性质的财务信息披露
- 补充说明方式：有些不能列入会计报表主体中的具体数据、分析资料等，可用单独的补充表进行说明，例如，可利用补充表的形式来揭示关联方关系及交易等内容

图5-32　会计报表附注的编制形式

二、会计报表附注的内容

会计报表附注的内容

- 企业的基本情况
- 财务报表的编制基础，如会计年度、记账本位币、会计计量基础等
- 遵循企业会计准则的说明
- 重要会计政策和会计估计
- 会计政策和会计估计变更以及差错更正的说明
- 报表重要项目的说明
- 其他重要说明的事项，如或有事项、资产负债表日后事项等
- 资产负债表日后事项

图5-33

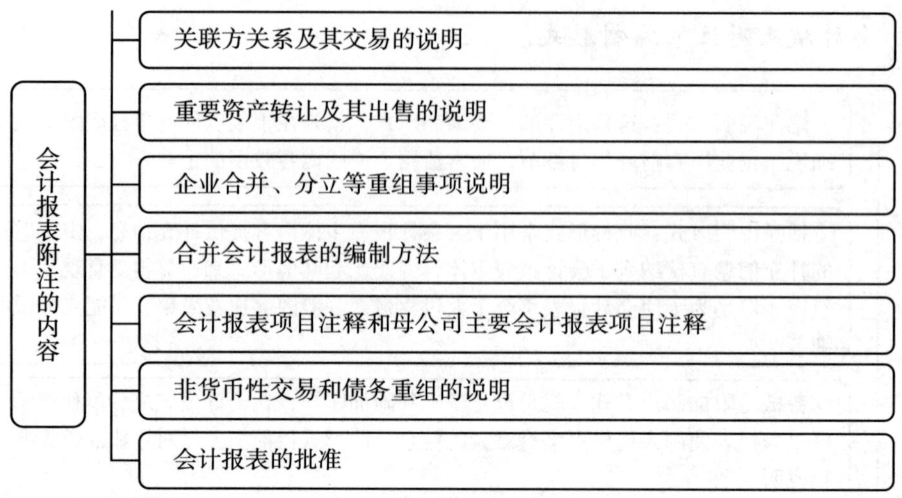

图5-33　会计报表附注的内容

第六章　货币资金的账务处理

第一节　库存现金的账务处理

一、库存现金的含义

现金是公司中流动性最强的一种货币性资产，是立刻可以投入流通的交换媒介，可以随时用其购买所需的物资、支付相关费用、偿还债务，也可以随时存入银行。在会计核算中，现金分为狭义现金和广义现金两个不同层次的含义。

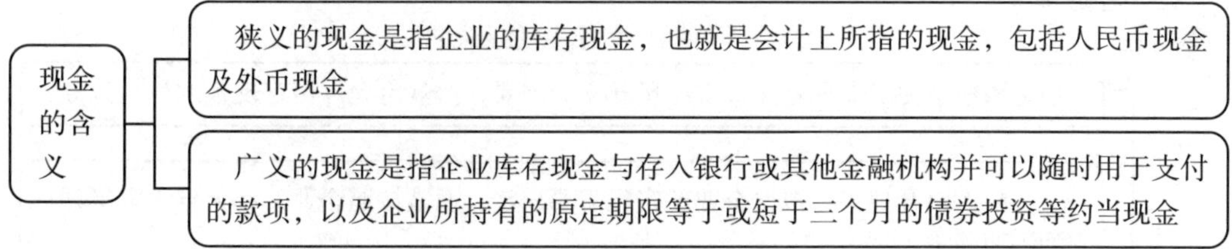

图6–1　现金的含义

二、库存现金的使用范围

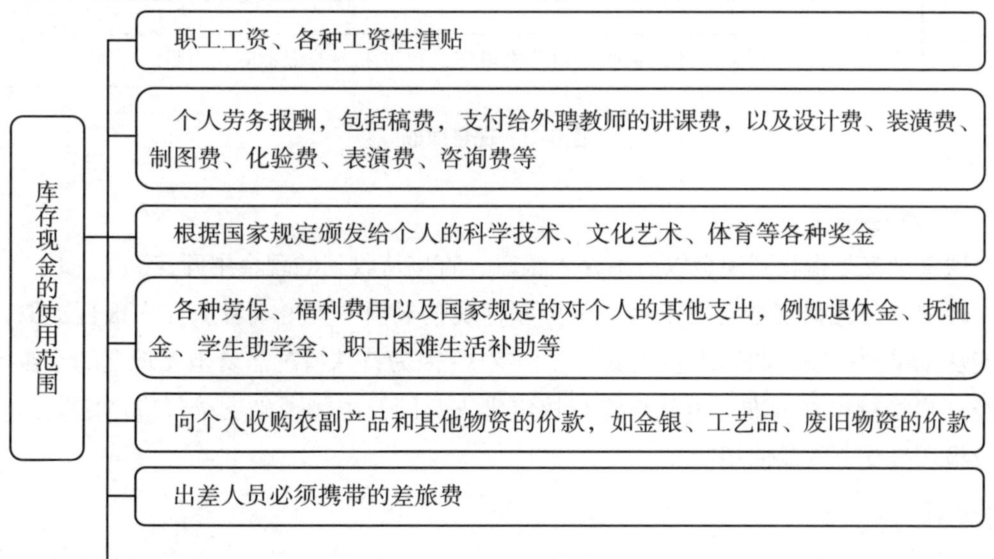

图6–2

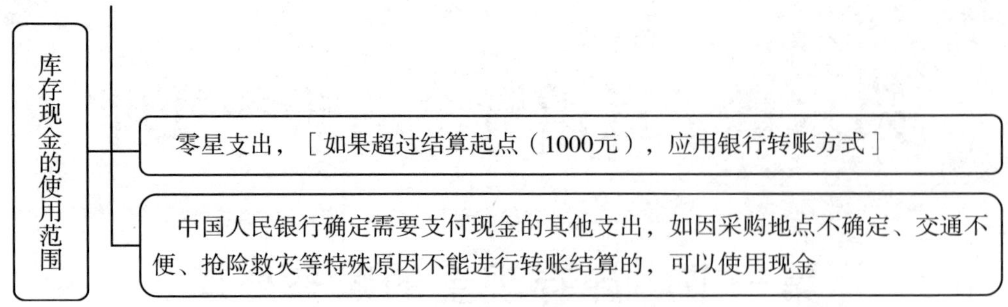

图6-2　库存现金的使用范围

凡不属于上述现金结算范围的支出，应当通过银行进行转账结算。

三、现金限额和现金坐支

1. 现金限额

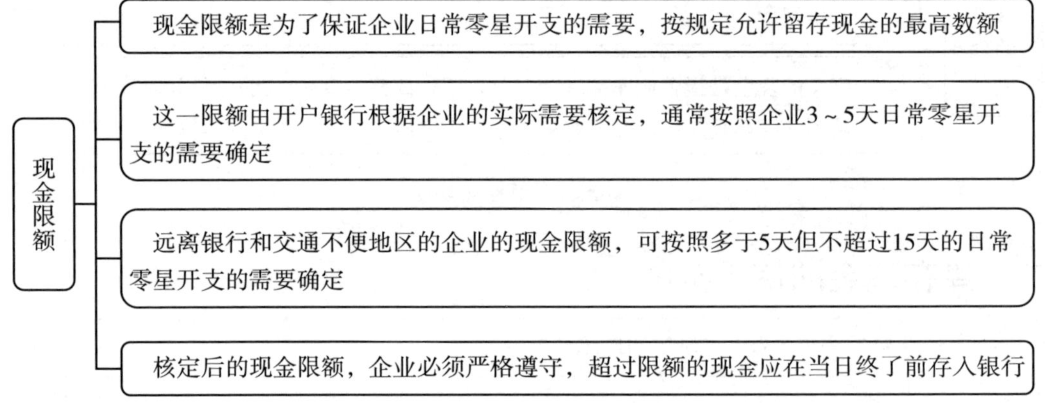

图6-3　现金限额

2. 现金坐支

现金坐支是指收到现金以后不存入银行，直接从收到的现金中开支。

开户单位支付现金，可以从本单位库存现金限额中支付或者从开户银行提取，但不能从本单位的现金收入中直接支付（坐支）。因为特殊情况需要坐支现金的，需事先报经开户银行审查批准，由开户银行核定坐支范围及限额。坐支单位应当定期向开户银行报送坐支金额及使用情况。

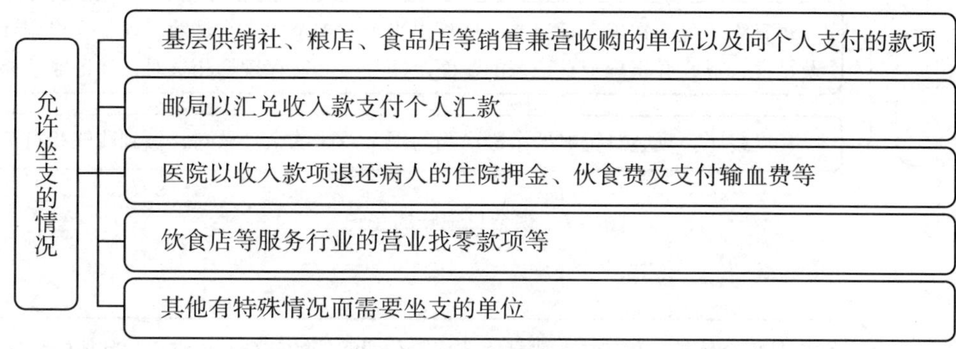

图6-4　允许坐支的情况

四、库存现金的账务处理

现金收支业务的核算是通过设置“库存现金”账户进行的，该账户属于资产类账户，借方登记库存现金的增加，贷方登记库存现金的减少，期末余额在借方，反映企业实际持有的库存现金的金额。

企业各项现金的收入和支出，必须以合法的原始凭证为依据，经主管人员审核和授权批准人员审批后，方可据以收支款项。

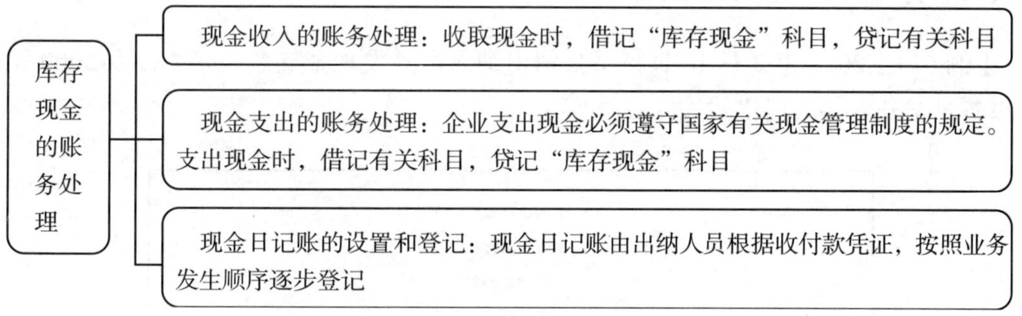

图6-5　库存现金的账务处理

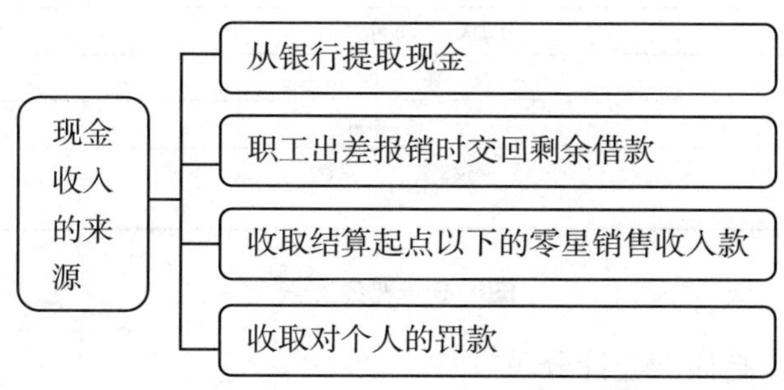

图6-6　现金收入的来源

现金日记账的登记

每日终了应当在现金日记账上计算出当天的现金收入合计数、现金支出合计数及结存余额，并将现金日记账的账面余额和实际库存现金相核对，保证账款相符

月度终了，现金日记账的余额应当与现金总账的余额核对，做到账账相符

图6-7 现金日记账的登记

现金清查的账务处理

如果是现金短缺，属于应由责任人或保险公司赔偿的部分，应借记“其他应收款”科目，贷记“待处理财产损溢——待处理流动资产损溢”科目；属于无法查明的其他原因，根据企业的管理权限经批准后，借记“管理费用”科目，贷记“待处理财产损溢——待处理流动资产损溢”科目

如果是现金溢余，属于应支付给有关单位或个人的，需借记“待处理财产损溢——待处理流动资产损溢”科目，贷记“其他应付款”科目；属于无法查明原因的现金溢余，应借记“待处理财产损溢——待处理流动资产损溢”科目，贷记“营业外收入”科目

图6-8 现金清查的账务处理

五、库存现金账务处理实例

【例 6-1】2017 年 2 月 10 日，某公司出纳人员签发现金支票一张，提取 5000 元现金以备日常开支，票据格式如图 6-9 所示。

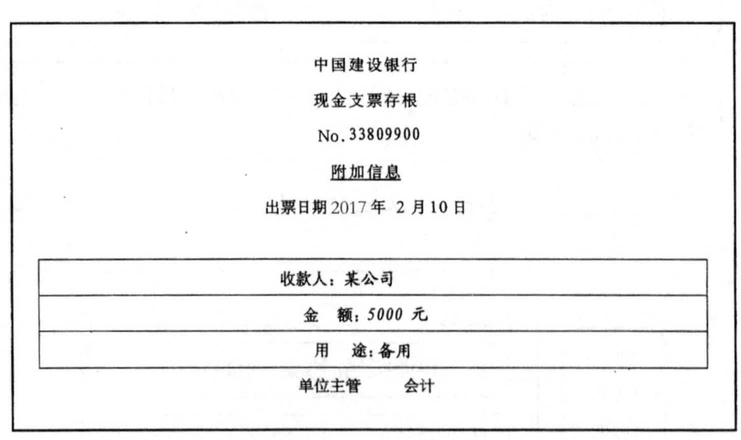

中国建设银行

现金支票存根

No.33809900

附加信息

出票日期 2017 年 2 月 10 日

收款人：某公司
金 额：5000 元
用 途：备用

单位主管 会计

图6-9 现金支票

根据现金支票编制如下会计分录：

借：库存现金 5000

贷：银行存款 5000

【例6-2】2017年3月2日，某公司仓库处理不需用的材料，取得现金收入3000元。

根据发票存根编制如下会计分录：

借：库存现金　　　　　　　　　　　　　　3000

　　贷：其他业务收入　　　　　　　　　　　　3000

【例6-3】2017年3月8日，某公司技术人员王某预借差旅费3000元，以现金支付，3月20日，王某出差归来，报销差旅费2500元。

（1）3月8日，根据王某填制的借款单（表6-1）支付差旅费。

表6-1　借款单

2017年3月8日

<table>
<tr><td>单　位</td><td>技术部</td><td>姓名</td><td>王某</td></tr>
<tr><td>原　因</td><td colspan="3">出差</td></tr>
<tr><td>需用金额（大写）</td><td colspan="3">叁仟元整</td></tr>
<tr><td>借款日期</td><td colspan="3">2017年3月8日</td></tr>
</table>

经理：张某　　　　会计主管：　　　　借款人：王某

根据借款单编制如下会计分录：

借：其他应收款——王某　　　　　　　　　3000

　　贷：库存现金　　　　　　　　　　　　　　3000

（2）王某报销差旅费时，冲销原借款后，交回现金500元，填制的差旅费报销单如表6-2所示。

表6-2　差旅费报销单

部门（单位）：技术部　　　　填报日期　2017年　3月20日

<table>
<tr><td colspan="3">姓　名</td><td colspan="2">王某</td><td colspan="3">行政职务</td><td colspan="3">技术员</td><td colspan="3">出差目的地</td><td colspan="2">××</td></tr>
<tr><td colspan="3">技术职称</td><td colspan="2"></td><td colspan="3">年龄</td><td colspan="8">出差日期：自2017年3月8日至2017年3月20日</td></tr>
<tr><td colspan="3">出差事由</td><td colspan="2">学习</td><td colspan="3"></td><td colspan="3">随同人员</td><td colspan="5"></td></tr>
<tr><td colspan="3">日　期</td><td colspan="2">起讫地址</td><td rowspan="2">车船机票费</td><td colspan="2">住宿费</td><td rowspan="2">行李托运费</td><td rowspan="2">市内交通补助</td><td rowspan="2">误餐补助</td><td rowspan="2">卧铺补助</td><td rowspan="2">住宿下限补助</td><td colspan="2">伙食补助</td><td rowspan="2">备注</td></tr>
<tr><td>年</td><td>月</td><td>日</td><td>起</td><td>讫</td><td>天</td><td>金额</td><td>天</td><td>金额</td></tr>
<tr><td>2017</td><td>3</td><td>8</td><td>××</td><td>××</td><td>500.00</td><td>9</td><td>1200.00</td><td></td><td>300.00</td><td></td><td></td><td></td><td>9</td><td>500.00</td><td></td></tr>
<tr><td></td><td></td><td></td><td></td><td></td><td></td><td></td><td></td><td></td><td></td><td></td><td></td><td></td><td></td><td></td><td></td></tr>
<tr><td></td><td></td><td></td><td></td><td></td><td></td><td></td><td></td><td></td><td></td><td></td><td></td><td></td><td></td><td></td><td></td></tr>
<tr><td colspan="5">会计人员核准金额</td><td>500.00</td><td>9</td><td>1200.00</td><td></td><td>300.00</td><td></td><td></td><td></td><td>9</td><td>500.00</td><td></td></tr>
<tr><td colspan="8">金额大写：贰仟伍佰元整　　　　¥2500.00</td><td colspan="8">单据　5　张</td></tr>
</table>

负责人：　　　　审核人：张某　　　　经领人：王某

根据差旅费报销单编制如下会计分录：

借：库存现金　500

　管理费用　2500

　　贷：其他应收款　3000

【例 6–4】2017 年 3 月 25 日公司行政管理部门购置办公用品 280 元，取得办公用品公司发票，到财务部门报销。

根据发票编制如下会计分录：

借：管理费用　280

　贷：库存现金　280

【例 6–5】2017 年 3 月 23 日，公司在现金清查中，发现现金短缺 180 元，原因待查。

借：待处理财产损溢——待处理流动资产损溢　180

　贷：库存现金　180

【例 6–6】2017 年 3 月 24 日，查明上例短缺的原因，其中 100 元是由出纳人员张某工作失误造成，由其本人赔偿；剩余 80 元原因无法查明，经批准转作管理费用。

借：其他应收款——应收现金短缺款（张某）　100

　管理费用——现金短缺　80

　　贷：待处理财产损溢——待处理流动资产损溢　180

【例 6–7】2015 年 3 月 31 日，某公司月终清查现金发现溢余 150 元，原因待查。由于原因无法查明，经批准转作营业外收入。该笔业务应分两步来处理：

批准前：

借：库存现金　150

　贷：待处理财产损溢——待处理流动资产损溢　150

批准后：

借：待处理财产损溢——待处理流动资产损溢　150

　贷：营业外收入——现金溢余　150

第二节　银行存款的账务处理

银行存款是指企业存放在银行和其他金融机构的货币资金。企业应当根据业务需要，依据规定在其所在地银行开设账户，称为结算户存款，用于办理存款、取款和转

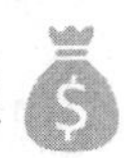

账结算。

一、银行结算账户

1. 银行结算账户的概念

银行结算账户的概念

- 银行结算账户是指存款人在经办银行开立的办理资金收付结算的人民币活期存款账户
- 存款人是指在中国境内开立银行结算账户的机关、团体、部队、企业、事业单位、其他组织、个体工商户和自然人
- 银行是指在中国境内经中国人民银行批准经营支付结算业务的政策性银行、商业银行（含外资独资银行、中外合资银行、外国银行分行）、城市商业银行、城市信用社、农村信用合作社

图6-10　银行结算账户的概念

2. 银行结算账户的分类

银行结算账户按存款人不同，分为单位银行结算账户与个人银行结算账户。

银行结算账户的分类

- 个人银行结算账户是指个人客户凭个人有效身份证件以自然人名称开立的，用于办理资金收付结算的人民币活期存款账户
- 单位银行结算账户是指存款人以单位名称开立的银行结算账户。个体工商户凭营业执照以字号或经营者姓名开立的银行结算账户纳入单位银行结算账户管理

图6-11　银行结算账户的分类

单位银行结算账户按用途分

- 基本存款账户
- 一般存款账户
- 专用存款账户
- 临时存款账户

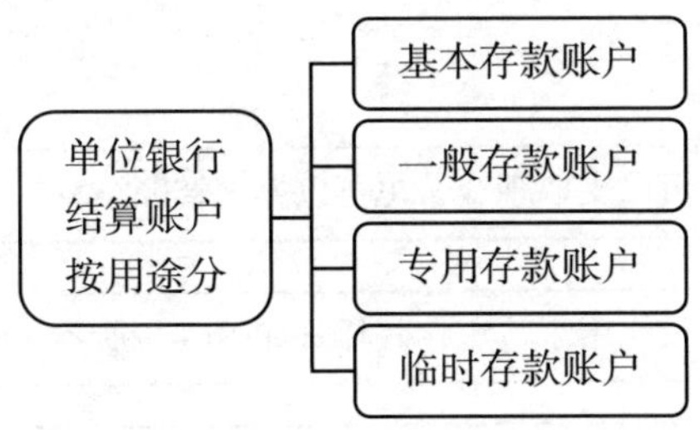

图6-12　单位银行结算账户按用途分

开立基本存款账户、临时存款账户及预算单位开立专用存款账户须经中国人民银行核准。

符合《人民币银行结算账户管理办法》相关规定的，还可以开立异地结算账户。

3. 银行结算账户的特点

银行结算账户的特点

- 办理人民币业务：这和外币存款账户不同，外币存款账户办理的是外币业务，其开立及使用要遵守国家外汇管理局的有关规定
- 办理资金收付结算业务：这是与储蓄账户的明显区别。储蓄的基本功能是存取本金及支取利息，但是不能办理资金的收付
- 是活期存款账户：这与单位的定期存款账户不同，单位的定期存款账户不具有结算功能

图6-13　银行结算账户的特点

二、银行支付结算方式

1. 支票

（1）概念

概念

- 支票是出票人签发的，委托办理支票存款业务的银行在见票时无条件支付确定的金额给收款人或持票人的票据
- 支票的出票人，限于在中国人民银行批准办理支票业务的银行或者金融机构开立可以使用支票的人民币结算存款账户的单位和个人

图6-14　支票的概念

（2）种类

种类

- 现金支票。可以支取现金，也可以办理转账结算，其样式如图6-16所示
- 转账支票。只能用于转账，其样式如图6-17所示
- 普通支票。可以用于现金支取，也可用于转账，但划线后的支票只能用于转账，其样式如图6-18所示

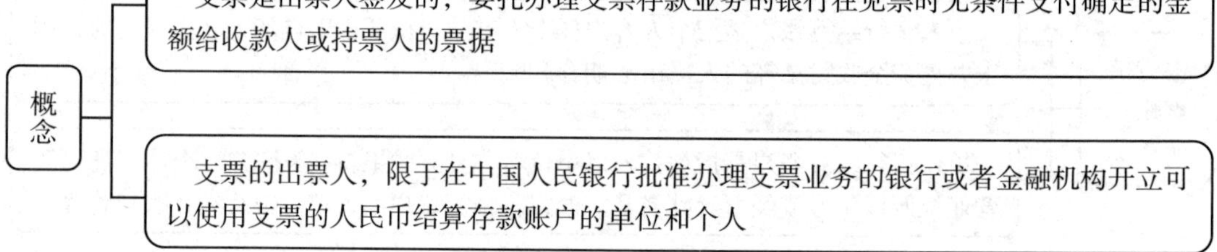

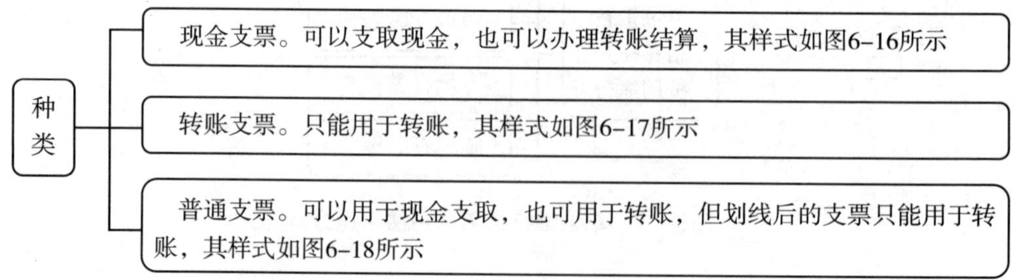

图6-15　支票的种类

中国银行
现金支票存根（晋）
XX00000000
科　目
对方科目
出票日期　年　月　日
收款人：
金　额：
用　途：
单位主管　会计

本支票付款期限十天

中国银行现金支票（晋）　太原　XX00000000
出票日期（大写）　年　月　日　付款行名称：
收款人：　出票人账号：
人民币（大写）　千 百 十 万 千 百 十 元 角 分
用途
上列款项请从
我账户内支付
出票人签章
票样
科目（借）
对方科目（贷）
付讫日期　年　月　日
出纳　复核　记账
贴对号单处　XX00000000

图6–16　现金支票票样

中国光大银行
转账支票存根（黑）
XⅥ00000000
附加信息
出票日期　年　月　日
收款人：
金　额：
用　途：
单位主管　会计

本支票付款期限十天

Bank 中国光大银行　转账支票（黑）　XⅥ00000000
出票日期（大写）　年　月　日　付款行名称：
收款人：　出票人账号：
人民币（大写）　票样　亿 千 百 十 万 千 百 十 元 角 分
用途
上列款项请从
我账户内支付
出票人签章
复核　记账

图6–17　转账支票票样

农村信用合作社支票存根（粤）
$\frac{GG}{02}$ 00000000
附加信息
出票日期　年　月　日
收款人：
金　额：
用　途：
单位主管　会计

本支票付款期限十天

农村信用合作社　支票　（粤）　$\frac{GG}{02}$ 00000000
出票日期（大写）　年　月　日　付款行名称：
收款人：　出票人账号：
人民币（大写）　亿 千 百 十 万 千 百 十 元 角 分
用途
上列款项请从
我账户内支付
出票人签章
票样
复核　记账

图6–18　普通支票票样

（3）基本规定

基本规定

- 适用范围。单位和个人在同一票据交换区域的各种款项结算，都可以使用支票
- 出票。签发支票必须记载以下事项：表明“支票”的字样、无条件支付的委托、确定的金额、付款人名称、出票日期、出票人签章。支票的金额、收款人名称，可以由出票人授权补记，未补记前不能背书转让和提示付款
- 处罚。出票人签发空头支票、签章与预留签章不符的支票、支付密码不符的支票，银行应予以退票，并按票面金额处以5%但不低于1000元的罚款；持票人有权要求出票人赔偿支票金额2%的赔偿金；对屡次签发的，银行应停止其签发支票
- 付款期限。支票的提示付款期限自出票日起10天（到期日遇节假日顺延）
- 背书转让。支票可以在同一票据交换区域内背书转让，但用于支取现金的支票不能背书转让
- 丧失处理。支票丧失，失票人可以向付款人申请挂失，并向法院申请公示催告或提起诉讼

图6–19　支票的基本规定支票结算流程如图6–20所示

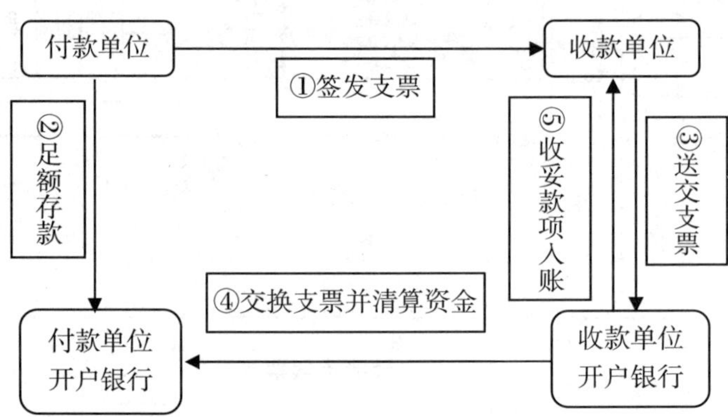

图6–20　支票结算流程图

2. 银行本票

银行本票

- 概念：银行本票是银行签发的，承诺自己在见票时无条件支付确定金额给收款人或者持票人的票据。其样式如图6–22所示
- 种类：银行本票分为不定额本票与定额本票两种，定额票面分别为1000元、5000元、10000元及50000元
- 账务处理：银行本票的核算是通过设置“其他货币资金”账户进行的。该账户属于资产类账户，借方登记其他货币资金的增加数，贷方登记其他货币资金的减少数，期末余额在借方，反映其他货币资金的结存数

图6–21　银行支票

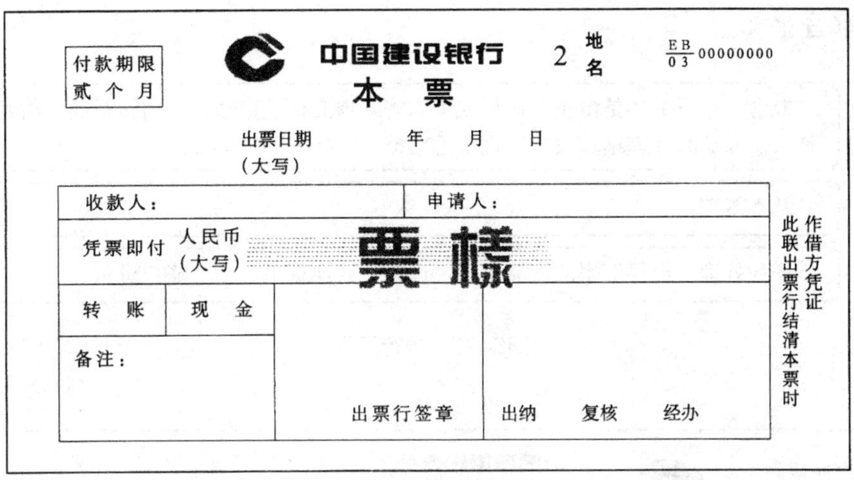

付款期限 贰个月

中国建设银行 本票　2　地名　EB/03 00000000

出票日期（大写）　年　月　日

收款人：　申请人：

凭票即付　人民币（大写）　票样

转账　现金

备注：

出票行签章　出纳　复核　经办

此联出票行结清本票时作借方凭证

图6-22　银行本票票样

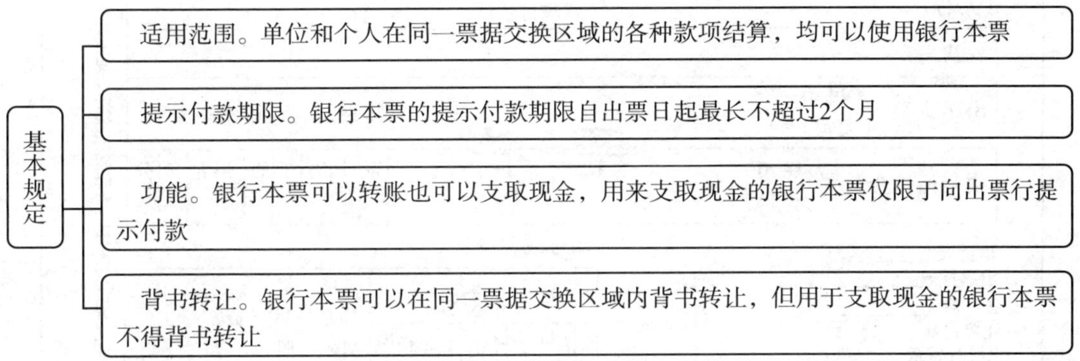

图6-23　银行本票基本规定

银行本票结算流程如图 6–24 所示

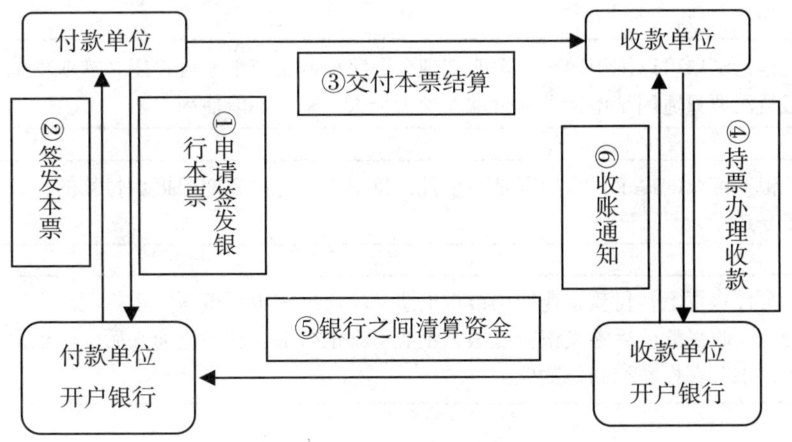

图6-24　银行本票结算流程

3. 银行汇票

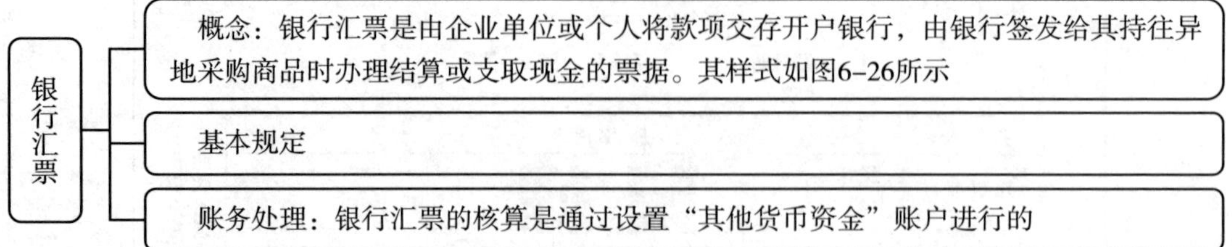

图6-25　银行汇票

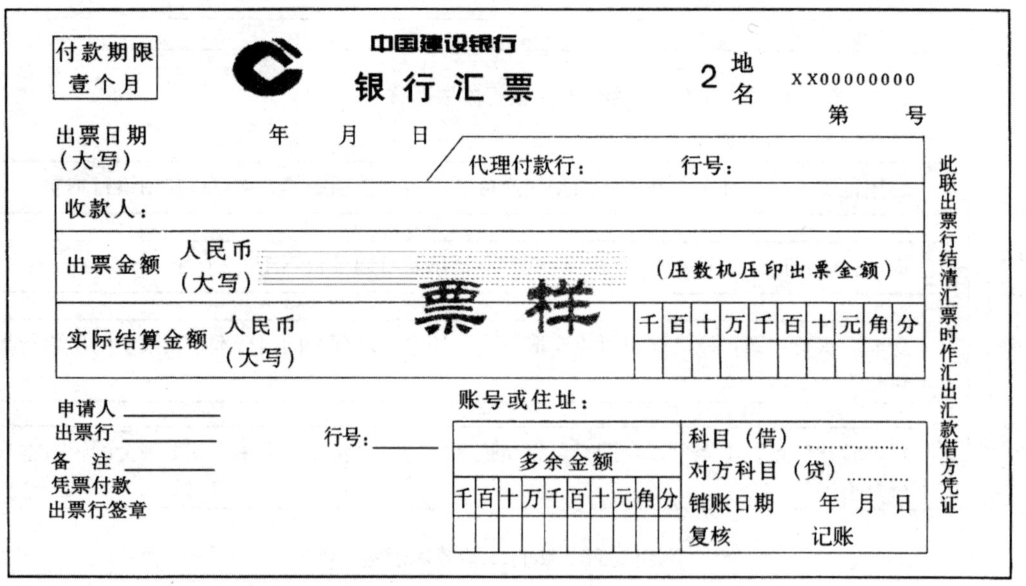

付款期限
壹个月

中国建设银行
银行汇票　　2　地名　　XX00000000
第　　号

出票日期（大写）　　年　月　日

代理付款行：　　行号：

收款人：

出票金额　人民币（大写）　　（压数机压印出票金额）

实际结算金额　人民币（大写）

千	百	十	万	千	百	十	元	角	分

票样

申请人＿＿＿＿　　账号或住址：
出票行＿＿＿＿　　行号：＿＿＿＿
备　注＿＿＿＿
凭票付款
出票行签章

多余金额

千	百	十	万	千	百	十	元	角	分

科目（借）…………
对方科目（贷）…………
销账日期　年　月　日
复核　　记账

此联出票行结清汇票时作汇出汇款借方凭证

图6-26　银行汇票票样

基本规定

- 银行汇票可以用于转账，填明“现金”字样的银行汇票可以用来支取现金，签发现金银行汇票只适用于申请人和付款人均为个人，单位不能使用
- 银行汇票的提示付款期限是一个月，持票人超过付款期限提示付款的，代理付款人不予受理
- 会计核算上，付款企业使用银行汇票，应向出票银行填写“银行汇票申请书”，银行受理、收妥款项后签发银行汇票，企业得到银行汇票和解讫通知后，应根据“银行汇票申请书”存根联编制付款凭证

图6-27　银行汇票基本规定

银行汇票结算流程如图 6–28 所示

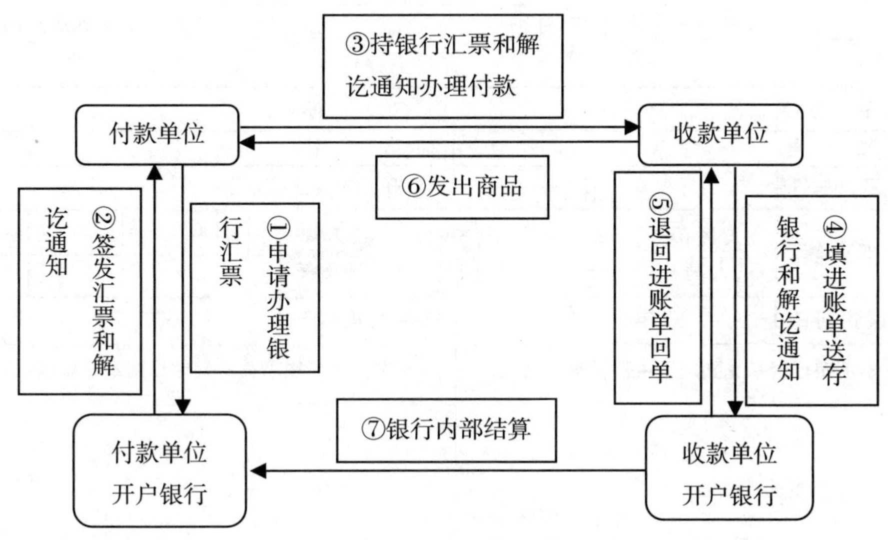

图6–28　银行汇票结算流程

4. 商业汇票

（1）概念

商业汇票是出票人签发的，委托付款人在指定日期无条件支付确定的金额给收款人或者持票人的票据。在同城或异地均可使用。

（2）种类

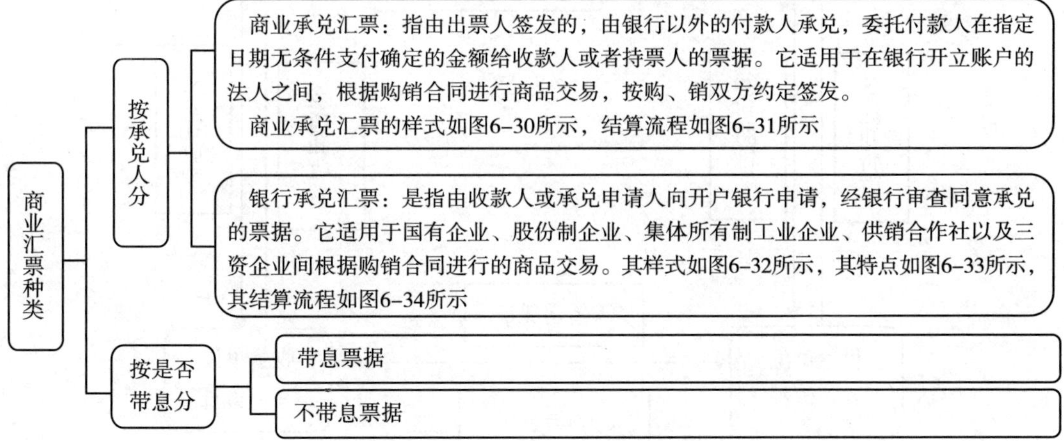

图6–29　商业汇票种类

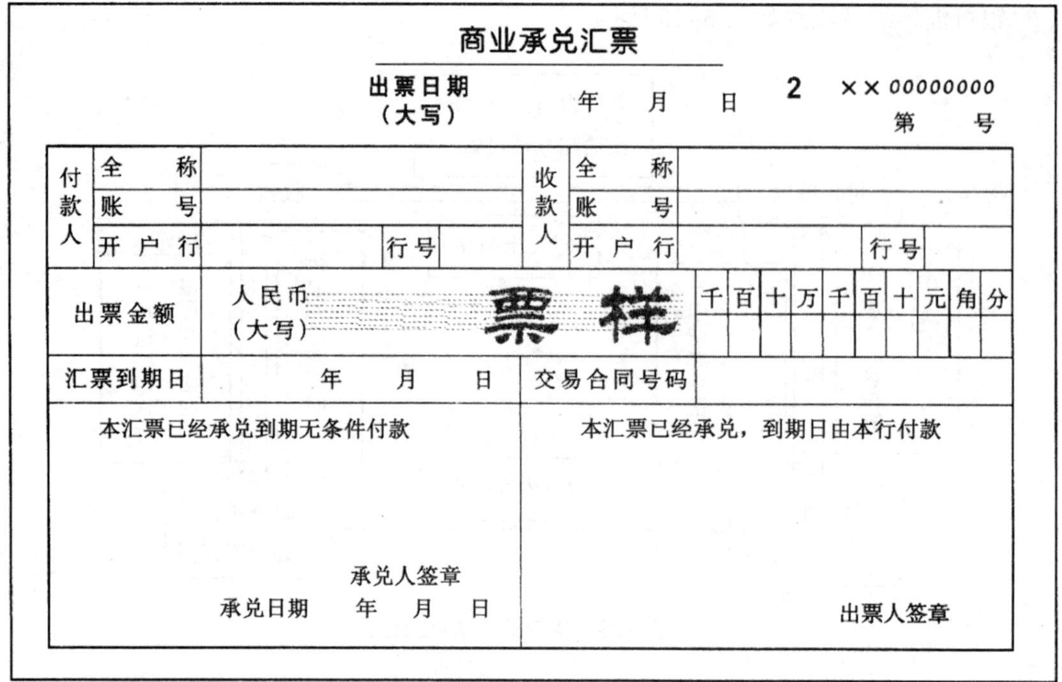

商业承兑汇票

出票日期（大写） 年 月 日　　2　××00000000　第 号

付款人	全称			收款人	全称		
	账号				账号		
	开户行		行号		开户行		行号
出票金额	人民币（大写）　票样			千百十万千百十元角分			
汇票到期日	年 月 日			交易合同号码			
本汇票已经承兑到期无条件付款 承兑人签章 承兑日期 年 月 日				本汇票已经承兑，到期日由本行付款 出票人签章			

图6-30　商业承兑汇票票样

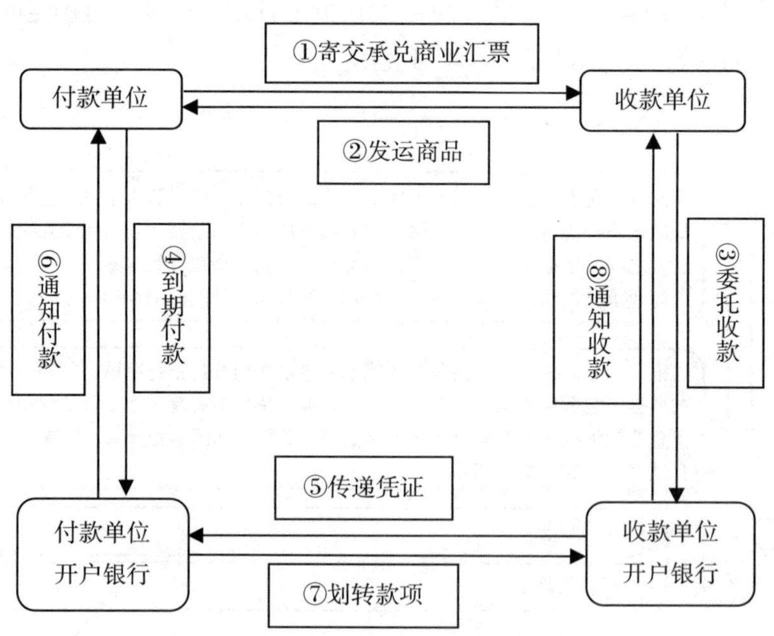

图6-31　商业承兑汇票结算流程

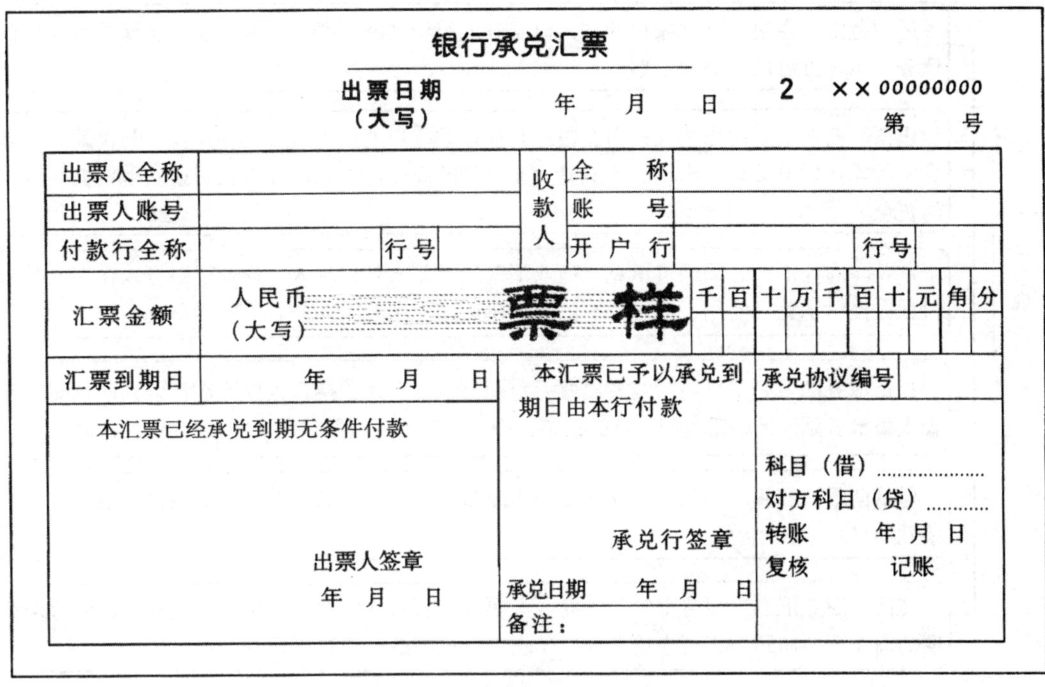

银行承兑汇票

出票日期（大写）　年　月　日　　2　××00000000　第　号

出票人全称			收款人	全称		
出票人账号				账号		
付款行全称		行号		开户行		行号
汇票金额	人民币（大写）票样				千百十万千百十元角分	
汇票到期日	年　月　日		本汇票已予以承兑到期日由本行付款		承兑协议编号	
本汇票已经承兑到期无条件付款 出票人签章 年　月　日			承兑行签章 承兑日期　年　月　日 备注：		科目（借） 对方科目（贷） 转账　年　月　日 复核　记账	

图6–32　银行承兑汇票票样

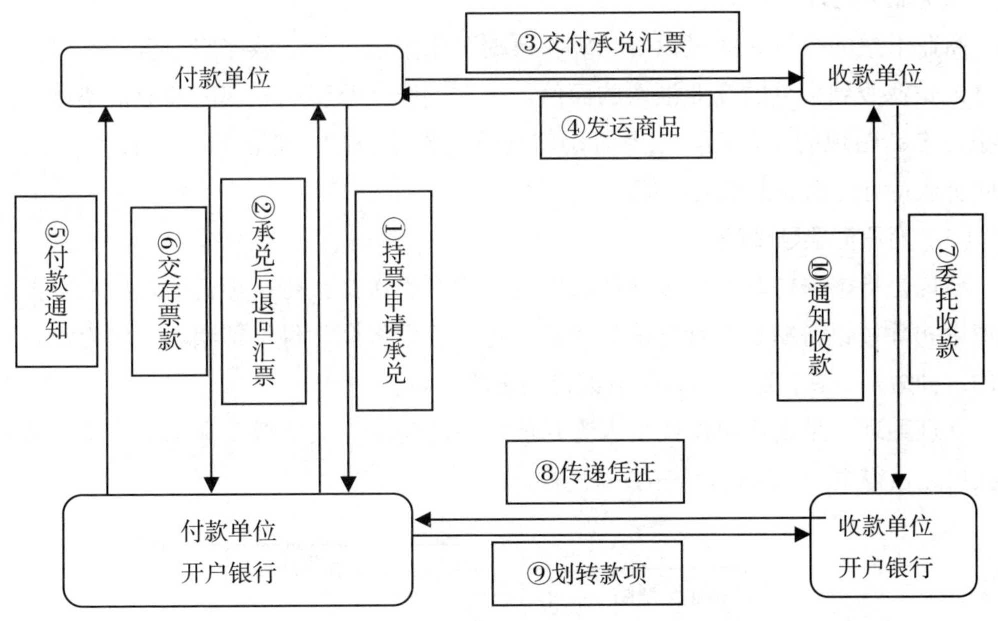

图6–33　银行承兑汇票结算流程

（3）基本规定

基本规定

- 适用范围。在银行开立账户的法人以及其他组织之间，必须具有真实的交易关系及债权债务关系，方可使用商业汇票
- 出票。商业汇票的出票人，为在银行开立存款账户的法人以及其他组织，与付款人具有真实的委托付款关系。出票人不能签发无对价的商业汇票用以骗取银行或其他票据当事人的资金
- 承兑。商业汇票必须经过承兑。商业汇票的承兑人是付款人。商业汇票可以在签发时向付款人提示承兑后使用，也可以在汇票出票后先使用然后向付款人提示承兑
- 提示承兑期限。定日付款或者出票后定期付款的汇票，持票人应当在汇票到期日前向付款人提示承兑，见票后定期付款的汇票，持票人应当从出票日起1个月内向付款人提示承兑
- 付款期限。商业汇票的付款期限最长不能超过六个月。商业汇票的提示付款期限，自汇票到期日起10日
- 转让。商业汇票可以背书转让。商业汇票的持票人在汇票未到期前需用资金，可持未到期的商业汇票向开户银行申请贴现，贴现银行也可继续进行再贴现与转贴现

图6–34　银行汇票基本规定

（4）账务处理

商业汇票的核算是通过设置“应收票据”账户进行的。该账户是资产类账户，借方登记企业收到承兑的商业汇票的面值，贷方登记企业到期收回的商业汇票或未到期向银行申请贴现的商业汇票以及背书转让给其他单位的商业汇票；期末余额在借方，反映企业持有的商业汇票的面值。

（5）商业汇票贴现的核算

贴现是指票据持有人将未到期的票据在背书后送交银行，银行受理后从票据的到期值中扣除按银行贴现率计算确定的贴现息，然后将余额付给持票人，作为银行对企业的一种短期贷款，贴息即是贴给银行供贷款的利息。

办理贴现，是企业单位或个人为开展业务的需求，灵活调度和运用资金，从而抢得先机，占得主动，赢得市场的一种方法。

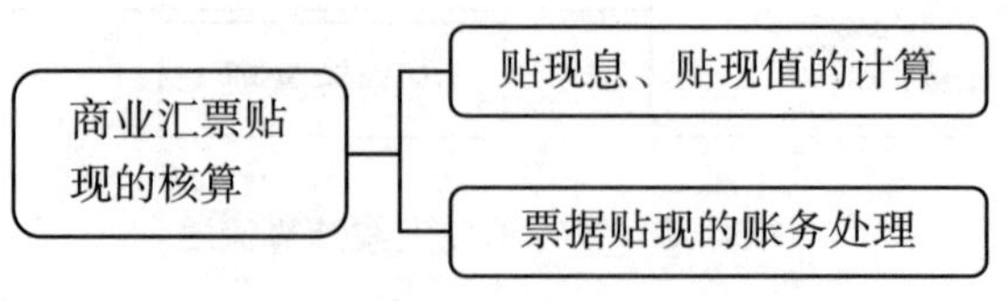

图6–35　商业汇票贴现的核算

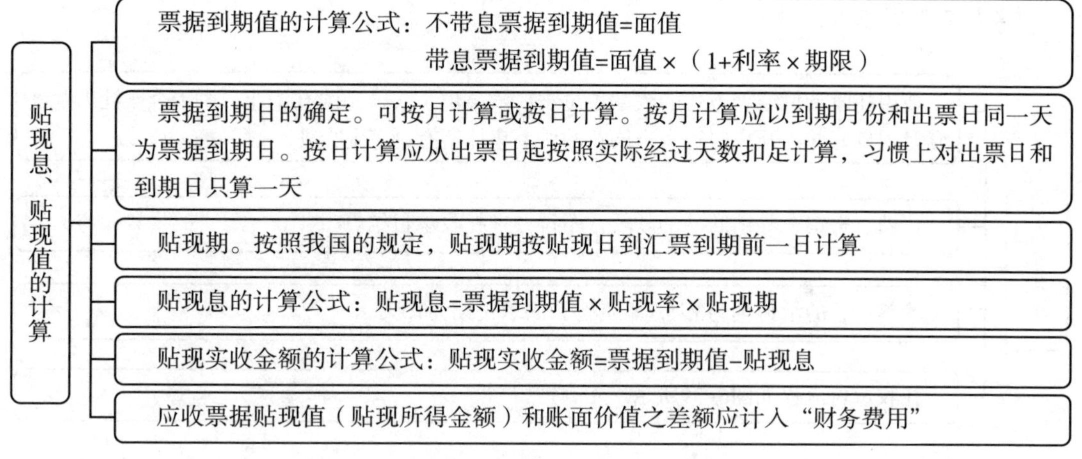

图6-36　贴现息、贴现值的计算

5. 托收承付

（1）概念

托收承付是根据购销合同由收款人发货后委托银行向异地付款人收取款项，由付款人向银行承认付款的结算方式。托收承付回单具体样式如图 6-37 所示。

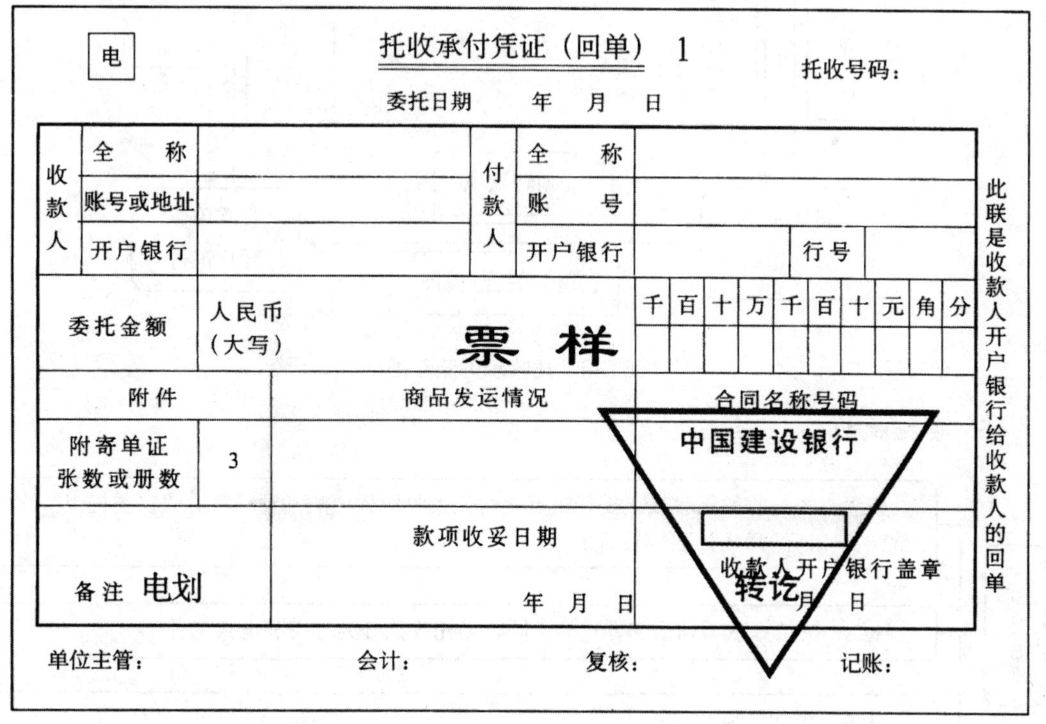

电　　托收承付凭证（回单）　1　　托收号码：

委托日期　　年　月　日

收款人	全称		付款人	全称			
	账号或地址			账号			
	开户银行			开户银行		行号	

委托金额	人民币（大写）　票样	千	百	十	万	千	百	十	元	角	分

附件		商品发运情况	合同名称号码
附寄单证张数或册数	3		
备注　电划		款项收妥日期 年　月　日	收款人开户银行盖章 年　月　日

此联是收款人开户银行给收款人的回单

中国建设银行　转讫

单位主管：　　会计：　　复核：　　记账：

图6-37　托收承付回单

（2）基本规定

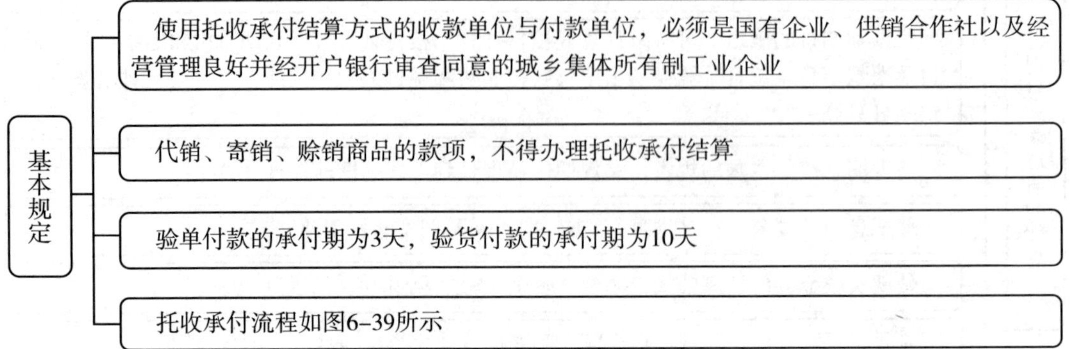

图6-38　托收承付基本规定

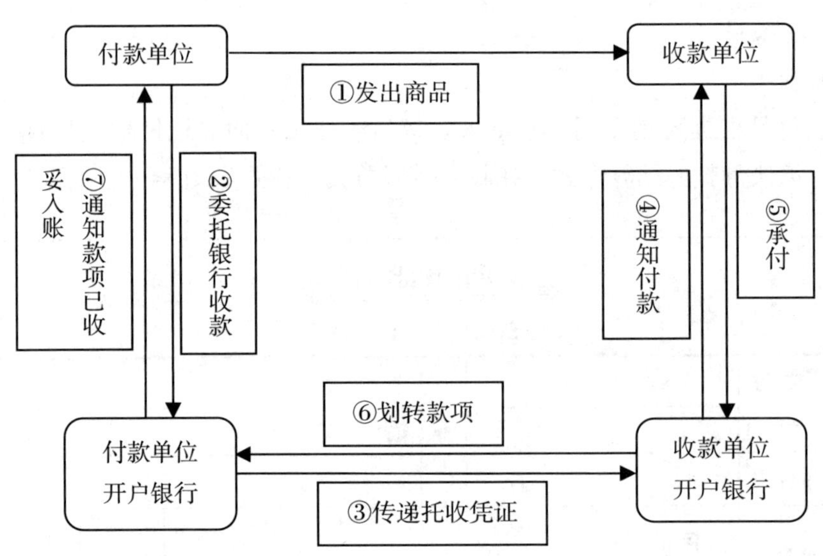

图6-39　托收承付流程图

6. 委托收款

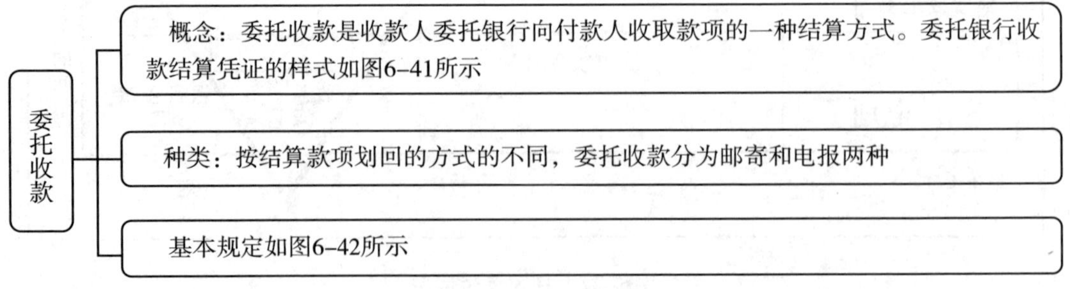

图6-40　委托收款

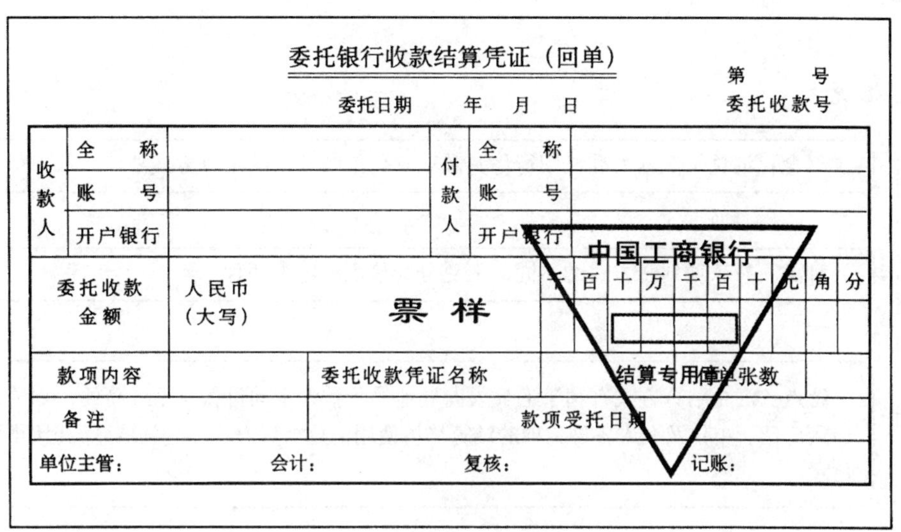

委托银行收款结算凭证（回单）

第　　号

委托日期　　年　月　日　　委托收款号

收款人	全　称		付款人	全　称	
	账　号			账　号	
	开户银行			开户银行	
委托收款金额	人民币（大写）	票　样		千 百 十 万 千 百 十 元 角 分	
款项内容		委托收款凭证名称		附寄单证张数	
备注		款项受托日期			
单位主管：	会计：	复核：	记账：		

中国工商银行 结算专用章

图6–41　委托银行收款结算凭证

基本规定

- 单位及个人凭债券、存单、已承兑的商业汇票等付款人的债务证明办理款项的结算，均可以使用委托收款结算方式
- 委托收款在同城、异地均可以使用
- 付款人拒付时，银行不审查拒付理由
- 在同城范围内，收款人收取公用事业费或根据国务院规定，可以使用同城特约委托收款。收取公用事业费，必须具有收付双方事先签订的经济合同，由付款人向开户银行授权，经开户银行同意后，报经中国人民银行当地分支行批准
- 委托收款流程如图6–43所示

图6–42　委托收款基本规定

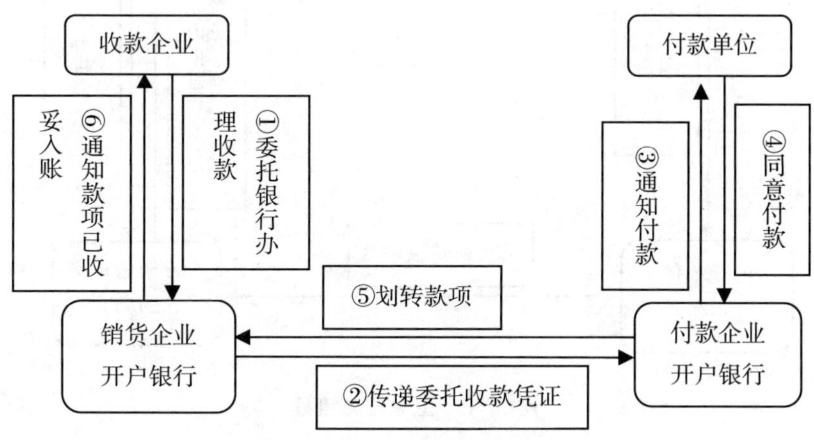

图6–43　委托收款流程图

7. 汇兑

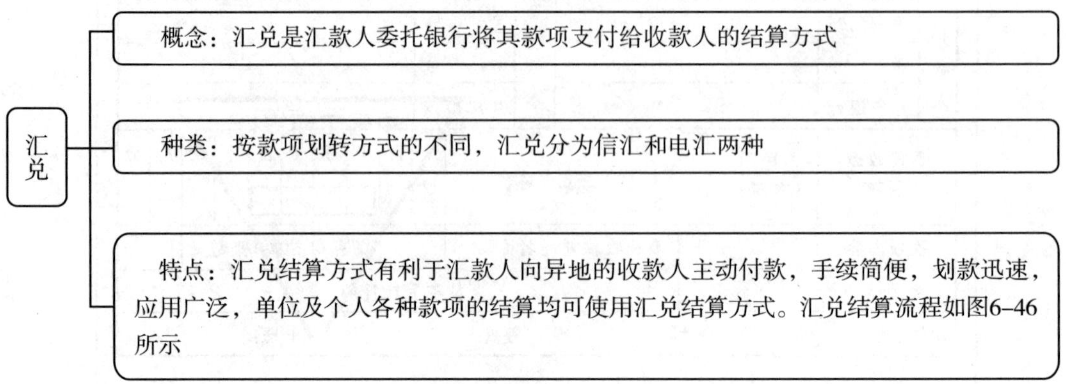

图6-44　汇兑

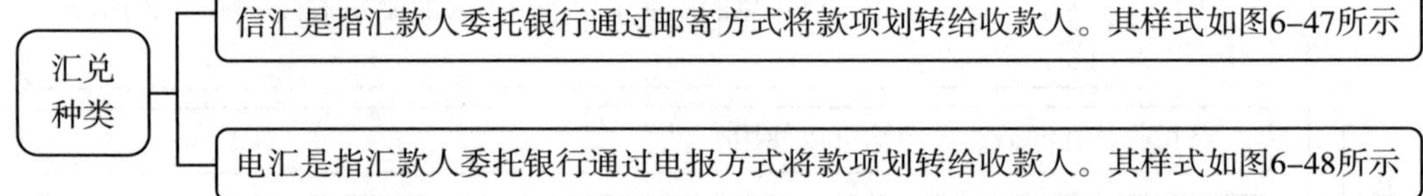

图6-45　汇兑种类

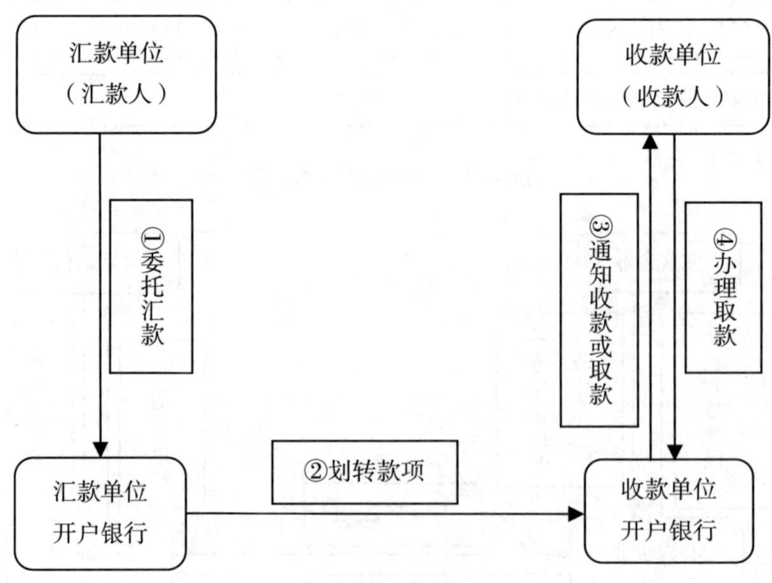

图6-46　汇兑结算流程

中国工商银行 信汇凭证（回单）1

申请日期　　年　　月　　日　　　　　　　　第　　号

收款单位	全称				汇款单位	全称			
	账号或住址					账号或住址			
	汇入地点		汇入行名称			汇出地点	省市	汇出行名称	
金额	票样					万千百十万千百十元角分			
汇款用途：									

上列款项已根据委托如须查询，请持此回单来行面洽。　（汇出行盖章）

单位主管：　会计：　复核：　记账：

此联是汇款银行给汇款单位的回单

图6-47　信汇凭证

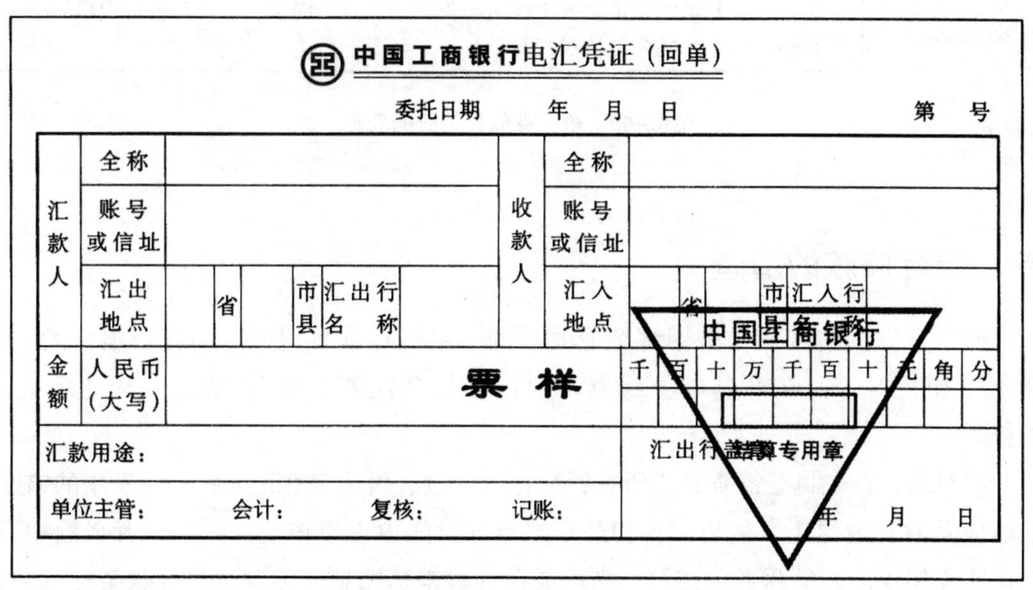

中国工商银行电汇凭证（回单）

委托日期　　年　　月　　日　　　　　　　　第　　号

汇款人	全称					收款人	全称				
	账号或信址						账号或信址				
	汇出地点	省	市县	汇出行名称			汇入地点	省	市县	汇入行名称	
金额	人民币（大写）	票样					千	百	十	万	千 百 十 元 角 分
汇款用途：							汇出行结算专用章				
单位主管：　会计：　复核：　记账：							年　月　日				

图6-48　电汇凭证

三、银行存款收付业务的账务处理

银行存款收付业务的核算是通过“银行存款”账户进行的，该账户是资产类账户，借方登记银行存款的增加数，贷方登记银行存款的减少数，借方余额代表企业银行存款的结余数额。

企业将款项存入银行或其他金融机构时，借记“银行存款”账户，按照存款来源贷记“主营业务收入”“应收账款”“应交税费——应交增值税（销项税额）”等账户；提取或支出款项时，按照存款的用途借记“原材料”“管理费用”等账户，贷记“银行存款”账户。

四、银行存款日记账的设置和登记

为了加强对银行存款的管理，及时了解并掌握银行存款的存、取和结存情况，企业应当按照开户银行及其他金融机构、存款种类、币种等分别设置银行存款日记账，进行银行存款的明细核算。

银行存款日记账的登记	
	银行存款日记账由企业出纳人员根据审核后的收付款凭证，依照业务发生的先后顺序逐日逐笔登记，每日终了应结出余额
	银行存款日记账应定期和银行对账单核对，月份终了，银行存款日记账的余额必须与银行总账的余额核对相符

图6-49 银行存款日记账的登记

五、银行存款的清查

银行存款的清查通常采用将企业开设的“银行存款日记账”与开户银行的“对账单”相核对，并在此基础上编制“银行存款余额调节表”，确定二者之间是否相符。

核对前，首先将至清查日止所有银行存款的收、付业务登记入账，对发生的错账、漏账应及时查清更正。然后，再和开户银行的对账单逐笔核对，如果二者余额相符，则说明无错误；如果两者不相符，则可能存在着未达账项。编制银行存款余额调节表时，需在企业银行存款日记账余额和银行对账单余额的基础上，分别加减未达账项，调整后的双方余额应该相符。

六、银行存款账务处理实例

【例 6-8】公司出纳人员向银行提交“银行本票申请书”，并将款项 30000 元交存银行，取得银行本票。企业根据银行盖章退回的银行本票申请书存根联，编制会计分录。

借：其他货币资金——银行本票存款 30000

贷：银行存款 30000

【例 6–9】公司管理部门张某用银行本票购买办公用品 250 元，根据发票账单等有关凭证，编制会计分录。

借：管理费用 250

贷：其他货币资金——银行本票存款 250

【例 6–10】公司出纳人员向开户银行开出“银行汇票申请书”，申请办理银行汇票，并将款项 50000 元交存银行取得银行汇票。

借：其他货币资金——银行汇票存款 50000

贷：银行存款 50000

【例 6–11】公司采购人员李某用银行汇票办理采购货款的结算，其中货款 35000 元，增值税额 5950 元，材料已验收入库。

借：原材料 35000

应交税费——应交增值税（进项税额） 5950

贷：其他货币资金——银行汇票存款 40950

【例 6–12】结算完毕，公司收到开户银行的收账通知，汇票余款 9050 元已经汇还入账。

借：银行存款 9050

贷：其他货币资金——银行汇票存款 5000

【例 6–13】某公司 2017 年 10 月 8 日销售给甲公司 A 产品一批，货款 200000 元，增值税额 34000 元，收到甲公司签发并承兑的期限 6 个月、面值 234000 元的不带息商业汇票一张。编制会计分录如下：

（1）收到汇票时：

借：应收票据 234000

贷：主营业务收入 200000

应交税费——应交增值税（销项税额） 34000

（2）到期承兑时：

借：银行存款 234000

贷：应收票据 234000

（3）如到期甲公司不能承兑票款时，将票款转作应收账款：

借：应收账款——甲公司 234000

贷：应收票据 234000

【例 6-14】公司于 3 月 20 日将其 2 月 20 日取得，面值为 200000 元，年利率 7%，6 个月期的票据贴现给银行，贴现率为 8%，并收到有关款项。

到期值 =200000×[1+（7%/12）×6]=207000（元）

贴现息 =207000×（8%/12）×5=6900（元）

贴现值 =207000−6900=200100（元）

借：银行存款　　　　　　　　　　200100（贴现净值）

　　贷：应收票据　　　　　　　　200000（票面价值）

　　　　财务费用　　　　　　　　　100（两者之差）

【例 6-15】2017 年 5 月 8 日某公司收到 A 公司归还欠本企业货款的转账支票一张，金额 50000 元。

根据中国建设银行交来的如图 6-50 所示的进账单编制如下会计分录：

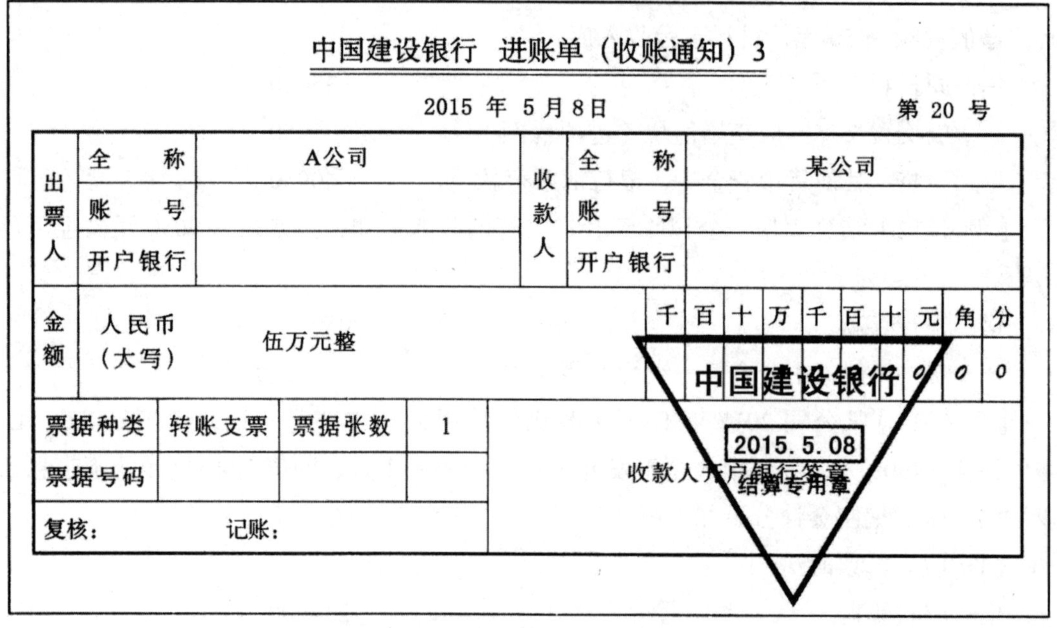

中国建设银行　进账单（收账通知）3

2015 年 5 月 8 日　　第 20 号

出票人	全　称	A公司	收款人	全　称	某公司
	账　号			账　号	
	开户银行			开户银行	
金额	人民币（大写）	伍万元整		千百十万千百十元角分	0 0 0
票据种类	转账支票	票据张数	1	收款人开户银行签章	
票据号码					
复核：	记账：				

图6-50　中国建设银行进账单

借：银行存款　　　　　　　　　　50000

　　贷：应收账款——A 公司　　　　50000

【例 6-16】2017 年 5 月 19 日公司向某厂购买专利，支出 80000 元，开出转账支票支付款项。

根据如图 6-51 所示的转账支票存根编制如下会计分录：

中国建设银行

转账支票存根

No.

附加信息

收款人：某厂
金　额：￥80000.00
用　途：购专利权

出票日期 2017年 5月 19日

单位主管　　会计

图6-51　转账支票存根

借：无形资产　　80000

　　贷：银行存款　　80000

【例 6-17】2017 年 5 月 30 日公司通过电汇方式支付前欠 A 公司的货款 20000 元，收到银行电汇凭证回单，如图 6-52 所示，编制会计分录如下：

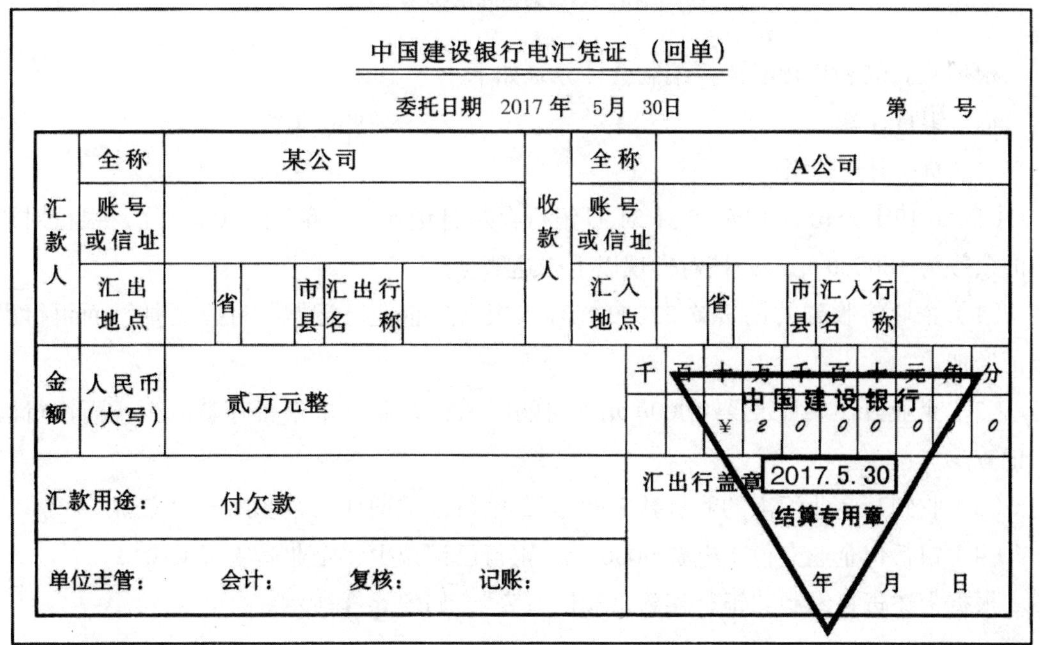
中国建设银行电汇凭证（回单）

委托日期 2017 年 5月 30日　　第　号

汇款人	全称	某公司				收款人	全称	A公司			
	账号或信址						账号或信址				
	汇出地点	省	市县	汇出行名称			汇入地点	省	市县	汇入行名称	
金额	人民币（大写）	贰万元整				千 百 十 万 千 百 十 元 角 分 ￥ 2 0 0 0 0 0 0					
汇款用途：	付欠款					汇出行盖章　年　月　日					
单位主管：	会计：	复核：	记账：								

图6-52　电汇凭证

借：应付账款——A 公司　　20000

　　贷：银行存款　　20000

【例 6-18】5 月 30 日，公司收到存款利息转账传票，见图 6-53。

中国建设银行（存款）利息转账专用传票

科目　　2017年 5月 30日　　字第　号

收入利息单位	名称	某公司	支付利息单位	名称	中国建设银行
	账号			账户	
利息金额	人民币（大写）	玖佰叁拾陆元伍角整		千百十万千百十元角分	¥93650
计息存贷账户号			上列利息金额已如数收付你单位结算账户		
计息起讫时间					
计息积数		利率月息 0.3%			
备注：存款利息					

主管单位：　会计：　复核：　制单：

图6-53 利息转账传票

根据收到的利息转账传票编制会计分录如下：

借：银行存款　　936.50

　　贷：财务费用　　936.50

【例 6-19】公司 2017 年 5 月 31 日银行存款日记账的余额为 150000 元，银行对账单的余额为 180000 元，经核对发现以下未达账项：

（1）企业将收到的销货款 22000 元存入银行，企业已记银行存款增加，而银行尚未记增加。

（2）企业开出转账支票 50000 元支付购料款，企业已记银行存款减少，而银行尚未记减少。

（3）收到某企业汇来的购货款 8000 元，银行已记增加，企业尚未记增加。

（4）银行代企业支付水电费 6000 元，银行已记减少，企业尚未记减少。

根据上述资料编制“银行存款余额调节表”，如表 6-3 所示。

表 6-3　银行存款余额调节表

2017 年 5 月 31 日　　单位：元

项　目	金　额	项　目	金　额
企业银行存款日记账的余额	150000	企银行存款日记账的余额	180000
加：银行已收企业未收	8000	加：企业已收银行未收	22000
减：银行已付企业未付	6000	减：企业已付银行未付	50000
调节后的存款余额	152000	调节后的存款余额	152000

第三节　其他货币资金的账务处理

一、其他货币资金的概念

其他货币资金是指除现金、银行存款以外的其他各种货币资金。

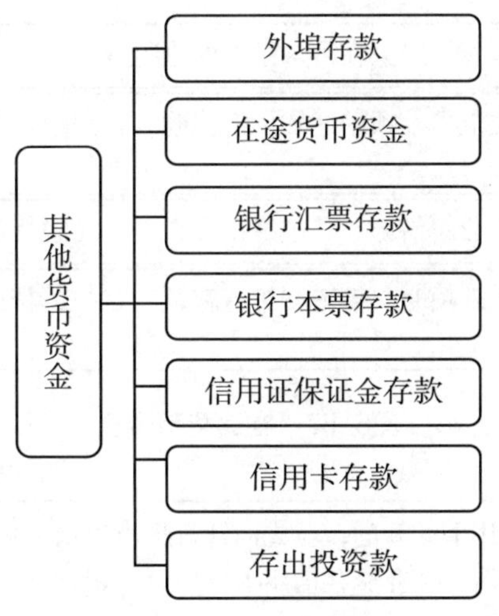

图6-54　其他货币资金

二、其他货币资金的核算

其他货币资金的核算需要设置“其他货币资金”账户，该账户属于资产类账户。在该账户下，设置“外埠存款”“银行汇票存款”“银行本票存款”“信用证保证金存款”“存出投资款”等明细账户，进行明细核算。

其他货币资金的核算

- 外埠存款：外埠存款是企业到外地进行临时或零星采购时，汇往外地银行开设采购专户的款项
- 在途货币资金：在途货币资金是指企业与所属单位或上下级之间汇解款项，在月终尚未到达，处于在途的资金
- 信用卡存款：信用卡存款是指企业为了取得信用卡，按照规定存入银行的款项
- 存出投资款：存出投资款是指企业已存入证券公司但尚未进行短期投资的现金

图6-55　其他货币资金的核算

外埠存款

- 企业欲将采购款项汇往采购地银行，需先填写“汇款委托书”并加盖“采购资金”字样
- 汇入银行对汇入的采购款项，以汇款单位名义开立采购账户
- 采购专户存款不计利息，除采购员差旅费可以支取少量现金外，一律办理转账
- 采购专户只付不收，采购结束后，专户存款余额汇还至汇出单位，结清采购专户

图6-56　外埠存款

在途货币资金

- 在途货币资金的核算一般只在月末结账时进行
- 企业收到所属单位汇出款项的通知，但未收到开户银行收账通知的款项属于在途货币资金
- 在月末结账时，企业应借记“其他货币资金——在途货币资金”账户，贷记有关账户
- 待下月初收到汇入款项时，借记“银行存款”账户，贷记“其他货币资金——在途货币资金”账户

图6-57　在途货币资金

信用卡存款

- 企业需要办理信用卡结算的，应先向银行提出申请，填写“信用卡申请书”，经由银行审查符合条件后，企业交存信用卡备用金，银行为申请人开立信用卡存款专户，发给信用卡
- 企业在持卡消费时，凭信用卡结算并根据信用卡余额的变化适时地向其账户续存资金，以保证其支付能力
- 持卡人如不需要继续使用信用卡时，可以向发卡银行办理销户，银行应把信用卡专户存款余额转入其基本存款账户

图6-58　信用卡存款

存出投资款

企业向证券公司划出资金时，应按照实际划出的金额，借记“其他货币资金——存出投资款”，贷记“银行存款”

购买股票、债券等有价证券时，按实际发生的金额，借记“交易性金融资产”，贷记“其他货币资金——存出投资款”

图6–59　存出投资款

三、其他货币资金账务处理实例

【例 6–20】公司的采购员李某到外地采购材料，出纳人员开出汇款委托书，委托当地开户银行将采购款 50000 元汇往采购地银行开立采购专户，该企业的材料采用计划成本法核算。

借：其他货币资金——外埠存款　　50000

　贷：银行存款　　50000

【例 6–21】公司收到采购人员李某交来的报销单据，其中采购发票列明材料货款 10000 元，增值税款 1700 元，材料尚未运达企业。

借：材料采购　　10000

　应交税费——应交增值税（进项税额）　　1700

　　贷：其他货币资金——外埠存款　　11700

【例 6–22】公司接到当地开户银行通知，汇出的采购专户存款余额 38300 元已经汇回，存入公司的银行存款账户。

借：银行存款　　38300

　贷：其他货币资金——外埠存款　　38300

【例 6–23】公司收到联营企业汇款通知，已汇出投资利润款 80000 元，月末尚未收到开户银行的收款通知时，会计分录为：

借：其他货币资金——在途货币资金　　80000

　贷：投资收益　　80000

收到款项时：

借：银行存款　　80000

　贷：其他货币资金——在途货币资金　　80000

【例 6–24】公司向银行申请领取信用卡，填写申请表并交存款项 50000 元，公司取得信用卡时，编制会计分录如下：

借：其他货币资金——信用卡存款　　50000

　贷：银行存款　　50000

【例 6-25】公司收到银行转来信用卡存款凭证及所附发票账单，招待费 900 元。编制会计分录如下：

借：管理费用——业务招待费　　900

　　贷：其他货币资金——信用卡存款　　900

【例 6-26】公司不再使用信用卡结算，办理销户手续，信用卡存款余额 49100 元转回基本存款账户。编制会计分录如下：

借：银行存款　　49100

　　贷：其他银行存款——信用卡存款　　49100

【例 6-27】公司向 A 证券公司存入资金 100000 元，7 天后用该项存款购买乙企业的股票 80000 元，该股票不准备长期持有。

（1）存入证券公司款项时：

借：其他货币资金——存出投资款　　100000

　　贷：银行存款　　100000

（2）购买股票时：

借：交易性金融资产　　80000

　　贷：其他货币资金——存出投资款　　80000

第七章　往来业务的账务处理

往来业务，是指企业因业务往来而造成的应收或应付的款项。往来业务所涉及的科目均是成对出现的，例如应收账款与应付账款，应收账款为客户欠企业未付的款项，而应付账款则是指企业欠供应商未付的款项。

前缀为应收、应付的往来业务，多半是货到款未付的情况，例如应收账款，企业的货已发，但客户还未付款；而前缀是其他应收或其他应付的往来业务，通常指与销售或主营业务无关的其他原因造成的应收、应付款项。

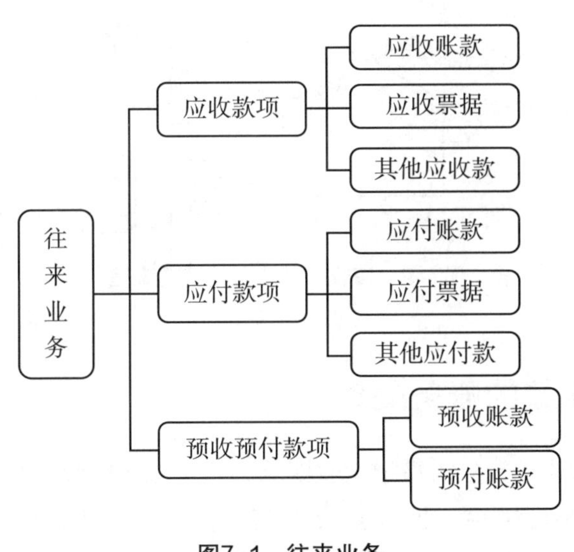

图7-1　往来业务

第一节　应收账款的账务处理

一、认识应收账款的账务处理

应收账款，是指企业因销售商品、产品或提供劳务而形成的债权。具体来说，就是指企业和客户之间交易完成后，企业还未收到相应的款项，这样的业务就形成应收账款。

应收账款的账务处理，通常以货物交出为界，只要企业方交易已成立，就可将相应款项挂入客户方的应收账款户头上，有利于管理和追讨。应收账款业务的处理流程，如图 7–2 所示。

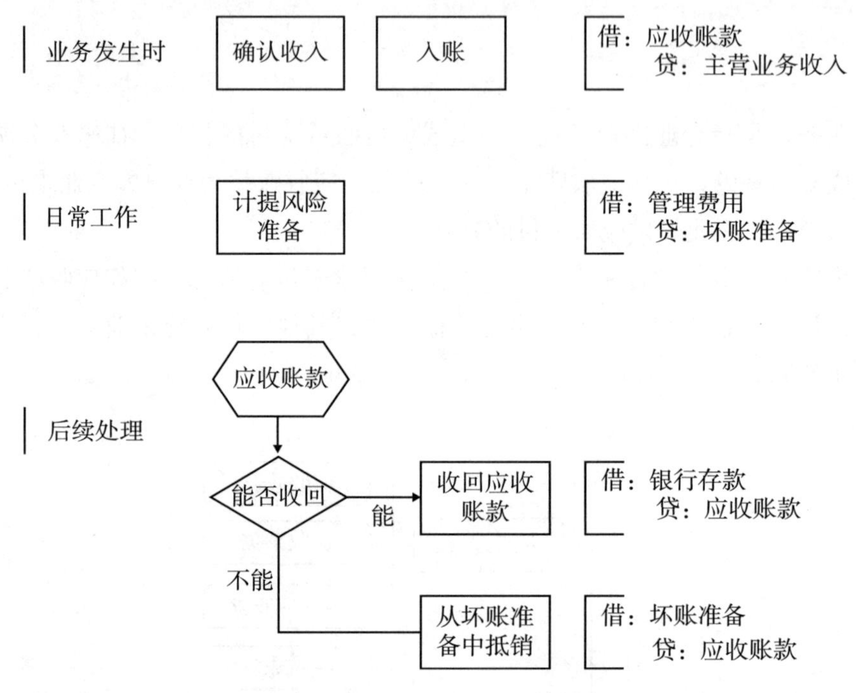

图7–2　应收账款业务的处理流程

二、普通应收账款的账务处理

普通的应收账款业务，只需借记应收账款，贷记相应的收入账户即可。

【例 7–1】某服装厂销售一批服装给 A 商场，价值总计 20000 元，增值税税率为 17%，委托银行支付垫付的运费 800 元。此业务的账务处理如下：

（1）应收的货款入账：

借：应收账款——A 商场　　20000

　　贷：主营业务收入　　20000

（2）应交的增值税（销项税）入账：

借：应收账款——A 商场　　3400

　　贷：应交税费——应交增值税（销项税额）　　3400

（3）垫付的运杂费入账：

借：应收账款——A 商场　　800

　　贷：银行存款　　　　　　　　　　800

上面的三个分录，实际上可以合并成为一个一借多贷的分录，如下：

借：应收账款——A 商场　　　　　　　　24200

　　贷：主营业务收入　　　　　　　　20000

　　　　应交税费——应交增值税（销项税额）　3400

　　　　银行存款　　　　　　　　　　800

收回货款后，应做会计分录：

借：银行存款　　　　　　　　24200

　　贷：应收账款——A 商场　　　　　　24200

本笔业务在应收账款——A 商场账户中的记录如表 7–1 所示。

表 7–1　应收账款——A 商场账户记录

单位：元

摘　要	借　方	贷　方	余　额
销售服装一批	20000		20000
销售服装的增值税	3400		23400
垫付的运杂费	800		24200
收回 A 商声全部货款	24200		0

从上述的财务处理过程可以看到，普通应收账款的处理流程，如图 7–3 所示。

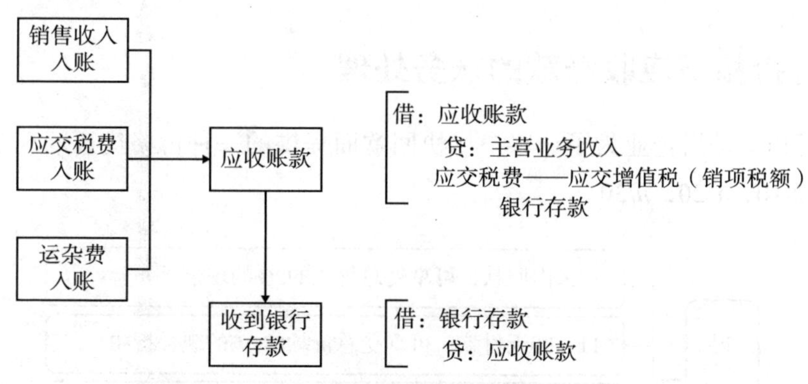

图7–3　普通应收账款的处理流程

三、商业折扣下应收账款的账务处理

商业折扣，是指企业根据市场供需情况或针对不同的顾客，在商品标价上提供的优惠，是企业最常用的促销手段。对于会计部门而言，企业销售商品涉及商业折扣的，应当按照扣除商业折扣后的金额确定销售收入金额。

【例 7-2】某企业销售了一批产品，原价总额为 40000 元，由于批量较大，特给客户 B 公司 10% 的商业折扣，金额为 4000 元。本交易适用的增值税税率为 17%。此业务的账务处理如下：

（1）交易成立时：

借：应收账款——B 公司　　42120

　　贷：主营业务收入　　36000

　　　　应交税费——应交增值税（销项税额）　6120

（2）收回应收账款时：

借：银行存款　　42120

　　贷：应收账款——B 公司　　42120

本笔业务在应收账款——B 公司账户中的记录如表 7-2 所示。

表 7-2　应收账款——B 公司账户记录

单位：元

摘要	借方	贷方	余额
销售一批产品	42120		42120
收回货款		42120	0

四、现金折扣下应收账款的账务处理

现金折扣，是指企业为了让客户尽快回款而提供的一种价格优惠。现金折扣的表示方式有：2/10，1/20，*n*/30。

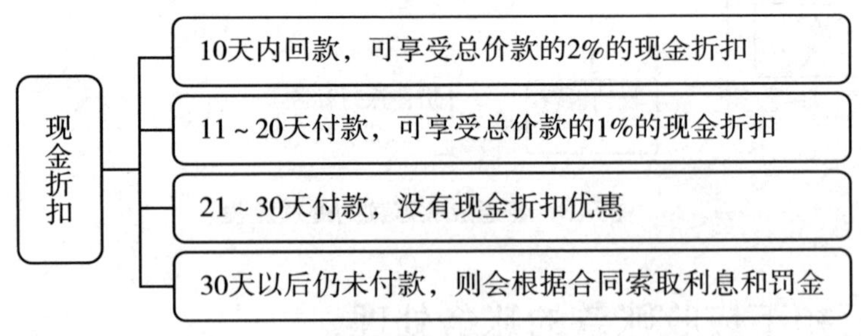

图7-4　现金折扣

意思是说，本次货款须在 30 天内付清。

在会计处理中，现金折扣通常会在货款交回时进行处理。企业的赊销交易成立时，以销售总价款入客户的应收账款户头。在客户付款后，若符合折扣条件，就将折扣金额划入财务费用。

【例 7–3】某公司销售 500 件商品，每件单价 20 元，增值税税率为 17%。其现金折扣条件为 2/10，1/20，*n*/30。客户 A 公司在第 12 天将货款付清。此业务的账务处理如下：

（1）交易成立时，以货款全价入账：

借：应收账款——A 公司　11700

　贷：主营业务收入　10000

　　应交税费——应交增值税（销项税额）　1700

（2）客户付款时，由于付款时间超过 10 天，没超过 20 天，所以可以有 1% 的现金折扣：

借：银行存款　11583

　财务费用　117

　　贷：应收账款——A 公司　11700

本笔业务在应收账款——A 公司账户中的记录如表 7–3 所示。

表 7–3　应收账款——A 公司账户记录

单位：元

摘　要	借　方	贷　方	余　额
销售商品500件	11700		11700
收回货款		11700	0

第二节　坏账损失的账务处理

一、认识坏账损失的账务处理

坏账，是指无法收回的应收款项。坏账损失就是因为应收账款收不回来而造成的损失。应收款项即是客户欠企业的钱，只要是欠的钱，均有还不回来的风险，很多时候坏账的产生根本无法预见。

坏账的确认通常都有较严格的程序规定，一般企业对产生坏账的确认是比较谨慎的，对于产生坏账可能性较大的应收款项，应及早进行坏账的损失确认和处理。

二、坏账损失的账务处理——直接转销法

直接转销法，是指在已确认坏账的情况下，将因为坏账而形成的损失直接计入资产减值损失的坏账损失处理方法。这种方法适用于坏账损失金额较小，对当期损益影响不大的业务。一般情况下，应收账款数额不大、数量不多的企业，会采取直接转销法来处理坏账带来的损失。

坏账损失处理的直接转销法处理流程，如图 7–5 所示。

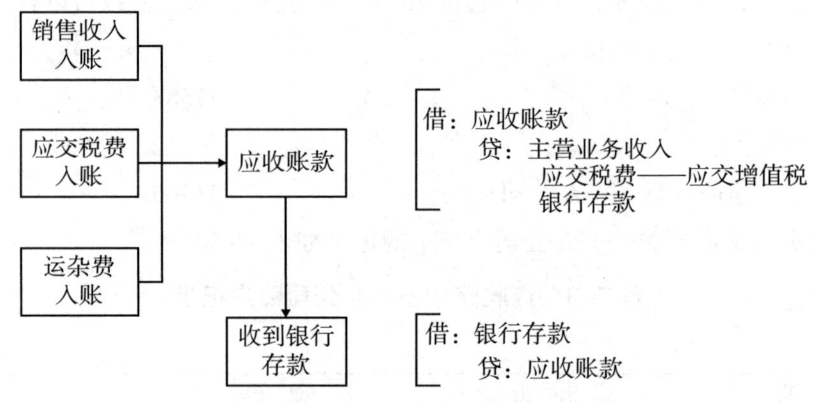

图7–5　直接转销法处理流程

【例 7–4】A 公司欠 B 公司账款 10000 元，从入账之日起已满三年。B 公司多次发函催讨无果，认为收回款项的可能性极小，因此根据 B 公司的财务规定，将这笔应收账款做坏账损失处理。

此业务的账务处理如下：

（1）应收账款入账时：

借：应收账款——A 公司　　10000

　　贷：主营业务收入　　10000

（2）确认坏账时：

借：资产减值损失——坏账损失　　10000

　　贷：应收账款——A 公司　　10000

三、坏账损失的账务处理——备抵法

坏账损失的备抵法，是指在应收账款形成之日起，即根据相应的规定计提一定比

例的坏账准备。当坏账发生时，仅需要从计提出来的坏账准备中冲抵即可。

备抵法的适用范围很广，大部分存在应收账款的企业均可以采用。

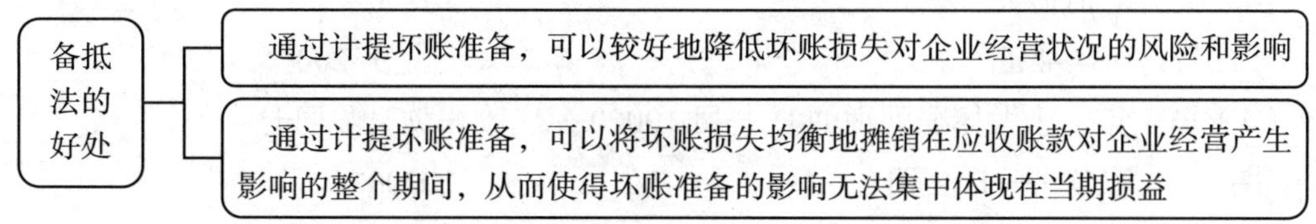

图7–6　备抵法的好处

当然，对那些应收账款数额较少的企业，备抵法的处理方法就显得太麻烦。

备抵法处理坏账的账务流程如图 7–7 所示。

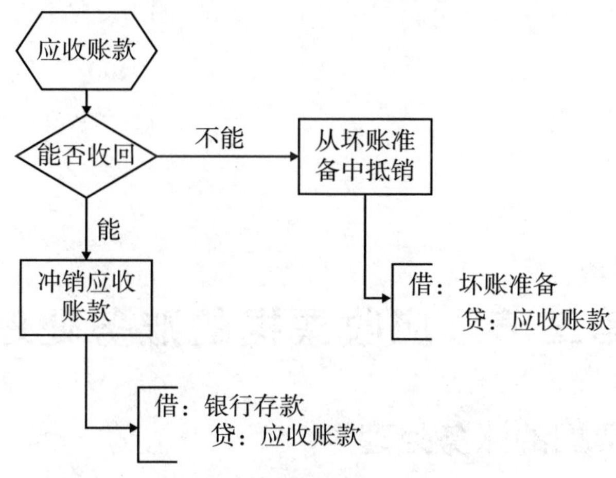

图7–7　备抵法处理坏账的账务流程

【例 7–5】某企业年末的应收账款余额为 2000000 元，坏账准备的计提比例为 3‰。第二年发生的坏账损失为 12000 元，其中 A 公司 2000 元，B 公司 10000 元，第二年年末，应收账款余额为 2400000 元；第三年已冲销的 B 公司应收账款 10000 元又收回了，第三年年末，应收账款余额为 2600000 元。

此业务的账务处理如下：

（1）第一年计提坏账准备时：

借：资产减值损失　　　　6000

　　贷：坏账准备　　　　　6000

（2）第二年的坏账损失入账时：

借：坏账准备　　　　12000

　　贷：应收账款——A 公司　　　2000

——B 公司　　　　10000

（3）第二年年末计提坏账准备时：

借：资产减值损失　　　　13200

　　贷：坏账准备　　　　13200

（4）第三年，已做坏账处理的 B 公司 10000 元应收账款又收回时：

借：应收账款——B 公司　　　　10000

　　贷：坏账准备　　　　10000

同时做下面这个分录：

借：银行存款　　　　10000

　　贷：应收账款——B 公司　　　　10000

（5）第三年年末，计提坏账准备：

借：坏账准备　　　　9400

　　贷：资产减值损失　　　　9400

第三节　应收票据的账务处理

一、认识应收票据的账务处理

应收票据，是指企业因某种原因而持有的，尚未到期或兑现的票据。应收票据属于一种债权凭证，是将货款的金额以书面文件的形式约定下来，并通过法律来保证收款方收取货款的权利，具有法律上的约束力。

应收票据的账务处理和应收账款类似，只是应收票据会有票息和贴现的情况出现，因此在处理上有所区别。

相对于应收账款来说，应收票据的风险较小，特别是银行承兑汇票，如果到期出票人不能支付款项，则会由银行来支付汇票金额，这样坏账的风险更小。因此应收票据一般并不需要计提坏账准备。若超过承兑期的票据还未能由出票人偿付，可将相应金额挂入出票人的应收账款账户，这样就可以计提坏账准备了。

虽然可以用于支付的票据种类较多，如汇票、本票、支票等，但是应收票据科目中所指的票据，特指汇票。汇票按承兑人进行分类可分为银行承兑汇票和商业承兑汇票其相关内容及具体样式和结算流程在上文已经介绍过在此不再叙述。

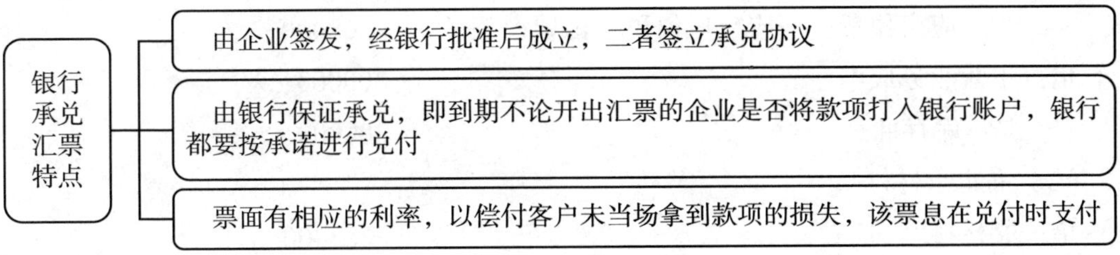

银行承兑汇票特点	
	由企业签发，经银行批准后成立，二者签立承兑协议
	由银行保证承兑，即到期不论开出汇票的企业是否将款项打入银行账户，银行都要按承诺进行兑付
	票面有相应的利率，以偿付客户未当场拿到款项的损失，该票息在兑付时支付

图7-8 银行承兑汇票特点

二、不带息应收票据的账务处理

【例 7-6】某公司向 A 公司销售了一批新产品，价值 20 万元，增值税税率为 17%；10 天后，该公司收到 A 公司开具的商业汇票，汇票面值为 234000 元，期限三个月；三个月后，该公司将该汇票存入银行账户中。

此业务的会计账务处理如下：

（1）交易成立时计为收入：

借：应收账款——A 公司　　234000

　　贷：主营业务收入　　200000

　　　　应交税费——应交增值税（销项税额）　　34000

（2）10 天后收到商业汇票，将应收账款转为应收票据时：

借：应收票据——A 公司　　234000

　　贷：应收账款——A 公司　　234000

（3）三个月期限到，将商业汇票存入银行账户后时：

借：银行存款　　234000

　　贷：应收票据——A 公司　　234000

【例 7-7】甲公司 2017 年 4 月 3 日向 A 公司销售商品一批，价款 400000 元，增值税 68000 元，商品已交付 A 公司，该商品成本为 300000 元。当日收到 A 公司开出并由银行承兑的商业汇票，面值 468000 元，期限 6 个月。8 月 1 日，甲公司向 B 公司采购原材料价款 380000 元，增值税 64600 元，材料已验收入库，B 公司发货时代垫运费 3400 元；当日甲公司将持有的 A 公司商业汇票背书转让给 B 公司，差额部分用银行存款结算。

要求：根据上述资料编制有关会计分录。

（1）销售商品：

借：应收票据　　468000

　　贷：主营业务收入　　400000

应交税费——应交增值税（销项税额） 68000

借：主营业务成本 300000

贷：库存商品 300000

（2）采购原材料：

借：原材料 383400

应交税费——应交增值税（进项税额） 64600

银行存款 20000

贷：应收票据 468000

三、带息应收票据的账务处理

【例 7–8】某企业 9 月 1 日销售一批服装给 A 商场，货发出的同时，附有增值税发票，票面的销售收入为 200000 元，增值税税率为 17%。A 商场以商业承兑汇票支付货款，付款期限为 6 个月，票面利率为 10%。

这笔业务的账务处理过程如下：

（1）收到用来支付货款的票据时：

借：应收票据 234000

贷：主营业务收入 200000

应交税费——应交增值税（销项税额） 34000

（2）年底计提票据利息时：

借：应收票据 7800

贷：财务费用 7800

（3）票据到期，企业收回货款时：

借：银行存款 245700

贷：应收票据 241800

财务费用 3900

【例 7–9】甲公司 2016 年 10 月 15 日销售一批产品给 C 公司，货已发出，发票上注明的不含税的销售价格为 200000 元，收到 C 公司交来的银行承兑汇票一张，期限为 5 个月，票面利率为 3%。

（1）收到票据时：

借：应收票据 234000

贷：主营业务收入 200000

应交税费——应交增值税（销项税额） 34000

（2）年度终了（2016 年 12 月 31 日），计提票据利息。

票据利息 =234000×3%×2÷12=1170（元）

借：应收票据　　　　1170

　　贷：财务费用　　　　1170

（3）票据到期收回票款（2017 年 3 月 15 日）。

收款金额（到期值）=234000×（1+3%×5÷12）=236925（元）

借：银行存款　　　　236925

　　贷：应收票据　　　　235170

　　　　财务费用（585×3）　　　　1755

四、不带息应收票据贴现的账务处理

【例 7–10】某企业在 2017 年 4 月 11 日，收到 A 客户当日签发的、票面金额为 15000 元、30 天到期的不带息汇票。企业财务拿该汇票到银行进行贴现，贴现率为 12%。

这笔业务的账务处理过程如下：

（1）以票据入账，抵消 A 客户之前的应收账款时：

借：应收票据　　　　15000

　　贷：应收账款 A 客户　　　　15000

（2）票据进行贴现后：

借：银行存款　　　　14850

　　财务费用　　　　150

　　　贷：应收票据　　　　15000

五、带息应收票据贴现的账务处理

【例 7–11】B 客户于 2017 年 4 月 15 日签发了一张汇票，该汇票 60 天到期、票面金额为 12000 元、票面利率为 10%。企业于 2017 年 4 月 30 日向银行贴现，贴现率为 16%。

这笔业务的账务处理过程如下：

（1）2017 年 4 月 15 日，以票据入账，抵消 B 客户之前的应收账款时：

借：应收票据　　　　12000

　　贷：应收账款　　　　12000

（2）2017 年 4 月 30 日，票据进行贴现后：

借：银行存款　　　　　　　　　　11956
　　财务费用——利息支出　　　　　　44
　　贷：应收票据　　　　　　　　12000

第四节　应付账款的账务处理

一、认识应付账款的账务处理

应付账款是一种负债，是因为企业购买了产品，享受了服务后，暂未付款而造成的负债。顾名思义，应付账款就是应付给相关人员的款项。

虽然应付账款是企业的债务，会有客户急于来找企业要回款项，但是这并不意味着企业就可以不对应付账款进行管理。相反，应付账款是债务，更应该严格管理，因为一不小心就可能导致企业商誉受损。

企业需在明细分类账簿中，为每个客户建立单独的账页，详细记录每一笔应付账款的时间及来历；同时，当客户发函前来核对应付账款时（对客户而言是应收账款），企业会计部门更应当注意核对清楚，一发现问题应当立刻和对方核对。

应付账款的账务处理与应收账款的处理十分相似，可以直接使用应收账款的例子。

二、应付账款的账务处理

【例 7-12】某服装厂销售一批服装给 A 商城，价值总计 116000 元，增值税税率为 17%，委托银行支付垫付的运费 4000 元。此业务 A 商城的会计部门账务处理如下：

（1）应付的货款入账：

借：库存商品　　　　　　　　　　116000
　　贷：应付账款——服装厂　　　　　　116000

（2）应付的增值税（进项税）入账：

借：应交税费——应交增值税（进项税额）　19720
　　贷：应付账款——服装厂　　　　　　19720

（3）垫付的运杂费入账：

借：库存商品　　　　　　　　　　4000
　　贷：应付账款——服装厂　　　　　　4000

上面的三个分录，实际上可以合并成为一个一借多贷的分录如下：

借：库存商品　　120000

　　应交税费——应交增值税（进项税额）　　19720

　　　贷：应付账款——服装厂　　139720

货款付清后，应做会计分录如下：

借：应付账款——服装厂　　139720

　　贷：银行存款　　139720

【例 7–13】2017 年 5 月 20 日，某公司（一般纳税人）从甲公司购入价款为 200000 元的材料，增值税 34000 元，对方代垫运杂费 2000 元，材料已验收入库，款未付。

借：原材料　　202000

　　应交税费——应交增值税（进项税额）　　34000

　　　贷：应付账款　　236000

到了 2017 年 8 月 1 日，该公司将所欠款项支付给甲公司。

借：应付账款　　236000

　　贷：银行存款　　236000

三、无法支付的应付账款的账务处理

应付账款不能支付时，意味着企业多了一笔付不出去的钱。在这样的情况下，多出来的钱应被计入营业外收入。

【例 7–14】续上例，若服装厂倒闭了，该笔应付账款挂在账上已超过两年，故而需要将其处理掉。这时应做的会计处理是，将服装厂名下的应付账款 139720 元入营业外收入，会计分录如下：

借：应付账款——服装厂　　139720

　　贷：营业外收入　　139720

第五节　应付票据的账务处理

一、认识应付票据的账务处理

应付票据，主要是指企业为了赊购商品或服务而开具的商业汇票。其通常是由企业出票（称为出票人），由承兑人（通常是银行）承诺在一定日期内按票面确定的金额，向持票人（客户）付款的书面凭证。

在我国，应付票据仅指商业汇票。

二、开具商业汇票的账务处理

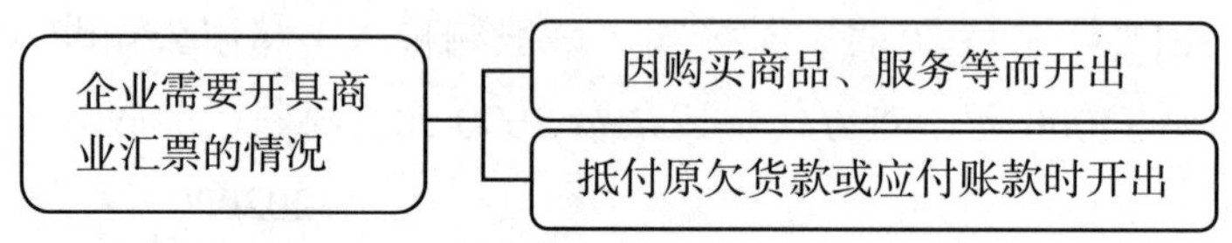

图7-9 企业需要开具商业汇票的情况

这两种情况下，开具商业汇票的财务处理流程如图 7-10 所示。

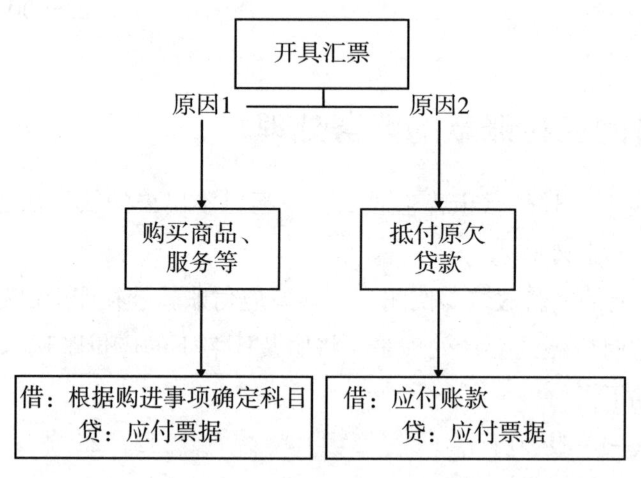

图7-10 应付票据处理流程

【例 7-15】2017 年 4 月 11 日，企业向 A 工厂购进一批原材料，取得的增值税发票上材料价款为 200000 元，增值税额为 34000 元。材料已到库，发票等结算单据也已收到。本次业务以商业汇票结算，按相关协议企业开出并承兑为期一个月的不带息商业汇票，票面金额为 234000 元。汇票已开出并邮寄给对方。

此业务应做会计分录为：

借：原材料　　　　　　　　　　　　　　　200000

　　应交税费——应交增值税（进项税额）　　34000

贷：应付票据　　234000

【例 7–16】某公司为增值税一般纳税人，该公司于 2017 年 6 月 5 日开出一张面值为 234000 元、期限为 3 个月的不带息商业汇票用以采购一批材料。增值税专用发票上注明的材料价款为 200000 元，增值税额为 34000 元。

借：材料采购　　200000

应交税费——应交增值税（进项税额）　　34000

贷：应付票据　　234000

（1）假设该商业汇票为银行承兑汇票，已缴纳承兑手续费 117 元:

借：财务费用　　117

贷：银行存款　　117

（2）2017 年 9 月 5 日，该商业汇票到期，某公司以银行存款支付票款:

借：应付票据　　234000

贷：银行存款　　234000

（3）假设上述商业承兑汇票到期时，某公司无力偿还:

借：应付票据　　234000

贷：应付账款　　234000

三、偿付有息应付票据的账务处理

有息应付票据偿付时，需一次性偿付其票面金额以及利息。应付票据进行账务处理时，以账面金额入账。偿付时，需要结算出利息，与应付票据一同付清。

【例 7–17】某企业 3 月 1 日开具期限 60 天、票面利率为 10%，面额为 12000 元的商业汇票，以偿付购买材料所欠的货款。此业务的计算过程及账务处理如下:

（1）计算票据到期值:

票据于 3 月 1 日签发，60 天到期。票面金额 12000 元，票面利率为 10%，其到期值为:

12000 元 +12000 元 ×60/360×10%=12200 元

（2）应付票据 3 月 1 日开具时入账:

借：应付账款　　12000

贷：应付票据　　12000

（3）4 月 30 日偿付商业汇票时:

借：应付票据　　12000

财务费用　　200

贷：银行存款　　　　　　　　　　12200

【例 7-18】2017 年 11 月 15 日，A 公司开出带息商业汇票一张，面值 600000 元，用于抵付其前欠 B 公司的货款，该票据票面利息是 6%，期限是 3 个月。

（1）A 公司开出商业汇票时：

借：应付账款——B 公司　　　　　　　　600000

贷：应付票据　　　　　　　　　　600000

（2）12 月 31 日，A 企业计算开出的带息商业汇票应计利息：

600000×6%÷12×2=6000（元）

借：财务费用　　　　　　　　6000

贷：应付票据　　　　　　　　　　6000

（3）2018 年 2 月 15 日，A 公司开出的带息商业汇票到期，企业应以银行存款全额支付：

606000+3000=609000（元）

借：应付票据　　　　　　　　609000

贷：银行存款　　　　　　　　　　609000

（4）2018 年 2 月 15 日，假设汇票到期 A 公司无力支付，应将应付票据的账面余额转入“应付账款”科目：

借：应付票据　　　　　　　　609000

贷：应付账款——B 公司　　　　　　　　609000

第八章　投资的账务处理

第一节　投资基本知识

投资是企业为了获得收益或实现资本增值，向被投资单位投放资金的经济行为。

一、投资的特点

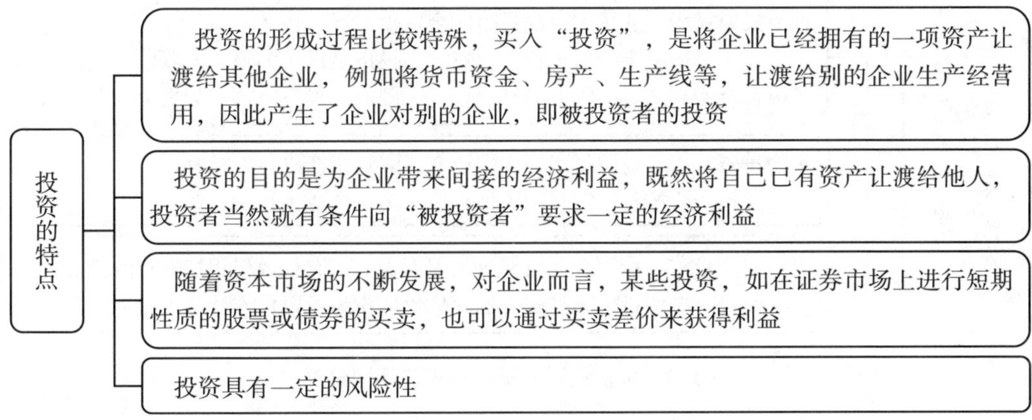

图8–1　投资的特点

二、投资的分类

1. 按企业投资目的的不同分类

按企业投资目的的不同分类

- 短期投资：是可以随时变现并且持有时间不准备超过一年的投资。其目的是能够充分利用企业暂时性闲置的资金获取更多利润。资产负债表中依据投资的性质计入“交易性金融资产”或“持有至到期投资”及“可供出售金融资产”等，均属于短期投资
- 长期投资：是指持有时间超过一年，不得随时变现或不准备随时变现的投资。其目的是通过对其投资，可以影响或控制被投资单位，或为了积累整笔资金，以满足特定用途对资金的需要等。资产负债表中，按照长期投资性质的不同，又将长期投资分为长期股权投资与长期债权投资

图8–2　按企业投资目的的不同分类

2. 按企业投资性质的不同分类

按企业投资性质的不同分类

- 权益性投资：指企业通过投资取得受资企业相应份额净资产的所有权，通过权益性投资，投资企业和受资企业之间形成所有权关系。权益性投资主要是企业通过购买股票或者采取合同、协议方式投出资产取得股权
- 债权性投资：指企业通过投资获得债权，通过债权性投资，投资企业和受资企业之间形成债权债务关系。债权性投资主要为投资企业将企业的资产投资于债权性证券
- 混合性投资：指同时具有债权性与权益性双重性质的投资。这种投资兼有债权性与权益性投资的特点，也便于投资企业转换投资性质。混合性投资主要通过购买优先股股票，或者购买可转换公司债券进行

图8–3　按企业投资性质的不同分类

3. 按企业对外投资形式的不同分类

按企业对外投资形式的不同分类

- 货币投资：指企业用现金等货币资金取得的投资；
  企业用货币资金直接投资，应按实际投出金额作为投资入账价值。如果用货币资金购买债券、股票等有价证券，则应以投资成本作为投资入账价值
- 实物投资：指企业用材料、固定资产等实物资产进行的投资；
  这类投资应按投出资产的评估价值作为投资成本计价入账
- 无形资产投资：指用企业所拥有的无形资产所有权或使用权进行的投资；
  这类投资应按投出无形资产的评估价值作为投资成本计价入账

图8–4　按企业对外投资形式的不同分类

4. 按照企业投资对受资企业影响的不同分类

按照企业投资对受资企业影响的不同分类

- 对可控制企业的投资：指对本企业所控制的企业投资。所谓控制，指可以统驭一个企业的财务和经营决策。借此从该企业的经营活动中获得利益。投资企业直接或间接地拥有受资企业有表决权的资本总额50%以上时，对受资企业有控制权。或根据章程或协议，投资企业对被投资企业拥有实质上的控制权。一般称投资企业为“母公司”，称受资企业为“子公司”，母公司和其全部子公司构成一个企业集团，或称为“集团公司”。对可控制企业的投资，会计上应采用权益法核算
- 对共同控制企业的投资：指按合同约定对某项经济活动所共有的控制。这里的共同控制，只是指共同控制实体，不包含共同控制经营、共同控制财产等。共同控制实体是指由两个或多个企业共同投资建立的实体。被投资单位的财务与经营政策必须由投资双方或几方共同决定。对共同投资企业的投资，会计上需采用权益法核算

按照企业投资对受资企业影响的不同分类

对有重大影响企业的投资：指投资企业对受资企业的财务和经营政策有参与决策的权力，但不是控制权。一般指投资企业出资组成的合资企业、联营企业。投资企业对受资企业的财务及经营政策的决策具有重大影响。另外，虽然控制企业拥有的受资企业有表决权的资本总额在20%以下，但实质上对受资企业有重大影响，也需确认。对有重大影响企业的投资，会计上应采用权益法核算

对无重大影响企业的投资：指对无控制、无共同控制且无重大影响三种类型以外的企业投资。投资企业的投资额占受资企业有表决权的资本总额20%以下，同时不存在其他实施重大影响的条件，则投资企业对受资企业的财务与经营政策无重大影响，该类投资在会计上应采用成本法核算

图8-5 按照企业投资对受资企业影响的不同分类

第二节 短期投资账务处理

新颁布的《企业会计准则》取消了“短期投资”这一科目，但短期投资的业务却仍然存在，在会计实务中，属于短期投资的账务处理有“交易性金融资产”“持有至到期投资”及“可供出售金融资产”等，为简单起见，以“交易性金融资产”的账务处理为例来说明。

一、交易性金融资产一般知识

按新《企业会计准则》的规定，若一项金融资产要被认定为交易性金融资产，必须满足以下条件。

交易性金融资产的认定

取得该金融资产或承担该金融负债的目的，主要是为了近期内出售或回购

属于进行集中管理的可辨认金融工具组合的一部分，且有客观证据表明企业近期采用短期获利方式对该组合进行管理

属于衍生工具。但是，被指定且为有效套期工具的衍生工具、属于财务担保合同的衍生工具、与在活跃市场中没有报价且其公允价值不能可靠计量的权益工具投资挂钩并须通过交付该权益工具结算的衍生工具除外

图8-6 交易性金融资产的认定

二、交易性金融资产的账务处理

交易性金融资产的账务处理

交易性金融资产取得时的账务处理：按新《企业会计准则》的规定，企业取得交易性金融资产时，应按照取得时的公允价值作为初始确认金额，相关的交易费用在发生时计入当期损益。支付的价款中包含的已宣告但尚未发放的现金股利或是已到付息期但尚未领取的债券利息等，单独确认为应收股利或应收利息

之前垫付的现金股利或债券利息的账务处理：企业持有交易性金融资产期间，若收到了属于取得交易性金融资产支付价款中包含的，已宣告发放的现金股利或债券利息，需确认为企业债权的收回，而不属于持有期间得到的收益

交易性金融资产在资产负债表日的账务处理：按新《企业会计准则》的规定，资产负债表日，企业需将交易性金融资产的公允价值变动计入当期损益

持有期间取得现金股利或债券利息的账务处理：交易性金融资产持有期间，若取得了被投资企业宣告发放的现金股利，应当计入投资收益

处置交易性金融资产的账务处理：处置交易性金融资产时，其公允价值变动和初始入账金额之间的差额应当确认为投资收益，同时应调整公允价值变动损益

图8-7　交易性金融资产的账务处理

【例 8-1】某公司 2017 年 2 月 15 日从二级市场购入 A 公司股票 10 万股，每股的市场购入价 21 元，其中每股含有已宣告而尚未支付的现金股利 1 元，另外支付相关税费 12000 元。该公司将其作为交易性金融资产。则其会计分录为：

借：交易性金融资产——A 公司（成本）　　2000000
　　应收股利　　100000
　　投资收益　　12000
　　贷：银行存款——工行证券户　　2112000

【例 8-2】沿用【例 8-1】的数据，2017 年 4 月 10 日时，某公司收到 A 公司发放的现金股利 10 万元，则其会计分录为：

借：银行存款　　100000
　　贷：应收股利　　100000

【例 8-3】沿用【例 8-1】的数据，2017 年 7 月 31 日时，A 公司股票的公允价值涨到了每股 24.4 元，而某公司持有 A 公司股票 10 万股，其公允价值变动收益为 44 万元（244-200=44 万元），则其会计分录为：

借：交易性金融资产——A 公司（公允价值变动）　440000
　　贷：公允价值变动损益　　440000

注意：公允价值变动损益 44 万元是企业会计利润的一部分，需要在利润表上进行反映，但期末会计处理时，实际并不将公允价值变动损益结转至本年利润，即所谓的“表结账不结”。2017 年 7 月 31 日该交易性金融资产的账面价值 = 交易性金融资产初始成本 200+ 交易性金融资产公允价值变动而增加的价值 44=244 万元。按税法规定，期末公允价值变动损益 44 万元不得计入应纳税所得额，也不承认因此而增加的 44 万元的交易性金融资产的价值，该交易性金融资产的计税基础 = 交易性金融资产的购买成本 200+ 支付的相关税费 1.2=201.2 万元。资产的账面价值 244 万元，大于其计税基础 201.2 万元，两者之间的差异为应纳税暂时性差异，应确认与其相关的递延所得税负债 10.7 万元 [（244−201.2）×25%=10.7]，同时与该资产相关的递延所得税负债期初余额为零，则需要编制如下会计分录：

借：所得税费用　　　　　　　　　　　　107000

　　贷：递延所得税负债　　　　　　　　　　　107000

【例 8−4】沿用【例 8−1】的数据，2017 年 8 月 5 日时，A 公司宣布发放现金股利每股 1 元，则某公司应编制会计分录为：

借：应收股利　　　　　　　　　　　　100000

　　贷：投资收益　　　　　　　　　　　　　100000

注意：在资产负债表日按分期付息、一次还本债券投资的票面利率计算的利息也做同样的账务处理。

【例 8−5】沿用【例 8−1】的数据，2017 年 8 月 25 日时，某公司将所持的 A 公司的股票全部出售，每股售价 30 元，发生相关的税费 1.6 万元。相应的会计分录为：

借：银行存款　　　　　　　　　　　　　　　　　2984000

　　公允价值变动损益　　　　　　　　　　　　　　440000

　　　贷：交易性金融资产——A 公司（成本）　　　　2000000

　　　　　交易性金融资产——A 公司（公允价值变动）　440000

　　　　　投资收益　　　　　　　　　　　　　　　　884000

　　　　　应收股利　　　　　　　　　　　　　　　　100000

注意：计入投资收益的 88.4 万元中，公允价值变动收益 44 万元，已经计入了上一期的会计利润，因此股票出售时会计上本期应确认投资收益 44.4 万元（即 88.4−44=44.4 万元）。

【例 8−6】S 公司 2016 年 8 月 8 日从证券交易所购入 W 公司发行的股票 10 万股准备短期持有，以银行存款支付投资款 500000 元，其中含有 5000 元相关交易费用。编制会计分录如下：

借：交易性金融资产——成本　　　　　　　　495000

投资收益　　5000

　贷：银行存款　　500000

2016 年 10 月 8 日，W 公司宣告发放现金股利 5000 元。编制会计分录如下：

借：应收股利　　5000

　贷：投资收益　　5000

借：银行存款　　5000

　贷：应收股利　　5000

2016 年 12 月 31 日该股票的市价为 8 元 / 股，编制会计分录如下：

借：交易性金融资产——公允价值变动（8×100000–495000）　305000

　贷：公允价值变动损益　　305000

2017 年 3 月 18 日，S 公司将所持的 W 公司的股票出售，共收取款项 800000 元。S 公司出售的 W 公司股票应确认的投资收益 =850000–800000=50000 元。编制会计分录如下：

按售价与账面余额之差确认投资收益：

借：银行存款　　850000

　贷：交易性金融资产——成本　　495000

　　　　　　　　　——公允价值变动　　305000

　　投资收益　　50000

按初始成本与账面余额之差确认投资收益 / 损失：

借：公允价值变动损益　　305000

　贷：投资收益　　305000

第三节　长期投资账务处理

长期投资，是指不准备或不能随时变现，并且持有时间拟超 1 年的投资，通常包括长期债券投资、其他长期债权投资以及长期股权投资等。在本节中，仅以长期股权投资进行举例说明。

长期股权投资的账务处理，包括其投资初始成本的确定、持有期间的后续计量以及处置损益的结转等。

一、长期股权投资入账的账务处理

长期股权投资入账的账务处理

- 以现金购入的长期股权投资的入账处理：以现金购入的长期股权投资，应当按照实际支付的购买价款作为初始投资成本，包括购买过程中支付的手续费等必要支出，但所支付价款中包含的被投资单位已宣告但尚未发放的现金股利或利润应作为应收项目核算，不构成取得长期股权投资的成本
- 以发行权益性证券方式取得长期股权投资的入账处理：企业以发行权益性证券方式获得长期股权投资时，其成本为所发行权益性证券的公允价值，但不包含应自被投资企业收取的已宣告但尚未发放的现金股利或利润。此外，为发行权益性证券支付给相关证券承销机构等的手续费、佣金等与权益性证券发行直接相关的费用，不构成获得长期股权投资的成本。该部分费用应自权益性证券的溢价发行收入中扣除；若权益性证券的溢价收入不足冲减的，应冲减盈余公积和未分配利润
- 接受投资者投入的长期股权投资的入账处理：若企业的长期股权投资是以接受投资者投入方式取得的（投资者以其所持有的其他公司的某种股权入股），则该长期投资需按照投资合同或协议约定的价值作为初始投资成本，但合同或协议约定的价值不公允的除外

图8-8　长期股权投资入账的账务处理

除了上面介绍的这些外，企业还可能通过合并等方式获取长期投资，这类会计知识的处理相对较复杂，但其处理原理和介绍的方法是一样的。

【例 8-7】某公司 2017 年 6 月 10 日从公开市场购入 B 公司 20% 的股份，实际支付价款 104000 万元，其中包含已经宣告但尚未发放的现金股利 4000 万元，另外，在购买过程中支付手续费等相关费用 210 万元。某公司取得该部分股权后，能够对 B 公司的生产经营决策施加重大影响。则某公司应当按照实际支付的购买价款作为取得长期股权投资的成本，其会计分录为：

借：长期股权投资——B 公司	1002100000
应收股利	40000000
贷：银行存款——工行证券户	1042100000

【例 8-8】2017 年 6 月，某公司通过增发 12000 万股本公司普通股（每股面值 1 元）取得 W 公司 20% 的股权，按照增发前后的平均股价计算，该 12000 万股股份的公允价值为 20800 万元。为增发该部分股份，某公司向证券承销机构支付了 800 万元的佣金和手续费。假定某公司取得该部分股权后能够对 W 公司的生产经营决策施加重大影响，则某公司应当以所发行股份的公允价值作为取得长期股权投资的成本，其会计分录为：

借：长期股权投资——W 公司　　208000000

　　贷：股本　　120000000

　　　　资本公积——股本溢价　　8800000

发行权益性证券过程中支付的佣金和手续费，在实际发生时，直接冲减权益性证券的溢价发行收入，其会计分录为：

借：资本公积——股本溢价　　8000000

　　贷：银行存款　　8000000

注意：确定发行的权益性证券的公允价值时，若所发行的权益性证券存在公开市场，有明确市价可供遵循，应以该证券的市价作为确定其公允价值的依据，同时应考虑该证券的交易量、是否存在限制性条款等因素的影响。如果所发行权益性证券不存在公开市场，没有明确市价可供遵循，应考虑以被投资企业的公允价值为基础确定权益性证券的价值。

【例 8-9】某公司成立时，其主要出资方之一的 A 公司，以其持有的对 B 公司的长期股权投资作为出资投入某公司。投资各方在投资合同中约定：作为出资的该项长期股权投资作价 8000 万元。该作价是按照 B 公司股票的市价经考虑相关调整因素后确定的。某公司注册资本为 32000 万元。A 公司出资占某公司注册资本的 20%，取得该项投资后，某公司根据其持股比例，能够派人参与 B 公司的财务和生产经营决策。则某公司对于投资者投入的该项长期股权投资，会计分录为：

借：长期股权投资——B 公司　　80000000

　　贷：实收资本　　64000000

　　　　资本公积——资本溢价　　16000000

二、长期股权投资的后续计量

1．成本法

所谓长期股权投资的成本法，是指长期股权投资按成本计价入账的会计核算方法。

成本法
- 成本法的适用范围如图8-10所示
- 成本法核算的账务处理：采用成本法核算长期股权投资时，除了追加或收回投资外，长期股权投资的账面余额通常应当保持不变，而且，股权持有期间内，企业应在被投资企业宣告发放现金股利或利润时确认投资收益

图8-9　成本法

按照最新会计准则关于长期股权投资核算的要求，对长期股权投资需采用成本法核算的有如下两类。

图8-10　成本法的适用范围

【例 8-10】2017 年 5 月，某公司取得对 W 公司 5% 的股权，成本为 1800 万元，2017 年 6 月，某公司又以 2540 万元取得对 W 公司 6% 的股权。假定某公司对 W 公司的生产经营决策不具有重大影响或共同控制，且该投资不存在活跃的交易市场，公允价值无法取得。2017 年 7 月，W 公司宣告分派现金股利，某公司按其持股比例可取得 22 万元。

（1）当某公司 2017 年 5 月第一次投资时，会计分录为：

借：长期股权投资——W 公司　　18000000

　　贷：银行存款　　18000000

(2) 当某公司 2017 年 6 月第二次投资时，会计分录为：

借：长期股权投资——W 公司　　25400000

　　贷：银行存款　　25400000

（3）当 W 公司宣告发放现金股利时，会计分录为：

借：应收股利　　220000

　　贷：投资收益　　220000

【例 8-11】A 公司于 2015 年 2 月 1 日购入 B 公司股份 80000 股，每股买价 24.4 元，另支付相关税费 7200 元，A 公司取得股票后不对 B 公司存在重大影响或共同控制。

借：长期股权投资——B 公司　　1952000（80000×24.4）

　　投资收益　　7200

　　贷：银行存款　　1959200

（1）B 公司于 2015 年 5 月 1 日宣告分派现金股利，每股 0.4 元：

借：应收股利　　32000（80000×0.4）

　　贷：投资收益　　32000

（2）5 月 15 日收到发放的现金股利：

借：银行存款　　32000

　　贷：应收股利　　32000

（3）2015 年 B 公司实现净利润 80 万元：

这个不用做分录。

（4）2016 年 5 月 1 日 B 公司宣告分派现金股利，每股 0.5 元：

借：应收股利　　40000（80000×0.5）

　　贷：投资收益　　40000

（5）5 月 15 日收到发放的现金股利：

借：银行存款　　40000

　　贷：应收股利　　40000

（6）2016 年 B 公司实现净利润 100 万元：

这个不用做分录。

（7）2017 年 5 月 1 日 B 公司宣告分派现金股利 200 万元。

借：应收股利　　100000（200 万 ×5%）

　　贷：投资收益　　100000

【例 8-12】A 公司于 2016 年 5 月 20 日取得 B 公司 6% 的股权，成本为 24000000 元。2017 年 1 月 1 日，B 公司宣告分派利润，A 公司按照持股比例可取得 200000 元。假定 A 公司在取得 B 公司股权后，对 B 公司的财务和经营决策不具有控制、共同控制或重大影响，且该投资不存在活跃的交易市场、公允价值无法可靠取得。B 公司于 2017 年 1 月 15 日实际分派利润。

A 公司应进行的账务处理为：

借：长期股权投资——B 公司　　24000000

　　贷：银行存款　　24000000

借：应收股利　　200000

　　贷：投资收益　　200000

借：银行存款　　200000

　　贷：应收股利　　200000

2. 权益法

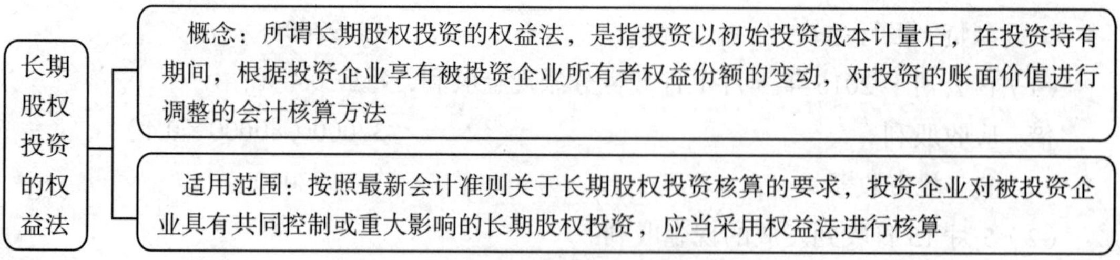

长期股权投资的权益法	
	概念：所谓长期股权投资的权益法，是指投资以初始投资成本计量后，在投资持有期间，根据投资企业享有被投资企业所有者权益份额的变动，对投资的账面价值进行调整的会计核算方法
	适用范围：按照最新会计准则关于长期股权投资核算的要求，投资企业对被投资企业具有共同控制或重大影响的长期股权投资，应当采用权益法进行核算

图8-11　长期股权投资的权益法

核算程序

- 在初始投资或追加投资时，按照初始投资成本或追加投资的投资成本，提升长期股权投资的账面价值
- 比较初始投资成本与投资时应享有被投资单位可辨认净资产公允价值的份额，对于初始投资成本少于应享有被投资单位可辨认净资产公允价值份额的，需对长期股权投资的账面价值进行调整，计入取得投资当期的损益
- 在持有投资期间，随着被投资单位所有者权益的变动，相应调整增加或减少长期股权投资的账面价值。并且需按照不同情况分别进行处理：对属于因被投资单位实现净损益产生的所有者权益的变动，投资企业按照持股比例计算应享有的份额，增加或减少长期股权投资的账面价值，同时确认为当期投资损益；对被投资单位除净损益以外其他因素造成的所有者权益变动，在持股比例不变的情况下，依照持股比例计算应享有或应分担的份额，增加或减少长期股权投资的账面价值，同时确认为资本公积——其他资本公积
- 当被投资企业宣告分派利润或现金股利时，投资企业按照持股比例计算应分得的部分，一般应冲减长期股权投资的账面价值

图8–12　核算程序

【例 8–13】某公司 2017 年 1 月取得 K 公司 30% 的股权，支付价款 20000 万元。取得投资时被投资企业净资产账面价值为 60000 万元（假定被投资企业各项可辨认资产、负债的公允价值与其账面价值相等）。假设某公司在取得 K 公司的股权后，能够对 K 公司施加重大影响，所以对该投资应采用权益法核算。会计分录为：

借：长期股权投资——投资成本（K 公司）　　　　200000000

　　贷：银行存款　　　　　　　　　　　　　　　　　200000000

注意：长期股权投资的初始投资成本 20000 万元，大于取得投资时应享有被投资的 K 公司可辨认净资产公允价值的份额 18000 万元（60000×30%=18000），该差额不调整长期股权投资的账面价值。

如果本例中，取得投资时被投资的 K 公司可辨认净资产的公允价值为 80000 万元，某公司按持股比例 30%，计算确定应享有 24000 万元，则初始投资成本与应享有被投资单位可辨认净资产公允价值份额之间的差额 4000 万元，应计入取得投资当期的营业外收入。其会计分录为：

借：长期股权投资——投资成本（K 公司）　　　240000000

　　贷：银行存款　　　　　　　　　　　　　　　　200000000

　　　　营业外收入　　　　　　　　　　　　　　　40000000

如果 K 公司 2016 年亏损 10000 万元，某公司按其持股比例确认应分担的损失为 3000 万元，其相应的会计分录为：

借：投资收益　　　　　　　　　　　　　　　　3000

贷：长期股权投资——损益调整（K 公司）　　3000

【例 8-14】甲公司 2014 年 1 月 1 日以银行存款购入乙公司股票 100000 股，每股面值 20 元，市价 24 元。甲公司的投资占乙公司有表决权资本的 40%，其投资成本与应享有乙公司可辨认净资产公允价值份额相等。2014 年乙公司全年实现净利润 1200000 元，2015 年 2 月宣告分派现金股利 600000 元，2015 年乙公司全年净亏损 10000000 元，2016 年全年实现净利润 4000000 元。

甲公司会计处理如下：

（1）投资时：

借：长期股权投资——乙公司（投资成本）　　2400000

贷：银行存款　　2400000

（2）2014 年 12 月 31 日：

借：长期股权投资——乙公司（损益调整）　　480000

贷：投资收益　　480000

（3）2014 年末“长期股权投资——乙公司（投资成本）”账户的账面余额 =2400000+480000=2880000（元）

（4）2015 年宣告分派股利时：

借：应收股利——乙公司　　240000

贷：长期股权投资——乙公司（损益调整）　　240000

宣告分派股利后“长期股权投资——乙公司（投资成本）”账户的账面余额：2400000+480000−240000=2640000（元）

（5）2015 年 12 月 31 日：

借：投资收益　　2640000

贷：长期股权投资——乙公司（损益调整）　　2640000

2015 年 12 月 31 日“长期股权投资——乙公司（投资成本）”账户的账面余额为零，未确认亏损 =10000000×40%−2640000=1360000（元）

（6）2015 年公司全年实现净利润 4000000 元，甲公司可恢复“长期股权投资——乙公司”账户账面价值 =4000000×40%−1360000=240000（元）

借：长期股权投资——乙公司（损益调整）　　240000

贷：投资收益　　240000

三、长期股权投资核算方法的转换

企业的长期股权投资在持有期间，由于各种情况的变化，可能出现其核算需要由一种方法转换成另外一种方法：可能由成本法转换成权益法，也有可能由权益法转变

成成本法。

1. 成本法转换为权益法

长期股权投资的核算由成本法转为权益法时，应将成本法下长期股权投资的账面价值作为按照权益法核算的初始投资成本，并且在此基础上比较该初始投资成本与应享有被投资企业可辨认净资产公允价值的份额，确认是否需要对长期股权投资的账面价值进行调整。具体来说，应区别形成该转换的不同情况进行处理。

原持有的对被投资单位不具备控制、共同控制或重大影响、在活跃市场中没有报价、公允价值无法可靠计量的长期股权投资，因追加投资导致持股比例上升，可以对被投资单位施加重大影响或是实施共同控制的，由成本法转为权益法时，需区分原持有的长期股权投资以及新增长期股权投资两部分分别处理。

成本法转换为权益法

- 原持有长期股权投资的账面余额和按照原持股比例计算确定应享有原取得投资时被投资企业可辨认净资产公允价值份额之间的差额，前者多于后者的，不调整长期股权投资的账面价值；前者少于后者的，根据其差额分别调整长期股权投资的账面价值及留存收益
- 对于新取得的股权部分，应比较追加投资的成本和取得该部分投资时应享有被投资企业可辨认净资产公允价值的份额，前者多于后者的，不调整长期股权投资的成本；前者少于后者的，根据其差额分别调整长期股权投资的投资成本和当期的营业外收入

图8-13　成本法转换为权益法

【例 8-15】某公司 2017 年 2 月取得 Q 公司 10% 的股权，支付价款 1200 万元。取得投资时 Q 公司净资产账面价值为 11200 万元（假定被投资企业各项可辨认资产、负债的公允价值与其账面价值相等）。因对 Q 公司不具有重大影响且无法可靠确定该项投资的公允价值，某公司对该项投资采用了成本法核算。为简约起见，本例中某公司不提取盈余公积。

2017 年 4 月 1 日时，某公司又以 2400 万元的价格取得 Q 公司 12% 的股权，当日 Q 公司可辨认净资产公允价值总额为 16000 万元。取得该部分股权后，按照 Q 公司章程的规定，某公司能够派人参与 Q 公司的生产经营决策，对该项长期股权投资转为采用权益法核算。另外，Q 公司通过生产经营活动实现的净利润为 1200 万元，但未派发现金股利或分配利润。除所实现净利润外，未发生其他计入资本公积的交易或事项。

（1）2017 年 2 月采用成本法核算该笔长期股权投资时的会计分录为：

借：长期股权投资——Q 公司　　　　12000000

　　贷：银行存款　　　　　　　　　　12000000

（2）2017 年 4 月某公司再次确认新增投资时的会计分录为：

借：长期股权投资——Q 公司　　24000000

　贷：银行存款　　24000000

对于新取得的 12% 的股权，其成本为 2400 万元，与取得该投资时按照持股比例计算，确定应享有 Q 公司可辨认净资产公允价值的份额 1920 万元（16000×12%）之间的差额 480 万元，是投资作价中的商誉，该部分商誉不要求调整长期股权投资的成本。

（3）2017 年 4 月，某公司确认可以对 Q 公司实施重大影响后，需对长期股权投资账面价值进行调整。

从账面看，未调整前，某公司对 Q 公司投资的账面价值为 3600 万元。对于原 10% 股权的成本 1200 万元与原投资时应享有被投资单位可辨认净资产公允价值份额 1120 万元（11200×10%）之间的差额 80 万元，属于原投资时体现的商誉，该部分差额不调整长期股权投资的账面价值。

但是，对于 Q 公司可辨认净资产在原投资时至新增投资交易日之间公允价值的变动（16000–11200）相对于原持股比例的部分 480 万元，其中属于投资后 Q 公司实现净利润部分 120 万元（1200×10%），应调整增加长期股权投资的账面余额，同时调整留存收益；除实现净损益外其他原因导致的被投资单位可辨认净资产公允价值的变动 360 万元，应当调整追加长期股权投资的账面余额，同时计入资本公积（其他资本公积）。针对该部分投资，相应的会计分录为：

借：长期股权投资——Q 公司　　4800000

　贷：资本公积——其他资本公积　　3600000

　　　利润分配——未分配利润　　1200000

2. 权益法转换为成本法

按《企业会计准则第 2 号——长期股权投资》的规定，企业因为对被投资企业追加投资等原因，造成原持有的对联营企业或合营企业的投资转变为对子公司投资的，或者因为减少投资造成长期股权投资的核算由权益法转换为成本法（投资企业对被投资企业不再具有共同控制或重大影响，而且在活跃市场中没有报价，公允价值不能可靠计量的长期股权投资）的，应将转换时长期股权投资的账面价值作为按照成本法核算的基础。相应地，企业自被投资企业分得的现金股利或利润未超过转换时被投资企业可供分配利润中本企业享有份额的，分得的现金股利或是利润应冲减长期股权投资的成本，不作为投资收益。自被投资企业取得的现金股利或利润，超过转换时被投资企业可供分配利润中本企业享有份额的部分，确认为当期损益。

【例 8–16】某公司持有 B 公司 30% 的有表决权股份，因为能够对 B 公司的生产经营决策施加重大影响，故采用权益法核算。2017 年 8 月，某公司将该项投资中的 50%

对外出售，出售以后，无法再对B公司施加重大影响，且该项投资不存在活跃市场，公允价值无法可靠确定，出售以后转为采用成本法核算。出售时，该项长期股权投资的账面价值为6400万元，其中，投资成本5200万元，损益调整为1200万元，出售取得价款3600万元。则某公司确认处置损益的会计分录为：

借：银行存款　　36000000

　贷：长期股权投资——A公司　　32000000

　　投资收益　　4000000

处置部分该项投资后，该项长期股权投资的账面价值为3200万元，其中包括投资成本2600万元，原确认的损益调整600万元。假定在转换时A公司可供分配的利润为5200万元，则某公司未来期间自A公司分得现金股利或利润时，取得的现金股利或利润未超过按持股比例计算享有的分配原可供分配利润5200万元的金额，应冲减长期股权投资的账面价值，超过部分确认为投资收益。

四、长期股权投资账务处理实例

【例8–17】甲公司于2017年1月1日取得乙公司30%的股权，实际支付价款60000000元。取得投资时被投资单位账面所有者权益的构成如下（假定该时点被投资单位各项可辨认资产、负债的公允价值与其账面价值相同，单位：元）：

实收资本	60000000
资本公积	48000000
盈余公积	12000000
未分配利润	30000000
所有者权益总额	150000000

假定在乙公司的董事会中，所有股东均以其持股比例行使表决权。甲公司在取得对乙公司的股权后，派人参与了乙公司的财务和生产经营决策。因能够对乙公司的生产经营决策施加重大影响，甲公司对该项投资采用权益法核算。取得投资时，甲公司应进行的账务处理为：

借：长期股权投资——乙公司——成本　　60000000

　贷：银行存款　　60000000

长期股权投资的成本60000000元大于取得投资时应享有乙公司可辨认净资产公允价值的份额45000000元（150000000×30%），不对其初始投资成本进行调整。

假定上例中取得投资时乙公司可辨认净资产公允价值为240000000元，甲公司按持股比例30%计算确定应享有72000000元，则初始投资成本与应享有乙公司可辨认净资产公允价值份额之间的差额 12000000 元应计入取得投资当期的损益。

借：长期股权投资——乙公司——成本　　72000000

　贷：银行存款　　60000000

　　营业外收入　　12000000

【例 8–18】甲公司持有乙公司 30% 的股份，当期乙公司因持有的可供出售金融资产公允价值的变动计入资本公积的金额为 12000000 元，除该事项外，乙公司当期实现的净利润为 64000000 元。假定甲公司与乙公司采用的会计政策、会计期间相同，投资时乙公司有关资产的公允价值与其账面价值亦相同，无其他内部交易。甲公司在确认应享有乙公司所有者权益变动时的会计处理如下：

借：长期股权投资——乙公司——损益调整（64000000×30%）　　19200000

　　——其他权益变动（12000000×30%）　　3600000

　贷：投资收益　　19200000

　　资本公积——其他资本公积——乙公司　　3600000

【例 8–19】假定甲公司长期股权投资的成本大于取得投资时乙公司可辨认净资产公允价值份额的情况下，2016 年乙公司实现净利润 16000000 元。甲公司、乙公司均以公历年度作为会计年度，采用相同的会计政策。由于投资时乙公司各项资产、负债的账面价值与其公允价值相同，不需要对乙公司的净利润进行调整，甲公司应确认的投资收益为 4800000 元（16000000×30%），一方面增加长期股权投资的账面价值，另一方面作为利润表中的投资收益确认。

甲公司的会计处理如下：

借：长期股权投资——乙公司——损益调整　　4800000

　贷：投资收益——乙公司　　4800000

【例 8–20】甲公司原持有乙公司 60% 的股权，其账面余额为 60000000 元，未计提减值准备。2017 年 4 月 1 日，甲公司将其持有的对乙公司长期股权投资中的 1/3 出售给某企业。出售取得价款 36000000 元，当日被投资单位可辨认净资产公允价值总额为 160000000 元。甲公司取得乙公司 60% 股权时，乙公司可辨认净资产公允价值总额为 90000000 元（假定公允价值与账面价值相同）。自甲公司取得对乙公司长期股权投资后至部分处置投资前，乙公司实现净利润 50000000 元，其中，自甲公司取得投资日至 2017 年初实现净利润 40000000 元。假定乙公司一直未进行利润分配。除所实现净利润外，乙公司未发生其他计入资本公积的交易或事项。本例中甲公司按净利润的 10% 提取盈余公积。

在出售 20% 的股权后，甲公司对乙公司的持股比例为 40%，在被投资单位董事会中派有代表，但不能对乙公司生产经营决策实施控制。对乙公司长期股权投资应由成

本法改为按照权益法核算。会计处理如下

（1）确认长期股权投资处置损益：

借：银行存款　　36000000

　　贷：长期股权投资——乙公司　　20000000

　　　　投资收益　　16000000

（2）调整长期股权投资账面价值：

剩余长期股权投资的账面价值为 40000000 元，与原投资时应享有被投资单位可辨认净资产公允价值份额之间的差额 4000000 元（40000000−90000000×40%）为商誉，该部分商誉的价值不需要对长期股权投资的成本进行调整。

处置投资以后按照持股比例计算享有被投资单位自购买日至处置投资日期间实现的净利润为 20000000 元（50000000×40%），应调整增加长期股权投资的账面价值，同时调整留存收益和当期损益。甲公司应进行以下账务处理：

借：长期股权投资——乙公司——损益调整　　20000000

　　贷：盈余公积　　1600000

　　　　利润分配——未分配利润　　14400000

　　　　投资收益　　4000000

第九章　长期资产的账务处理

第一节　存货的账务处理

存货对于不同性质的企业而言，其具体内容有很大差异。对于工业生产企业而言，存货包括原材料、包装物、产成品、半成品等；对于商品流通企业而言，存货就意味着企业存放着的商品；而对于一些提供劳务的公司，可能存货也就是些办公用品。

各种存货的账务处理的基本流程比较相似，如图 9–1 所示。

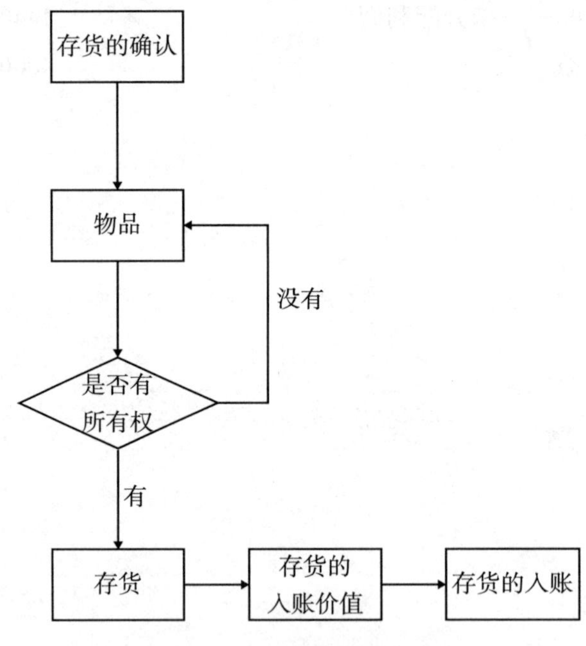

图9–1　存货的账务处理流程

一、存货基本知识

存货是指企业在日常生产经营过程中持有的，准备出售或正在生产或在生产中将消耗的材料、物料等。

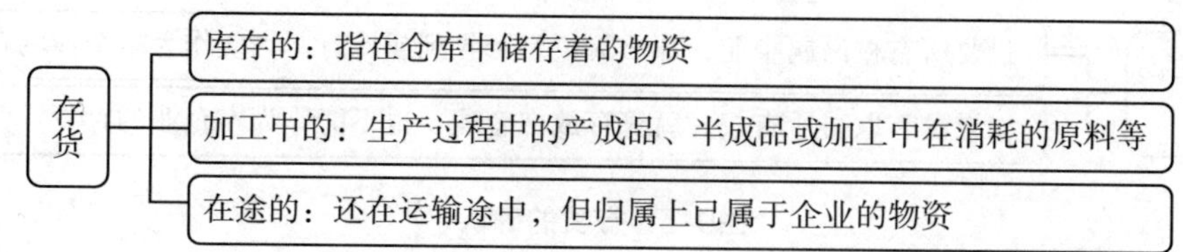

图9-2　存货

1. 存货的主要特点

从性质上讲，存货属于非货币性流动资产。

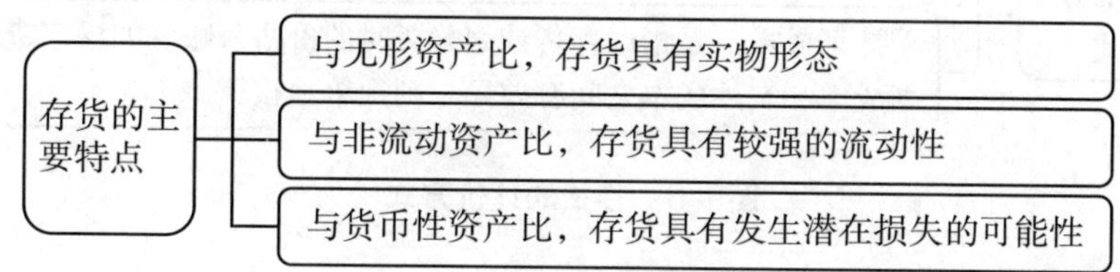

图9-3　存货的主要特点

2. 存货的实物形态

存货就是指存放在仓库或其他地方的物资。

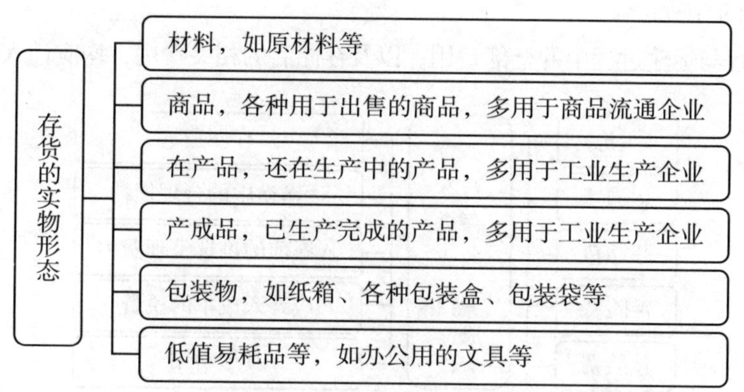

图9-4　存货的实物形态

3. 存货的确认

存货的确认，除应确定在性质上是否属于存货外，还需确定是否属于企业的存货。也就是说，有些可以是存货的物资，还必须确定其是否应当算是当前会计主体的存货，若是，才能纳入会计核算的范围。

从归属权的意义上讲，存货的确认，即是对存货归属权的确认。一般判定存货是否为当前会计主体的存货的标准是，看其所有权是否已归属于当前会计主体。

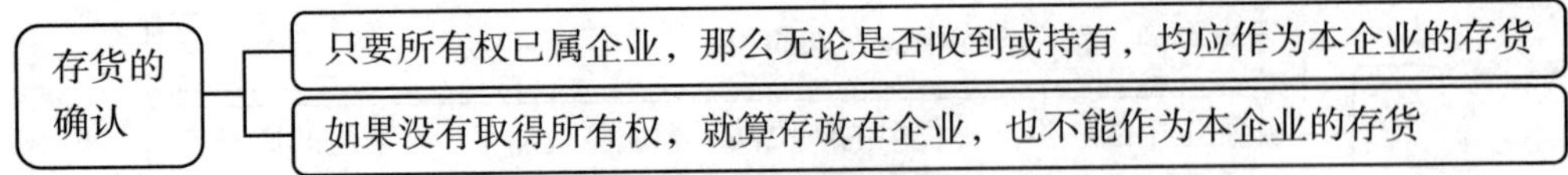

图9-5　存货的确认

4. 存货的计价方式

因为存货的形态多，所以存货的计价方式也较多。

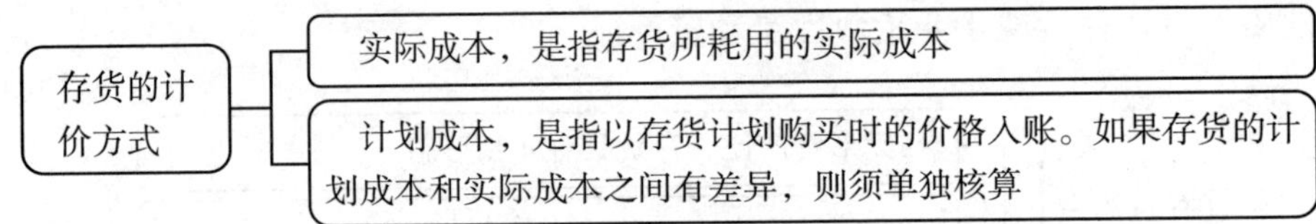

图9-6　存货的计价方式

5. 存货实际成本的确定

在取得存货时，应当按照其实际成本入账。因为存货存在各种形态，所以对其实际成本的确定是比较重要的，必须按照不同的情况分别对待。存货实际成本的确定方法如下。

（1）购入的存货

其购买过程与运输过程中的全部费用，以及存储后的相关费用，均应计入实际成本中。

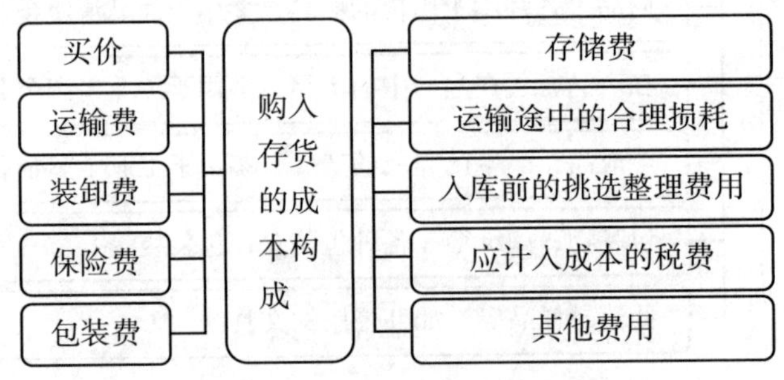

图9-7　购入存货的成本构成

（2）自制存货的实际成本构成

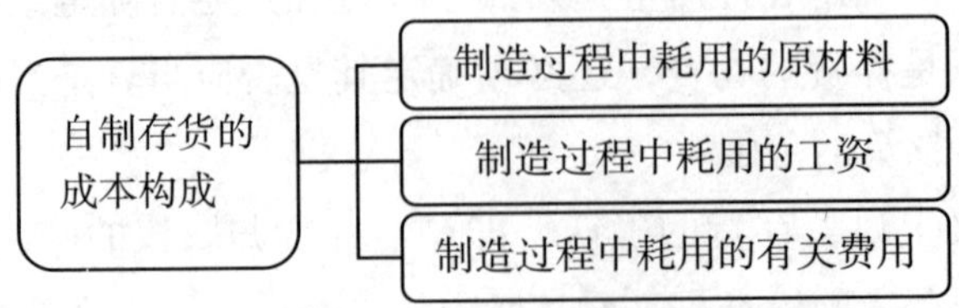

图9-8　自制存货的成本构成

（3）委托外单位加工完成的存货

其实际成本的构成如表 9–1 所示。

表 9–1　委托加工存货的实际成本构成表

企业类型	名称		实际成本构成
工业企业	委托加工的存货	实际耗用的	原材料
			半成品
		加工费	
		运输费	
		装卸费	
		保险费	
		税费	
商品流通企业	委托加工的存货	进价原价	
		加工费用	
		税费	

（4）投资者投入的存货

按投资各方确认的价值作为实际成本。

（5）接受捐赠的存货

其实际成本的确认方式如图 9–9 所示。

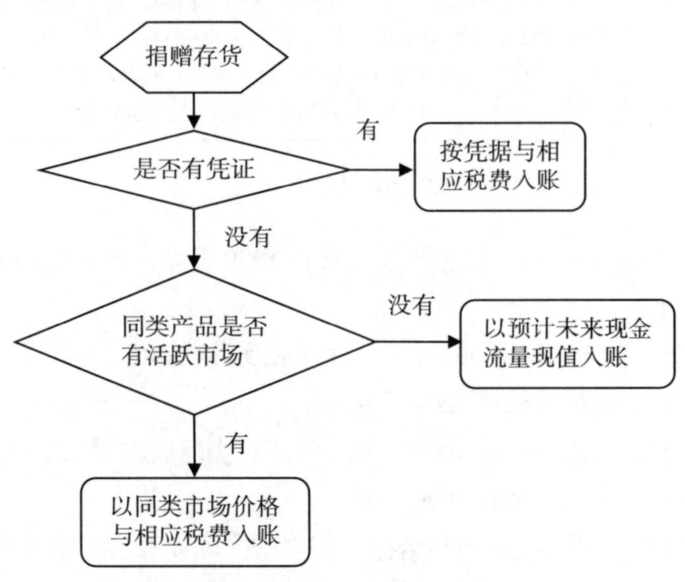

图9–9　捐赠存货的实际成本

（6）抵债的存货

其实际成本的确认按照应收债权的账面价值，减去可抵扣的增值税的进项税额，再加上相关税费即可。

（7）盘盈的存货

其实际成本参照同类产品或类似产品的市场价值入账。

二、存货的计价

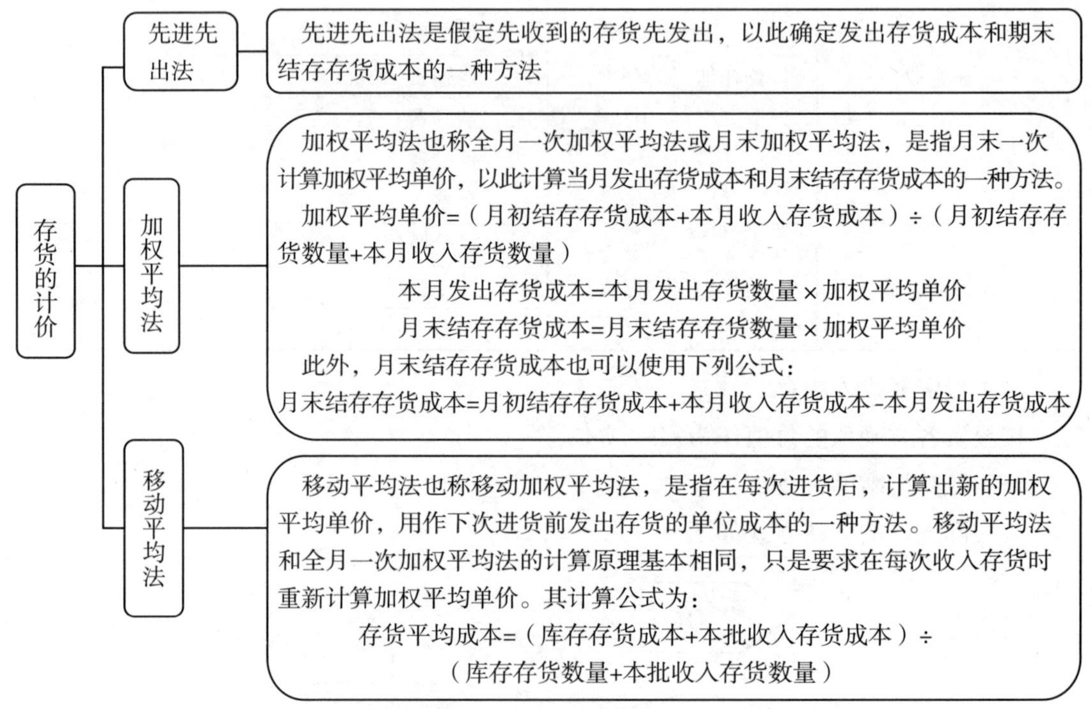

图9-10　存货的计价

【例9-1】某公司2017年2月初结存A材料1000千克，每千克实际成本为160元。在本月发生以下业务。

（1）2月5日，购入该材料600千克，每千克实际成本为200元。

（2）2月11日，发出该材料1200千克。

（3）2月15日，购入该材料1000千克，每千克实际成本为220元。

（4）2月18日，发出该材料1000千克。

采用先进先出法计算2月发出和结存A材料的实际成本，步骤如下。

第一步：求出2月11日的存货发出成本：

1000×160+200×200=200000（元）

第二步：求出2月18日的存货发出成本：

400×200+600×220=212000（元）

第三步：求出 2 月发出和结存的实际成本：

2 月存货的发出成本 =200000+212000=412000（元）

2 月存货的结存成本 =400×220=88000（元）

【例 9–2】仍以【例 9–1】，改用加权平均法计算发出存货成本和期末结存存货成本。

加权平均单价 =（1000×160+600×200+1000×220）÷（1000+600+1000）=192.31（元 / 千克）

本月发出存货成本 =192.31×（1200+1000）=423082（元）

月末结存存货成本 =（1000+600+1000–1200–100）×192.31=76924（元）

三、存货的账务处理

存货的账务处理必须根据相关的账户及记账要求进行，下面按库存商品和周转材料来分别列明其账务核算处理。

1. 库存商品的账务处理

库存商品的账务处理如表 9–2 所示。

表 9–2　库存商品的账务处理

<table>
<tr><th>序号</th><th colspan="2">业务内容</th><th>会计处理</th></tr>
<tr><td>1</td><td colspan="2">购入的商品到达验收入库后</td><td>借：库存商品（按商品进价）
应交税费——应交增值税（进项税额）
贷：应付账款等（按实际应付款项）</td></tr>
<tr><td>2</td><td colspan="2">委托外单位加工回收的商品</td><td>借：库存商品（按实际成本）
贷：委托加工物资</td></tr>
<tr><td>3</td><td colspan="2">结转销售发出商品的成本</td><td>借：主营业务成本
贷：库存商品</td></tr>
<tr><td rowspan="2">4</td><td rowspan="2">盘亏或损毁的库存商品</td><td>属于自然灾害造成的</td><td>借：营业外支出（按材料对应的成本及不可抵扣的增值税进项税额，减去过失人或保险公司等赔款和残料价值后的余额）、其他应收款等（按过失人或保险公司等赔款和残料价值）
贷：库存商品（按实际成本）
应交税费——应交增值税（进项税额转出）</td></tr>
<tr><td>属于其他情况的</td><td>借：管理费用、其他应收款等
贷：库存商品（按实际成本）
应交税费——应交增值税（进项税额转出）</td></tr>
<tr><td>5</td><td colspan="2">盘盈的库存商品，以其市价或同类、类似商品的市场价格作为实际成本</td><td>借：库存商品
贷：管理费用</td></tr>
</table>

2. 周转材料的账务处理

周转材料的账务处理如表 9–3 所示。

表 9–3　周转材料的账务处理

序号	业务内容		会计处理
1	一次转销的	在领用时，将其全部价值入有关的成本费用	借：管理费用等 　　贷：周转材料
		报废时，残料价值应冲减有关的成本费用	借：原材料等 　　贷：管理费用等
2	分次转销的	领用时	借：长期待摊费用 　　贷：周转材料
		摊销时	借：管理费用等 　　贷：长期待摊费用
		报废时，残料价值冲减有关成本费用	借：原材料等 　　贷：管理费用等

四、存货的期末处理

在存货的日常业务处理过程中，处理存货的购入与发出（或销售），还有存货的期末处理问题。由于付款方式和物流配送的影响，企业通常需要在期末对存货进行适当处理。

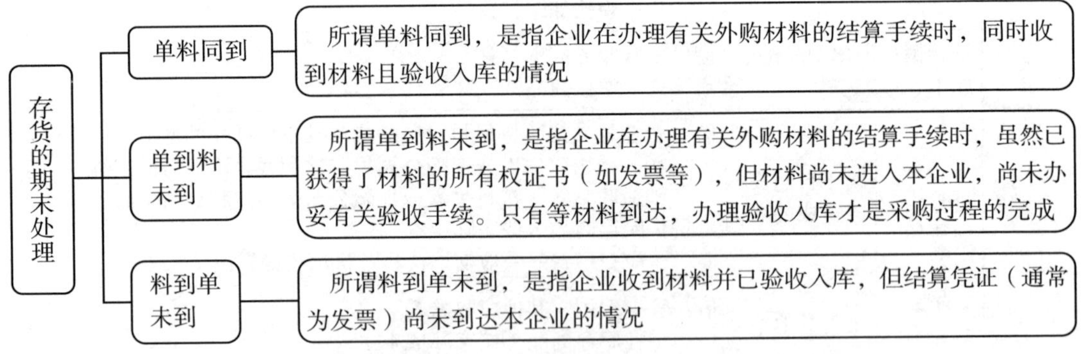

图9–11　存货的期末处理

1. 存货的单料同到的处理

在这种情况下，会计人员仅需要根据入库材料的实际成本，编制如下会计分录：

借：存货类科目

应交税费——应交增值税（进项税额）

　　贷：银行存款（或其他货币资金科目、应付票据、应付账款等科目）

2. 存货的单到料未到的处理

在这种情况下，会计人员应根据相关结算凭证中记载的材料价款，编制如下会计分录：

借：在途物资

　应交税费——应交增值税（进项税额）（根据发票上的增值税额）

　　贷：银行存款（或其他货币资金科目、应付票据、应付账款等科目）

3. 存货的料到单未到的处理

企业在收到材料验收入库时可暂不进行账务处理，只将有关的入库凭证单独保存，待购货的结算凭证到达后，再按照单料同到的情况处理。但会计期末结算凭证仍未到达本企业，则需要将已入库的材料按暂估价入账，会计分录如下：

借：存货类科目（注意，暂估价应该为不含税价）

　贷：应付账款

在下月月初时，需将原分录用红字冲回，待结算凭证到达后按单料同到的情况处理。

五、存货清查

由于存货在一般情况下品种很多、收发频繁，所以可能会在日常收发、计量、计算上出现差错，再加上有些存货有自然损耗，或者因为管理不善，出现丢失和毁损，造成盘盈、盘亏或毁损等账实不符等情况，所以要及时对存货进行清查。

所谓存货的清查，是指通过对存货的实地盘点，确定存货的实有数量，并和账面资料相核对，从而确定存货实存数和账面数是否相符的一种专门方法。

1. 存货清查的内容和方法

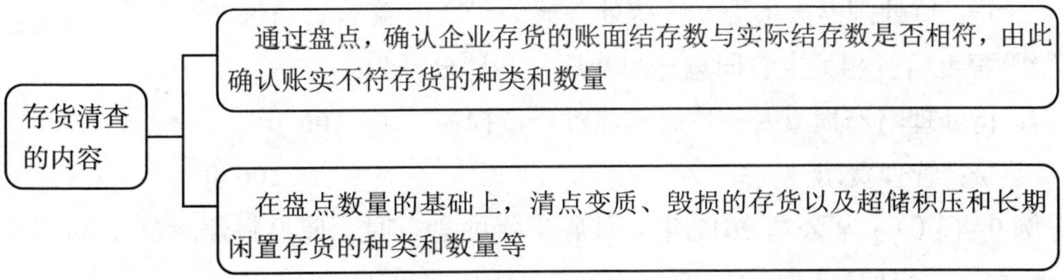

存货清查的内容
- 通过盘点，确认企业存货的账面结存数与实际结存数是否相符，由此确认账实不符存货的种类和数量
- 在盘点数量的基础上，清点变质、毁损的存货以及超储积压和长期闲置存货的种类和数量等

图9-12　存货清查的内容

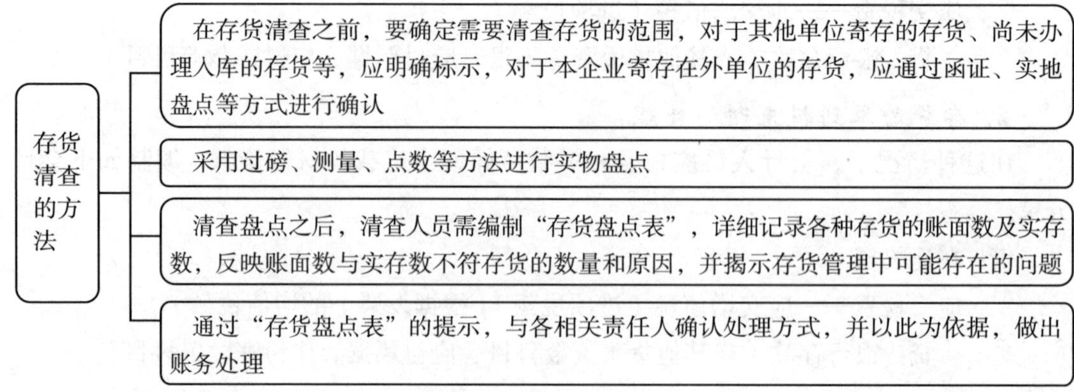

图9–13　存货清查的方法

2. 存货清查的账务处理

存货清查中，造成存货账实不符的原因包括多种，企业应根据不同情况做相应的账务处理。一般的处理方法为：定额内的盘亏，应增加费用；责任事故导致的损失，应由过失人负责赔偿；因自然灾害等非常原因造成的损失，在扣除保险公司赔款及残料收入后，经批准应作为营业外支出。如果发生盘盈，通常冲减费用，或计入营业外收入。

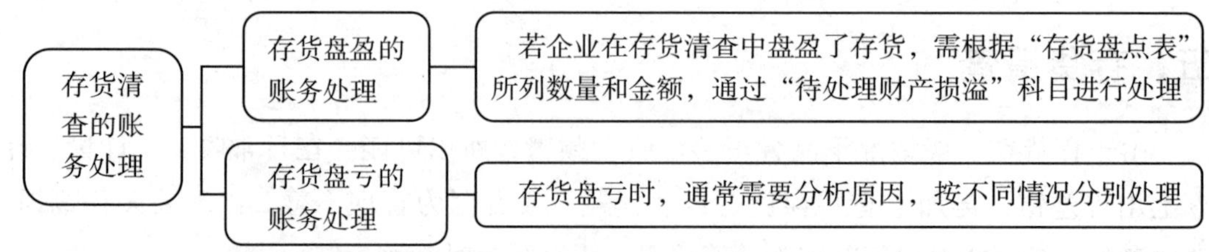

图9–14　存货清查的账务处理

【例 9–3】（1）某公司 2017 年 6 月底半年度盘点，盘盈产成品 ø1240 气缸 11 个，单位成本 970 元，则在确认盘盈后，会计分录为：

借：库存商品——ø1240 气缸　　　　10670

　　贷：待处理财产损溢——待处理流动资产损溢　　　　10670

（2）报批后，相关主管同意冲减费用，会计分录为：

借：待处理财产损溢——待处理流动资产损溢　　　　10670

　　贷：管理费用　　　　10670

【例 9–4】（1）某公司 2017 年 6 月底半年度盘点时，原材料焦炭盘亏 8400 元，在确认盘亏后，会计分录为：

借：待处理财产损溢——待处理流动资产损溢　　　　8400

贷：原材料——焦炭　　　　　　　　　　　　　　8400

（2）上述盘亏材料经分析确认：盘亏中有 2000 元为定额内自然损耗，列为制造费用；有 4200 元为保管不善所致，由有关责任人王某赔偿；另有 2200 元属于自然灾害造成的非常损失，列为营业外支出。则在经核准后，会计分录为：

借：制造费用　　　　　　　　　　　　　　　　2000
　　其他应收款——王某　　　　　　　　　　　4200
　　营业外支出　　　　　　　　　　　　　　　2200
　　贷：待处理财产损溢——待处理流动资产损溢　　8400

六、存货账务处理实例

【例 9–5】2017 年 2 月 10 日，A、B、C、D、E 五方共同投资设立了甲公司。A 以其生产的产品作为投资（甲公司作为原材料管理和核算），五方确认该批原材料的价值为 20000000 元。甲公司取得的增值税专用发票上注明的不含税价款为 20000000 元，增值税额为 3400000 元。同时，假定甲公司的股本总额为 120000000 元，A 在甲公司享有的份额为 10%。甲公司为一般纳税人，采用实际成本法核算存货。

准则规定，投资者投入的存货的成本，应当按照投资合同或协议约定的价值确定，但合同或协议约定价值不公允的除外。在这个例子中，由于甲公司为一般纳税人，且投资各方确认的原材料的价值为 20000000 元，因此，甲公司接受的这批原材料的入账价值为 20000000 元，将增值税 3400000 元单独作为可以抵扣的进项税额进行核算。

会计分录为：

借：原材料　　　　　　　　　　　　　　　　20000000
　　应交税费——应交增值税（进项税额）　　　3400000
　　贷：股本——A　　　　　　　　　　　　　　　12000000
　　　　资本公积——股本溢价　　　　　　　　　　11400000

第二节　固定资产的账务处理

固定资产通常占企业资产的一大部分。而固定资产不光体积大，资金占用也很大，因此一般的企业不光对固定资产进行会计处理，还为其制定详细的管理规则，并且为每一件固定资产都建立信息卡片。

一、固定资产基本知识

资产，是企业拥有或控制的资源。固定资产，顾名思义，是指比较固定的资产。固定资产往往使用期限较长，单位价值比较高，而且在使用中可以保持原实物形态。

1．固定资产的确认条件

固定资产，是指同时具有下列特征的有形资产。

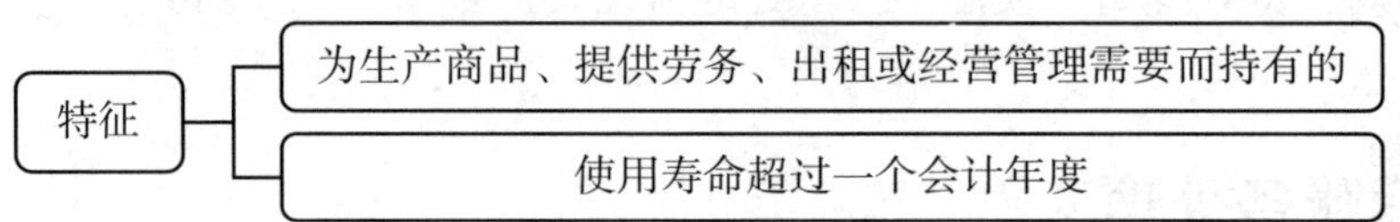

图9–15　固定资产的特征

使用寿命，是指企业使用固定资产的预计期间，或者该固定资产所能生产产品或提供劳务的数量。

固定资产同时满足下列条件的，方可予以确认：

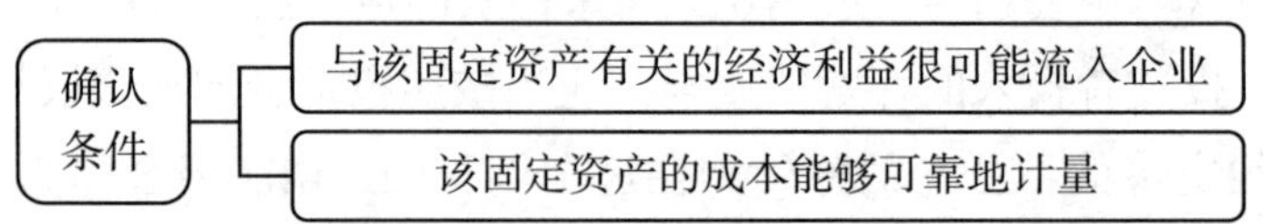

图9–16　固定资产的确定

新会计准则下固定资产的定义发生了以下两点变化：

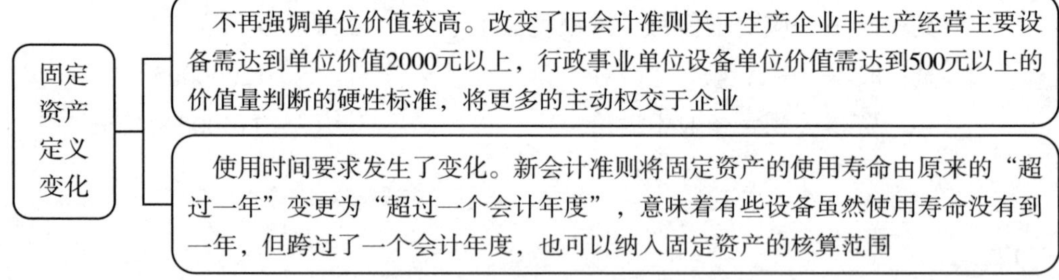

图9–17　固定资产定义变化

办公桌椅通常都是按固定资产来核算的，因为其符合固定资产的两个判定标准。第一，办公桌椅是生产经营使用的主要设备；第二，办公桌椅的使用寿命通常都在5～10年，也符合固定资产的时间标准。

会计工作中常见的固定资产如表9–4所示。

表 9-4　常见固定资产表

资产类别	常见的固定资产	
生产经营用固定资产	房屋	厂房等
	建筑物	高炉等
	机器	流水线上的机器等
	设备	计算机、复印机等
	器具	
	工具	
非生产经营用固定资产	职工宿舍	包括其他的相关设施
	食堂	
	浴室	
	理发室等	

2. 固定资产的分类

固定资产的种类繁多，可以按照不同的标准对其进行划分。根据不同的分类方法，可以展现不同的作用。按照经济用途对固定资产进行分类，可以考核企业各类固定资产配备是否合理；按照所有权分类，可以考核企业经济行为的可行性；按照使用情况分类，则可以分析固定资产的有效利用程序，促进企业合理使用资产，同时也是计算固定资产折旧的依据。

固定资产的分类如图 9-18 所示。

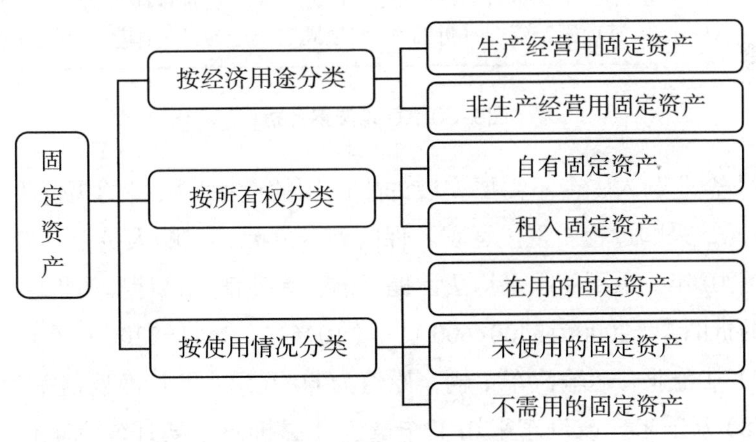

图9-18　固定资产的分类

3. 固定资产的折旧方法

会计业务中，计算固定资产折旧的方法较多，主要可以分为两大类，即直线法和加速折旧法。

在每一个折旧方法的类别中，又有几种相应的折旧方法，如图 9–19 所示。

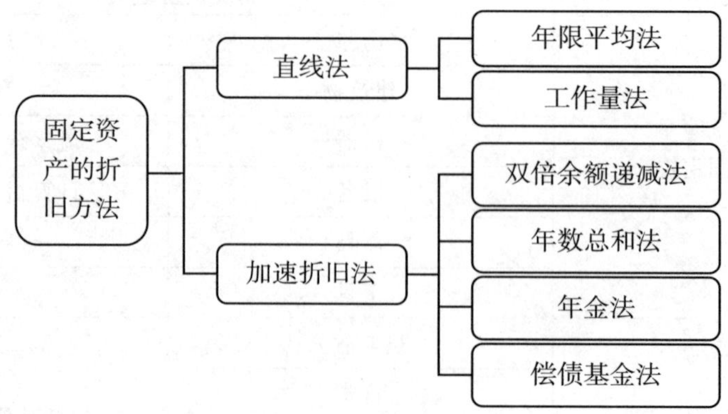

图9–19　固定资产的折旧方法

（1）直线法累计折旧

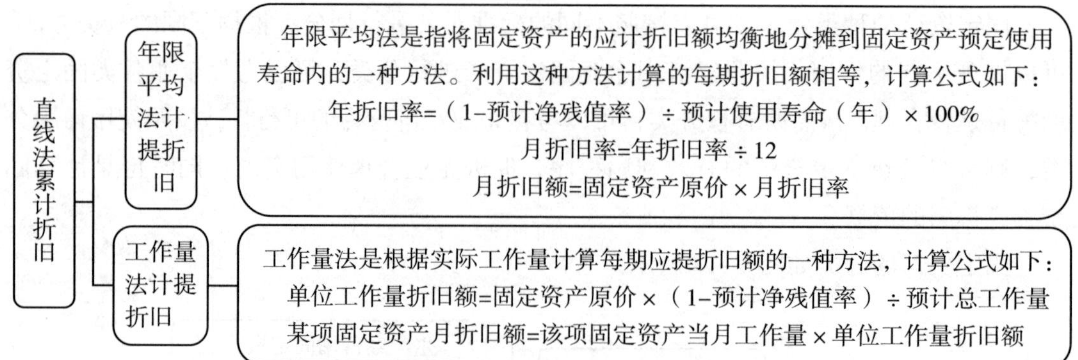

图9–20　直线法累计折旧

【例 9–6】企业购入一台不需要安装的生产用的设备，设备的买价为 20000 元，增值税为 3400 元，采购过程中发生运费、保险费 600 元，采购人员差旅费 400 元。设备预计可以使用 10 年，采用年限平均法计提折旧，无残值。该计提的折旧为多少元？

应计提的折旧 =（20000+3400+600）÷（10×12）×11=2200（元）

【例 9–7】某企业有运输汽车 1 辆，原值为 60 万元，预计净残值率为 4%，预计行使总里程为 80 万千米。该汽车采用工作量法计提折旧。某月该汽车行使 8000 千米。该汽车的单位工作量折旧额和该月折旧额计算如下。

单位工作量折旧额 =[600000×（1–4%）]÷800000=0.72（元 / 千米）

该月折旧额 =0.72×8000=5760（元）

（2）加速折旧法累计折旧

图9-21　加速折旧法累计折旧

①年数总和法计提折旧。根据固定资产的折旧原则，固定资产使用年限结束时，该固定资产的价值也全部转至产品成本中。那么转移的价值应为100%，简化为1。简言之，当某个固定资产的价值全部折旧结束时，其折旧率总和应为1，用数学式子表示为：折旧率总和=1。

计算公式如下：

年折旧率=尚可使用年限 ÷ 预计使用年限的年数总和 ×100%

预计使用年限的年数总和 $=n\times(n+1)\div 2$

月折旧率=年折旧率 ÷12

月折旧额=（固定资产原价－预计净残值）× 月折旧率

【例9-8】有一台设备，原值156000元，预计残值4000元，预计可用4年，试用年数总和法计算每年折旧额。

年数总和=1+2+3+4=10

第一年=（156000-4000）×（4/10）=60800（元）

第二年=（156000-4000）×（3/10）=45600（元）

第三年=（156000-4000）×（2/10）=30400（元）

第四年=（156000-4000）×（1/10）=15200（元）

【例9-9】某企业购进一台机器，价格为60万元，预计使用5年，残值率为5%，采用年数总和法计提折旧，则求第5年计提的折旧额。

年数总和=1+2+3+4+5=15，残值=60×5%=3（万元），折旧总和=60-3=57（万元）。

第1年的折旧额=57×5/15=19（万元）

第2年的折旧额=57×4/15=15.2（万元）

第3年折旧额=57×3/15=11.4（万元）

第4年折旧额=57×2/15=7.6（万元）

第5年折旧额=57×1/15=3.8（万元）

②双倍余额递减法计提折旧。双倍余额递减法是加速折旧法的一种，是假设固定资产的服务潜力在前期消耗较大，在后期消耗较少，为此，在使用前期多提折旧，后期少提折旧，从而相对加速折旧，计算公式如下：

年折旧率 =2÷ 预计的折旧年限 ×100%

年折旧额 = 固定资产期初折余价值 × 年折旧率

月折旧率 = 年折旧率 ÷12

月折旧额 = 年初固定资产折余价值 × 月折旧率

固定资产期初账面净值 = 固定资产原值 – 累计折旧

最后两年，每年折旧额 =（固定资产原值 – 累计折旧 – 残值）÷2

【例 9–10】某公司有一台机器设备原价为 300000 元，预计使用寿命为 5 年，预计净残值 12000 元。要求计算第三年的折旧额是多少？最后一年的折旧额是多少？

年折旧率 =2÷5×100%=40%

第一年应提的折旧额 =300000×40%=120000（元）

第二年应提的折旧额 =（300000–120000）×40%=72000（元）

第三年应提的折旧额 =（300000–120000–72000）×40%=43200（元）

第四、第五年每年应提的折旧额 =（300000–120000–72000–43200–12000）÷2= 26400（元）

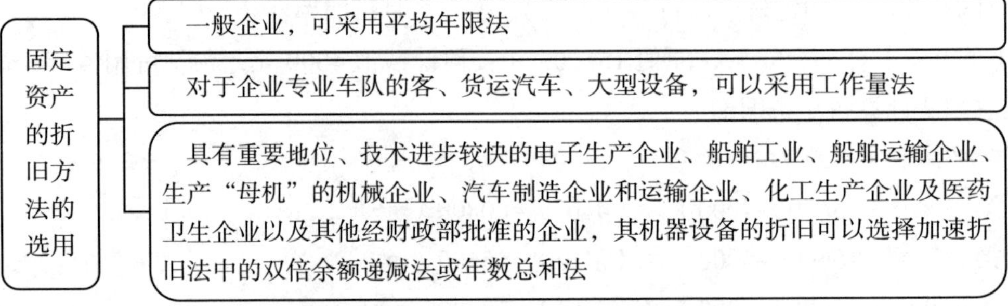

图9–22 固定资产的折旧方法的选用

二、固定资产的账务处理

固定资产的账务处理包括了固定资产进入企业直至最终退出企业的全过程，具体包括初始入账处理、折旧处理、后继支出处理和报废处理等。

1. 固定资产入账的账务处理

企业取得固定资产的途径有很多，最常见的是直接购入，其他还有捐赠取得、投资方投入取得等。

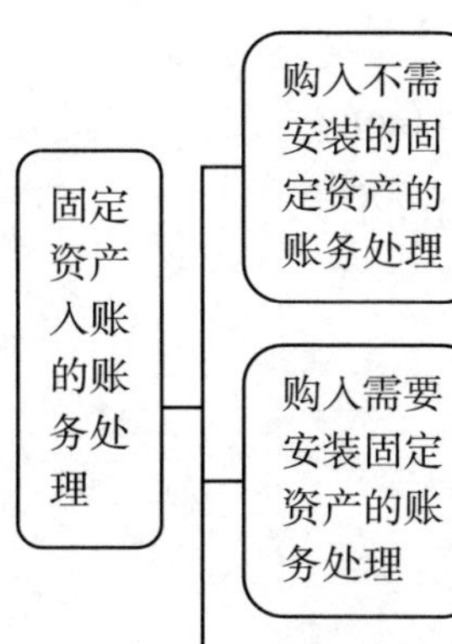

图9–23　固定资产入账的账务处理

其他方式取得的固定资产的账务处理	对于投资者投入企业的固定资产，应按投资各方确认的价值，借记“固定资产”，贷记“实收资本”
	对于接受捐赠取得的固定资产，按照确定的价值，借记“固定资产”，贷记“营业外收入”，同时需计算接受该固定资产捐赠要缴纳的所得税，如果所得税金额较大，可以在若干年内分摊缴纳

图9–24　其他方式取得的固定资产的账务处理

【例 9–11】某公司 2017 年 6 月购入车床一台，其不含税价格 100000 元，增值税税额 17000 元，款项已经通过银行划转，另外，运输该车床运杂费 15000 元，用现金支付，则其账务分录为：

借：固定资产——生产用设备（车床）　　115000
　　应交税费——应交增值税（进项税额）　　17000
　　贷：银行存款——工行基本户　　117000
　　　　现金　　15000

【例 9–12】某公司 2017 年 7 月购入需要安装的铣床 1 台，用银行存款支付买价 20000 元，税金 3400 元（取得增值税专用发票），款项已经用银行转账支票支付，另用现金支付包装运杂费 1000 元。购入后需要安装，在 8 月时用银行存款支付安装费 1600 元。该项固定资产 8 月份完成安装工作后交付使用。

（1）7 月购入设备时的会计分录为：

借：在建工程——生产用设备（铣床）　　21000

应交税费——应交增值税（进项税额）　　3400

贷：银行存款——工行基本户　　23400

现金　　1000

（2）8月支付安装费时的会计分录为：

借：在建工程——生产用设备（铣床）　　1600

贷：银行存款——工行基本户　　1600

（3）8月安装工程完工，办理验收手续后需要做的会计分录为：

借：固定资产——生产用设备（铣床）　　22600

贷：在建工程——生产用设备（铣床）　　22600

【例9-13】某公司购入需安装的固定资产，买价80000元，增值税13600元，运费1600元，以银行存款支付，安装时，领用材料3000元，购进该批材料支付的增值税额510元，支付工资5000元，分录如下：

（1）支付价款、税金、运费时：

借：在建工程　　95200

贷：银行存款　　95200

（2）领用材料，支付工资时：

借：在建工程　　8510

贷：应交税费——应交增值税（进项税额转出）　　510

原材料　　3000

应付职工薪酬——应付工资　　5000

（3）入账价值=95200+8510=103710（元），交付使用：

借：固定资产　　103710

贷：在建工程　　103710

【例9-14】企业接受某爱国华侨捐赠的生产流水线一条，流水线所带的凭证标明其价值84000元，估计折旧金额为6000元，发生的运杂费、包装费等计2000元。企业适用的所得税税率为25%。

本笔业务的账务处理过程与步骤如下：

（1）计算固定资产的入账价值：

84000元+2000元-6000元=80000元

（2）计算应交所得税费用金额：

80000元×25%=20000元

（3）将固定资产正式入账：

接受捐赠时：

借：固定资产　　80000

　　贷：营业外收入　　80000

计缴所得税时：

借：所得税费用　　20000

　　贷：应交税费——应交所得税　　20000

2. 固定资产折旧的账务处理

对于固定资产的折旧，通常采用哪个部门使用的固定资产，其折旧额就计入相关部门费用的方式。

【例 9-15】2017 年 3 月，某公司需要计提的固定资产折旧费如表 9-5 所示。

表 9-5　2017 年 3 月折旧费用明细表

资产使用部门	本月需要计提的折旧	费用归属科目
管理部门	5139.20	管理费用
铸造一车间	6912.90	制造费用
铸造二车间	5094.84	制造费用
销售部门	2648.48	销售费用
合计	19795.42	

则对应的会计分录为：

借：管理费用——折旧费　　5139.20

　　生产成本——铸一车间（制造费用）　　6912.90

　　生产成本——铸二车间（制造费用）　　5094.84

　　销售费用——折旧费　　2648.48

　　　贷：累计折旧　　19795.42

【例 9-16】企业有一台原值为 400000 元的设备，使用年限预计为 5 年，报废后残值估计有 16000 元，企业按双倍余额递减法计提固定资产折旧。其每年的折旧及会计分录如下：

（1）计算年折旧率：

年折旧率 =2/5=40%

（2）第一年的折旧额计算：

400000 元 ×40%=160000 元

会计分录:

借：管理费用　　160000

　　贷：累计折旧　　160000

（3）第二年的折旧额计算:

（400000–160000）元 ×40%=96000 元

会计分录:

借：管理费用　　96000

　　贷：累计折旧　　96000

（4）第三年的折旧额计算:

（400000–160000–96000）元 ×40%=57600 元

会计分录:

借：管理费用　　57600

　　贷：累计折旧　　57600

（5）第四年的折旧额计算:

（400000–160000–96000–57600–16000）元 ÷2=35200 元

会计分录:

借：管理费用　　35200

　　贷：累计折旧　　35200

（6）第五年的折旧额计算:

（400000–160000–96000–57600–16000）元 ÷2=35200 元

会计分录:

借：管理费用　　35200

　　贷：累计折旧　　35200

3. 固定资产减少的账务处理

固定资产虽然使用时间较长，但也有其使用寿命，在达到使用寿命时要报废，或者由于其他原因，需要提前对固定资产进行处理，就需要做相应的账务处理，这就是固定资产的减少。造成减少的原因不同，其会计处理也稍有差异。

（1）固定资产报废或毁损的账务处理

固定资产报废和毁损的核算方式大致相同，主要区别在于固定资产报废不存在经济索赔问题，而固定资产毁损则可能得到保险公司或有关责任者的经济赔偿。

固定资产报废和毁损的核算步骤如下。

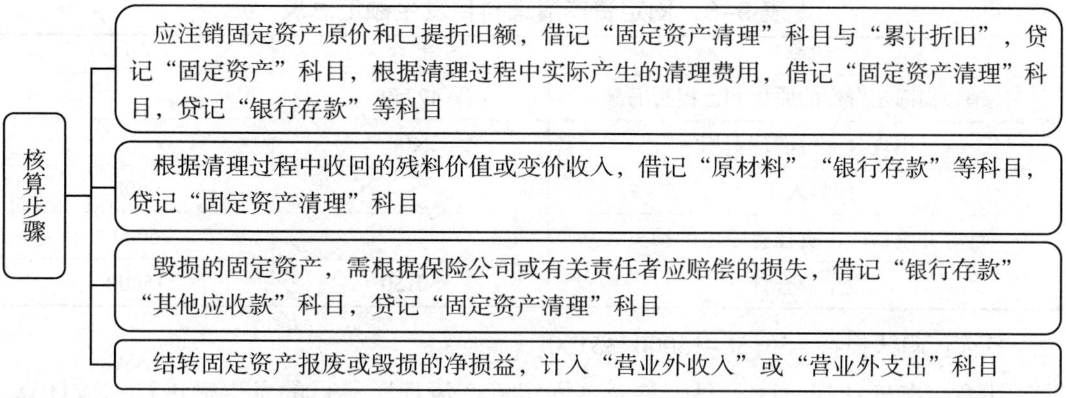

图9–25 核算步骤

【例 9–17】2017 年 3 月 10 日，某公司有 1 台抛丸机因管理不善提前报废，该机器原价为100000元，已提折旧额为52250元。在清理过程中，用现金支付清理费2400元，残料入库计价 9000 元，应由有关责任者李某赔偿 6000 元。

（1）注销毁损固定资产的原价和已提折旧额，会计分录为：

借：固定资产清理　　47750

　　累计折旧　　52250

　　贷：固定资产　　100000

（2）用现金支付清理费用，会计分录为：

借：固定资产清理　　2400

　　贷：现金　　2400

（3）残料入库，会计分录为：

借：原材料——废钢　　9000

　　贷：固定资产清理　　9000

（4）计算并确认应由责任者赔偿的损失，会计分录为：

借：其他应收款——李某　　6000

　　贷：固定资产清理　　6000

（5）结转毁损固定资产净损失，先计算净损失，即把固定资产清理科目汇总，其结果如表 9–6 所示。会计分录为：

借：营业外支出——处理固定资产净损失　　35150

　　贷：固定资产清理　　35150

表 9-6　固定资产清理科目发生额汇总表

摘要	借方	贷方
注销毁损固定资产的原价和已提折旧额	47750	
用现金支付清理费用	2400	
残料入库		9000
计算并确认应由责任者赔偿的损失		6000
发生额合计	50150	15000

备注：确认损益 =50150–15000=35150。

注意：在确认损益时，只需要对“固定资产清理”科目的发生额进行加减计算，然后用“借方合计 – 贷方合计”，如果结果为正，是损失，如果为负，是收益。

（2）固定资产出售的账务处理

企业将闲置不用的固定资产出售给其他单位时，其账务处理和固定资产报废或毁损的账务处理类似，步骤如下。

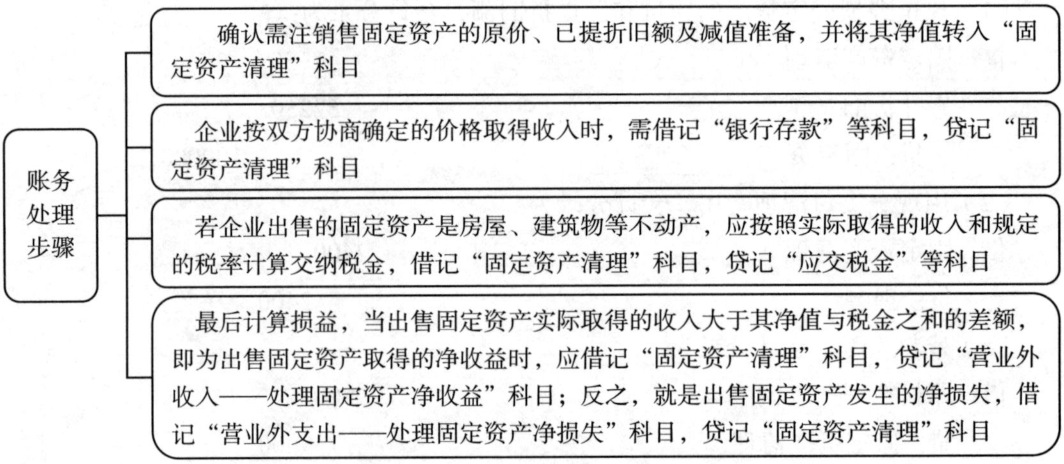

账务处理步骤

- 确认需注销售固定资产的原价、已提折旧额及减值准备，并将其净值转入“固定资产清理”科目
- 企业按双方协商确定的价格取得收入时，需借记“银行存款”等科目，贷记“固定资产清理”科目
- 若企业出售的固定资产是房屋、建筑物等不动产，应按照实际取得的收入和规定的税率计算交纳税金，借记“固定资产清理”科目，贷记“应交税金”等科目
- 最后计算损益，当出售固定资产实际取得的收入大于其净值与税金之和的差额，即为出售固定资产取得的净收益时，应借记“固定资产清理”科目，贷记“营业外收入——处理固定资产净收益”科目；反之，就是出售固定资产发生的净损失，借记“营业外支出——处理固定资产净损失”科目，贷记“固定资产清理”科目

图9–26　账务处理步骤

【例 9–18】某企业某项固定资产出售，原值为 100000 元，累计折旧为 50000 元，已提固定资产减值准备为 10000 元，清理过程中用现金支付清理费用 300 元，取得出售收入 44000 元存入银行，会计处理如下：

（1）固定资产转入清理：

借：固定资产清理　　　　40000

　　累计折旧　　　　50000

　　固定资产减值准备　　　　10000

　　贷：固定资产　　　　100000

（2）支付清理费用：

借：固定资产清理　　　　　　　　　　　　300

　　贷：库存现金　　　　　　　　　　　　　300

（3）收取价款：

借：银行存款　　　　　　　　　　　　　44000

　　贷：固定资产清理　　　　　　　　　　　44000

（4）结转固定资产清理净损益：

处理固定资产净收益 =44000–40000–300=3700（元）

借：固定资产清理　　　　　　　　　　　3700

　　贷：营业外收入——处理固定资产净收益　　3700

三、固定资产清查

固定资产清查，是指从实物管理的角度，对企业实际拥有的固定资产进行实物清查，并与固定资产账目进行核对，确定企业的固定资产是否保存完好的过程。清查中应编制“固定资产盘点表”，通过盘点表清查的数量和相应账目的核对，能发现个别固定资产被毁损，或者已经可以报废，或者盘盈和盘亏等情况。

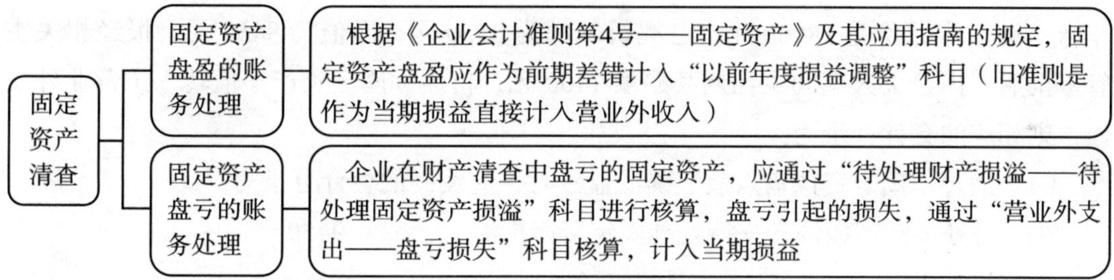

图9–27　固定资产清查

【例 9–19】2017 年 6 月 30 日，某公司对企业内全部固定资产进行盘查，盘盈一台打磨机，该设备同类产品市场价格为 25000 元，企业所得税税率为 25%，则相应的会计分录为：

借：固定资产　　　　　　　　　　　　　25000

　　贷：以前年度损益调整　　　　　　　　　25000

因盘盈设备涉及的所得税为 6250 元（25000×25%=6250），故需同时调整本期企业所得税，相应的会计分录为：

借：以前年度损益调整　　　　　　　　　6250

　　贷：应交税费——应交所得税　　　　　　6250

最后再结转“以前年度损益调整”科目，相应的会计分录为：

借：以前年度损益调整　　18750

　　贷：利润分配——未分配利润　　18750

【例 9-20】某公司盘点发现有一台使用中的机器设备未入账，按同类或类似商品市场价格，减去按该项资产的新旧程度估计的价值损耗后的余额为 60000 元（假定与其计税基础不存在差异），该盘盈固定资产作为前期差错进行处理。假定适用的所得税率为 25%，按净利润的 10% 计提法定盈余公积。有关会计处理如下：

借：固定资产　　60000

　　贷：以前年度损益调整　　60000

确定应缴纳的所得税时：

借：以前年度损益调整　　15000

　　贷：应交税费——应交所得税　　15000

结转为留存收益时：

借：以前年度损益调整　　45000（60000-15000）

　　贷：盈余公积——法定盈余公积　　4500（45000×10%）

　　　　利润分配——未分配利润　　40500（45000-4500）

【例 9-21】2017 年 6 月 30 日，某公司对企业内全部固定资产进行盘查，盘亏一台车床，该车床原价为 18000 元，已提折旧额为 8550 元，净值为 9450 元，报经相关主管审批后，由过失人车间主任刘某赔偿 1400 元，将盘亏固定资产净值转入了营业外支出，则相应的会计分录为：

（1）通过“固定资产盘点表”确认盘亏时，应编制的会计分录为：

借：待处理财产损溢——待处理固定资产损溢　　9450

　　累计折旧　　8550

　　　贷：固定资产　　18000

（2）审核确认过失人责任时，应编制的会计分录为：

借：其他应收款——刘某　　1400

　　贷：待处理财产损溢——待处理固定资产损溢　　1400

（3）按余额确认为营业外支出时，应编制的会计分录为：

借：营业外支出——盘亏损失　　8050

　　贷：待处理财产损溢——待处理固定资产损溢　　8050

【例 9-22】某公司进行财产清查时，盘亏机器设备一台，原值为 80000 元，已经计提折旧 30000 元，已经计提减值准备 10000 元。会计处理如下：

借：待处理财产损溢——待处理固定资产损溢　　40000

累计折旧　　30000

固定资产减值准备　　10000

贷：固定资产　　80000

报经批准转销：

借：营业外支出——非流动资产盘亏损失　　40000

贷：待处理财产损溢——待处理固定资产损溢　　40000

四、固定资产账务处理实例

【例9-23】某企业通过清理资产，出售一台旧机器，原值24000元，售价13000元，收到现金，该机器已提折旧12000元，做如下账务处理。

（1）先注销固定资产和折旧：

借：固定资产清理——机器　　12000

累计折旧　　12000

贷：固定资产　　24000

（2）收回价款：

借：库存现金　　13000

贷：固定资产清理——机器　　13000

（3）结转净收益：

借：固定资产清理——机器　　1000

贷：营业外收入　　1000

【例9-24】某企业因火灾烧毁仓库一座，原值104000元，已提折旧44000元，保险公司赔偿30000元，已通过银行支付。清理残料变卖收入现金2200元，以现金开支清理费2600元。经批准，转入递延资产处理，分4年摊销。做如下账务处理。

（1）先注销固定资产和折旧：

借：固定资产清理——仓库　　60000

累计折旧　　44000

贷：固定资产——仓库　　104000

（2）支付清理费用：

借：固定资产清理——仓库　　2600

贷：库存现金　　2600

（3）保险公司赔偿：

借：银行存款　　30000

贷：固定资产清理——仓库 30000

（4）残料变卖收入：

借：库存现金 2200

贷：固定资产清理——仓库 2200

（5）结转净损失（60000+2600–30000–2200）：

借：递延所得税资产 30400

贷：固定资产清理——仓库 30400

（6）结转当年摊销数（30400÷4）：

借：其他业务成本 7600

贷：递延所得税资产 7600

【例 9–25】某企业自建厂房一栋，购入专用物资 1000000 元，增值税 170000 元，全部用于工程建设。领用企业生产的水泥一批，成本 160000 元，税务部门确定的计税价格为 200000 元，增值税率为 17%，工程人员应计工资为 200000 元，支付的其他费用为 60000 元。工程完工并达到可使用状态。做分录如下：

（1）购入工程物资时：

借：工程物资 1170000

贷：银行存款 1170000

（2）领用工程物资时：

借：在建工程 1170000

贷：工程物资 1170000

（3）领用本企业水泥时，确定在建工程的成本：

160000+200000×17%=194000（元）

借：在建工程 194000

贷：库存商品 160000

应交税费——应交增殖税（销项税额） 34000

（4）分配工程人员的工资时：

借：在建工程 200000

贷：应付职工薪酬——应付工资 200000

（5）支付工程的其他费用时：

借：在建工程 60000

贷：银行存款 60000

（6）工程完工转入固定资产成本时：

1170000+194000+200000+60000=1624000（元）

借：固定资产　　1624000

　　贷：在建工程　　1624000

【例 9-26】2017 年 4 月 10 日，甲公司将一幢新建厂房的工程出包给乙公司承建，按规定先向乙公司预付工程款 1200000 元，工程完工后收到乙公司有关工程的结算单据，补付工程价款 50000 元，工程完工经验收合格后交付使用。会计处理如下：

（1）预付工程价款：

借：在建工程——厂房　　1200000

　　贷：银行存款　　1200000

（2）补付工程价款：

借：在建工程——厂房　　50000

　　贷：银行存款　　50000

（3）工程完工交付使用：

借：固定资产——厂房　　170000

　　贷：在建工程——厂房　　170000

【例 9-27】某企业有旧厂房一栋，原值为 160000 元，预计净残值为 5000 元，预计使用年限为 10 年，现已使用 11 年，由于不能使用而报废，报废时残料计价 5400 元，以银行存款支付清理费 8000 元，另一部分变卖收入 8000 元存入银行。编制会计分录如下：

（1）固定资产转入清理（累计折旧总额 =160000−5000=155000 元）：

借：固定资产清理　　5000

　　累计折旧　　155000

　　贷：固定资产　　160000

（2）支付清理费：

借：固定资产清理　　8000

　　贷：银行存款　　8000

（3）残料入库并收到变价收入：

借：原材料　　5400

　　银行存款（变价收入）　　8000

　　贷：固定资产清理　　13400

（4）结转固定资产资产清理净损益：

固定资产清理净收益 =13400−5000−8000=400（元）

借：固定资产清理　　400

　　贷：营业外收入——处理固定资产净收益　　400

同样，如果赔了 1600 元，账务处理：

借：营业外支出——处理固定资产净损失　　　　　1600

　　贷：固定资产清理　　　　　　　　　　　　　　1600

【例 9–28】2016 年 12 月 31 日，某公司生产线存在可能发生减值的迹象。经计算，该机器可收回金额为 2460000 元，账面价值为 2800000 元，以前年度未对该生产线计提过减值准备。

账面与可收回金额之间的差额为 340000 元，计提固定资产减值准备。

借：资产减值损失——计提的固定资产减值准备　　340000

　　贷：固定资产减值准备　　　　　　　　　　　　340000

第三节　无形资产的账务处理

一、无形资产基本知识

无形资产，是指企业拥有或者控制的，没有实物形态的可辨认的非货币性资产。企业的专利权、商标权、著作权、特许权、土地使用权等，均属于无形资产。

1. 无形资产的特征

无形资产，顾名思义，就是“没有外在形态”的资产，这一特征主要是和企业内存货、固定资产等“有形”资产比较得来的。

无形资产的特征

- 不具有实物形态：无形资产一般表现为某种权利、某项技术或是某种获取超额利润的综合能力，它们不具有实物形态，例如非专利技术和土地使用权等
- 具有可辨认性：所谓可辨认性，是指无形资产能从企业分离出来或者划分出来，并能单独用于出租、出售或转让。
  关于企业无形资产的可辨认性，可以做这样简单的区分：若企业有权获得一项无形资产产生的未来经济利益，并可以有效控制别的企业或利益集团获取这些利益，则表明企业控制了该项无形资产。例如商标权，若存在盗用或伪造，企业是有控制权和追诉权的，就表示企业控制了某一商标权的相关利益，商标作为无形资产是可辨认的

图9–28　无形资产的特征

2. 无形资产的内容

无形资产一般包括专利权、非专利技术、商标权、著作权、特许权、土地使用权等。

无形资产的内容

- 专利权：是指国家专利主管机关依法授予发明创造专利申请人，对其发明创造在法定期限内所享有的专有权利，包括发明专利权、实用新型专利权及外观设计专利权等
- 非专利技术：也称专有技术，是指不为外界所知、在企业生产经营活动中已采用了的、不享有法律保护，但可以带来经济效益的各种技术及诀窍等非专利技术通常包括工业专有技术、商业贸易专有技术、管理专有技术等
- 商标：是用来辨认特定的商品或劳务的标记
商标权，指专门在某类指定的商品或产品上使用特定的名称或图案的权利
- 著作权：又称版权，是指作者对其创作的文学、科学和艺术作品依法享有的某些特殊权利。著作权包括作品署名权、发表权、修改权以及保护作品完整权，还包括复制权、发行权、出租权、展览权、表演权、放映权、广播权、信息网络传播权、摄制权、改编权、翻译权、汇编权以及应当由著作权人享有的其他权利
- 特许权：又称经营特许权、专营权，指企业在某一地区经营或销售某种特定商品的权利，或是一家企业接受另一家企业使用其商标、商号、技术秘密等的权利，其形式如图9-30所示
- 土地使用权：指国家准许某企业在一定期间内，对国有土地享有开发、利用、经营的权利。根据我国《土地管理法》的规定，我国土地实行公有制，任何单位及个人不得侵占、买卖或者以其他形式非法转让。企业取得土地使用权的方式大致有下列几种：行政划拨取得、外购取得和投资者投资取得

图9-29　无形资产的内容

特许权的形式

- 由政府机构授权，准许企业使用或在一定地区享有经营某种业务的特权，如水、电、邮电通信等专营权、烟草专卖权等
- 企业间依照签订的合同，有限期或无限期应用另一家企业的某些权利，如连锁店、分店使用总店的名称等

图9-30　特许权的形式

二、无形资产的账务处理

企业无形资产的账务处理包括了无形资产进入企业到最终退出企业的全过程，具体包括初始入账处理、后继支出处理以及处置的账务处理等。

1. 无形资产入账的账务处理

无形资产入账的账务处理

外购无形资产的账务处理。外购的无形资产，其成本包括购买价款、相关税费和直接归属于使该项无形资产达到预定用途所发生的其他支出。其中，直接归属于使该项无形资产达到预定用途所发生的其他支出包括：使无形资产达到预定用途所发生的专业服务费用、测试无形资产是否能够正常发挥作用的费用等，但不包括为了引入新产品进行宣传发生的广告费、管理费用及其他间接费用，也不包括在无形资产已经达到预定用途之后发生的费用

投资者投入无形资产的账务处理。按《企业会计准则》的规定："投资者投入的无形资产的成本，应当按照投资合同或协议约定的价值确定，但合同或协议约定价值不公允的除外。"也就是说，投资者投入的无形资产的入账成本，需按照投资合同或协议约定的价值确定，若投资合同或协议约定价值不公允，则应按无形资产的公允价值入账

土地使用权的账务处理：土地使用权较其他无形资产具有特殊性，按《企业会计准则》的规定："企业取得的土地使用权通常应确认为无形资产。土地使用权用于自行开发建造厂房等地上建筑物时，土地使用权的账面价值不与地上建筑物合并计算其成本（也就是不能合并确认为固定资产），而仍作为无形资产进行核算，土地使用权与地上建筑物分别进行摊销和提取折旧"

图9–31　无形资产入账的账务处理

不符合准则规定的土地使用权的账务处理

房地产开发企业取得的土地使用权，用来建造对外出售的房屋建筑物，相关的土地使用权需计入所建造的房屋建筑物成本

企业外购的房屋建筑物，实际支付的价款中包括土地和建筑物的价值，则应当对支付的价款按照合理的方法（如公允价值）在土地和地上建筑物之间进行分配；若确实无法在地上建筑物与土地使用权之间进行合理分配，需全部作为固定资产核算

企业改变土地使用权的用途，将其作为用于出租或增值目的时，应将其转为投资性房地产

图9–32　不符合准则规定的土地使用权的账务处理

【例 9–29】某公司购入两项专利技术，发票价格为 100 万元，相关费用 6000 元，款项已通过银行转账支付。账务处理如下：

借：无形资产　　　　1006000

　　贷：银行存款　　　　1006000

【例 9–30】某公司接受 A 投资者及其所拥有的非专利技术投资，双方商定的价值为 100 万元，已办妥相关手续。账务处理如下。

借：无形资产　　　　　　　　　　　　　　1000000

　　贷：股本——A　　　　　　　　　　　　　　1000000

【例 9–31】某公司在 2016 年 12 月成立时，其中一个股东 R 以一项非专利技术作为初始资本投入，各股东确认该非专利技术的价值是 300 万元，而其市值为 240 万元，则该公司对该笔投资者投入的无形资产的会计分录为：

借：无形资产——非专利权　　　　　　　　2400000

　　资本公积——股本溢价　　　　　　　　600000

　　　贷：股本—— R　　　　　　　　　　　　　3000000

2. 企业内部研发费用的账务处理

（1）研究阶段费用的账务处理

研究阶段费用的账务处理

- 无形资产的研究阶段，是指为获取新的技术和知识等进行的有计划的调查
- 有关研究活动的例子包括：为获取知识而进行的研究活动；研究成果或其他知识的应用研究、评价和最终选择，材料、设备、产品、工序、系统或服务替代品的研究，以及新的或经改进的材料、设备、产品、工序、系统或服务的可能替代品的配制、设计、评价和最终选择等
- 通常认为，无形资产的研究活动更多的是探索性的，其研究是否能在未来形成成果，即通过开发后是否会形成无形资产具有很大的不确定性。因为企业无法证明研究活动是否能带来未来经济利益，所以，研究阶段的有关支出在发生时，应当予以费用化，计入当期损益

图9–33　研究阶段费用的账务处理

（2）开发阶段费用的账务处理

开发阶段费用的账务处理

- 无形资产的开发阶段，是指企业在进行商业性生产或使用前，将研究成果或其他知识应用于某项计划或设计，以生产出新的或具有实质性改进的材料、装置、产品等
- 通常认为，无形资产的开发阶段具有明确的针对性，且形成成果的可能性较大
- 因为开发阶段相对于研究阶段更进一步，也就是说，相对于研究阶段来讲，进入开发阶段，则很大程度上形成一项新产品或新技术的基本条件已经具备，这时如果企业能够证明满足无形资产的定义和相关确认条件，所发生的开发支出可予以资本化，确认为无形资产的成本

图9–34　开发阶段费用的账务处理

开发阶段有关支出资本化必须具备的条件

- 完成该无形资产，以使其能够使用或出售在技术上具有可行性
- 企业具有完成该无形资产并使用或出售的意图
- 无形资产产生经济利益的方式明确，包括能够证明运用该无形资产生产的产品等
- 有足够的技术、财务资源和其他资源支持，以完成该无形资产的开发，并有能力使用或出售该无形资产
- 归属于该无形资产开发阶段的支出能够可靠计量

图9–35 开发阶段有关支出资本化必须具备的条件

虽然辨认无形资产的研究阶段与开发阶段有一定的难度，但在实际工作中，通常由研发等职能部门来做出专业判断，而其账务处理本身并不复杂。

【例 9–32】某企业研发一项技术，2016 年 12 月 31 日，发生研发支出合计 4000000 元，经测试该研发活动完成了研发阶段，从 2017 年 1 月 1 日开始进入开发阶段。2017 年发生研发支出 600000 元（假定符合资本化条件）。2017 年 6 月 30 日，该研发活动结束，最终开发出一项非专利技术。编制会计分录如下：

（1）2016 年发生的研发支出：

借：研发支出——费用化支出　　4000000

　贷：银行存款等　　4000000

（2）2016 年 12 月 31 日发生的研发支出全部属于研究阶段的支出：

借：管理费用　　4000000

　贷：研发支出——费用化支出　　4000000

（3）2017 年发生的研发支出满足资本化确认条件：

借：无形资产　　600000

　贷：无形资产——资本化支出　　600000

3. 无形资产后继支出的账务处理

与固定资产一样，无形资产在初始确认和计量后，需要在以后使用该项无形资产期间内，用成本减去累计摊销额和累计减值损失后的余额进行计量。

要确定无形资产在使用过程中的累计摊销额，先要预估其使用寿命。

无形资产的使用寿命

- 无形资产的使用寿命如果是有限的，应当估计该使用寿命的年限或者构成使用寿命的产量等类似计量单位数量
- 无法预见无形资产为企业带来未来经济利益期限的，应当作为使用寿命不确定的无形资产

图9–36 无形资产的使用寿命

（1）使用寿命有限的无形资产摊销的账务处理

按无形资产准则的规定，使用寿命有限的无形资产，需在其预计的使用寿命内采用科学合理的方法对应摊销金额进行摊销。其中，应摊销金额是指无形资产的成本扣除残值后的金额。

使用寿命有限的无形资产摊销的账务处理

- 无形资产的摊销期间：无形资产的摊销期自其可供使用时（达到预定用途）开始到终止确认时止
- 无形资产摊销时残值的确定：无形资产的残值，可以与固定资产残值的理解相似，即在无形资产的经济寿命结束前，企业预计将会处置该无形资产，由此从中取得利益。按无形资产准则的规定，无形资产的残值往往为零，除非有第三方承诺在无形资产使用寿命结束时，愿意以一定的价格购买该项无形资产，或者存在活跃的市场，通过市场可以得到无形资产使用寿命结束时的残值信息，方可确认无形资产的残值额
- 无形资产的摊销方法：无形资产在其使用寿命内，按期分摊其应摊销金额的方法有很多种，如直线法、生产总量法等

图9–37　使用寿命有限的无形资产摊销的账务处理

【例 9–33】2017 年 7 月，某公司从外单位购入一项商标权，支付价款 120 万元，款项已支付，该商标权的使用寿命为 10 年，不考虑残值的因素，以直线法摊销作为预期实现经济利益的方式。

①取得无形资产时的会计分录为：

借：无形资产——商标权　　1200000

　　贷：银行存款　　1200000

②月底对商标权进行的费用进行摊销，会计分录为：

借：管理费用——无形资产摊销　　10000

　　贷：累计摊销——商标权　　10000

（2）使用寿命不确定的无形资产摊销的账务处理

按无形资产准则的规定，若依据可获得的情况判断，有确凿证据显示，无法合理估计其使用寿命的无形资产，才能作为使用寿命不确定的无形资产。企业不得随意判断使用寿命不确定的无形资产。

按照无形资产准则的规定，对于使用寿命不确定的无形资产，企业在持有期间不需要摊销，若期末重新复核后仍为不确定的，应当在每个会计期间进行减值测试，严格遵守《企业会计准则第 8 号——资产减值》的规定，需要计提减值准备的，相应计提有关的减值准备。账务处理为：借记“资产减值损失”科目，贷记“无形资产减值准备”科目。

4. 无形资产处置的账务处理

无形资产的处置，主要是指无形资产对外出租、对外捐赠、出售，或者是不能为企业带来未来经济利益时，应予转销并终止确认的过程。

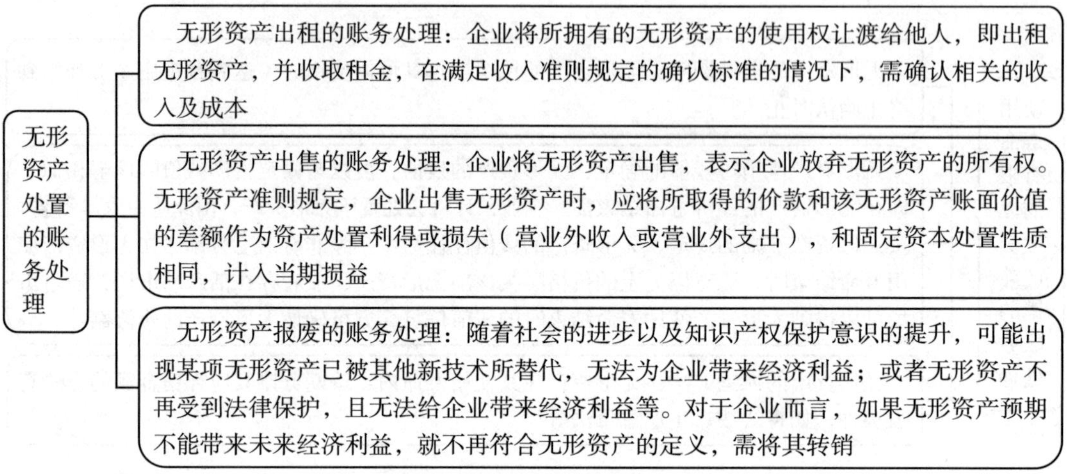

无形资产处置的账务处理

- 无形资产出租的账务处理：企业将所拥有的无形资产的使用权让渡给他人，即出租无形资产，并收取租金，在满足收入准则规定的确认标准的情况下，需确认相关的收入及成本
- 无形资产出售的账务处理：企业将无形资产出售，表示企业放弃无形资产的所有权。无形资产准则规定，企业出售无形资产时，应将所取得的价款和该无形资产账面价值的差额作为资产处置利得或损失（营业外收入或营业外支出），和固定资本处置性质相同，计入当期损益
- 无形资产报废的账务处理：随着社会的进步以及知识产权保护意识的提升，可能出现某项无形资产已被其他新技术所替代，无法为企业带来经济利益；或者无形资产不再受到法律保护，且无法给企业带来经济利益等。对于企业而言，如果无形资产预期不能带来未来经济利益，就不再符合无形资产的定义，需将其转销

图9-38 无形资产处置的账务处理

【例 9-34】某公司以商标权作为对外投资，商标权的账面余额为 20 万元，该商标权未计提减值准备。在投资转出时，做账务处理如下：

借：长期股权投资——其他股权投资　　　　200000

　　贷：无形资产　　　　200000

三、无形资产账务处理实例

【例 9-35】某公司接受 B 企业捐赠的特许权，双方确定的实际成本为 150 万元（同按税法规定确定的价值）。企业接受特许权，办妥相关手续，账务处理如下。

借：无形资产　　　　1500000

　　贷：待转资产价值——接受捐赠非货币性资产价值　　　　1500000

【例 9-36】某公司 2017 年 1 月从 S 公司购买一项专利技术，按照协议约定：该专利技术价款为 600 万元，相关税费 2 万元和有关专业服务费用 10 万元，款项已通过银行转账支付，则其会计分录为：

借：无形资产——专利权　　　　6120000

　　贷：银行存款——工行基本户　　　　6120000

【例 9-37】2017 年 1 月起，某公司自行研究开发一项新产品专利技术，在研究开发过程中发生材料费 80 万元、人工工资 24 万元，另外用银行存款支付其他费用 26 万元，总计 130 万元，其中，符合资本化条件的支出为 30 万元。2017 年 8 月，该专利技术已经达到预定用途。

在不考虑相关税费的情况下，发生上述费用时的会计分录为：

借：研发支出——费用化支出　　1000000
　　研发支出——资本化支出　　300000
　　贷：原材料　　800000
　　　　应付职工薪酬——应付工资　　240000
　　　　银行存款　　260000

2017 年 8 月，研发部门确认专利技术已经达到预定用途时，会计分录为：

借：管理费用——研发支出　　1000000
　　无形资产　　300000
　　贷：研发支出——费用化支出　　1000000
　　　　研发支出——资本化支出　　300000

【例 9–38】某公司将一项专利权出租给 W 公司。

（1）收到 W 公司转账支票一张，金额为 180000 元。做账务处理如下：

借：银行存款　　180000
　　贷：其他业务收入　　180000

（2）签发转账支票支付出租专利权的服务费 16000 元。做账务处理如下：

借：其他业务支出　　16000
　　贷：银行存款　　16000

【例 9–39】2017 年 1 月起，某公司将一项专利技术出租给乙公司使用，该专利技术账面余额为 120 万元，摊销期限为 10 年。出租合同规定：承租方乙公司每销售一件用该专利生产的产品，必须付给出租方 1 元专利技术使用费。2017 年 5 月，承租方乙公司销售该产品 10 万件，相应的专利技术费已经支付给某公司。假定不考虑其他相关税费，则某公司应编制的会计分录为：

借：银行存款　　100000
　　贷：其他业务收入　　100000

同时需结转对应的成本，会计分录为：

借：其他业务成本　　10000
　　贷：累计摊销　　10000

【例 9–40】2016 年 12 月，某公司的一项专利技术状况如下：其账面余额为 120 万元，摊销期限为 10 年，采用直线法进行摊销，已摊销了 5 年。该项专利权的残值为 0，计提的减值准备为30万元，年底经测评确认，由于其生产的产品没有市场，应予转销。

假定不考虑其他相关因素，则某公司应编制会计分录为：

借：营业外支出——处置无形资产损失　　300000

　　累计摊销　　600000

　　无形资产减值准备　　300000

　　贷：无形资产　　1200000

第十章　负债和所有者权益的账务处理

第一节　负债的账务处理

一、负债项目基本知识

负债，通俗地说，就是欠别人钱，《会计准则——基本准则》第四章关于负债的说明认为，负债是指企业过去的交易或者事项形成的、预期会导致经济利益流出企业的现时义务。

1．负债的特征及确认条件

（1）负债的特征

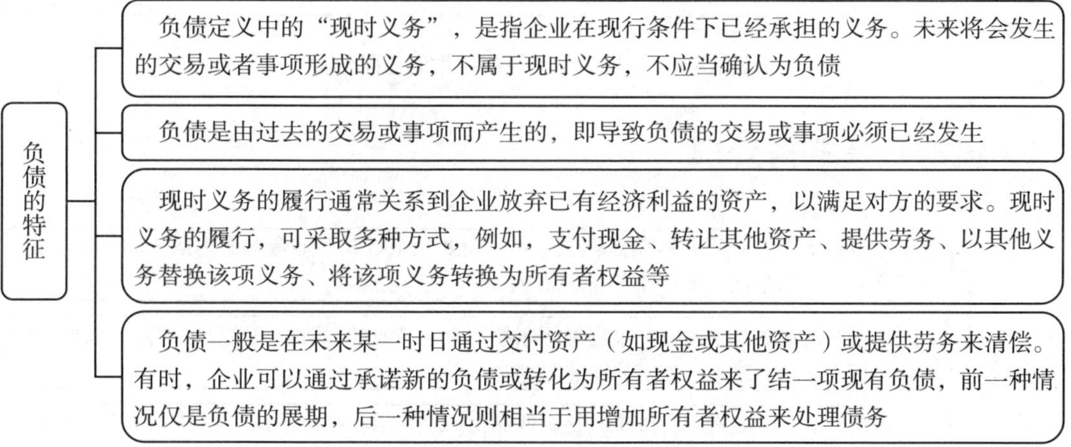

图10–1　负债的特征

总之，负债是企业承担的、以货币计量的、在将来需要用资产或劳务偿还的债务。

（2）负债的确认条件

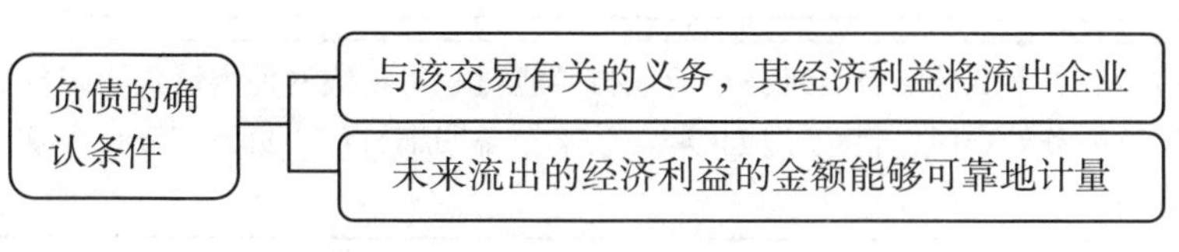

图10–2　负债的确认条件

若同时满足上述两个条件，则该交易的结果可以确认为负债。

2. 负债的分类

（1）按偿付期长短的差异分类

按偿付期长短的差异分类

- 流动负债：是指需在一年或超过一年的一个营业周期内偿还的债务，具体包括短期借款、应付票据、应付账款、预收账款、应付职工薪酬、应付股利、应交税费、其他应付款等
- 长期负债：是指偿还期在一年和超过一个营业周期以上的债务，具体包括长期借款、应付债券等

图10–3　按偿付期长短的差异分类

（2）按偿付金额可确定性的不同分类

按偿付金额可确定性的不同分类

- 金额确定的负债：在到偿付期时，企业必须以原来确定的金额偿还，如短期借款、应付账款等
- 金额取决于经营成果的负债：则要根据企业一个会计期间经营成果方可确定负债金额，如应交税费、应付股利等

图10–4　按偿付金额可确定性的不同分类

二、流动负债账务处理

流动负债账务处理

- 短期借款的账务处理：短期借款主要是指企业从银行及其他金融机构借入的，用于企业经营活动，期限在一年以下的各种借款
- 应付票据的账务处理：应付票据是用于核算企业持有的、尚未到期兑现的商业票据，具体包括商业承兑汇票、银行承兑汇票等
- 应付账款的账务处理：应付账款是企业在生产经营活动中由于购买材料、物资和接受劳务等业务而发生的，应付而尚未支付的款项所产生的一种结算性债务
- 预收账款的账务处理：在短期负债各项目中，会计人员经常会接触到的一个与应付账款类似的会计科目是预收账款。预收账款是卖方企业在交付货物以前，向买方预先收取的部分或全部货款的信用形式。对于卖方而言，预收账款相当于向买方借用资金后用货物抵偿。预收账款的账务处理和应付账款的账务处理类似
- 应付职工薪酬的账务处理：企业应按照应付职工薪酬的种类设置明细科目。在进行财务处理时，借记“应付职工薪酬”各明细科目，贷记“银行存款”“库存现金”等科目

流动负债账务处理

应交税费的账务处理：按《企业会计准则》的规定，“应交税费”科目用来核算企业根据税法等规定计算应交纳的各种税费，包括增值税、消费税、所得税、资源税、土地增值税、城市维护建设税、房产税、土地使用税、车船使用税、教育费附加、矿产资源补偿费等。企业代扣代交的个人所得税等，也通过该科目核算。“应交税费”是负债类科目，用于归集企业需要缴纳的各项税费，与之对应的费用科目为“营业税金及附加”科目

图10-5　流动负债账务处理

应付账款和应付票据的异同

- 相同点：均是企业负债，且均是企业在交易活动中形成的，均是在取得某项物资时，由于取得物资与支付货款在时间上的不一致而产生的
- 不同点：虽然两种负债均属于流动负债，但应付账款属于尚未清偿的债务，而应付票据是有承诺、有证明的延期偿付的债务

图10-6　应付账款和应付票据的异同

应付职工薪酬的种类

- 职工工资、奖金、津贴和补贴
- 职工福利费
- 医疗保险费、养老保险费、失业保险费、工伤保险费和生育保险费等社会保险费
- 住房公积金
- 工会经费和职工教育经费
- 非货币性福利
- 因解除与职工的劳动关系给予的补偿
- 其他与获得职工提供的服务相关的支出

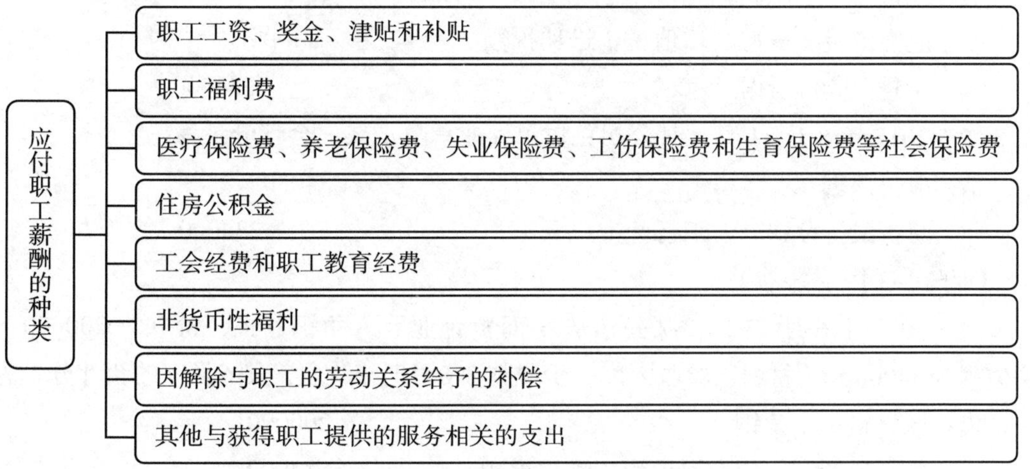

图10-7　应付职工薪酬的种类

三、流动负债账务处理实例

【例 10-1】2017 年 7 月 1 日，某公司从工商银行取得临时借款 50000 元，年利息率 6%，三个月后一次还本付息。

（1）取得借款时的会计分录为：

借：银行存款——工行基本户　　　　　　　　50000

　　贷：短期借款——工商银行　　　　　　　　50000

（2）在7月、8月末计提借款利息时，计算利息 =50000×6%÷12=250（元），会计分录为：

借：财务费用　　250

　贷：其他应付款　　250

（3）9月末还本付息时的会计分录为：

借：财务费用　　250

　贷：其他应付款　　250

　　借：短期借款　　50000

　　　预提费用　　750

　　贷：银行存款　　50750

【例10–2】

（1）2017年6月1日，某公司购入生铁一批，价款为200000元，增值税为34000元，原材料已验收入库，价税款尚未支付，某公司给销货方开具了一张面值234000元的3个月期商业承兑汇票，则会计分录为：

借：原材料——生铁　　200000

　应交税费——应交增值税（进项税额）　　34000

　贷：应付票据　　234000

（2）2017年8月31日，某公司兑付了商业承兑汇票，会计分录为：

借：应付票据　　234000

　贷：银行存款——工行基本户　　234000

【例10–3】

（1）2017年6月15日，某公司从V商贸企业购入角钢一批，价款为200000元，增值税为34000元，材料已验收入库，价税款在6月时未支付。则6月末的会计分录为：

借：原材料——角钢　　200000

　应交税费——应交增值税（进项税额）　　34000

　贷：应付账款——V商贸企业　　234000

（2）2017年7月10日，某公司通过银行转账支付了全部价税款，则其会计分录为：

借：应付账款——V商贸企业　　234000

　贷：银行存款——工行基本户　　234000

【例10–4】A公司因业务往来欠B公司货款50000元，由于A公司发生临时财务困难，无法按合同规定日期偿还该笔债务，经双方协商，B公司同意减免A公司5000元债务，余款用银行存款立即偿付。对于该笔业务，A公司应编制的会计分录为：

借：应付账款——B公司　　50000

　贷：银行存款——工行基本户　　45000

营业外收入——债务重组利得　　5000

【例 10–5】

（1）2017 年 3 月 1 日，某公司收到 Y 公司支付的预付抛丸机货款 100000 元，其会计分录为：

借：银行存款　　100000

　贷：预收账款——Y 公司　　100000

（2）2017 年 6 月 20 日，某公司向 Y 公司交付抛丸机，同时开具增值税专用发票，含税金额为 234000 元，尚未收到余下货款。则某公司应编制会计分录为：

借：预收账款——Y 公司　　100000

　应收账款——Y 公司　　134000

　　贷：主营业务收入　　200000

　　　应交税费——应交增值税（销项税额）　　34000

【例 10–6】某公司 2017 年 4 月的工资表汇总项目如表 10–1 所示。

表 10–1　工资汇总表　　单位：元

部门		工资总额	代扣社会保险费	代扣个人所得税	实际发发工资额
管理部门		75690	12258.2	2090	61341.8
生产部门	铸造一车间	158000	42380	3750	111870
	铸造二车间	224860	37430	4820.6	182609.4
	检验科	47573	7880	1010	38683
	车间办公室	48565	9715.76	1248.4	37600.84
销售部门		338700	59458.2	11210	268031.8
在建工程人员		51685	8458.08	1098	42128.92
合计		945073	177580.24	25227	742265.76

（1）根据上面的工资表，通过银行转账发放工资时，会计分录为：

借：应付职工薪酬——工资　　945073

　贷：其他应交款——养老保险费（等）　　177580.24

　　应交税费——应交个人所得税　　25227

　　银行存款——工资发放专户　　742265.76

（2）对上述工资进行分配时，会计分录为：

借：管理费用——工资　　75690

　生产成本——铸一车间（直接人工）　　158000

　生产成本——铸二车间（直接人工）　　224860

　生产成本——制造费用（质检费用）　　47573

生产成本——制造费用（工资支出） 48565

销售费用——工资 338700

在建工程——工资 51685

贷：应付职工薪酬——工资 945073

（3）计提企业应该承担的社会保险后，也应该按第（2）步的分配方式入账。

【例 10-7】某公司将企业拥有的住房无偿提供给职工居住，当月铸造一车间生产工人无偿居住住房的折旧费 2700 元，铸造二车间工人无偿居住住房的折旧费 3000 元，管理人员 1600 元，在建工程人员 1800 元，则会计分录如下。

（1）确认应付职工薪酬：

借：管理费用——员工住房折旧 1600

生产成本——铸一车间（直接人工） 2700

生产成本——铸二车间（直接人工） 3000

在建工程——工资 1800

贷：应付职工薪酬——非货币性福利 9100

（2）计提折旧费：

借：应付职工薪酬——非货币性福利 9100

贷：累计折旧 9100

【例 10-8】某公司于 2017 年 1 月 1 日向银行借入 160 万元，期限 9 个月，年利率 4.5%，该借款的利息按季支付，本金到期归还。有关处理如下。

（1）1 月 1 日借入款项时：

借：银行存款 1600000

贷：短期借款 1600000

（2）1 月末预提当月利息 1600000×4.5%÷12=6000（元）：

借：财务费用 6000

贷：应付利息 6000

2 月末预提当月利息的处理相同。

（3）3 月末支付本季度应付利息时：

借：财务费用 6000

应付利息 12000

贷：银行存款 18000

第二季、第三季度的债务处理同上。

（4）10 月 1 日偿还借款本金时：

借：短期借款 1600000

贷：银行存款 1600000

【例 10-9】某公司共有职工 200 人，其中生产工人 170 人，行政管理人员 30 人。本月以每套成本为 400 元的礼盒发放职工元旦福利，市场售价为每套 600 元，增值税率 17%。

借：生产成本　　119340

　　管理费用　　21060

　　贷：应付职工薪酬——非货币性福利　　140400

借：应付职工薪酬——非货币性福利　　140400

　　贷：主营业务收入　　120000

　　　　应交税费——应交增值税（销项税额）　　20400

借：主营业务成本　　80000

　　贷：库存商品　　80000

【例 10-10】某企业为外单位代加工桌子 400 个，每个收取加工费 200 元，适用的增值税税率为 17%，加工完成，款项已收到并存入银行。该企业的有关会计分录如下：

借：银行存款　　93600

　　贷：主营业务收入　　80000

　　　　应交税费——应交增值税（销项税额）　　13600

【例 10-11】A 企业购入防盗门 20 扇，每扇 1200 元，按合同开出 4 个月无息商业承兑汇票，支付购货款。另前欠 B 厂应付款 9200 元，现以一张为期 2 个月的无息商业承兑汇票付款。根据开出的商业承兑汇票做会计分录如下：

借：库存商品——防盗门　　48000

　　应付账款——B 厂　　9200

　　贷：应付票据　　57200

2 个月到期归还 B 厂货款，根据付款凭证，做会计分录如下：

借：应付票据　　9200

　　贷：银行存款　　9200

【例 10-12】某公司 2017 年 1 月 10 日从银行贷款 2000000 元，月利率 1‰，期限 6 个月，到期一次还本付息，做如下账务处理。

（1）借款时：

借：银行存款　　2000000

　　贷：短期借款　　2000000

（2）1 月底计提利息时：

借：财务费用　　2000

　　贷：应付利息　　2000

（3）到 7 月 1 日还本付息时：

借：短期借款　　2000000

应付利息　　12000

贷：银行存款　　2012000

【例 10–13】某企业从银行提取现金 100000 元发放职工薪酬，其中生产人员的薪酬为 60000 元，管理人员的薪酬为 40000 元，并按 10% 的比例提取福利费。

根据以上内容，做如下账务处理。

（1）提取现金时：

借：库存现金　　100000

贷：银行存款　　100000

（2）发放工资时：

借：应付职工薪酬——工资　　100000

贷：库存现金　　100000

具体发放不同人员的工资时：

借：生产成本　　60000

管理费用　　40000

贷：应付职工薪酬——工资　　100000

（3）计提福利费时：

借：生产成本　　6000

管理费用　　4000

贷：应付职工薪酬　　10000

四、长期负债账务处理

长期负债是指偿还期在一年以上或者超过一年的一个营业周期以上的债务，主要包括长期借款、应付债券、长期应付款、专项应付款以及其他长期负债项目等。

1. 长期借款的账务处理

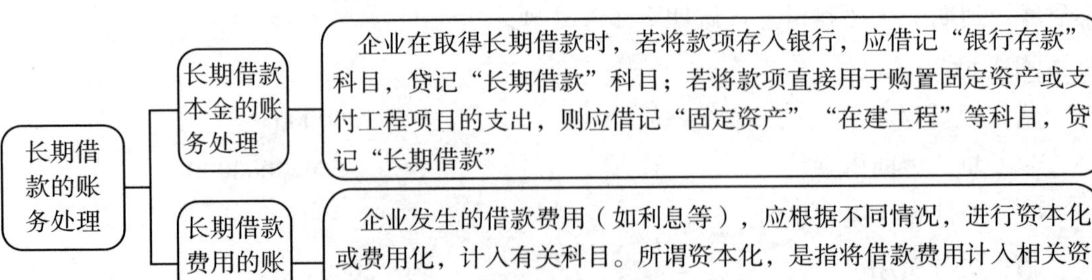

图10–8　长期借款的账务处理

图10–9　长期借款费用的账务具体处理方式

【例 10–14】

（1）2016 年 2 月 1 日，某公司从招商银行借入 2 年期长期借款 2000000 元，年利息 12%，借入时的会计分录为：

借：银行存款——招行一般户　　2000000

　　贷：长期借款——招行　　2000000

（2）2016 年 2 月 28 日应计提的利息费用为 20000 元（2000000×12%÷12=20000），对应的会计分录为：

借：财务费用　　20000

　　贷：长期借款——招行　　20000

（3）2016 年 3 月 1 日用该款支付了建造厂房用的材料款，其对应的会计分录为：

借：在建工程——工程物资　　2000000

　　贷：银行存款——招行一般户　　2000000

（4）2016 年 3 月起，各月应计提的利息费用为 20000 元，对应的会计分录为：

借：在建工程　　20000

　　贷：长期借款——招行　　20000

（5）截至 2016 年 12 月底，厂房建设尚未完成，则 2016 年底支付长期借款利息时的会计分录为：

借：长期借款——招行　　220000

　　贷：银行存款——招行一般户　　220000

（6）2017 年 1 月 31 日时，厂房交付使用，则其对应的会计分录为：

借：在建工程　　20000

　　贷：长期借款——招行　　20000

借：固定资产——厂房　　2220000

贷：在建工程 2220000

（7）2017 年 2 月底起，各月应计提的利息费用仍为 20000 元，其对应的会计分录为：

借：财务费用 20000

贷：长期借款——招行 20000

2. 应付债券的账务处理

应付债券，是企业以发行债券的形式，向社会筹资所形成的一种长期负债，其实质是一种长期应付票据。

（1）企业债券的内容

既然应付债券是一种长期应付票据，这种票据被普遍认可，被融资者所接受，则一定有其固有的内容。

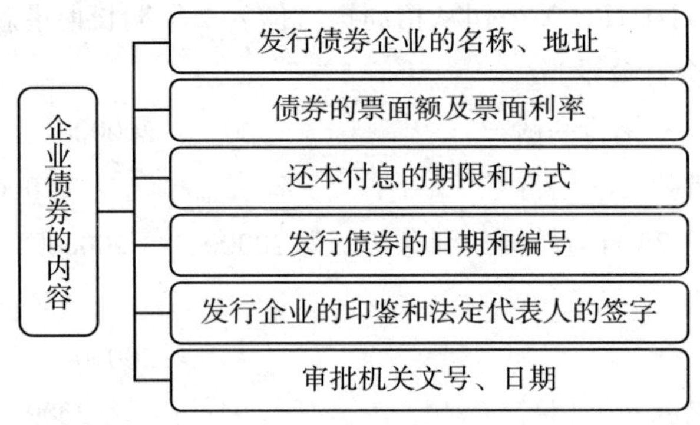

图10-10 企业债券的内容

（2）企业债券的分类

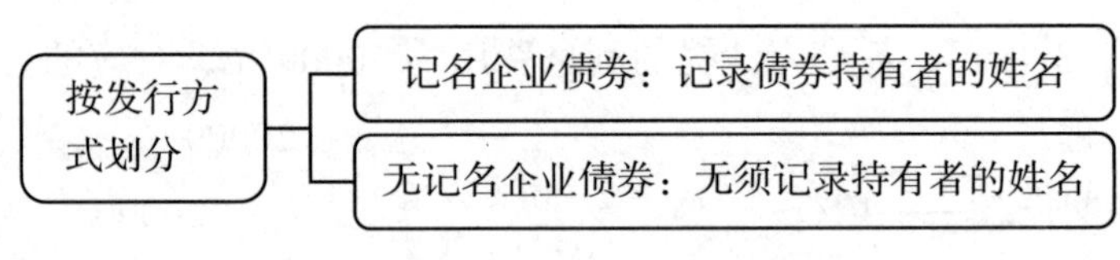

图10-11 按发行方式划分

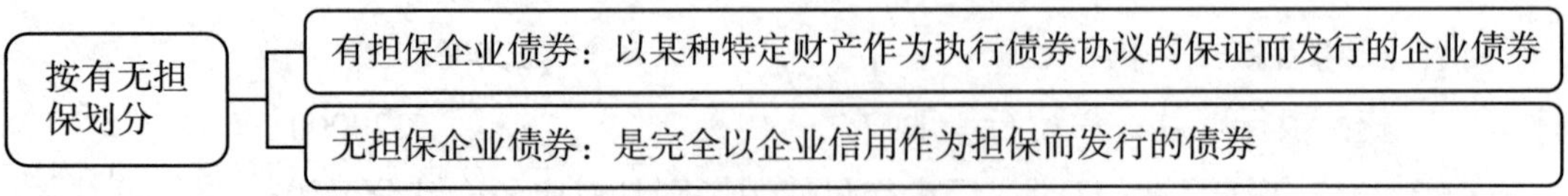

按有无担保划分

有担保企业债券：以某种特定财产作为执行债券协议的保证而发行的企业债券

无担保企业债券：是完全以企业信用作为担保而发行的债券

图10-12 按有无担保划分

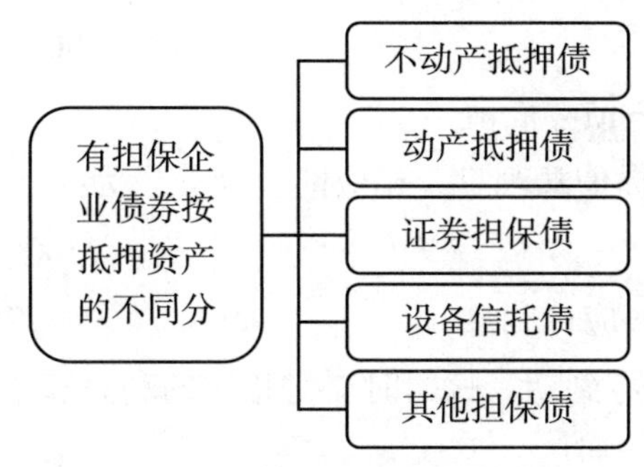

图10-13　有担保企业债券按抵押资产的不同分

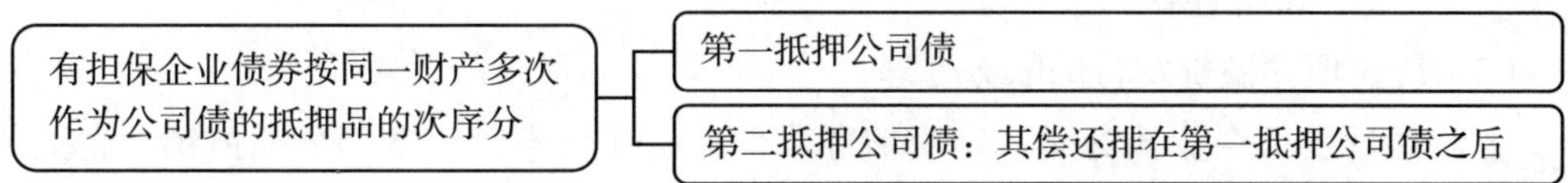

图10-14　有担保企业债券按同一财产多次作为公司债的抵押品的次序分

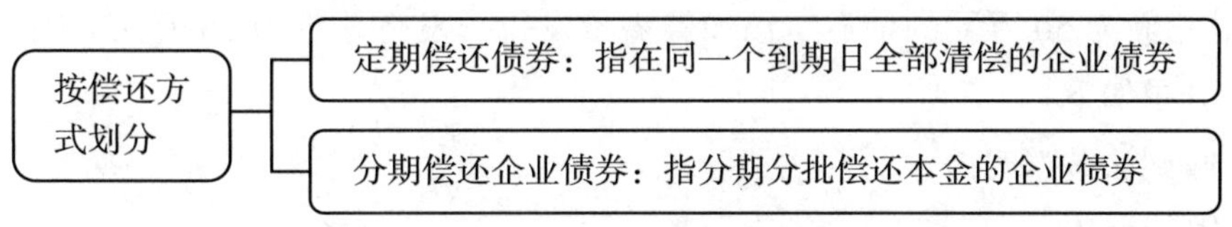

图10-15　按偿还方式划分

（3）应付债券的一般知识

企业债券通常都通过“应付债券”项目进行核算，应付债券又可设置“债券面值”“债券溢价”“债券折价”“应计利息”等二级明细账户。

企业发行债券，就必须涉及债券的价格问题。

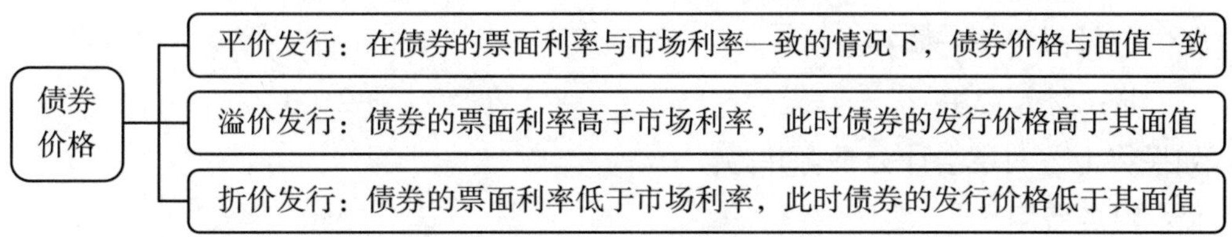

图10-16　债券价格

（4）应付债券平价发行的账务处理

应付债券的平价发行，即其发行价格和面值相等，其账务处理相对简单。

【例 10-15】Z 公司 2016 年 1 月 1 日发行期限为 2 年、到期一次还本付息、年利率为 6%、面值总额为 50 万元的债券，该债券按面值发行，已经收到全部认购款。则 Z 公司相应的会计分录为：

借：银行存款　　　　　　　　　　　　　　500000

　　贷：应付债券——债券面值　　　　　　　　　　500000

同时，企业需按月计提债券利息，相应的会计分录为：

借：财务费用　　　　　　　　　　　　　　2500

　　贷：应付债券——应计利息　　　　　　　　　2500

2017 年 12 月 31 日债券到期，赎回时支付相应的利息和本金，会计分录为：

借：应付债券——应计利息　　　　　　　　60000

　　应付债券——债券面值　　　　　　　　500000

　　　贷：银行存款　　　　　　　　　　　　　　560000

（5）应付债券溢价发行的账务处理

企业溢价发行企业债券时，针对债券溢价，需在债券存续期间分期摊销。企业债券溢价的摊销包括直线法和实际利率法两种。

【例 10–16】Z 公司 2017 年 1 月 1 日发行期限为 2 年、每半年付息一次，年利率为 9%、面值总额为 50 万元的债券，该债券溢价发行，发行总价为 56 万元。则 Z 公司相应的会计分录如下。

（1）收到认购款时：

借：银行存款　　　　　　　　　　　　　　560000

　　贷：应付债券——债券面值　　　　　　　　　　500000

　　　　应付债券——债券溢价　　　　　　　　　　60000

（2）企业按月计提债券利息时：

借：财务费用　　　　　　　　　　　　　　3750

　　贷：应付债券——应计利息　　　　　　　　　3750

同时每月需摊销溢价发行的溢价费用，每月为 0.25 万元（6÷24=0.25）：

借：应付债券——债券溢价　　　　　　　　2500

　　贷：财务费用　　　　　　　　　　　　　　2500

如果将上述两条会计分录合并为：

借：财务费用　　　　　　　　　　　　　　1250

　　应付债券——债券溢价　　　　　　　　2500

　　　贷：应付债券——应计利息　　　　　　　　　3750

（3）每半年支付一次利息（50 万元 ×9%÷2=2.25 万元）时：

借：应付债券——应付利息　　　　　　　　22500

　　贷：银行存款　　　　　　　　　　　　　　22500

到期赎回时，其账务处理与平价发行时一样。

（4）应付债券折价发行的账务处理

企业折价发行企业债券时，针对债券折价，需在债券存续期间分期摊销。与溢价的摊销相同，折价的摊销也有直线法和实际利率法两种。

【例 10–17】Z 公司 2017 年 1 月 1 日发行期限为 2 年、每半年付息一次，年利率为 3%、面值总额为 50 万元的债券，该债券折价发行，发行总价为 41 万元。则 Z 公司相应的会计分录如下。

（1）收到认购款时：

借：银行存款　　410000

　　应付债券——债券溢价　　90000

　　贷：应付债券——债券面值　　500000

（2）企业按月计提债券利息（50 万元 ×3%÷12=0.125 万元）时：

借：财务费用　　1250

　　贷：应付债券——应计利息　　1250

同时，每月需摊销折价发行的折价费用 0.375 万元（9÷24=0.375）：

借：财务费用　　3750

　　贷：应付债券——债券折价　　3750

上述两条会计分录可合并为：

借：财务费用　　5000

　　贷：应付债券——应计利息　　1250

　　　　应付债券——债券折价　　3750

（3）每半年支付一次利息（50 万元 ×3%÷2=0.75 万元）：

借：应付债券——应付利息　　7500

　　贷：银行存款　　7500

到期赎回时，其账务处理与平价发行时一样。

第二节　所有者权益的账务处理

一、所有者权益账务处理基本知识

所有者权益也称产权，是指企业投资者对企业净资产的所有权，是企业全部资产减去全部负债后的余额。

1. 所有者权益的内容及特点

（1）所有者权益的内容

所有者权益包括实收资本、资本公积、盈余公积以及未分配利润。

（2）所有者权益的特点

所有者权益的特点

- 两者的来源基础不同：负债来源于债权人，表示企业对债权人负担的经济责任的大小；而所有者权益来源于投资者投入的资本及企业盈利在企业内的留存，表示的是企业应该对投资人负担的经济责任
- 两者的偿还期不同：作为负债，无论是短期的还是长期的，都有固定的偿还期限；而所有者权益则不同，除非减少注册资本或解散企业，否则投资人无法收回投资
- 两者的“主人”享受的权利不同：负债体现的是债权人对企业债务的权利，但是债权人只享受收回本金和利息的权利，无权参与企业收益分配；而所有者权益体现的是投资者对投入的资本和盈余的权利，投资人享有获取收益及参与企业经营管理的权利

图10–17　所有者权益的特点

2. 所有者权益核算的一般要求

因为所有者权益的初始来源为投资者投入的资本，即实收资本，为了保证不同投资者的利益，使所有投资者的权利、义务符合《公司法》的要求及企业章程的约定，在对所有者权益进行核算时，有一些基本要求，具体如图 10–17 所标

所有者权益核算的一般要求

- 企业必须据实登记投资者的出资，并按照各投资主体进行明细核算，确定各投资主体的出资比例
- 企业的资本金是企业存在的基础，因此必须随时监督投入企业资本的增减变动情况。一般情况下，企业的资本金确定以后，除按规定程序办理增资或减资外，不得随意变动
- 会计人员必须按期核算及监督实收资本的增值和积累情况，以便正确评价企业经营者的经营效果，真实体现所有者对企业的权益

图10–18　所有者权益核算的一般要求

要满足上述要求，就必须对所有者权益项目进行正确的账务处理。

二、所有者权益账务处理

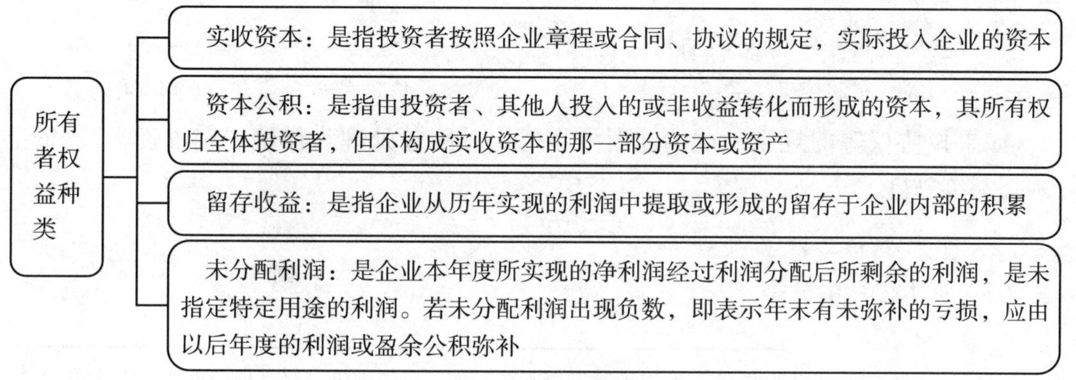

图10–19　所有者权益种类

1. 实收资本的账务处理

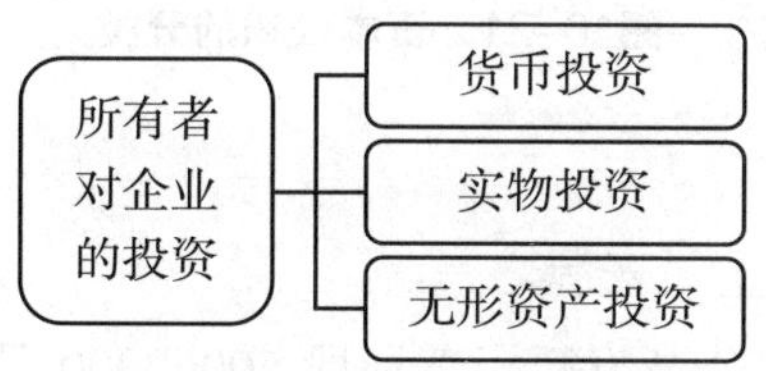

图10–20　所有者对企业的投资

【例 10–18】甲企业注册资本为 200000 元。该企业收到乙投入的现金 200000 元，并全部存入开户银行。投资者丙投入设备一台，该设备双方确认的价值为 400000 元，丙在该企业注册资本的份额为 300000 元。

根据上述业务该企业应编制会计分录如下。

借：银行存款　　200000

　　固定资产　　400000

　　贷：实收资本——投资者乙　　200000

　　　　　　　　——投资者丙　　300000

　　　　资本公积——资本溢价　　100000

【例 10–19】2017 年 2 月 1 日，某公司注册成立，按公司章程规定，投资者甲投入银行存款 1000000 元，投资者乙以协议价格为 1500000 元的固定资产注资，投资者丙以协议价为 234000 元的原材料注资，则其对应的会计分录为：

借：银行存款　　1000000
　　贷：实收资本——甲　　1000000
借：固定资产　　1500000
　　贷：实收资本——乙　　1500000
借：原材料　　200000
　　应交税费——应交增值税（进项税）　　34000
　　　贷：实收资本——丙　　234000

如果按协议等的规定，减少注册资本等，其账务处理为借记“实收资本”，贷记“现金”等科目。

2. 资本公积的账务处理

（1）资本公积的分类

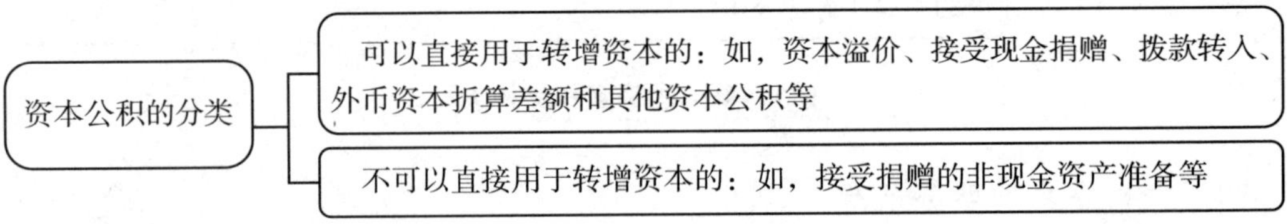

资本公积的分类
- 可以直接用于转增资本的：如，资本溢价、接受现金捐赠、拨款转入、外币资本折算差额和其他资本公积等
- 不可以直接用于转增资本的：如，接受捐赠的非现金资产准备等

图10-21　资本公积的分类

（2）资本溢价的核算

资本溢价是资本公积的重要来源之一。

【例 10-20】甲公司首次公开发行了普通股 50000000 股，每股面值 5 元，每股发行价格为 20 元。甲公司以银行存款支付发行手续费、咨询费等费用共计 1000000 元。假设发行收入已全部收到，发行费用已全部支付，不考虑其他因素，甲公司的会计处理如下。

（1）收到发行收入时：

借：银行存款　　1000000000
　　贷：股本　　250000000
　　　　资本公积——股本溢价　　750000000

应增加的资本公积 =50000000×（20–5）=750000000（元）

（2）支付发行费用时：

借：资本公积——股本溢价　　1000000
　　贷：银行存款　　1000000

【例 10-21】中外合资创办甲公司，其注册资本为 3200000 元人民币或 500000 美元。合同规定，中方（国家）出资 50%，外方（美方）出资 50%。该项目有可能出现以下

情况。

（1）按合同约定美元汇率 1∶8 记账。中方出资 1600000 元人民币，美方出资 200000 美元（收到美元时汇率为 1∶8.2）。该合资企业收到出资额时应做以下会计分录：

借：银行存款——人民币户　　　　1600000
　　银行存款——美元户　　　　　1640000
　　贷：实收资本——国家资本　　　　1600000
　　　　实收资本——外商资本　　　　1600000
　　　　资本公积——外币资本折算差额　　40000

（2）若合同没有约定汇率，而按出资日美元汇率 1:6.4 记账，中方出资 1600000 元人民币，美方出资 250000 美元（1600000÷6.4）。其会计分录如下：

借：银行存款——人民币户　　　　1600000
　　银行存款——美元户（250000 美元 ×6.4）　　1600000
　　贷：实收资本——国家资本　　　　1600000
　　　　实收资本——外商资本（250000 美元 ×6.4）　　1600000

【例 10–22】2017 年 7 月 1 日，某公司注册资本为 2000000 元，D 公司希望加入，经协商后，D 公司投入银行存款 240000 元，占注册资本 10% 的份额。相应的会计分录为：

借：银行存款　　　　240000
　　贷：实收资本　　　　200000
　　　　资本公积——资本溢价　　40000

3．留存收益的账务处理

（1）留存收益的构成

按照我国现行《公司法》，有限责任公司和股份有限公司的留存收益包括盈余公积和未分配利润等。

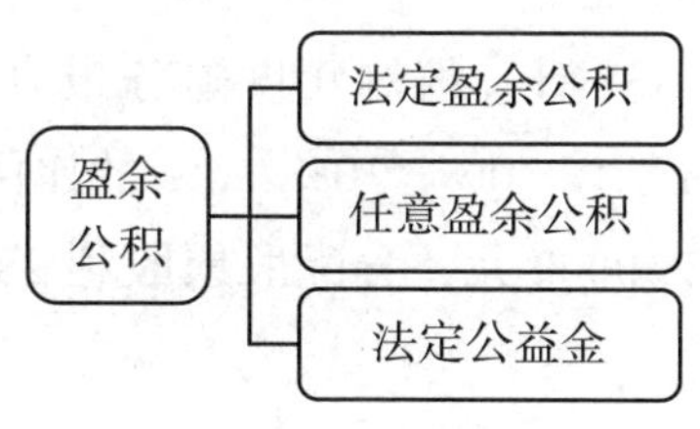

图10–22　盈余公积

（2）法定盈余公积的账务处理

法定盈余公积的账务处理

法定盈余公积的形成和用途：法定盈余公积应按照企业税后利润10%提取，当达到注册资本的50%时，可以不再提取，超过25%的部分，可以用来弥补亏损或转增资本

盈余公积提取的账务处理：任意盈余公积与法定公益金的账务处理和法定盈余公积的处理类似，按《公司法》的相关规定："公司从税后利润中提取法定公积金后，经股东会决议，可以提取任意公积金"，任意公积金的提取与否以及提取比例由股东会根据公司发展的需要和盈余情况决定，法律不进行强制规定；而法定公益金按税后利润的5%～10%提取，专门用作职工集体福利设施的购建

图10–23　法定盈余公积的账务处理

【例 10–23】2016 年 12 月 31 日，编制年度财务报表可以确认，某公司本年实现税后净利润 1852700 元，同时通过股东大会决议，将往年累计的法定盈余公积中的 50000 元转增资本，则相应的会计处理如下。

（1）假设累计计提的法定盈余公积尚未达到企业注册资本的 50%，则本年应计提的金额为：税后净利润 ×10%=1852700×10%=185270（元），

相应的会计分录为：

借：利润分配——提取法定盈余公积　　185270

　　贷：盈余公积——法定盈余公积　　185270

（2）将往年累计的法定盈余公积中的 50000 元转增资本，会计分录为：

借：盈余公积——法定盈余公积　　50000

　　贷：实收资本　　50000

4. 未分配利润的账务处理

未分配利润是企业本年度所实现的净利润经过利润分配后所剩余的利润，是未指定特定用途的利润。如果未分配利润出现负数，即表示年末有未弥补的亏损，应由以后年度的利润或盈余公积来弥补。

【例 10–24】2016 年 12 月 31 日，编制年度财务报表可以确认，某公司本年实现税后净利润 1852700 元，应分别按 10%、10%、5% 的比例提取盈余公积，同时通过股东大会决议，分配现金股利 250000 元，分配股票股利 280000 元，则相应的会计处理如下。

（1）年终利润结转时：

借：本年利润　　1852700

　　贷：利润分配——未分配利润　　1852700

（2）计算各类盈余公积：

法定盈余公积 = 税后净利润 ×10%=1852700×10%=185270

任意盈余公积 = 税后净利润 ×10%=1852700×10%=185270

法定公益金 = 税后净利润 ×5%=1852700×5%=92635

（3）利润分配时：

借：利润分配——未分配利润　　993175

　　贷：盈余公积——法定盈余公积　　185270

　　　　盈余公积——任意盈余公积　　185270

　　　　盈余公积——法定公益金　　92635

　　　　利润分配——应付利润　　530000

（4）待分配方案最终对外公布时：

借：利润分配——应付利润　　530000

　　贷：应付股利——应付现金股利　　250000

　　　　应付股利——应付股票股利　　280000

第十一章 收入、费用和利润的账务处理

第一节 收入的账务处理

一、收入基本知识

1．收入的概念

收入是指企业在日常活动中形成的、会导致所有者权益增加的、与所有者投入资本无关的经济利益的总流入。

2．收入的特点

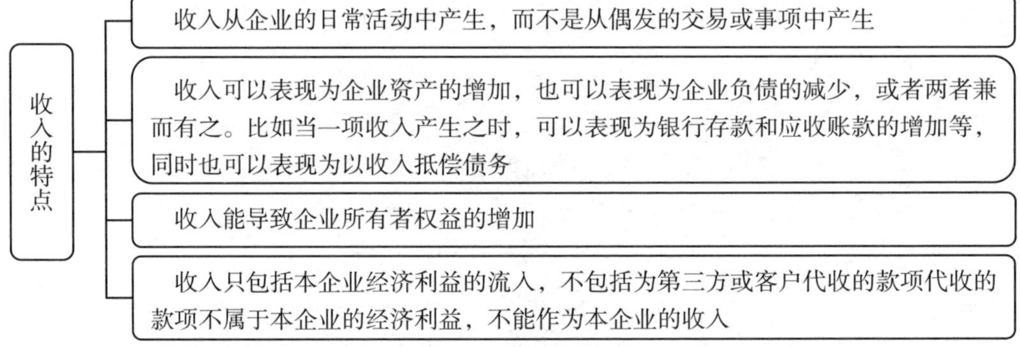

图11–1 收入的特点

3．收入的分类

收入按企业从事日常活动的性质分类

销售商品收入：是指企业通过销售商品实现的收入，如工业企业制造并销售产品、商业企业销售商品等实现的收入

提供劳务收入：是指企业通过提供劳务实现的收入，如咨询公司提供咨询服务、软件开发企业为客户开发软件、安装公司提供安装服务等实现的收入

让渡资产使用权收入：包括利息收入和使用费收入等，如商业银行对外贷款、租赁公司出租资产等实现的收入

图11–2 收入的分类

收入按企业经营业务的主次分类
- 主营业务收入
- 其他业务收入

图11-3　收入按企业经营业务的主次分类

4. 收入核算应设置的账户

收入核算应设置的账户

- 主营业务收入：属于损益类账户，是专门用于核算企业在日常活动中销售商品、提供劳务以及让渡资产使用权所产生的收入。该账户贷方登记本期发生的可以依照收入原则确认的各项收入；借方登记企业本期发生的销售退回等应冲减的营业收入和期末转入“本年利润”账户贷方的数额；期末结转后该账户无余额。此账户根据主营业务的种类设置明细账户，进行明细分类核算
- 应收账款：属于资产类账户，是专门用于核算企业因销售产品、材料、提供劳务等业务，应向购货单位或接受劳务单位收取的货款。该账户借方登记销售过程中发生的应收货款；贷方登记已收回的应收货款；期末余额在借方，代表尚未收回的应收货款。此账户根据不同购货单位设置明细账，进行明细分类核算
- 应收票据：属于资产类账户，是专门用来核算企业因为销售产品、材料、提供劳务等业务，收取的商业汇票，包括银行承兑汇票和商业承兑汇票。借方登记实际收到的商业汇票，贷方登记已经承兑的商业汇票；期末余额在借方，代表尚未到期承兑的商业汇票
- 预收账款：属于负债类账户，专门用于核算企业因为销售产品、材料、提供劳务等业务，根据合同应向购货单位或接受劳务单位预收的货款。贷方登记企业依据合同预收的款项；借方登记发货后和购货单位结算的款项；期末余额在贷方，表明已经预收而尚未发货进行结算的款项。该账户按照不同购货单位设置明细账户核算

图11-4　收入核算应设置的账户

二、商品销售收入的核算

1. 商品销售收入的确认和计量

（1）商品销售收入的确认

商品销售收入的确认

企业已将商品所有权上的主要风险和报酬转移给购货方：是指与商品所有权有关的主要风险和报酬同时转移给了购货方。其中，与商品所有权相关的风险，是指商品可能发生减值或毁损等形成的损失；与商品所有权相关的报酬，是指商品价值增值或通过使用商品等形成的经济利益

企业既没有保留通常与所有权相联系的继续管理权，也没有对已售出的商品实施控制：一般情况下，企业售出商品后不再保留和商品所有权相联系的继续管理权，也不再对售出商品进行有效控制，商品所有权上的主要风险及报酬已经转移给购货方，一般应在发出商品时确认收入

收入的金额能够可靠地计量：是指收入的金额能够合理地估计。收入的金额不能合理估计就无法确认收入

相关的经济利益很可能流入企业：是指销售商品价款收回的可能性大于不能收回的可能性，即销售商品价款收回的可能性超过50%

相关的已发生或将发生的成本能够可靠地计量

图11–5　商品销售收入的确认

上述 5 个条件是企业销售商品时应同时满足的，任何一个条件未满足，即使收到货款，企业都无法确认收入。

（2）商品销售收入的计量

销售商品收入的计量是指销售商品收入的入账金额的确定。

商品销售收入的计量

销售商品如签订有合同或协议的，企业应当根据从购货方已收或应收的合同或协议价款确定销售商品收入金额，但已收或应收的合同以及协议价款不公允的除外

销售商品无合同或协议的，按照购销双方都同意或都能接受的价格确定

销售商品涉及商业折扣的，应当根据扣除商业折扣后的金额确定销售商品收入金额。销售商品涉及现金折扣的，应当根据扣除现金折扣前的金额确定销售商品收入金额，现金折扣在实际发生时计入当期损益

企业已经确认收入的售出商品发生销售折让的，需在发生时冲减当期的销售商品收入。企业已经确认销售商品收入的售出商品发生销售退回的，需在发生时冲减当期的销售商品收入

图11–6　商品销售收入的计量

2. 商品销售收入的账务处理

（1）通常情况下销售商品收入的处理

确认销售商品收入时，企业应根据已收或应收的合同或协议价款，加上应收取的增值税额，借记“银行存款”“应收账款”“应收票据”等科目，根据确定的收入金额，贷记“主营业务收入”“其他业务收入”等科目，根据应收取的增值税额，贷记“应交税费——应交增值税（销项税额）”科目；同时在资产负债表日，按照应交纳的消费税、资源税、城市维护建设税、教育费附加等税费金额，借记“营业税金及附加”科目，贷记“应交税费——应交消费税（应交资源税、应交城市维护建设税等）”科目。

若售出商品不符合收入确认条件，则不应确认收入，已经发出的商品，需通过“发出商品”科目进行核算。

（2）销售商品涉及现金折扣、商业折扣的处理

销售商品涉及现金折扣、商业折扣的处理
- 企业销售商品涉及现金折扣的，现行会计制度规定按照总价法入账
- 企业销售商品涉及商业折扣的，应当按照扣除商业折扣后的金额确定销售商品收入金额

图11–7　销售商品涉及现金折扣、商业折扣的处理

【例 11–1】甲公司于 5 月 15 日售给乙公司 A 商品 500 件，增值税专用发票列明商品价款 85470 元、增值税额 14530 元，共计 10 万元，商品已经发出，同时收到乙公司的转账支票并办妥进账手续。分录如下：

借：银行存款　　100000

　　贷：主营业务收入　　85470

　　　　应交税费——应交增值税（销项税额）　　14530

若此例中甲公司收到的是乙公司开出并承兑的商业汇票，则会计分录为：

借：应收票据　　100000

　　贷：主营业务收入　　85470

应交税费——应交增值税（销项税额）　　14530

【例 11–2】某公司以托收承付方式向甲厂销售一批商品，成本为 100000 元，增值税专用发票上注明：售价为 200000 元，增值税额为 34000 元，该批商品已经发出，并已向银行办妥托收手续。甲厂承诺付款。

这项经济业务属于托收承付销售业务，公司已将商品发出，并已向银行办妥托收手续，甲厂承诺付款，按规定应作为营业收入的实现。企业尚未实际收到款项，故应做“应收账款”处理。这项经济业务涉及“应收账款”“主营业务收入”“应交税费——应交增值税”科目。其会计分录如下：

借：应收账款——甲厂　　234000

　　贷：主营业务收入　　200000

应交税费——应交增值税（销项税额） 34000

结转销售成本，应从“库存商品”科目结转至“主营业务成本”科目。其会计分录如下：

借：主营业务成本 100000

贷：库存商品 100000

【例 11-3】某公司在 2017 年 6 月 18 日销售商品一批，增值税专用发票上注明售价 20000 元，增值税额 3400 元。公司为了及早收回货款而在合同中规定符合现金折扣的条件为“2/10，1/20，*n*/30”，假定计算折扣时不考虑增值税。

（1）6 月 18 日销售实现时，应按全价入账。这项经济业务涉及“应收账款”“主营业务收入”“应交税费——应交增值税”科目。其会计分录如下：

借：应收账款 23400

贷：主营业务收入 20000

应交税费——应交增值税（销项税额） 3400

（2）如 6 月 20 日买方付清货款，则按售价的 2% 享受现金折扣 400 元（20000×2%），因此，企业的银行存款增加，财务费用增加，应借记“银行存款”“财务费用”科目，同时，应收账款减少，应贷记“应收账款”科目。会计分录如下：

借：银行存款 23000

财务费用 400

贷：应收账款 23400

【例 11-4】某生产企业销售 A 商品一批，售价为 20000 元，增值税额为 3400 元，成本为 12000 元，货款已收回，但因该批产品质量严重不合格被退回。

（1）销售商品时，按实现营业收入核算，涉及“银行存款”“主营业务收入”“应交税费——应交增值税（销项税额）”科目。其会计分录如下：

借：银行存款 23400

贷：主营业务收入 20000

应交税费——应交增值税（销项税额） 3400

结转实现营业收入的成本，应从“库存商品”科目结转至“主营业务成本”科目。其会计分录如下：

借：主营业务成本 12000

贷：库存商品 12000

（2）发生销售退回时，应冲减营业收入，因此，应借记“主营业务收入”“应交税费——应交增值税（销项税额）”科目，同时，企业的银行存款减少，贷记“银行存款”科目。其会计分录如下：

借：主营业务收入 20000

应交税费——应交增值税（销项税额） 3400

贷：银行存款　　　　　　　　　　　　　　　　23400

冲减当月退回商品的销售成本，从“主营业务成本”科目转入“库存商品”科目。其会计分录如下：

借：库存商品　　　　　　　　　　　　　　12000

贷：主营业务成本　　　　　　　　　　　　　12000

三、提供劳务收入的核算

1. 提供劳务收入的确认与计量

（1）提供劳务的交易结果能够可靠估计

企业在资产负债日提供劳务交易的结果能够可靠估计的，需采用完工百分比法确认提供劳务收入。

①提供劳务的交易结果能够可靠估计的条件。

提供劳务的交易结果能够可靠估计的条件

- 收入的金额能够可靠地计量，是指提供劳务收入的总额能够合理地估计。一般情况下，企业需按照从接受劳务方已收或应收的合同或协议价款确定提供劳务收入总额。随着劳务的不断提供，可能会依照实际情况增加或减少已收或应收的合同或协议价款，这时，企业应及时调整提供劳务收入总额
- 相关的经济利益很可能流入企业，是指提供劳务收入总额收回的可能性大于不能收回的可能性。企业在确定提供劳务收入总额能否收回时，需结合接受劳务方的信誉、以前的经验以及双方就结算方式和期限达成的合同或协议条款等因素，进行综合判断
- 交易的完工进度能够可靠地确定，是指交易的完工进度能够合理地估计
- 交易中已发生和将发生的成本能够可靠地计量，是指交易中已经发生和将要发生的成本能够合理地估计

图11-8　提供劳务的交易结果能够可靠估计的条件

企业确定提供劳务交易的完工进度的方法

- 已完工作的测量，这是一种非常专业的测量方法，由专业测量师对已经提供的劳务进行测量，并按照一定方法计算确定提供劳务交易的完工程度
- 已经提供的劳务占应提供劳务总量的比例，这种方法主要将劳务量作为标准确定提供劳务交易的完工程度
- 已经发生的成本占估计总成本的比例，这种方法主要将成本作为标准确定提供劳务交易的完工程度

图11-9　企业确定提供劳务交易的完工进度的方法

②完工百分比法的具体应用。完工百分比法，是指按照提供劳务交易的完工进度确认收入和费用的方法。在这种方法下，确认的提供劳务收入金额可以提供各个会计期间有关提供劳务交易及其业绩的有用信息。

完工百分比法的具体应用

- 企业应当在资产负债表日依照提供劳务收入总额乘以完工进度，扣除以前会计期间累计已确认提供劳务收入后的金额，确认当期提供劳务收入
- 按照提供劳务估计总成本乘以完工进度扣除以前会计期间累计已确认劳务成本后的金额，结转当期劳务成本。用公式表示如下：
  本期确认的收入=劳务总收入×本期末止劳务的完工进度-以前期间累计已确认的收入
  本期确认的费用=劳务总成本×本期末止劳务的完工进度-以前期间累计已确认的费用
- 在采用完工百分比法确认提供劳务收入的情况下，企业应按照计算确定的提供劳务收入金额，借记“应收账款”“银行存款”等科目，贷记“主营业务收入”科目。结转提供劳务成本时，借记“主营业务成本”科目，贷记“劳务成本”科目

图11-10　完工百分比法的具体应用

（2）提供劳务交易结果不能可靠估计

企业在资产负债表日提供劳务交易结果不能可靠估计的，即无法满足上述三个条件中的任何一条时，企业不得采用完工百分比法确认提供劳务收入。这时，企业应正确预计已经发生的劳务成本能够得到补偿或是不能得到补偿，分别进行会计处理。

会计处理

- 已经发生的劳务成本预计全部能够得到补偿：应按照已收或预计能够收回的金额确认提供劳务收入，并结转已经发生的劳务成本
- 已经发生的劳务成本预计部分能够得到补偿：应按照能够得到补偿的劳务成本金额确认提供劳务收入，并结转已经发生的劳务成本
- 已经发生的劳务成本预计全部不能得到补偿：应将已经发生的劳务成本计入当期损益（主营业务成本），不确认提供劳务收入

图11-11　会计处理

（3）同时销售商品和提供劳务交易

企业和其他企业签订的合同或协议，有时既包括销售商品又包括提供劳务，比如销售电梯的同时负责安装工作、销售软件后继续提供技术支持、设计产品同时负责生产等。

同时销售商品和提供劳务交易的账务处理

- 若销售商品部分和提供劳务部分能够区分且能够单独计量的，企业需分别核算销售商品部分和提供劳务部分，将销售商品的部分当作销售商品处理，将提供劳务的部分作为提供劳务处理
- 若销售商品部分和提供劳务部分不能够区分，或虽能区分但不能单独计量，企业需将销售商品部分和提供劳务部分全部作为销售商品部分进行会计处理

图11–12　同时销售商品和提供劳务交易的账务处理

2. 劳务收入的账务处理

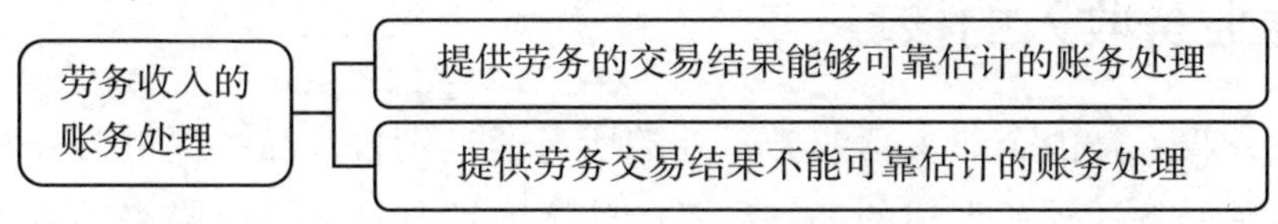

图11–13　劳务收入的账务处理

【例 11–5】2016 年 12 月 10 日，某公司接受一项设备安装劳务，安装费总额为 400000 元，对方预付 50%，其余 50% 待设备验收合格后支付。至 2016 年 12 月 31 日，实际发生安装成本 120000 元，其中，支付安装人员工资 72000 元，领用库存原材料 10000 元，其余均以银行存款支付。估计至 2017 年设备安装完成，还会发生安装成本 180000 元。该公司 2016 年应做如下账务处理。

（1）预收 50% 的劳务价款，其会计分录如下：

借：银行存款　　200000
　贷：预收账款　　200000

（2）支付 2014 年实际发生的安装成本，其会计分录如下：

借：劳务成本　　72000
　贷：应付职工薪酬　　72000

借：劳务成本　　10000
　贷：原材料　　10000

借：劳务成本　　38000
　贷：银行存款　　38000

（3）确认劳务完成程度。按实际发生的成本占估计总成本的比例确定劳务完成程度 =120000÷（120000+180000）=40%。

（4）根据劳务完成程度确认 2016 年度的劳务收入为 160000 元，相关的成本为 120000 元。其会计记录如下。

2016 年的劳务收入 =400000×40%=160000

2016 年的劳务成本 =（120000+180000）×40%=120000

确认 2016 年收入：

借：预收账款　　　　　　　　　　　　160000

　　贷：主营业务收入　　　　　　　　　　　160000

结转 2016 年劳务成本：

借：主营业务成本　　　　　　　　　　120000

　　贷：劳务成本　　　　　　　　　　　　　120000

四、其他业务收入的核算

其他业务收入是由企业主营业务以外的所有通过销售商品、提供劳务及让渡资产使用权等日常经济活动所形成的经济利益的流入，即其他业务所带来的收入。企业的其他业务能够通过企业营业务执照上注明的兼营业务范围来确定。根据会计信息质量的重要性要求，对其他业务收入采取比较简化的方法核算。

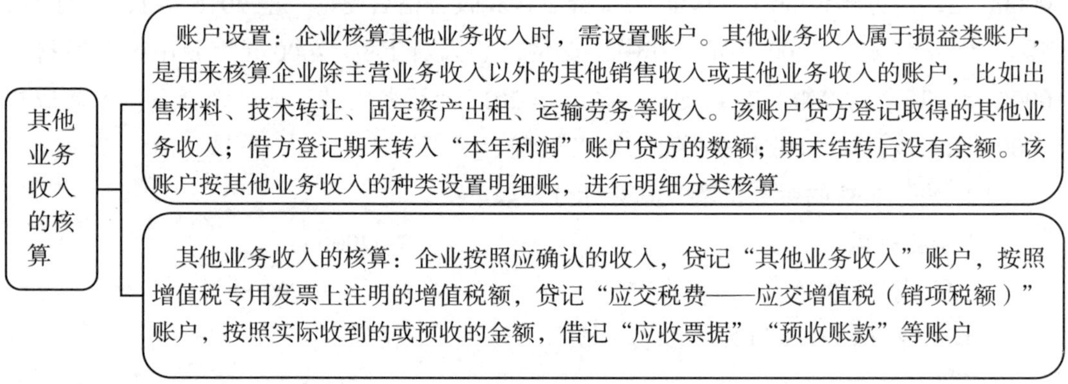

其他业务收入的核算

- 账户设置：企业核算其他业务收入时，需设置账户。其他业务收入属于损益类账户，是用来核算企业除主营业务收入以外的其他销售收入或其他业务收入的账户，比如出售材料、技术转让、固定资产出租、运输劳务等收入。该账户贷方登记取得的其他业务收入；借方登记期末转入“本年利润”账户贷方的数额；期末结转后没有余额。该账户按其他业务收入的种类设置明细账，进行明细分类核算
- 其他业务收入的核算：企业按照应确认的收入，贷记“其他业务收入”账户，按照增值税专用发票上注明的增值税额，贷记“应交税费——应交增值税（销项税额）”账户，按照实际收到的或预收的金额，借记“应收票据”“预收账款”等账户

图11–14　其他业务收入的核算

【例 11–6】甲公司将一批生产用的原材料出售给乙公司，专用发票列明材料价款 20000 元，增值税额 3400 元，共计 23400 元，另以银行存款代垫运费 2400 元（运费发票已转交）。材料已经发出，同时收到乙公司开出并承兑的商业汇票。甲公司会计分录如下。

（1）垫付时：

借：其他应收款——垫付运费　　　　　2400

　　贷：银行存款　　　　　　　　　　　　2400

（2）开出发票并受到商业汇票时：

借：应收票据——乙公司　　　　　　　　25800

贷：其他应收款——垫付运费　2400
　其他业务收入——材料销售　20000
　应交税费——应交增值税（销项税额）　3400

五、收入账务处理实例

【例 11–7】公司 2017 年 4 月 4 日向 A 公司销售甲产品 100 件，单价 2000 元，贷款 200000 元，增值税额为 34000 元，已开具增值税专用发票，货款和税款全部收到并存入银行。编制会计分录如下：

借：银行存款　234000
　贷：主营业务收入——甲产品　200000
　　应交税费——应交增值税（销项税额）　34000

【例 11–8】公司 2017 年 4 月 8 日向本市电力公司销售甲产品 50 件，每件 2000 元，货款 100000 元，增值税额为 17000 元，已开具增值税专用发票，收到对方开出的商业承兑汇票一张。编制会计分录如下：

借：应收票据——电力公司　117000
　贷：主营业务收入——甲产品　100000
　　应交税费——应交增值税（销项税额）　17000

【例 11–9】公司 2017 年 4 月 11 日向外地某公司销售甲产品 600 件，每件 2000 元，货款 1200000 元，增值税额为 204000 元，已开具增值税专用发票，公司为了早日收回货款，在合同中规定了下列现金折扣条件：3/10，2/20，*n*/30。

（1）4 月 11 日销售实现时，应按总价法确认收入：

借：应收账款　1404000
　贷：主营业务收入 ——甲产品　1200000
　　应交税费——应交增值税（销项税额）　204000

（2）若 4 月 20 日前买方付清货款，则按售价的 3% 享受 36000 元的现金折扣：

借：银行存款　1368000
　财务费用　36000
　　贷：应收账款　1404000

（3）若 4 月 30 日前买方付清货款，则按售价的 2% 享受 24000 元的现金折扣：

借：银行存款　1380000
　财务费用　24000
　　贷：应收账款　1404000

（4）若2015年5月10日买方付清货款，应全额付款：

借：银行存款　　　　　　　　　　　　　　1404000

　　贷：应收账款　　　　　　　　　　　　　　　1404000

【例11-10】公司2017年5月18日向外地某公司销售乙产品1000件，每件200元，货款200000元，按合同的规定商业折扣为10%，增值税率17%，已开具增值税专用发票，贷款和税款未收到。

销售收入=100×2000×（1-10%）=180000（元）

销项税额=180000×17%=30600（元）

借：应收账款　　　　　　　　　　　　　　210600

　　贷：主营业务收入　　　　　　　　　　　180000

　　　　应交税费——应交增值税（销项税额）　30600

【例11-11】某公司2017年7月8日采用分期收款方式销售A商品一台，售价800000元，增值税税率为17%，实际成本为400000元，合同约定款项在1年内按季度平均收回，每季度末为收款日期，每季度收回货款200000元。

该公司应做如下账务处理。

（1）发出商品时：

借：分期收款发出商品　　　　　　　　　　400000

　　贷：库存商品　　　　　　　　　　　　　400000

（2）每季度末时：

借：应收账款（或银行存款）　　　　　　　234000

　　贷：主营业务收入　　　　　　　　　　　　200000

　　　　应交税费——应交增值税（销项税额）　　34000

同时结转商品成本：

借：主营业务成本　　　　　　　　　　　　100000

　　贷：分期收款发出商品　　　　　　　　　　　100000

【例11-12】某公司销售商品一批，增值税专用发票上的售价为40000元，增值税额为6800元，货到后买方发现商品质量不合格，要求在价格上给予5%的折让。

（1）销售实现时，涉及“应收账款”“主营业务收入”“应交税费——应交增值税（销项税额）”科目。其会计分录如下：

借：应收账款　　　　　　　　　　　　　　46800

　　贷：主营业务收入　　　　　　　　　　　　40000

　　　　应交税费——应交增值税（销项税额）　　6800

（2）发生销售折让时，应减少当期的营业收入，因此，应借记“主营业务收

入”“应交税费——应交增值税（销项税额）”科目，贷记“应收账款”科目。会计分录如下：

借：主营业务收入　　2000

　　应交税费——应交增值税（销项税额）　　340

　　贷：应收账款　　2340

（3）实际收到款项时，银行存款增加，应借记“银行存款”科目，应收账款减少，应贷记“应收账款”科目。其会计分录如下：

借：银行存款　　44460

　　贷：应收账款　　44460

【例 11–13】某公司于 2017 年 5 月 12 日销售 B 商品一批，售价为 10000 元，增值税额为 1700 元，成本为 6000 元。合同规定现金折扣条件为“2/10，1/20，*n*/30”。买方于 5 月 15 日付款。2017 年 6 月 20 日，该批产品因质量严重不合格被退回。该公司应做如下账务处理。

（1）销售商品时：

借：应收账款　　11700

　　贷：主营业务收入——B 商品　　10000

　　　　应交税费——应交增值税（销项税额）　　1700

结转实现营业收入的成本，应从“库存商品”科目结转至“主营业务成本”科目：

借：主营业务成本　　6000

　　贷：库存商品　　6000

（2）收到货款时，5 月 15 日付款应享受 2% 的现金折扣 200 元（10000×2%）。因此，这项经济业务使企业银行存款增加，财务费用增加，同时应收账款减少。应借记“银行存款”“财务费用”科目，贷记“应收账款”科目：

借：银行存款　　11500

　　财务费用　　200

　　贷：应收账款　　11700

（3）销售退回时：应冲减企业的营业收入，此项经济业务涉及“主营业务收入”“应交税费——应交增值税（销项税额）”“银行存款”“财务费用”科目：

借：主营业务收入　　10000

　　应交税费——应交增值税（销项税额）　　1700

　　贷：银行存款　　11500

　　　　财务费用　　200

发生销售退回时，库存产成品增加，应借记“库存商品”科目，主营业务成本减少，应贷记“主营业务成本”科目：

借：库存商品　　6000

　　贷：主营业务成本　　6000

【例 11–14】某公司于 2017 年 5 月 1 日接受一项设备安装任务，安装期为 3 个月，合同总收入 300000 元，至年底已预收安装费 220000 元，实际发生安装费用 140000 元（假定均为安装人员薪酬），估计还会发生 60000 元。假定该公司按实际发生的成本占估计总成本的比例确定劳务的完工进度，则账务处理如下：

实际发生的成本占估计总成本的比例 =140000÷（140000+60000）=70%

2017 年 5 月 31 日确认的提供劳务收入 =300000×70%–0=210000（元）

2017 年 5 月 31 日结转的提供劳务成本 =（140000+60000）×70%–0=140000（元）

（1）实际发生劳务成本时：

借：劳务成本　　140000

　　贷：应付职工薪酬　　140000

（2）预收劳务款时：

借：银行存款　　220000

　　贷：预收账款　　220000

（3）2015 年 5 月 31 日确认提供劳务收入并结转劳务成本时：

借：预收账款　　210000

　　贷：主营业务收入　　210000

借：主营业务成本　　140000

　　贷：劳务成本　　140000

【例 11–15】甲公司于 2017 年 4 月 1 日接受乙公司委托，为其培训一批技术工人，培训期为 6 个月，当日开学。协议约定，乙公司应向甲公司支付的培训费总额为 60000 元，分三次等额支付，第一次在开学时预付，第二次在第三个月月初支付，第三次在培训结束时支付。

当日，乙公司预付第一次培训费。至 5 月 31 日，甲公司发生培训成本 30000 元（假定均为培训人员薪酬）。5 月 31 日，甲公司得知乙公司经营发生困难，后两次培训费能否收回难以确定。因此，只将已经发生的培训成本 30000 元中能够得到补偿的部分确认为当期收入，将发生的 30000 元成本全部确认为当期费用。该公司的账务处理如下：

（1）2017 年 4 月 1 日收到乙公司预付的培训费时：

借：银行存款　　20000

　　贷：预收账款　　20000

（2）实际发生培训支出时：

借：劳务成本　　30000

　　贷：应付职工薪酬　　30000

（3）5 月 31 日确认提供劳务收入并结转劳务成本时：

借：预收账款　　20000

　　贷：主营业务收入　　20000

借：主营业务成本　　30000

　　贷：劳务成本　　30000

【例 11-16】2017 年 6 月 8 日公司对外销售 B 材料一批，价值 14000 元，增值税率为 17%。材料已经发出，贷款和税款已经收到入账。其财务处理如下：

借：银行存款　　16380

　　贷：其他业务收入——销售材料　　14000

　　应交税费——应交增值税（销项税额）　　2380

【例 11-17】2017 年 6 月 15 日公司将专利技术对外出租，收取租金 160000 元，款已收到存入银行。其财务处理如下：

借：银行存款　　160000

　　贷：其他业务收入　　160000

【例 11-18】甲公司于 5 月 15 日售给乙公司 A 商品 500 件，增值税专用发票列明商品价款 85470 元、增值税额 14530 元，共计 10 万元，商品已经发出，同时收到乙公司的转账支票并办妥进账手续。经计算，A 产品的单位成本为 120 元，则公司应通过下述分录结转销售 A 产品的营业成本：

借：主营业务成本——A 产品　　60000

　　贷：库存商品——A 产品　　60000

【例 11-19】A 公司于 2017 年 1 月 1 日向 B 公司转让某专利权的使用权，协议约定转让期为 5 年，每年年末收取使用费 20 万元。2017 年该专利权计提的摊销额为 120000 元，每月计提金额为 10000 元。假定不考虑其他因素。A 公司会计处理如下。

（1）2017 年末确认使用费收入：

借：应收账款（或银行存款）　　200000

　　贷：其他业务收入　　200000

（2）2022 年前每月计提专利权摊销额：

借：其他业务成本　　10000

　　贷：累计摊销　　10000

第二节　费用的账务处理

一、费用基本知识

费用，又称成本费用，广义的费用包括成本和费用两项内容。

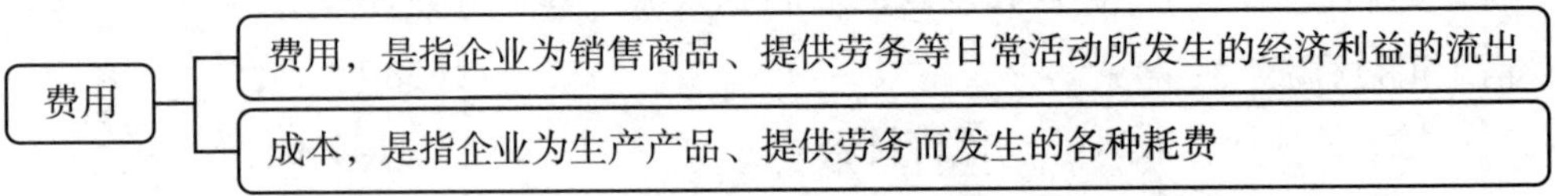

图11-15　费用的基本知识

在一般情况下，在会计上所指的费用，都是狭义的费用，即不包括成本而只包括单独的费用。

1. 费用的分类

根据费用耗用的定向性，将费用分为两大类。

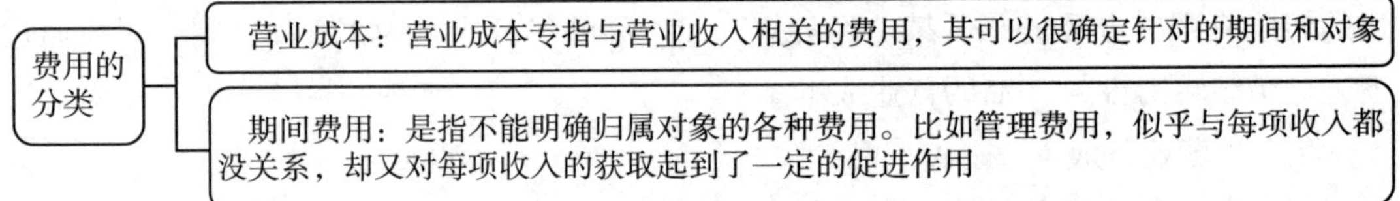

图11-16　费用的分类

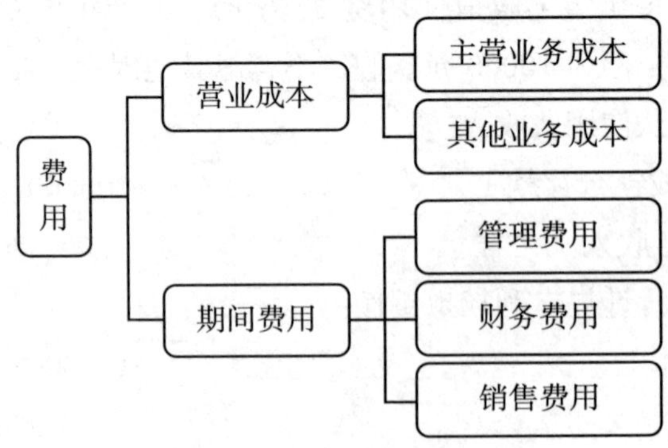

图11-17　费用的分类

2. 费用与成本的区别与联系

费用与成本实际上是非常相近的概念，事实上成本就是费用的一部分。成本和费用既有联系，又有区别。成本与费用的关系，如图 11–18 所示。

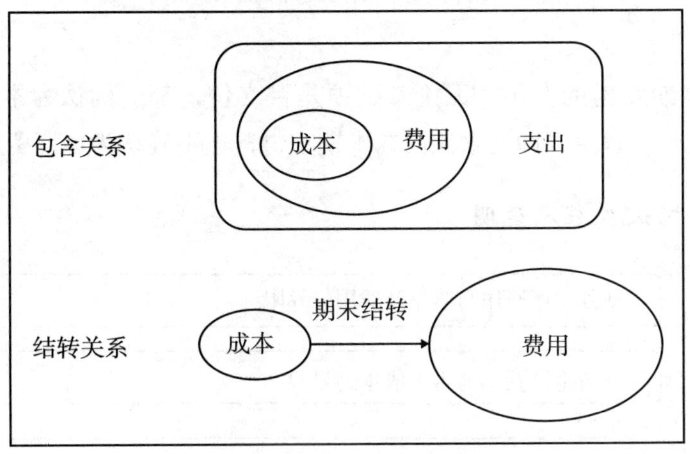

图11–18　成本与费用的关系

从图 11–1 中可以看出，成本与费用之间即相互联系（图 11–19）又有所区别（图 11–20）。

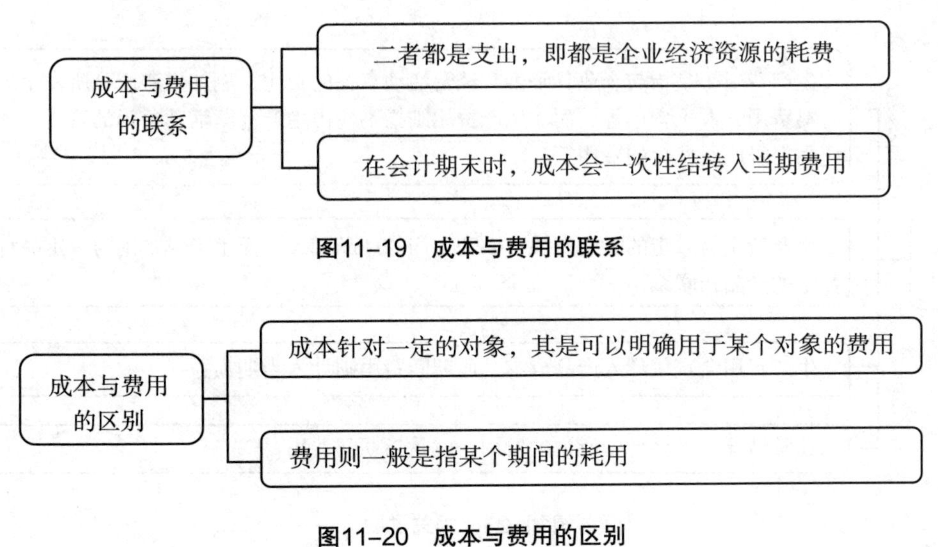

图11–19　成本与费用的联系

图11–20　成本与费用的区别

3. 费用的确认原则

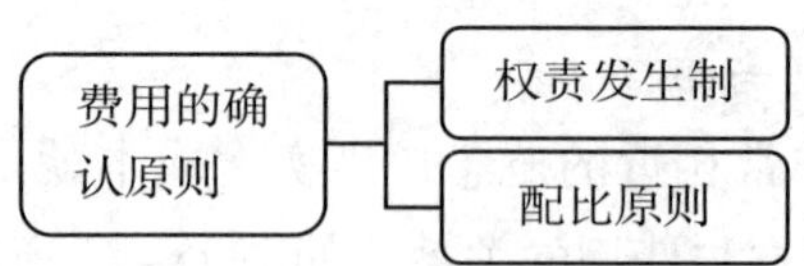

图11-21 费用的确认原则

凡应属于本期发生的费用，无论其款项是否支付，都应确认为本期费用；反之，若不属于本期发生的费用，即使款项已在本期支付，也不确认为本期费用。

4. 费用的确认流程及说明

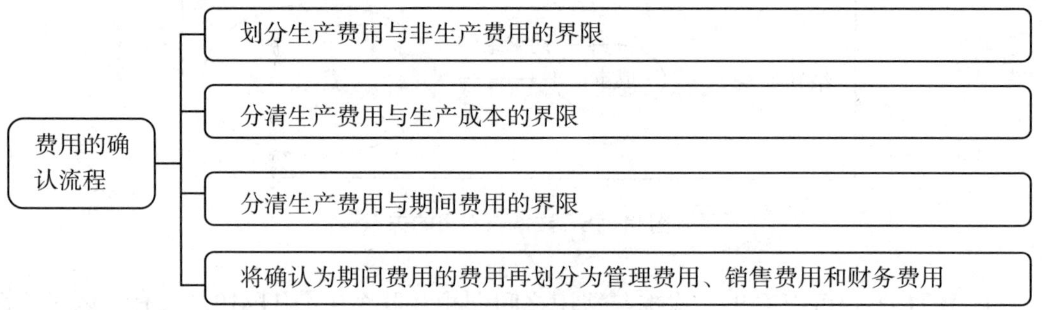

图11-22 费用的确认流程

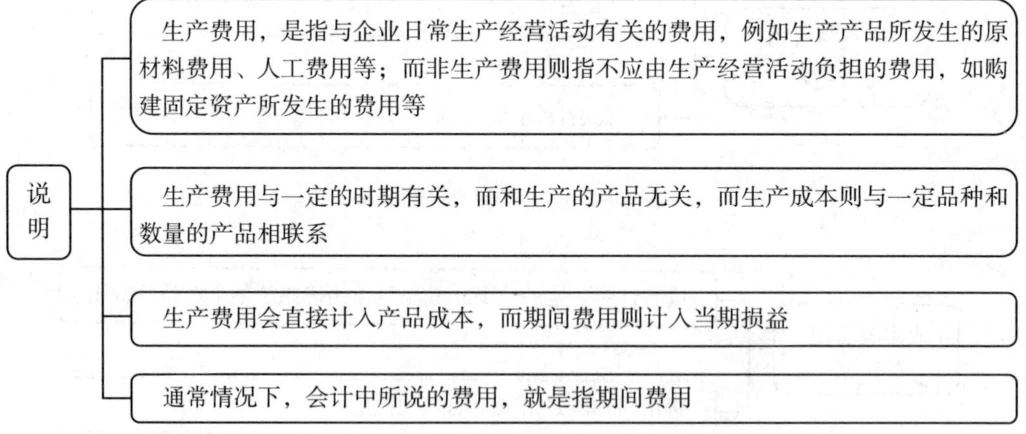

图11-23 相关说明

费用的确认流程如图 11-24 所示。

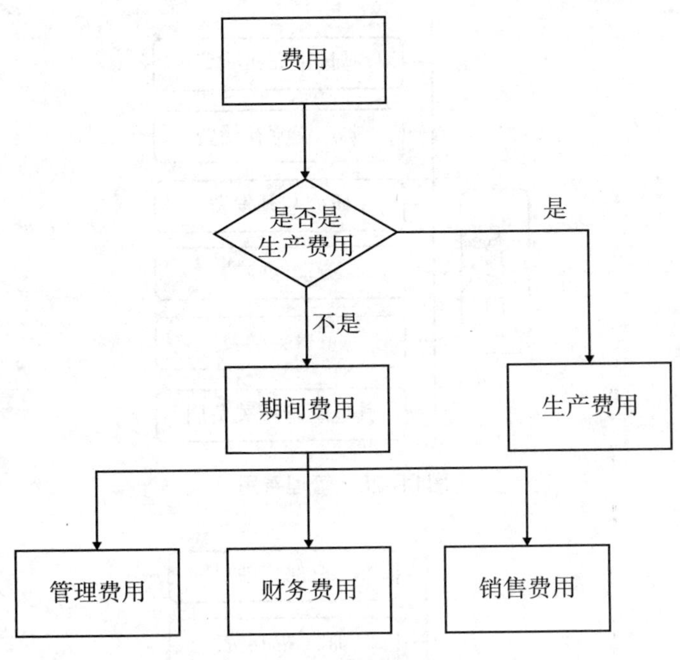

图11–24　费用的确认流程

当面对某项支出时，只要不是偿债性支出与分配性支出，就都可以暂时看作是广义的费用来对待，然后根据图 11–24 所示的确认流程，逐步确认其费用的种类。

5. 管理费用

管理费用，是指企业行政管理部门为组织和管理生产经营活动而发生的各种费用。

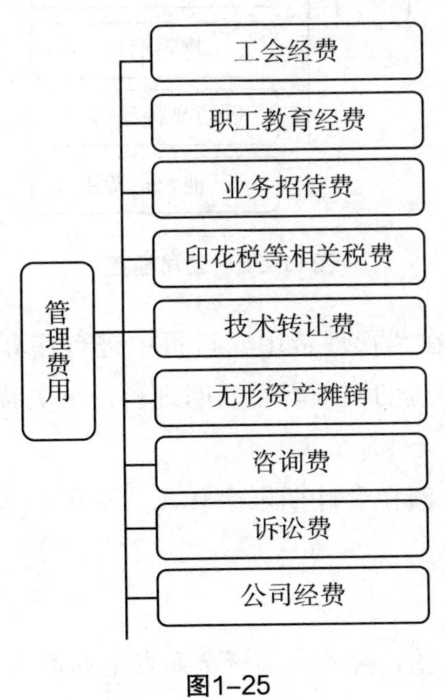

图1–25

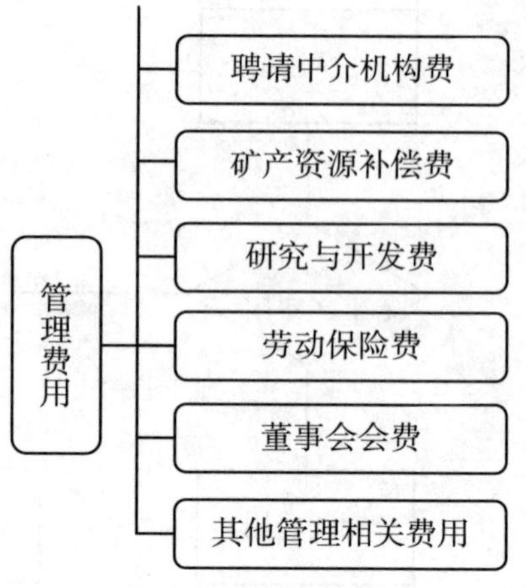

图11-25　管理费用

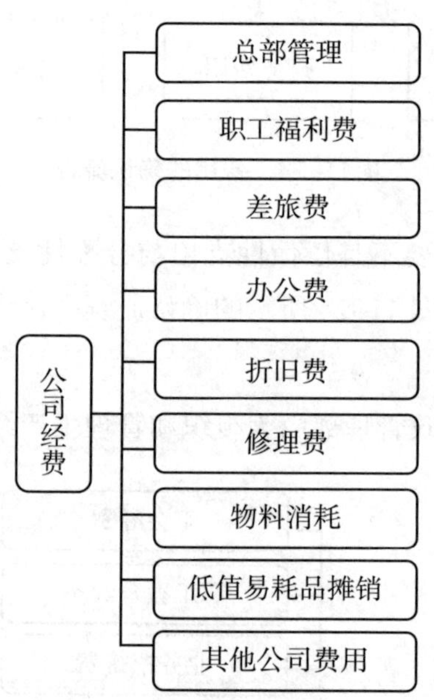

图11-26　公司经费

企业发生的管理费用在“管理费用”科目中进行核算。在具体核算时，需要在“管理费用”科目下设置相应的明细科目，明细科目的名称可以应用图 11-26 所列的名称。

“管理费用”科目的余额在会计期末会转入“本年利润”科目中，因此“管理费用”科目期末无余额。

6. 财务费用

财务费用是指企业筹集生产经营所需资金而发生的费用。

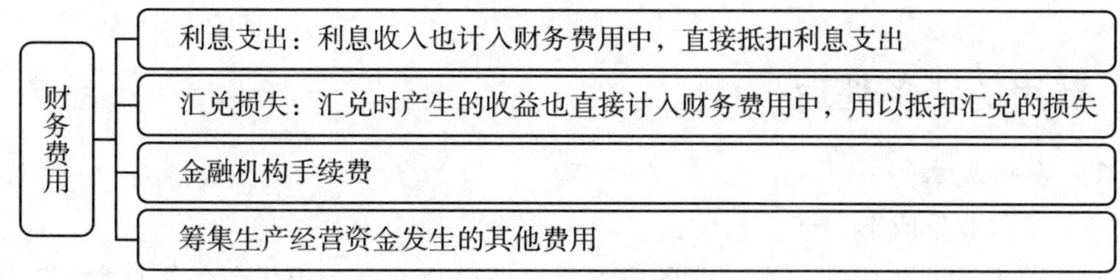

图11–27　财务费用

企业发生的财务费用在“财务费用”科目中进行核算。在具体核算时，应该在“财务费用”科目下设置相应的明细科目，明细科目的名称可以应用上面所列的名称。

“财务费用”科目的余额在会计期末会转入“本年利润”科目中，因此“财务费用”科目期末无余额。

7. 销售费用

销售费用，是指企业在销售产品、提供劳务等日常经营过程中发生的各项费用，以及专设销售机构的各项经费。

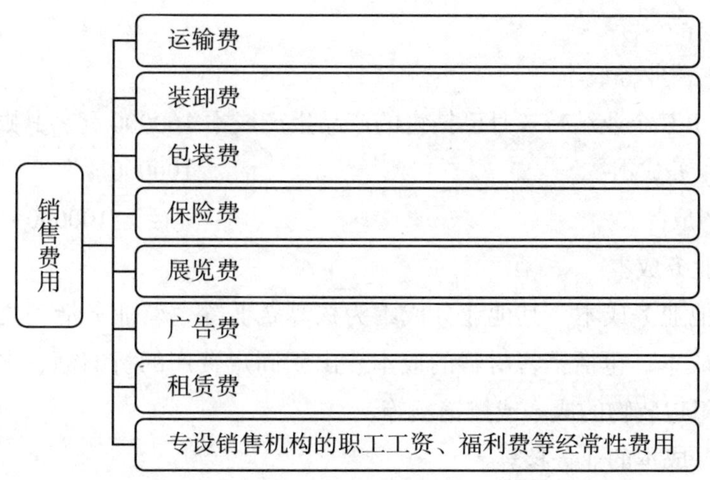

图11–28　销售费用

企业发生的销售费用在“销售费用”科目中进行核算。在具体核算时，应在“销售费用”科目下设置相应的明细科目，明细科目的名称可以应用图 11–28 所列的名称。

“销售费用”科目的余额在会计期末会转入“本年利润”科目中，因此“销售费用”科目期末无余额。

二、费用的账务处理

1. 营业成本

（1）主营业务成本

①认识主营业务成本。主营业务成本是企业销售商品、提供劳务等日常活动所发生的成本，主要有原材料、人工成本（工资）及固定资产折旧等。

②主营业务成本的业务核算。

月份终了，计算结转本月销售商品的成本（可在销售时同步结转）：

借：主营业务成本

　　贷：库存商品

分期收款销售商品时，计算应结转的成本：

借：主营业务成本（当期收到的货款乘以全部成本，再除以全部收入）

　　贷：库存商品

本月销售退回的商品：

借：库存商品

　　贷：主营业务成本

【例 11–20】某企业结转 3 月已销售的产品生产成本 100000 元。其财务处理如下：

借：主营业务成本	100000	
贷：产成品		100000

（2）其他业务成本

①认识其他业务成本。其他业务成本为核算企业除主营业务活动之外的其他经营活动所发生的成本，包括销售材料的成本、出租固定资产的折旧额、出租无形资产的摊销额以及出租包装物的成本或摊销额等。

②其他业务成本的业务核算。

企业发生的其他业务成本：

借：其他业务成本

　　贷：原材料 / 周转材料 / 累计摊销 / 累计折旧 / 银行存款等

在月末时需要结转入“本年利润”科目：

借：本年利润

　　贷：其他业务成本

【例 11–21】公司销售商品领用单独计价的包装物成本 40000 元，增值税专用发票上注明销售收入 60000 元，增值税额为 10200 元，款项已存入银行，不考虑材料成本差异。其财务处理如下。

（1）出租包装物时：

借：银行存款　　70200

　　贷：其他业务收入　　60000

　　　　应交税费——应交增值税（销项税额）　　10200

（2）结转出售包装物的成本：

借：其他业务成本　　40000

　　贷：周转材料——包装物　　40000

2. 管理费用

发生各项管理费用：

借：管理费用

　　贷：银行存款

　　　　应付职工薪酬等

【例 11-22】某企业筹建期间发生办公费、差旅费等开办费 4 万元，均用银行存款支付。会计分录如下：

借：管理费用　　40000

　　贷：银行存款　　40000

【例 11-23】某企业就一项产品的设计方案向有关专家进行咨询，以银行存款支付咨询费 8 万元。会计分录如下：

借：管理费用　　80000

　　贷：银行存款　　80000

【例 11-24】某企业修理办公设备花费了 1200 元，领用本企业库存材料 200 元，该材料购进时的进项税额为 34 元。会计分录如下：

借：管理费用——修理费　　1200

　　贷：库存现金　　1200

借：管理费用　　234

　　贷：原材料　　200

　　　　应交税费——应交增值税（进项税额）　　34

3. 销售费用

在销售过程中发生的费用：

借：销售费用

　　贷：库存现金银行存款应付职工薪酬

【例 11-25】某公司为宣传新产品发生广告费 20 万元，均用银行存款支付。会计分录如下：

借：销售费用　　200000

　　贷：银行存款　　200000

该公司销售部3月共发生费用40万元，其中：销售人员薪酬20万元，销售部专用办公设备折旧费6万元，业务费14万元（均用银行存款支付）。会计分录如下；

借：销售费用　　400000

　　贷：应付职工薪酬　　200000

　　　　累计折旧　　60000

　　　　银行存款　　140000

【例11–26】某企业为参加产品展览会，以银行存款支付布展费用10000元。会计分录如下：

借：销售费用——布展费　　10000

　　贷：银行存款　　10000

4. 财务费用

（1）财务费用发生时：

借：财务费用

　　贷：银行存款

　　　　应付利息

（2）企业发生利息收入、汇兑收益、现金折扣：

借：银行存款

　　应付账款

　　贷：财务费用

【例11–27】甲企业于2017年1月1日向银行借入生产经营用短期借款60万元，期限6个月，年利率5%，该借款本金到期后一次归还，利息分月预提，按季支付。假定所有利息均不符合利息资本化条件，会计处理如下。

每月末，预提当月应计利息：

600000×5%÷12=2500（元）

借：财务费用　　2500

　　贷：应付利息　　2500

【例11–28】某企业于2017年1月1日平价发行公司债券，面值8亿元，期限2年，年利率5%，到期后本息一次归还。债券发行过程中，发生手续费300万元。有关手续费的会计分录如下：

借：财务费用　　3000000

　　贷：银行存款　　3000000

【例 11-29】某企业支付金融机构的手续费 100 元。会计分录如下：

借：财务费用——手续费　　100

　贷：银行存款　　100

三、费用账务处理实例

【例 11-30】某企业行政部 5 月共发生费用 44 万元，其中：行政人员薪酬 30 万元，行政部专用办公设备折旧费 86000 元，报销行政人员差旅费 42000 元（假定报销人均未预借差旅费），其他办公、水电费 12000 元（均用银行存款支付）。会计分录如下：

借：管理费用　　440000

　贷：应付职工薪酬　　300000

　　累计折旧　　86000

　　库存现金　　42000

　　银行存款　　12000

【例 11-31】2017 年 3 月 15 日，某公司管理部门用备用金购买办公用品，共花费 1600 元；营业部门赵某出差回来报销差旅费共计 7900 元，其中业务招待费 700 元。上述业务已被核准后到财务部门办理报销，则对应的会计分录为：

借：管理费用——办公费　　1600

　贷：现金　　1600

借：管理费用——业务招待费　　700

　销售费用——差旅费　　7200

　贷：现金　　7900

【例 11-32】某企业当月按规定计算确定的应交房产税为 4000 元、应交车船税为 5200 元、应交土地使用税为 8000 元。会计分录如下：

借：管理费用　　17200

　贷：应交税费——应交房产税　　4000

　　——应交车船税　　5200

　　——应交土地使用税　　8000

【例 11-33】某企业本月缴纳待业保险费 40000 元，劳动保险费 6000 元。会计分录如下：

借：管理费用——待业保险费　　40000

　——劳动保险费　　6000

　贷：银行存款　　46000

【例 11-34】某企业销售一批产品，用现金支付了运输费 1000 元，保险费 700 元。

会计分录如下：

借：销售费用——运输费　　1000

——保险费　　700

贷：库存现金　　1700

【例 11–35】甲企业于 2017 年 1 月 1 日向银行借入生产经营用短期借款 60 万元，期限 6 个月，年利率 5%，该借款本金到期后一次归还，利息分月预提，按季支付。假定 1 月其中 20 万元暂时作为闲置资金存入银行，并获得利息收入 700 元。假定所有利息均不符合利息资本化条件，会计处理如下：

1 月末，预提当月应计利息 2500（600000×5%÷12=2500）：

借：财务费用　　2500

贷：应付利息　　2500

同时，当月取得的利息收入 700 元应作为冲减财务费用处理：

借：银行存款　　700

贷：财务费用　　700

【例 11–36】企业收到银行的结息通知单，银行存款利息为 1000 元。会计分录如下：

借：银行存款　　1000

贷：财务费用——利息　　1000

第三节　利润形成与分配的账务处理

一、营业利润

1. 营业利润的构成

营业利润是企业利润的主要来源，具体指营业收入减去营业成本、营业税金及附加、销售费用、管理费用、财务费用和资产减值损失，加公允价值变动收益及投资收益后的金额，用公式表示如下：

营业利润 = 营业收入（主营业务收入 + 其他业务收入）– 营业成本（主营业务成本 + 其他业务成本）– 营业税金及附加 – 销售费用 – 管理费用 – 财务费用 – 资产减值损失 + 公允价值变动收益 + 投资收益

这里主要介绍减值损失的相关知识。

2. 资产减值的核算

资产减值包括所有资产的减值，包括应收款项、存货、长期股权投资、持有至到期投资、固定资产、无形资产及贷款等资产。

为了核算各项资产减值损失，需要设置专门账户进行核算。

资产减值损失属损益类账户，该账户主要核算企业根据资产减值等准则计提各项资产减值准备所形成的损失。

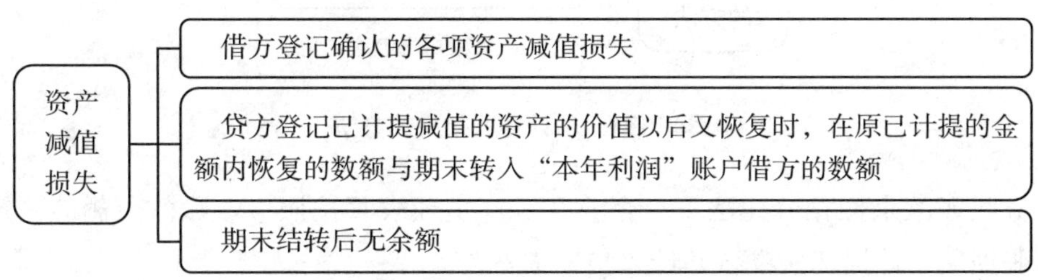

图11–29　资产减值损失

（1）应收款项减值的确认与核算

①应收款项减值的确认。企业的应收款项会因债务人财务困难等原因而无法收回，这部分无法收回的应收账款就是坏账，企业因坏账而产生的损失，称为坏账损失。当企业发生坏账并且符合坏账确认的条件时，应当及时确认并计入当期损益。

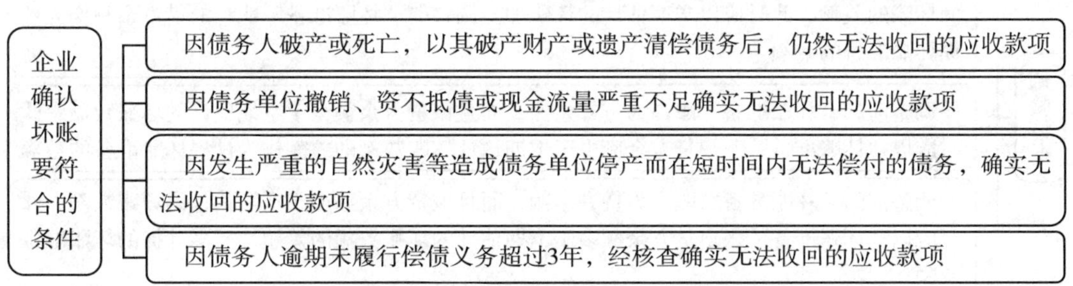

图11–30　企业确认坏账要符合的条件

②坏账损失的账务处理。按照企业会计制度规定采用备抵法。备抵法是指采用一定的方法按期（至少每年末）估计坏账损失，提取坏账准备并转作当期费用，实际发生坏账时，直接冲减已计提的坏账准备，同时转销相应的应收账款余额的一种处理方法。

在备抵法下，企业每期末应当估计坏账损失，需设置“坏账准备”账户。“坏账准备”账户属资产类账户，是“应收账款”的抵减调整账户，该账户贷方登记坏账准备的提取额和已确认并且转销的坏账损失重新收回的金额；借方登记发生的坏账损失额；期末余额在贷方，代表已经提取但尚未转销的坏账准备额。当期坏账准备提取的数额可以按下列公式计算：

当期实际提取的坏账 = 当前按应收款项计算应提坏账准备金额 – “坏账准备”账户的贷方余额

企业可以根据实际情况自行确定坏账损失的估计方法。下面以应收账款余额百分比法说明坏账的核算。

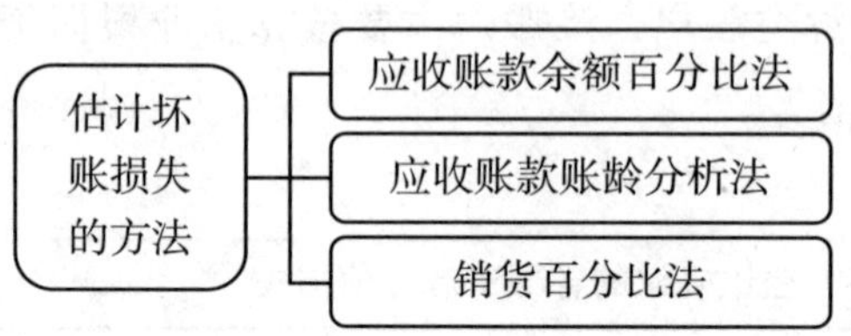

图11–31　估计坏账损失的方法

在应收账款余额百分比法下，企业在资产负债表日按照应收账款余额的一定比例估计坏账损失，计提坏账准备并计入当期损益。

第一次提取坏账准备时，计提坏账准备的数额，需根据会计期末应收账款的余额，按照规定的比例计算，即估计坏账损失数 = 应收账款期末余额 × 坏账准备提取率。以后，计提的坏账准备数额，应根据按应收账款余额的一定比例估计的坏账损失及“坏账准备”账户的余额进行调整。

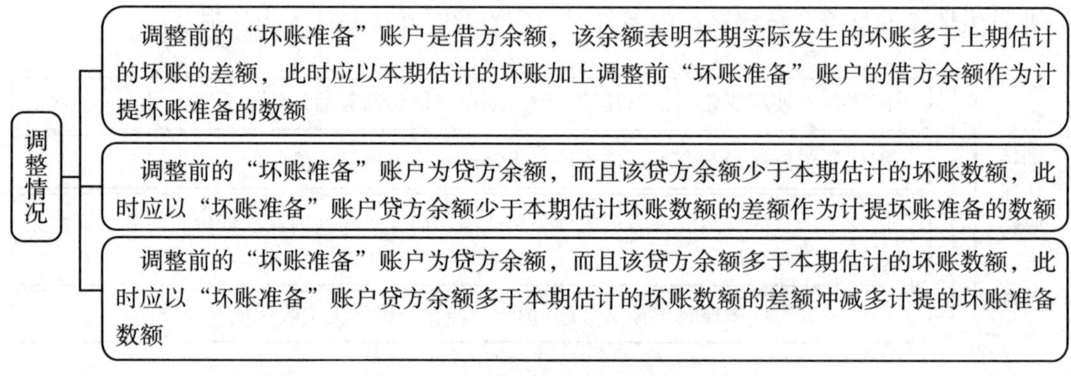

图11–32　调整情况

【例 11–37】假设某公司于 2016 年开始建立坏账准备金制度，当年末的应收账款余额为 200000 元，坏账损失估计比例为 4%。则 2016 年末应估计的坏账损失为 8000（200000×4%）元。编制会计分录如下：

借：资产减值损失——计提的坏账准备　　　8000

　　贷：坏账准备　　　　　　　　　　　　　8000

【例 11–38】2017 年 10 月，公司应收 B 公司的货款 12000 元因故不能收回，经批准确认为坏账损失，编制会计分录如下：

借：坏账准备　　　　　　　　　　　　　　　　12000

　　贷：应收账款——B 公司　　　　　　　　　　　12000

【例 11-39】2017 年末，公司应收账款余额为 240000 元，坏账损失估计比例仍为 4%。

2017 年末应估计的坏账损失为 240000×4%=9600 元，即本期坏账准备余额为贷方 9600 元。但在期末提取坏账准备前，“坏账准备”账户有借方余额 4000（12000-8000）元，所以 2017 年末实际应提取的坏账准备为 13600（4000+9600）元，编制会计分录如下：

借：资产减值损失——计提的坏账准备　　　　　13600

　　贷：坏账准备　　　　　　　　　　　　　　　13600

（2）存货减值的确认与核算

①期末存货计量原则。我国企业会计准则规定：在资产负债表日，存货应当按照成本与可变现净值孰低法计量。

相关概念

- 成本与可变现净值孰低法是指对期末存货按照成本与可变现净值两者之中的较低者进行计价的方法，即当存货成本少于可变现净值时，存货按成本计量；当存货成本多于可变现净值时，存货按可变现净值计量，同时按照成本多于可变现净值的差额计提存货跌价准备，计入当期损益
- “成本”是指存货的历史成本
- 可变现净值是指在日常活动中，存货的估计售价减去等到完工时估计将要发生的成本、估计的销售费用以及相关税费后的金额

图11-33　相关概念

期末存货采用成本与可变现净值孰低法计量是在存货发生毁损等情况下，使存货满足资产的定义，同时体现了会计信息质量的谨慎性要求。

②期末存货计量的具体方法。

期末存货计量的具体方法

- 直接转销法：将可变现净值低于成本的损失直接列入当期损益，并转销存货账户，将存货成本调整为可变现净值。在会计核算时，借记“资产减值损失——计提的存货跌价准备”账户，贷记有关存货账户。采用这种方法工作量大而且麻烦，实际工作中不常用
- 备抵法：对于存货可变现净值低于成本的损失不直接冲减有关存货账户，而是另外设置“存货跌价准备”账户，核算企业提取的存货跌价准备。企业在每一会计期末，比较期末存货的成本与可变现净值，计算出应计提的存货跌价准备金额，再和“存货跌价准备”账户的余额比较后分情况处理（图11-35）

图11-34　期末存货计量的具体方法

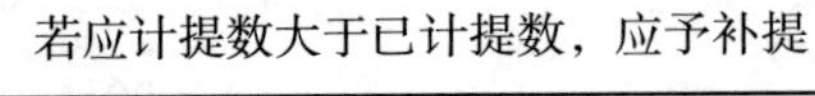

图11-35 余额比较

存货跌价准备计提公式：

某期应计提的存货跌价准备 = 当期可变现净值低于成本的差额 – 存货跌价准备账户贷方余额

③存货减值的账务处理。为了进行存货减值的核算，应当设置“存货跌价准备”账户。“存货跌价准备”账户属于资产类账户，是存货类账户的抵减调整账户，该账户用来核算企业提取的存货跌价准备。

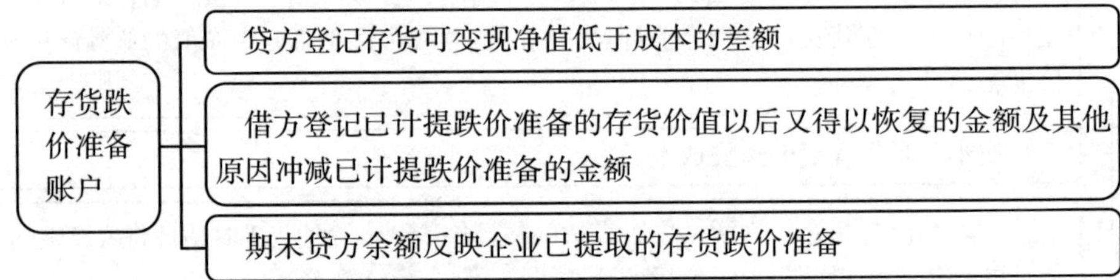

图11-36 存货跌价准备账户

【例 11-40】某公司从 2014 年起，期末存货价值采用成本与可变现净值孰低法确定，2014—2016 年年末 A 类存货的有关资料如表 11-1 所示。

表 11-1 某公司 2012—2014 年年末 A 类存货有关资料

年份	期末存货数量	单位账面成本（元）	可变现净值（元）
2014	2000	2.50	2.30
2015	6000	2.50	2.40
2016	5000	2.50	2.70

该公司各年末的存货价值计算如下：

2014 年末：

期末存货成本 =2.50×2000=5000（元）

期末存货可变现净值 =2.30×2000=4600（元）

当年应计提存货跌价准备 =（4600–5000）–0 = –400（元）

会计分录：

借：资产减值损失——计提的存货跌价准备　　　　400

　　贷：存货跌价准备　　　　　　　　　　　　　400

2015 年末：

期末存货成本 = 2.50×6000=15000（元）

期末存货可变现净值 =2.40×6000=14400（元）

当年应计提存货跌价准备 =（14400–15000）–（–400）= –200（元）

会计分录：

借：资产减值损失——计提的存货跌价准备　　　　200

　　贷：存货跌价准备　　　　　　　　　　　　　200

2016 年末：

期末存货成本 =2.50×5000=12500（元）

期末存货可变现净值 =2.70×5000=13500（元）

由于当期期末存货的成本低于存货可变现净值，应当按照存货成本计量，即意味着存货未发生减值，无须计提存货减值损失。同时还应当将“存货跌价准备”贷方余额 600 元冲销。编制会计分录如下：

借：存货跌价准备　　　　　　　　　　　　　　600

　　贷：资产减值损失——计提的存货跌价准备　　　600

（3）其他资产减值的确认与核算

①其他资产减值的确认。

其他资产减值的确认

- 企业在对长期股权投资、持有至到期投资、固定资产、无形资产、商誉等资产进行减值测试后，若资产的可收回金额低于其账面价值的，应当将资产的账面价值减记至可收回金额，减记的金额确认为资产减值损失，计入当期损益，同时，计提相应的资产减值准备。如此，企业当期确认的减值损失反映在利润表中，而计提的资产减值准备作为有关资产的备抵项目，反映于资产负债表中，从而夯实企业资产价值，防止利润虚增，如实反映企业的财务状况和经营成果
- 资产减值损失确认后，减值资产的折旧或者摊销费用应当在未来期间做相应调整，使得该资产在剩余使用寿命内，系统地分摊调整后的资产账面价值（扣除预计净残值）。例如，固定资产计提了减值准备后，固定资产账面价值将根据计提的减值准备相应抵减，所以，固定资产在未来计提折旧时，应当根据新的固定资产账面价值为基础计提每期折旧
- 考虑到固定资产、无形资产、长期股权投资、商誉等资产发生减值后，一方面价值回升的可能性比较小，一般属于永久性减值；另一方面从会计信息稳健性要求考虑，为了防止确认资产重估增值和操纵利润，资产减值损失一经确认，在以后会计期间不能转回。以前期间计提的资产减值准备，需要等到资产处置时方可转出

图11–37　其他资产减值的确认

②其他资产减值的账务处理。

其他资产减值的账务处理

为了正确核算企业确认的资产减值损失与计提的资产减值准备，企业应当根据各类资产设置“资产减值损失”的明细账户，进行明细核算，反映各类资产在当期确认的资产减值损失金额；同时，应当按照不同的资产类别，分别设置“固定资产减值准备”“在建工程减值准备”“投资性房地产减值准备”“无形资产减值准备”“商誉减值准备”“长期股权投资减值准备”“生产性生物资产减值准备”等账户

当企业确定资产发生了减值时，应当根据所确认的资产减值金额，借记“资产减值损失”及相关明细账户，贷记“固定资产减值准备”“在建工程减值准备”“投资性房地产减值准备”“无形资产减值准备”“商誉减值准备”“长期股权投资减值准备”“生产性生物资产减值准备”等账户。在期末，企业需将“资产减值损失”账户余额转入“本年利润”账户，结转后该账户应当没有余额。各资产减值准备明细账户累积每期计提的资产减值准备，直到相关资产被处置时才予以转出

图11-38　其他资产减值的账务处理

3. 公允价值变动损益和投资收益的核算及账户设置

公允价值变动损益和投资收益的核算

公允价值变动损益：是指企业交易性金融资产、交易性金融负债以及采用公允价值模式计量的投资性房地产、衍生工具等公允价值变动形成的需计入当期损益的利得和损失。

在资产负债表日，当上述这些资产的公允价值高于或低于其账面价值时，应当将其差额确认为公允价值变动损益，计入当期损益

投资收益：投资收益是指企业以各种方式对外投资所取得的收益或者发生的损失，包括在其持有期间或者处置时获取的

账务处理：为了核算公允价值变动损益和投资收益，需要设置相应账户加以反映

图11-39　公允价值变动损益和投资收益的核算

公允价值变动损益和投资收益核算设置的账户

“公允价值变动损益”账户：属于损益类账户。该账户的贷方登记增加，即企业按照规定对交易性金融资产等在资产负债表日确认的公允价值多于其账面价值的差额；借方登记交易性金融资产等在资产负债表日确认的公允价值少于其账面价值的差额以及期末转入“本年利润”账户借方的数额；期末结转后没有余额。该账户可按各类不同资产设置明细账户，进行明细核算

“投资收益”账户：属于损益类账户，用于核算企业对外投资取得的收入或发生的损失。该账户贷方记增加，登记企业取得的投资收益和期末转入“本年利润”账户借方的投资净损失；借方记减少，登记企业发生的投资损失以及期末转入“本年利润”账户贷方的投资净收益；期末结转后没有余额。该账户可以按投资项目进行明细核算

图11-40　公允价值变动损益和投资收益核算设置的账户

【例 11-41】某公司 2016 年 11 月 10 日以银行存款从证券市场购入 A 公司股票 10000 股，每股 9 元，另付相关税费 200 元，共支付 90200 元。企业将该股票划分为交易性金融资产，12 月末 A 股票的公允价值为每股 5.5 元。编制会计分录如下。

（1）购入股票时：

借：交易性金融资产——成本——A 股票　　90000

　　投资收益　　200

　　贷：银行存款　　90200

（2）12 月末：

借：公允价值变动损益　　35000

　　贷：交易性金融资产——公允价值变动　　35000

公司于 2017 年 5 月 15 日收到持有的 A 公司股票发放的现金股利 2000 元，存入银行。编制会计分录如下：

借：银行存款　　2000

　　贷：投资收益　　2000

二、利润总额

1. 利润的构成

利润是指企业在一定会计期间的经营成果，包括收入减去费用后的净额、直接计入当期利润的利得和损失等。

直接记入当期利润的利得和损失，是指应当计入当期损益、会导致所有者权益发生增减变动的、与所有者投入资本或者向所有者分配利润无关的利得或损失。

若收入和直接计入当期利润的利得大于其有关费用和直接计入当期利润的损失，就是盈利；反之，即是亏损。

利润的构成

- 利润总额：是指营业利润加上直接计入当期利润的利得，减去直接计入当期利润的损失后的差额。用公式表示如下：
  利润总额=营业利润+直接计入当期利润的利得（营业外收入）-直接计入当期利润的损失（营业外支出）
- 直接计入当期利润的利得和损失：是指营业外收入和营业外支出。营业外收支是指企业发生的与日常活动无直接关系的各项收支。营业外收支虽然和企业生产经营活动没有多大的关系，但从企业主体来考虑，同样带来收入或形成企业的支出，也是增加或减少利润的因素，可以对企业的利润总额和净利润产生较大的影响

图11-41　利润的构成

2. 营业外收支的账户设置及核算

营业外收支	
	营业外收入是指企业发生的与其日常活动无直接关系的各项利得。营业外收入并不是由企业经营资金耗费所形成的，不需要企业付出代价，实际上是一种纯收入，不可能也不需要与相关费用进行配比。因此，在会计核算上，需严格区分营业外收入与营业收入的界限。营业外收入主要包括非流动资产处置利得、非货币性资产交换利得、债务重组利得、政府补助、盘盈利得、捐赠利得等
	营业外支出是指企业发生的和日常活动无直接关系的各项损失。营业外支出主要包括非流动资产处置损失、非货币性资产交换损失、债务重组损失、公益性捐赠支出、非常损失、盘亏损失等

图11-42 营业外收支

企业应通过“营业外收入”与“营业外支出”科目核算营业外收支的发生及结转情况。

营业外收支核算设置的账户	
	营业外收入：属于损益类账户。该账户的贷方登记增加，即企业实际发生的营业外收入，借方登记期末转入“本年利润”账户贷方的数额，期末结转后无余额，该账户可按照营业外收入项目进行明细核算
	营业外支出：属于损益类账户。借方记增加，登记发生的营业外支出，包括固定资产盘亏损失、非常损失、各种罚款等；贷方记减少，登记期末转入“本年利润”账户借方的数额，期末结转后无余额。该账户可按照营业外支出项目进行明细核算

图11-43 营业外收支核算设置的账户

【例11-42】2016年12月31日将确定无法支付某单位的账款16000元转作营业外收入。

这笔经济业务的发生，使应付账款因注销而减少，应计入“应付账款”账户的借方，另一方面使营业外收入增加，应计入“营业外收入”账户的贷方。编制会计分录如下：

借：应付账款　　　　16000

　　贷：营业外收入　　　　16000

三、净利润

1. 净利润的构成

净利润是指企业利润总额减去所得税费用后的余额，即企业的税后利润。用公式表示如下：

净利润=利润总额−所得税费用

净利润是企业在某一会计期间缴纳所得税后的净经营成果。税后利润（净利润）是一项非常重要的经济指标，对于企业的投资者而言，净利润是获得投资回报大小的基本因素，对于企业管理者而言，净利润是进行经营管理决策的基础。净利润同时也是评价企业盈利能力、管理绩效以至偿债能力的一个基本工具，是一个反映与分析企业多方面情况的综合指标。

2. 所得税费用

（1）所得税概述

企业所得税是以企业或者组织为纳税义务人，对其每一纳税年度内来源于中国境内、境外的生产经营所得和其他所得征收的一种税。所得税具有强制性和无偿性的特点，无论国家对企业是否有投资，只要企业有应税所得，都要依法纳税。按税法规定，企业的生产经营所得及其他所得应缴纳企业所得税，所以，企业实现利润后应按税法规定计算缴纳企业所得税。企业实际缴纳的或者按照企业会计制度规定计算的应从本期损益中扣除的所得税，即为所得税费用。

（2）所得税会计核算的一般程序

在采用资产负债表法核算所得税的情况下，企业通常应于每一资产负债表日进行所得税的核算。企业合并等特殊交易或事项发生时，在确认因为交易或事项取得的资产、负债时即应确认相关的所得税影响。企业进行所得税核算一般应遵循如图 11–44 所示的程序。

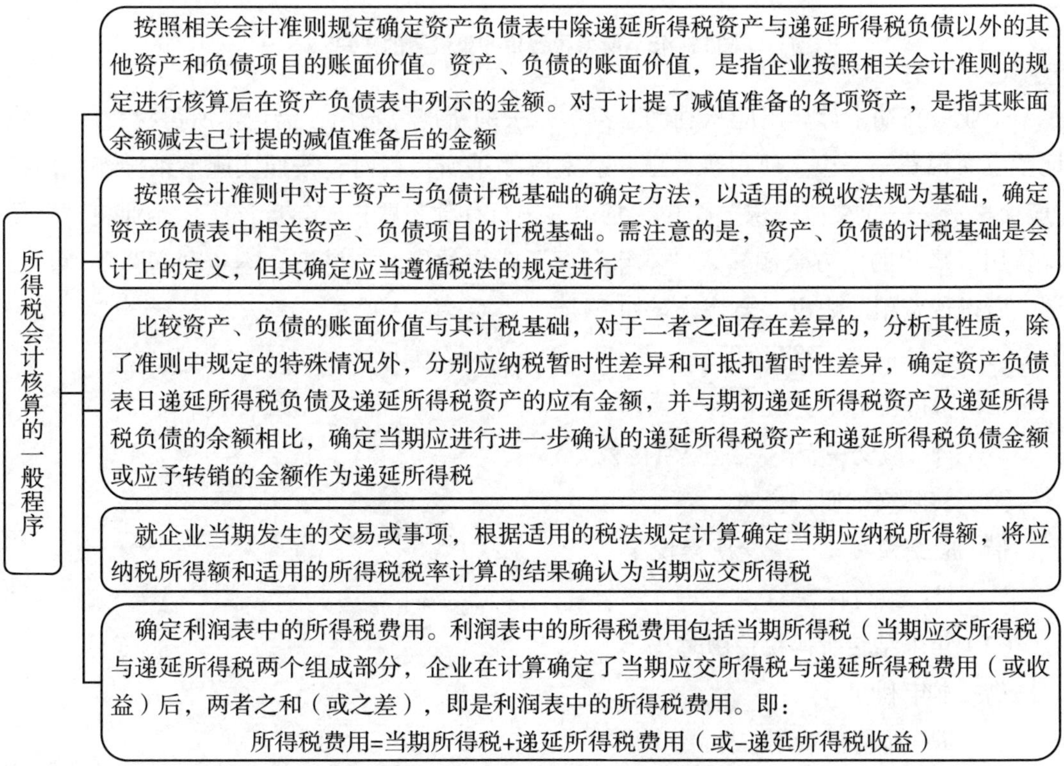

所得税会计核算的一般程序

- 按照相关会计准则规定确定资产负债表中除递延所得税资产与递延所得税负债以外的其他资产和负债项目的账面价值。资产、负债的账面价值，是指企业按照相关会计准则的规定进行核算后在资产负债表中列示的金额。对于计提了减值准备的各项资产，是指其账面余额减去已计提的减值准备后的金额
- 按照会计准则中对于资产与负债计税基础的确定方法，以适用的税收法规为基础，确定资产负债表中相关资产、负债项目的计税基础。需注意的是，资产、负债的计税基础是会计上的定义，但其确定应当遵循税法的规定进行
- 比较资产、负债的账面价值与其计税基础，对于二者之间存在差异的，分析其性质，除了准则中规定的特殊情况外，分别应纳税暂时性差异和可抵扣暂时性差异，确定资产负债表日递延所得税负债及递延所得税资产的应有金额，并与期初递延所得税资产及递延所得税负债的余额相比，确定当期应进行进一步确认的递延所得税资产和递延所得税负债金额或应予转销的金额作为递延所得税
- 就企业当期发生的交易或事项，根据适用的税法规定计算确定当期应纳税所得额，将应纳税所得额和适用的所得税税率计算的结果确认为当期应交所得税
- 确定利润表中的所得税费用。利润表中的所得税费用包括当期所得税（当期应交所得税）与递延所得税两个组成部分，企业在计算确定了当期应交所得税与递延所得税费用（或收益）后，两者之和（或之差），即是利润表中的所得税费用。即：
  所得税费用=当期所得税+递延所得税费用（或–递延所得税收益）

图11–44　所得税会计核算的一般程序

（3）所得税会计的账户设置及具体核算

为进行所得税的核算，企业需设置如图 11-45 所示之账户。

所得税费用核算设置的账户

- 所得税费用：属于损益类账户，用于核算企业确认的应从当期利润中扣除的所得税费用。该账户借方登记企业根据税法规定计算确定的当期应交所得税费用，以及递延所得税资产的应有余额低于“递延所得税资产”账户的余额的差额；贷方登记递延所得税资产的应有余额多于“递延所得税资产”账户的余额的差额于期末转入“本年利润”账户借方的数额；期末结转后无余额。该账户可按照“当期所得税费用”和“递延所得税费用”进行明细核算
- 递延所得税资产：属于资产类账户，用于核算企业确认的可抵扣暂时性差异产生的递延所得税资产。该账户借方登记资产负债表日递延所得税资产的应有余额高于其账面余额的差额；贷方登记资产负债表日递延所得税资产的应有余额低于其账面余额的差额，期末余额在借方，反映企业已确认的递延所得税资产。该账户可按照可抵扣暂时性差异项目进行明细核算
- 递延所得税负债：属于负债类账户，用于核算企业确认的应纳税暂时性差异产生的递延所得税负债。该账户贷方登记资产负债表日递延所得税负债的应有余额高于其账面余额的差额；借方登记资产负债表日递延所得税负债的应有余额低于其账面余额的差额，期末余额在贷方，反映企业已确认的递延所得税负债，该账户可按照应纳税暂时性差异项目进行明细核算

图11-45　所得税费用核算设置的账户

企业应在期末计算出应从利润总额中减去的所得税费用，借记“所得税费用”，贷记“应交税费——应交所得税”账户。实际缴纳所得税时，按照实际缴纳金额，借记“应交税费——应交所得税”账户，贷记“银行存款”账户。年度终了，企业将“所得税费用”账户的借方余额转入“本年利润”账户的借方，借记“本年利润”账户，贷记“所得税费用”账户。会计分录如下：

（1）计算应交所得税时：

借：所得税费用

　　贷：应交税费——应交所得税

（2）实际交纳所得税时：

借：应交税费——应交所得税

　　贷：银行存款

（3）年末结转所得税费用时：

借：本年利润

　　贷：所得税费用

3. 利润的计算与结转

利润的计算与结转

- 账户设置：为了核算利润，企业应当设置“本年利润”账户。“本年利润”账户属于所有者权益类账户，用来核算企业本期实现的净利润或发生的净亏损。该账户贷方记增加，登记由相关账户转入的各项收入数额；借方记减，登记由相关账户转入的各项费用、成本税金数额；收入与费用相抵后，期末贷方余额代表本期实现的净利润，期末借方余额代表本期发生的净亏损。年末，该账户不论是借方余额还是贷方余额，都应全部转入“利润分配”账户，结转后无余额
- 账务处理：企业应当在每一个会计期末将损益类账户的余额全部结转到“本年利润”账户，在该账户上结算出本期实现的利润（或亏损）和本年累计损益

图11–46　利润的计算与结转

【例 11–43】假设某公司 2016 年末有关损益类账户的余额如下：

主营业务收入：1680000（贷方）

其他业务收入：274000（贷方）

主营业务成本：1200000（借方）

其他业务成本：23200（借方）

营业税金及附加：14600（借方）

管理费用：60000（借方）

财务费用：16000（借方）

销售费用：58000（借方）

投资收益：300000（贷方）

营业外收入：86000（贷方）

营业外支出：124000（借方）

资产减值损失：6000（借方）

该公司年末结转本年利润的会计分录如下。

（1）结转各种收入、利得：

借：主营业务收入	1680000
其他业务收入	274000
投资收益	300000
营业外收入	86000
贷：本年利润	2340000

（2）结转各种费用及损失：

借：本年利润	1501800

贷：主营业务成本　　　　　　　　　　　　1200000

其他业务成本　　　　　　　　　　　　23200

营业税金及附加　　　　　　　　　　　　14600

管理费用　　　　　　　　　　　　　　60000

财务费用　　　　　　　　　　　　　　16000

销售费用　　　　　　　　　　　　　　58000

营业外支出　　　　　　　　　　　　　124000

资产减值损失　　　　　　　　　　　　6000

（3）按利润总额（假设无须调整）计算和结转本期应交所得税（所得税税率为 25%）。

营业利润 =（1680000+274000）-（1200000+23200）-14600-60000-16000-58000-6000+300000=876200（元）

利润总额 =876200+86000-124000=838200（元）

所得税费用 =838200×25%=209550（元）

净利润 =838200-209550=628650（元）

借：所得税费用　　　　　　　　　　　　209550

贷：应交税费——应交所得税　　　　　　　　209550

将“所得税费用”账户本期发生额转入“本年利润”账户。

借：本年利润　　　　　　　　　　　　　209550

贷：所得税费用　　　　　　　　　　　　　209550

四、利润分配

1. 利润分配的顺序

利润分配是企业根据国家有关规定和投资者的决议、公司章程，对企业缴纳所得税后的净利润进行的分配。利润的分配过程和结果，不但关系到所有者的合法权益是否得到保护，还关系到企业能否长期稳定并健康地发展。

（1）企业的可供分配利润的分配顺序

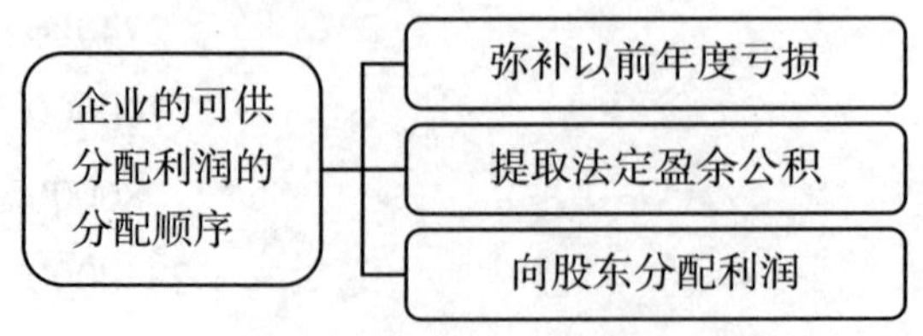

图11-47　企业的可供分配利润的分配顺序

（2）其中向股东分配利润分配顺序

其中向股东分配利润分配顺序
支付优先股股利
提取任意盈余公积
支付现金股利

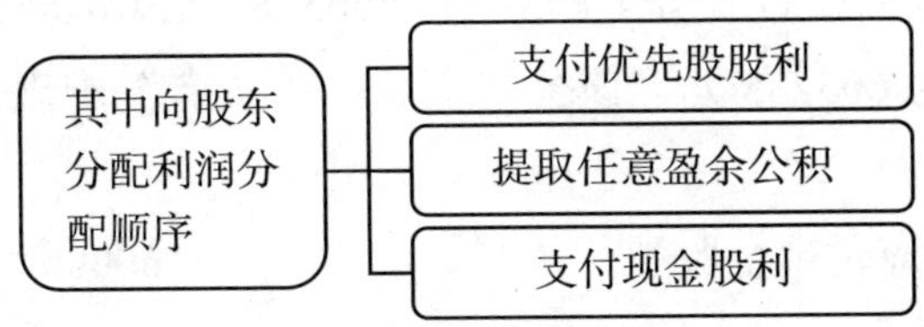

图11-48　其中向股东分配利润分配顺序

2. 账户设置

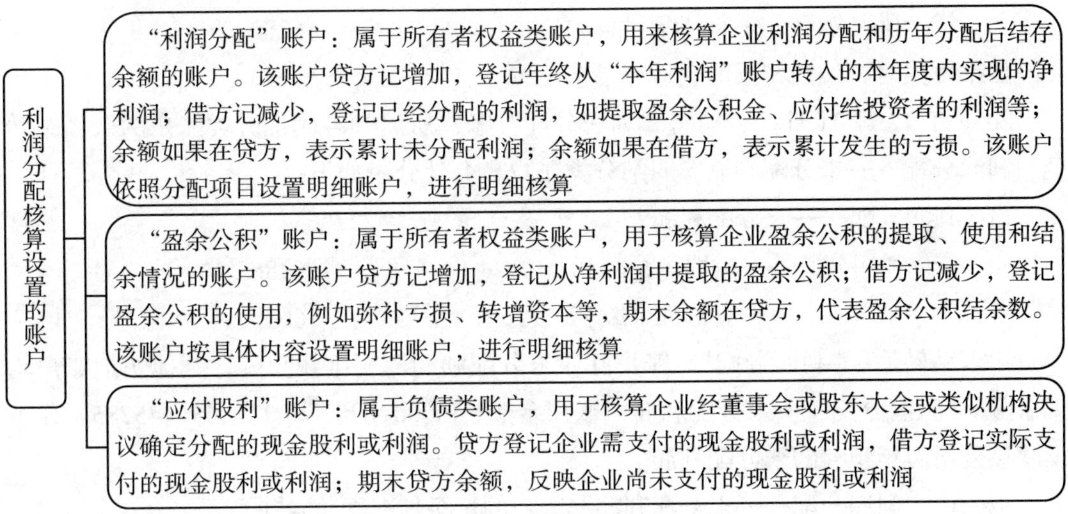

利润分配核算设置的账户
“利润分配”账户：属于所有者权益类账户，用来核算企业利润分配和历年分配后结存余额的账户。该账户贷方记增加，登记年终从“本年利润”账户转入的本年度内实现的净利润；借方记减少，登记已经分配的利润，如提取盈余公积金、应付给投资者的利润等；余额如果在贷方，表示累计未分配利润；余额如果在借方，表示累计发生的亏损。该账户依照分配项目设置明细账户，进行明细核算
“盈余公积”账户：属于所有者权益类账户，用于核算企业盈余公积的提取、使用和结余情况的账户。该账户贷方记增加，登记从净利润中提取的盈余公积；借方记减少，登记盈余公积的使用，例如弥补亏损、转增资本等，期末余额在贷方，代表盈余公积结余数。该账户按具体内容设置明细账户，进行明细核算
“应付股利”账户：属于负债类账户，用于核算企业经董事会或股东大会或类似机构决议确定分配的现金股利或利润。贷方登记企业需支付的现金股利或利润，借方登记实际支付的现金股利或利润；期末贷方余额，反映企业尚未支付的现金股利或利润

图11-49　利润分配核算设置的账户

3. 利润分配的核算

利润分配的核算
提取法定盈余公积的核算
向投资者分配股利或利润
年末结转本年净利润
年末结转已分配利润

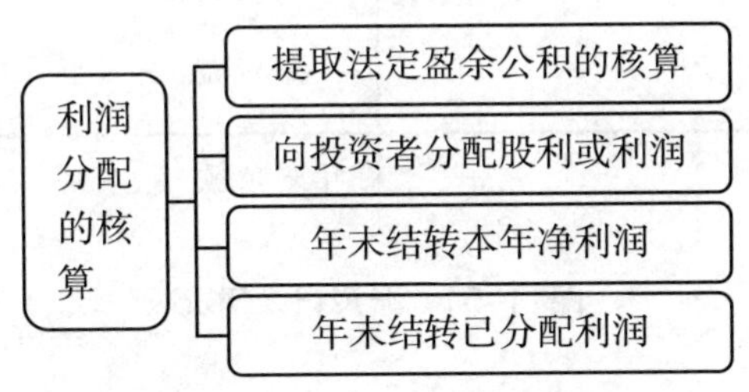

图11-50　利润分配的核算

【例 11-44】根据【例 11-44】资料可知，该公司本年实现净利润 628650 元，需按净利润的 10% 提取法定盈余公积金。会计分录如下：

借：利润分配——提取盈余公积　　　　　　62865

　　贷：盈余公积——法定盈余公积　　　　　　62865

【例 11-45】某公司本年年初“利润分配——未分配利润”账户有贷方余额 40000 元，当年净利润中可以向投资者分配的利润为 565785 元（628650-62865），可以向投资者分配利润的限额为 605785 元。该公司决定向投资者分配现金股利 160000 元。会计分录如下：

借：利润分配——应付现金股利　　　　160000

　　贷：应付股利　　　　160000

【例 11-46】2016 年 12 月 31 日，公司将全年实现的净利润 628650 元，自“本年利润”转入“利润分配”账户。会计分录如下：

借：本年利润　　　　628650

　　贷：利润分配——未分配利润　　　　628650

如果亏损时，编制相反的会计分录。

2016 年 12 月 31 日，公司将“利润分配”账户所属的各明细分类账户的余额结转到“利润分配——未分配利润”明细分类账户。会计分录如下：

借：利润分配——未分配利润　　　　222865

　　贷：利润分配——提取盈余公积　　　　62865

　　　　　　　　——应付现金股利　　　　160000

年末结转后，“利润分配”，账户除“未分配利润”明细账户外，其他明细账户均无余额。“利润分配——未分配利润”账户余额 =40000+628650-222865=445785（元），反映该公司历年积存的未分配利润。

该公司“利润分配——未分配利润”账户的记录情况图 11-51 所示。

利润分配——未分配利润

借方		贷方	
利润分配转入	222865	年初余额	40000
		本年利润转入	628650
		年末余额	445785

图11-51　账户记录情况

五、利润形成与分配账务处理实例

【例 11-47】公司于2016年12月31日，以银行存款对“希望工程”捐赠100000元。

这笔经济业务的发生，一方面使营业外支出增加 100000 元，应计“营业外支出”账户的借方；另一方面使银行存款减少 100000 元，应计入“银行存款”账户的贷方。

编制会计分录如下：

借：营业外支出　　　　100000

　贷：银行存款　　　　100000

【例 1–48】表 11–2 是 2016 年 12 月 31 日某公司与利润相关项目的科目余额表。

表 11–2　科目余额表（部分）

2016年12月31日

项目	期末余额
主营业务收入	15138000
其他业务收入	875600
主营业务成本	12130800
其他业务成本	661200
营业税金及附加	305400
管理费用	962580
财务费用	106000
销售费用	1243000
营业外收入	153460
营业外支出	60000

注　按项目的性质不同，收入项目期末为贷方余额，而成本及费用项目期末为借方余额。

通过上述科目汇总表，月底时需要编制的会计分录为：

借：主营业务收入　　　　15138000

　其他业务收入　　　　875600

　营业外收入　　　　153460

　贷：本年利润　　　　16167060

借：本年利润　　　　15468980

　贷：主营业务成本　　　　12130800

　　其他业务成本　　　　661200

　　营业税金及附加　　　　305400

　　管理费用　　　　962580

　　财务费用　　　　106000

　　销售费用　　　　1243000

　　营业外支出　　　　60000

通过上述会计分录可知，企业本月实现利润 698080 元（16167060–15468980），如果“本年利润”项目出现借方余额，则表明企业本期产生的是亏损。

参考文献

[1] 孙伟航．一本书掌握会计实务 [M]．浙江：浙江大学出版社，2015.

[2] 张秋利．跟我真账实操学会计 [M]．北京：机械工业出版社，2014.

[3] 栾庆忠．会计从入门到高手（第 2 版）[M]．北京：中国市场出版社，2015.

[4] 中华会计网校．会计基础 [M]．北京：人民出版社，2014.

[5] 冯鹏程．零基础学会计 [M]．北京：机械工业出版社，2012.

[6] 鲍来超．会计实操从新手到高手（第 2 版）[M]．北京：中国铁道出版社，2015.

[7] 韩传模．会计学基础 [M]．上海：立信会计出版社，2012.

[8] 岳良运．新手学会计 [M]．北京：中国铁道出版社，2015.

[9] 姚和平．会计做账实务 [M]．北京：经济管理出版社，2015.

[10] 邵瑞庆．会计学原理（第 3 版）[M]．上海：立信会计出版社，2011.

[11] 张博彬．一看就懂的会计学全图解 [M]．北京：北京理工大学出版社，2013.